民族文化研究叢書 162

고려시대 외국인 이주 연구

民族文化研究叢書 162

고려시대 외국인 이주 연구

이바른 지음

高麗大學校
民族文化研究院

이 책은 용운장학재단이 한국학 연구의 발전과 신진 연구자의 연구성과 확산을 위해 지원하는 〈용운 한국학 연구교수 지원사업〉에 의하여 출판되었습니다.

서문

고려시대에는 전 시기에 걸쳐 다양한 외국인이 활발히 교류하였다. 고려시대를 이해하는 데 기본 기록인 『고려사』에는 수많은 외국인의 왕래 기사가 실려있다. 이외에도 고려에 거란 포로가 수만 명이었다는 송나라 사신으로 고려에 왔다 간 서긍의 기록이나, 고려 왕성에 중국 사람이 수백 명이었다는 『송사』의 표현은 그만큼 많은 외국인이 고려에 유입되어 있었다는 사실을 반영한다.

『고려사』에는 어느 정도 활동상을 그려볼 수 있는 인물들도 더러 등장한다. 고려에 과거제도를 도입하여 초대 시험관을 역임한 쌍기, 국왕의 국정 실패의 원인으로 언급되는 호종단, 수도 개경에서 정교한 손재주를 자랑하며 거처하는 거란 출신 장인들, 팔관회 치어와 구호를 암송하며 연주하는 송나라 악공 기중립, 고려에 와 이천 지역에 정착하여 살게 된 일본 사람 도요미도 등 각기 다른 국가·신분적 배경·재예를 가진 외국인들이 각기 자신의 특징에 따라 고려 사회 도처에서 살아갔다.

그리고 『고려사』 중 1033년(덕종 2)의 기사가 총 53건이 있는데, 외국인의 왕래를 나타내는 기사가 26건이다. 적어도 『고려사』로 그려낼 수 있는 1033년의 절반은 외국인 유입과 관련된 것들이다. 이처럼 유명한 대표 사례나 어느 한 시점만을 보자면, 고려는 각처 어느 곳에나 사시사철 외국인이 북적대는 모습으로 그려진다. 이러한 표현이 극단적인 일부를 꼬집어 예를 들었지만, 『고려사』는 특별한 기사가 선별되어 정리된 사서이고, 그나마 초기 기사가 기록의 산실로 인해 매우 소략하여 기사의 단면만을 보았을 때 고려 사회를 폭넓게 이해하는데 한계가 있다.

필자 역시 처음 위에 언급한 유명 일화나, 특별히 두드러져 보이는 일부 시기만을 보고 고려 사회 속 외국인을 파악하였다. 그런데, 똑같은 고려 이주 사례인데도 다르게 표현된 기록들이나, 고려에 이미 수용되어 고려 경내에서 잘 정착했으리라 여겨졌던 인물이 반복적으로 고려에 다시 오가고 있는 양상을 설명할 수 없어 그간 고려 사회를 바르게 이해하고 있지 못했음을 깨달았다. 이러한 점에 대한 궁금증에서 시작되어 실제 고려 전 시기의 외국인 왕래와 이주의 모습을 실제적으로 파악하고자 연구를 진행하였다.

『고려시대 외국인 이주 연구』는 2021년 8월 발표한 필자의 박사학위논문이자, 필자가 고려시대 외국인의 고려 이주, 고려 정부의 정책, 이주 이후의 고려에서 외국인의 삶 등을 종합적으로 정리한 첫 번째 결과물이다. 특히, 외국인의 이주는 고려와 고려 주변의 국가, 민족 간의 관계와 뗄 수 없는 현상이었다. 이러한 점을 중심으로 하여 고려 전시기 복잡다단한 대외관계 속에서 외국인 이주의 현상과 특징을 도출해보고자 하였다.

외국인 왕래와 이주 현상은 비단 고려시대에만 있었던 것은 아니다. 고려를 전후한 삼국 등의 고대나 조선 사회에도 활발하게 나타났다. 그러나 고대와 조선시대 한반도에 이주한 외국인의 수는 고려시대와 비교하여 당대 인구 대비 적은 수였으며 그들의 영향력도 미비하였다. 고려시대 많은 외국인의 이주는 고려 사회를 발전·변화시켜 나간 원동력이 되었다.

그뿐만 아니라 외국인 이주는 동시기 오대·송과 거란(요), 여진(금), 몽골(원), 명, 일본 등 고려와 관계를 맺고 있던 동아시아 국가들의 국제 질서 속에서 빈번하게 일어났다. 국가들은 바다를 사이에 두거나 국경을 맞댄 관계 속에서 다양한 외교적 문제가 발생하였다. 또 국제 관계의 변화에 따라 외국인의 고려 유입 양상도 다르게 나타났다. 국가마다 사회 성격과 정치 제도가 다르듯이 외국인에 대한 수용 자세와 관리방식도 상이하다. 외국인을 받아들이는 방식도 고려 사회 내 제도나 인식이 적용된 결과임은 당연하다. 이러한 내용들을 크게 고려 전기와 무신집권기, 원간섭기·고려 말 시기로 장절을 나누어 대외관계 변동에 따른 외국인 이주 사례를 분석하였다. 그리고 각 시기별 고려가 외국인을 어떻게 받아들였으며, 그들을 어떻게 관리하였는지를 살펴보았다. 이를 통해 고려 사회 속 외국인에 대한 새로운 이해에 도움이 되고자 한다.

더하여 박사학위논문에 미쳐 정리하지 못했던 외국인의 고려 이주 이후의 삶에 대한 고민을 발표한 「고려 후기·조선 초 외국인 사향(賜鄕)과 투화성(投化姓) 고찰」(『역사와현실』 122, 2021)을 이 책의 보론으로 함께 소개하고자 한다. 고려시대 외국인 이주라는 관점에서 시작하였던 연구 시각을 조선 전기까지로 확장하여 고려 후기 이래 정착하였던 외국인의 존재 양상과 그 후손들의 삶을 조망하고자 하였다. 특히, 고려 사회에 정착한 외국인을 시조로 하는 성씨가 많은 점은 본관과 거주지 일치라는 연구 시각 속에서 고려 사회에 이주해 온 최초 외국인의 거주지역 및 세거지로 파악되었다. 본 연구는 외국인의 고려 정착과 성씨 본관, 정부의 사향 등의 관계를 고찰하여 고려시대 외국인 정착의 실제상을 다각적으로 이해하고자 하였다.

이상 필자의 연구는 아직 미진한 점이 많으며 지금도 공부를 계속해 가고 있는 입장이다. 그럼에도 부족한 필자의 박사학위논문 「고려시대 外國人 移住 연구」를 발전적으로 수정, 보완하여 책으로 완성할 수 있도록 한 데에는 많은 분들의 도움이 있었다. 필자가 고려시대에 관심을 두고 연구를 포기하지 않고 계속할 수 있도록 물심양면으로 도와주신 전남대학교 사학과 김병인 교수님, 필자의 부족한 연구 능력에도 격려와 관심으로 박사학위논문을 지도해주신 고려대학교 한국사학과 이진한 교수님, 두 분 지도교수님께 무한한 감사를 드린다. 강제훈, 김기덕, 박대재 교수님께서도 애정어린 시선으로 박사학위논문을 심사해주시고 많은 도움의 말씀을 주셨다. 필자의 연구 활동에 늘 관심을 가지고 도움을 주는 고려대학교 고려시대사팀 동학들과 선배님들, 전남대학교 고려시대사팀 동학 여러분께 감사드린다. 그리고, 박사학위논문을 연구총서로 출간할 수 있도록 기회를 주신 고려대학교 민족문화연구원과 용운장학재단 조락교 이사장님을 비롯한 여러 선생님들께 감사의 인사를 드린다.

무엇보다 지금까지 묵묵히 필자의 공부를 응원해준 가족 어머니 박미석 여사님, 아버지 이창수 안수집사님, 오빠 이강인, 언니 정승희, 조카 이정호, 어머님 최미숙 여사님, 도련님 박수철 감사를 드린다. 마지막으로 저의 인생의 동반자이자 동학 박수찬 선생님께 진심으로 감사드린다.

목차

서문 … 5

서론 …13

1. 고려시대 외국인 이주 관련 연구 동향 …… 15

2. 연구 방법 및 책의 내용 …… 26

1장 고려시대 외국인 이주 용례와 성격 …37

1. 외국인 이주 용례의 유형과 의미 …… 38

2. '投化' 용어의 성격과 외국인 정착 규정 …… 59

2장 고려 전기 외국인의 이주 사례와 특징 …68

1. 문종대 '舊制' 내용과 고려 전기 외국인 수용 정책 …… 70

2. 五代와 宋人의 고려 정착과 등용 제도 변화 …… 88

3. 渤海 遺民 및 契丹人의 고려 이주와 특징 …… 118

3장 女眞의 고려 往來와 '內附' 성격 …149

1. 女眞의 고려 往來와 정착 …… 150
2. 女眞의 郡縣 설치 요청과 化內의 성격 …… 171

4장 金과의 외교 관계 성립과 외국인 수용 정책의 변화 …190

1. 고려·금 戶口 송환 논쟁과 외국인 수용 원칙의 변동 …… 191
2. 무신집권기 외국인 관리 정책의 내용과 특징 …… 209
3. 고려·동진국 왕래 첩장 내용과 성격 …… 227

5장 원간섭기·고려 말 외국인 이주의 추이 …237

1. 고려·원 관계의 이중 구조와 외국인 이주 양상 …… 238
2. 고려 말 국제 정세 변동과 倭人 관리책의 대두 …… 270

결론 고려시대 외국인 이주의 실제와 수용 원칙 …297

1. 고려의 외국인 이주 유형과 특징 …… 299
2. 고려의 외국인 수용 방식과 族類 의식 …… 311

보론 고려 후기·조선 초 외국인 賜鄕과 投化姓 고찰 …319

1. 고려 후기 외국인 사향 사례 분석과 특징 …… 322
2. 조선 초 외국인 사향 요청과 배경 …… 334
3. 『세종실록』 지리지 사성·투화성의 성격 …… 344

참고문헌 … 365
찾아보기 … 379

서론

고려시대에는 전 시기에 걸쳐 다양한 외국인이 활발히 교류하였다. 『高麗史』에는 외국인의 수많은 왕래 기사가 기록되어 있다. 이외에도 고려에 거란 포로가 수만 명이었다는 송나라 사신 徐兢의 기록과[1] 고려 왕성에 중국 사람이 수백 명이었다는 『宋史』의 표현은[2] 그만큼 많은 외국인이 고려 내에 유입되어 있었다는 사실을 반영한다. 고려는 주변의 여러 나라와 빈번하게 항쟁과 교섭을 반복하며 발전하였다.[3] 외국인의 유입과 그에 따른 수반 정책 역시 국제 정세와 고려 내부의 사정이 복합적으로 작용하여 영향을 미칠 수밖에 없었다.

외국인의 고려 유입은 그 인원의 규모나 형식에 있어서 다양한 면모를 보인다. 『고려사』에는 외국인의 유입 사실을 알리는 기록이 단순히 왔다는 것을 의미하는 '來'에서부터 '來投', '來奔', '來附', '內附', '投化' 등 다양한 용어들로 표현되어 있다. 외국인의 유입을 각기 다른 지칭어로 표기하였다는 사실은 그만큼 외국인들의 유입 형태가 달랐음을

---

1) 『高麗圖經』 권19, 民庶 工技.

2) 『宋史』 권487, 列傳246 外國3 高麗.

3) 朴龍雲(2002), 「한국사의 시대적 특성-고려」, 『高麗社會의 여러 歷史像』, 신서원, 25~29쪽.

나타낸다. 기존 논의에서는 이러한 용어들을 사용하여 고려에 이주한 이들에 대해 '來投人', '投化人' 등으로 부르고 있다. 논자들은 대체로 외국인의 고려 '정착'을 전제로 한 개념으로 이들 용례를 이해하였다. 그러나 이와 관련한 용어들은 외국인의 고려 유입 목적 및 체제 형태에 따라 지칭되었으며, 그 의미와 성격이 각각 다르다.

외국인 왕래와 이주 현상은 고려를 전후한 고대나 조선 사회에도 활발하게 나타났다. 그러나 고대와 조선시대 한반도에 이주한 외국인의 수는 고려시대와 비교하여 당대 인구대비 적은 수였으며 그들의 영향력도 미비하였다. 고려시대 많은 외국인의 이주는 고려 사회를 발전·변화시켜 나간 원동력이 되었다.

그뿐만 아니라 외국인 이주는 동시기 오대·송과 거란(요), 여진(금), 몽골(원), 명, 일본 등 고려와 관계를 맺고 있던 동아시아 국가들의 국제 질서 속에서 빈번하게 일어났다. 국가들은 바다를 사이에 두거나 국경을 맞댄 관계 속에서 다양한 외교적 문제가 발생하였다. 또 국제 관계의 변화에 따라 외국인의 고려 유입 양상도 다르게 나타났다. 국가마다 사회 성격과 정치 제도가 다르듯이 외국인에 대한 수용 자세와 관리방식도 相異하다. 외국인을 받아들이는 방식도 고려 사회 내 제도나 인식이 적용된 결과임은 당연하다. 그러므로 고려가 외국인을 어떻게 수용하였으며, 그들을 어떻게 관리하였는지를 살펴보는 것은 고려 사회의 성격을 이해하는 데 도움이 되는 작업이라 생각된다.

외국인의 고려 이주와 이들에 대한 고려 정부의 수용 및 대응에 대해서는 일찍부터 다양한 논의가 진행되었다. 특히, 2000년대 들어 다양성을 존중하는 다문화사회에 대한 이해가 깊어지면서 그 흐름에 따라 이와 관련한 논의들이 촘촘하게 진행되었다. 그 결과 고려에 유입된 외국인의 유형, 정착 방식이나 성격, 외국인에 대한 인식론 등 다양한 연구들이 집적되었다. 이를 통해 고려시대 외국인에 대한 전반적인 이해가 가능해졌다. 다만, 고려는 사회가 유지된 긴 세월 동안 복잡한 외교 관계를 가지는 특징이 있지만, 고려 내 외국인에 대해서는 일률적으로 파악된 경향이 있다.

그러므로, 외국인 이주에 대한 시기별 양상이나 대외관계 변동에 따른 차이, 외국인 유형에 따른 관리방식 등이 보다 유기적으로 분석될 필요가 있다. 이 책에서는 복잡다단한 고려의 국제 정세를 생각하며, 외국인에 대한 고려 정부의 시기별 수용의 변화상과 제도적 차원의 외국인 관리가 정비되는 과정을 고찰할 것이다. 이를 통해 고려 사회 속 외국인에 대한 새로운 이해에 도움이 되고자 한다.

1. 고려시대 외국인 이주 관련 연구 동향

고려 사회의 외국인 이주에 대한 논의는 일찍이 고려의 대외관계 연구와 맞물려 진행되었다. 초기 연구는 주로 고려와 여진의 관계, 발해 유민의 유입과 관련하여 이루어졌다.[4] 먼저, 孫晉泰는 한국 민족의

---

4) 孫晉泰(1981), 「朝鮮民族의 構成과 其文化」, 『新民』 28, 1927; 『孫晉泰先生全集』 6, 太學社, 39~45쪽.

金庠基(1960), 「여진관계의 始末과 尹瓘의 北征」, 『국사상의 제문제』 4, 1959; 『高麗時代史』, 東國文化社.

李鍾明(1968), 「高麗에 來投한 渤海人考」, 『白山學報』 4.

이세현(1971), 「고려 전기의 려·진(麗·眞)관계에 대하여-여진의 내조(來朝)와 내투(來投)를 중심으로」, 『論文集』 4, 군산교육대학.

徐炳國(1978), 「高麗時代 女眞交涉史 研究」, 『關大論文集』 6-1.

구성 문제와 관련하여 고려시대 외국인의 유입을 살펴보았으며, 고려 내 생활 지역을 중심으로 고찰하여 거주 지역을 설정하고 이들에 대해 本國民과 같이 대우하여 귀화정책을 취하였다고 이해하였다.[5] 金庠基는 고려의 북진정책 과정과 성격을 규명하며 여진인들의 投化를 정리하였다.[6] 고려의 여진 정책은 회유와 무력 정벌이라는 양면적 관계에서 진행되었음을 밝혔다. 이세현은 여진의 來朝 및 來投와 고려의 여진에 대한 회유책을 구체적으로 분석하였다.[7] 고려 초기 여진의 내투 사실이 거의 보이지 않는 점을 고려의 적극적인 북방 경략과 蕃人의 내투를 제한한 데서 기인하였다고 이해하였고, 빈번한 여진의 내조는 고려의 회유책에 의한 것임을 밝혔다. 崔圭成은 고려 초기 여진의 來往과 그에 따른 고려의 북방정책을 고찰하였다.[8] 여진의 고려 來往은 거란에 대한 방비와 여진에 대한 기미정책의 성공으로 파악하며 고려 사회 안정에 공헌하였다고 보았다.

한편, 李鍾明은 고려에 來投한 발해인에 대하여 고찰하였다.[9] 고려에 온 발해인을 분석하며 시기별 발해 내투인 및 이들의 이동 경로를 분석하였다. 韓圭哲은 고려에 來投한 거란인·여진인과 발해 유민의 관련성을 밝혔다.[10] 고려에 來投한 거란인, 여진인의 성씨와 시대적

崔圭成(1981), 「高麗初期의 女眞關係와 北方政策」, 『東國史學』 15·16.
韓圭哲(1984), 「高麗來投·來往契丹人-渤海流民과 관련하여」, 『韓國史硏究』 47.
韓圭哲(1994), 「高麗 來投·來往 女眞人-渤海流民과 관련하여」, 『釜山史學』 25·26.

5) 孫晉泰(1927), 위의 논문, 39~45쪽.
6) 金庠基(1959), 위의 논문.
7) 이세현(1971), 위의 논문.
8) 崔圭成(1981), 앞의 논문.
9) 李鍾明(1968), 앞의 논문.
10) 韓圭哲(1984), 앞의 논문.

상황을 고려하여 이들이 '발해후예'일 가능성에 대하여 논하였다.

이상의 논의를 통해 발해·거란·여진의 민족별 고려 유입의 전반적인 내용과 이동의 원인을 확인할 수 있었다. 그러나 이들 논의는 고려, 여진과 발해 유민의 교섭이라는 틀로 당시 동아시아 정세와 맞물린 '현상' 자체에 집중하였다. 주로, 여진의 유입은 고려의 회유 정책의 일환 속에서 파악되었고, 발해인의 경우 고려의 발해 유민 수용과 우대라는 측면에서 논의되었다. 또한, 고려 전기 외교 관계를 살펴보는 논의 속에서 부수적으로 다루어지거나 부분적으로 언급되어 구체적인 실상을 파악하기에는 한계가 있다.

고려에 온 외국인에 대한 본격적인 연구는 1980년대에 들어와서부터 진행되었다. 이에 앞서 중국, 한국, 일본의 고대사에서 歸化에 관한 기록을 고찰하여 귀화 및 관련 용어들의 의의를 살펴본 全海宗의 연구가 있어 주목된다.[11] 그는 고대 한국 사회에서 귀화와 관련한 용례로 '投'가 많이 표현되었고 이는 사실의 관찰에 가까운 표현으로 보았으며, 삼국의 각축 및 이민족과 항쟁 문제로 이해하였다.

權兌遠은 발해·거란·여진의 投化 상황과 고려 초기 이들의 영향을 살펴봄으로써 고려 초 대외관계를 이해하고자 하였다.[12] 발해의 귀족문화가 고려 사회에 적지 않은 영향을 끼쳤으며, 거란·여진은 編戶되어 고려 사회 저변에 유목 생활과 그 관련 기능 등에 영향을 미쳤을 것으로 보았다. 金渭顯은 송·거란·발해·여진 등 민족별 投歸 현상과

韓圭哲(1994), 앞의 논문.

11) 全海宗(1972), 「歸化에 대한 小考-東洋古代史에 있어서의 그 意義」, 『白山學報』 13.

12) 權兌遠(1981), 「高麗初期社會에 미친 歸化人의 影響에 관한 考察」, 『忠南大學校 人文科學 論文集』 8-2.

고려의 수용책을 살펴보았다.[13] 송 투귀인은 재주에 따라 등용되었고, 거란인 투귀자는 대개 평민으로 소규모 내투가 주를 이루었으며 고려의 산업에 종사하였다. 여진인 투귀 수용은 변경의 방범과 거란 침입의 제지, 정보를 얻기 위한 것이었다. 朴玉杰은 고려에 온 漢人의 歸化 사례를 분석하여 귀화 동기 및 처우, 고려 사회에 미친 영향 등을 살펴보았다.[14] 고려에서는 관직을 주는 등 이들을 우대하여 적극적으로 포섭하였으며, 이들은 고려 사회 각 분야에 걸쳐 중국의 제도와 문물을 들여오는 데 영향을 미친 것으로 파악하였다. 南仁國은 고려 전기 來投·來奔해 온 投化人들을 민족별로 구분하여 그들의 투화 계기, 거주지 및 고려에서의 역할을 살펴보고, 그들에 대한 고려의 동화정책 노력을 고찰해보았다.[15] 그는 고려의 投化人 정책이 소극적이라고 평가하였다. 고려의 백성화 정책은 編戶, 賜姓名, 州縣民化 등인데, 이러한 시책이 모두 고려의 백성이 되는 것이라는 등식이 성립되기 어렵다고 이해하였다.

이상의 논의들을 통해, 발해·거란·여진의 민족별 고려 유입의 전반적인 내용과 이동의 원인을 확인할 수 있게 되었다. 그러나 대체로 논의의 중심이 고려 전기에 집중되어 있으며, 외국인의 유입에 대해서는 대부분 고려로의 '歸化' 및 동화로 보고 고려 백성화를 전제한 행위로 이해하였다. 그뿐만 아니라, 논자마다 성격이 다른 것으로 이해되는 來投, 投化, 投歸, 歸化 등의 용어를 동일한 개념으로 해석하고 있

13) 金渭顯(1982), 「高麗對宋遼金人投歸的收容策(918~1146)」, 『史學志·朴武成博士華甲紀念論叢』.

14) 朴玉杰(1982), 「高麗時代 歸化 漢人에 관한 硏究」, 『首善論集』 7.

15) 南仁國(1986), 「高麗前期의 投化人과 그 同化政策」, 『歷史教育論集』 8.

어, 외국인 이주의 실제상을 정확하게 파악하는 데 한계가 있다. 또한, 외국인에 대한 구체적인 고려의 정책 수립이나 인식에 접근하지 못한 아쉬움이 있다.

이러한 연구에 힘입어 1990년대 이후에는 고려에 온 외국인에 대한 세부적이고 종합적인 연구가 진행되었다. 기존의 논의에 더하여 외국인의 고려 정착에 대한 연구를 천착하여 고려로 온 집단을 민족별로 나누어 유입 목적 및 역할에 대한 양상이 집적되었다.[16] 朴玉杰은 고려 歸化人을 종합하여 정리한 성과를 발표하였다.[17] 그는 漢系·女眞系·契丹系·元系 등 민족별로 고려 전기, 후기의 귀화 사례를 분석하고 이들에 대한 고려의 수용책·동화책, 귀화인의 정치·군사적 역할과 영향 등에 대하여 고찰하였다. 그는 고려에 온 외국인을 歸化로 보고, 고려 영내에 들어와 영주하면서 고려인으로 동화되어 갔다는 관점에서 이해하였다. 고려 전 시기에 해당하는 외국인 사례를 분석하여 그 정황을 파악하는 데 도움을 준다.

이 외에도 고려에 온 외국인의 개별 사례를 중심으로 이들의 정치·사회적 활동을 분석하여 구체적인 활동상이 연구되었다.[18] 주로 고려에

16) 朴玉杰(1996), 『高麗時代의 歸化人 硏究』, 國學資料院.
최양규(2005), 「고려~조선시대 중국 귀화성씨의 정착」, 『白山學報』 73.
임경희(2006), 「『高麗史』 世家 중 女眞 관계 기사 역주」, 『한국중세사연구』 20.
최규성(2006), 「渤海遺民의 高麗 流入과 役割」, 『북방사논총』 10.
김보한(2010), 「고려와 조선 전기 왜인 집단거주지의 형성과 운영」, 『역사와 담론』 56.
17) 朴玉杰(1996), 위의 책.
18) 權赫鎭(2006), 「高麗前期에서 中國 文明 수용과 歸化漢人의 역할」, 『中國文學硏究』 32.
윤용혁(2007), 「鄭仁卿家의 고려 정착과 서산-고려시대 외국인의 귀화 정착 사례」, 『湖西史學』 48.
최영호(2007), 「高麗시대 송나라와의 해양교류-송나라출신 전문인력의 입국과 활동

온 漢人의 행적을 중심으로 그들의 관직 활동과 그 영향을 주목하였다. 고려에 온 외국인들은 고려에 정착하여 고려에 동화된 '歸化' 상태로 인식하고, 그러한 기반에서 그들의 정치적 역할과 정착과정을 확인하였다. 그러나 주로 고려 전기와 漢人에 집중되어 시기적 맥락에 따른 역사적 상황과 그에 따른 고려의 인식과 성격을 유기적으로 살펴보는데 한계가 있다.

한편, 외국인 유입의 현상론적 분석과 더불어 민족 및 문화적, 인식론적 차원에서 고려 사회의 성격을 파악하고자 하는 논의들이 진행되었다.[19] 박종기는 외국인 來投를 고려 전기 주민 구성과 민족 문제의

을 중심으로」, 『역사와 경계』 63.
백옥경(2008), 「麗末 鮮初 偰長壽의 政治活動과 現實認識」, 『朝鮮時代史學報』 46.
김정위(2011), 「고려말 回鶻人의 귀화와 이슬람의 한반도 등장」, 『白山學報』 91.
박순우(2012), 「고려전기 정부의 한인(漢人) 인식과 내투(來投) 한인들의 행적」, 『역사와현실』 84.
이바른(2017), 「고려 예종대 胡宗旦의 행적과 평가」, 『한국민족문화』 64.
정일교(2018), 「高麗 歸化 宋人 硏究 - 宋人의 高麗 入仕 사례를 중심으로」, 『전북사학』 54.
정일교(2019), 「宋人의 高麗 歸化 원인과 유형」, 『인문논총』 49.

19) 이효형(2004), 「고려시대 발해·발해 유민 인식의 추이」, 『역사와 경계』 53.
李孝珩(2006), 「高麗前期의 北方認識-발해·거란·여진 인식 비교」, 『지역과 역사』 19.
박종기(2009), 「고려 전기 주민 구성과 국가체제-來投 문제를 중심으로」, 『동북아역사논총』 23.
朴理順(2011), 「唐·日本·高麗에 있어서의 '蕃'·'歸化'에 대한 인식 고찰」, 『東아시아古代學』 25.
박이순(2012), 「高麗·唐·日本에 있어서의 「歸化(人)」 관련의 법 연구-일본의 養老律令을 중심으로」, 『한국민족문화』 43.
전영준(2012), 「고려시대 異民族의 귀화 유형과 諸정책」, 『다문화콘텐츠연구』 13.
이찬욱(2014). 「韓國의 歸化姓氏와 多文化」, 『다문화콘텐츠연구』 17.
김유나(2015), 「고려 전기 북계민(北界民)의 형성과 그 집단의식」, 『역사와현실』 96.
박경안(2015), 「고려전기 外來人의 문화적 특성과 정착과정-왕조의 인식과 대응을 중심으로」, 『한국중세사연구』 42.

차원에서 살펴보았다.[20] 그는 來投 현상이 고려 왕조 주민의 구성에 끼친 영향과 來投人에 대한 고려 정부의 정책을 통해 고려 왕조의 특성과 국가체제를 검토하였다. 고려 왕조의 개방적 정책은 다원 사회를 지향했던 사회 성격을 보여준다고 하였다. 박이순은 고려·당·일본의 '歸化(人)' 관련 법을 분석하여 삼국의 귀화인 관련 규정을 고찰하였다.[21] 그는 고려 사회를 '공존'의 조화를 실현하고자 했던 다문화국가의 시대였다고 평가하였다. 박경안은 고려 전기 외국인의 문화적 특성과 정착과정의 상관관계를 고찰하여 귀화정책의 성격을 규명하고자 하였다.[22] 고려 전기 왕조의 귀화정책은 유교의 농본주의 정책을 통해 북방영토의 개척과 부국강병을 추구함으로써 궁극적으로 왕도정치의 이상을 실현하고자 하였던 것으로 이해하였다.

한편, 李鎭漢은 고려의 投化 권장책을 분석하고, 그들에 대한 대우 및 인식에 대하여 고찰하였다.[23] 그는 외국인들이 고려에 와서 한시적

박순우(2015), 「고려시대 발해인의 정체성과 고려인의 시각」, 『한국중세사연구』 43.
李鎭漢(2015), 「高麗時代 外國人의 居留와 投化」, 『한국중세사연구』 42.
李美智(2015), 「고려 전기 異國人 入境의 유형과 실상-來獻·來朝·來投·來附를 중심으로」, 『한국중세사연구』 43.
배숙희(2017), 「13~14세기 歸化人의 유형과 고려로 이주」, 『역사학보』 233.
송영대(2017), 「디아스포라의 관점에서 바라본 渤海 유민의 高麗 이주 양상과 특징 검토」, 『동아시아고대학』 46.
李鎭漢(2017), 「高麗時代 農法의 변화와 投化人의 土地 開墾」, 『歷史學報』 234.
한정수(2017), 「고려전기 異邦人·歸化人의 입국과 해동천하」, 『한국중세사연구』 50.
추명엽(2018), 「고려의 다원적 종족 구성과 '我國·我東方' 의식의 추이」, 『역사와경계』 109.

20) 박종기(2009), 위의 논문.
21) 박이순(2012), 위의 논문.
22) 박경안(2015), 앞의 논문.
23) 李鎭漢(2015), 앞의 논문.

으로 머무르는 거류와, 고려에 常主하는 投化를 구분하여 살펴보았다. 투화인은 수세대 동안 고려에 살았다고 하여도 '國人'이 되는 것이 아니었고, 고려 사람들의 인식 역시 그러하였다. 그렇지만, 이들은 고려에 집단을 이루어 거주하며 땅을 개간하고 농업에 종사해 고려의 농업생산 조건을 바꾸고 농법의 발달에 공헌하는 등 고려 사회와 제도 변화에 영향을 주었다.[24] 추명엽은 고려의 '종족' 인식을 살펴보고 '우리의식'의 운용과 구성원리를 고찰하였다.[25] 그는 고려 초부터 다양한 이종족·이국인이 내조·내헌과 내투·내부의 방식으로 한시적 거주 내지 영구 거주하면서 고려 해동 천하를 이루고 있다고 보았다.

이상의 연구들은 고려 전 시기에 걸쳐 외국인들이 끊임없이 유입되었고, 이들에 대한 고려의 정책적 배려와 경제적 처우 개선에 노력하였다는 논지가 주를 이룬다. 외국인의 구성과 인식에 대한 다양한 논의가 진행되었고, 고려에서는 유입된 외국인에 대해 일관되게 적극적인 우대정책을 시행하였다고 보고 있다.

고려에 다양한 외국인들이 유입되었고, 이들이 고려 사회 성격을 규정하는 데 적지 않은 영향을 주었다는 데는 이견의 여지가 없다. 다만, 고려에서 외국인에 대한 인식과 대우가 일관적으로 관대하고 적극적으로 수용하고자 하였는지는 대외관계 변화상과 연관하여 구체적으로 따져보아야 한다고 생각한다. 이와 관련하여 다음 세 가지 지점을 고려할 필요가 있다.

첫째, 외국인의 고려 이주 및 왕래 실상에 관한 문제이다. 『고려사』

24) 李鎭漢(2017), 앞의 논문.
25) 추명엽(2018), 앞의 논문.

에서 확인되는 외국인의 유입과 관련한 여러 용례 역시 다양한 외국인 유입 양상을 상황에 따라 표현한 것이라 생각된다. 외국인의 고려 유입은 '來', '來投', '來奔', '來附', '內附', '投化' 등 다양한 용어들로 기록되었다. 또 고려로 정착한 외국인 범주로 생각되는 '來投人', '投化人' 등의 지칭어가 있다. 기존 논의에서는 이들 용례가 결국 외국인의 고려 정착 즉 '歸化'를 상정한 개념으로 이해하고, 고려 유입 용례가 사용된 사례들은 모두 고려 내 정착 및 동화되어 고려 사회 전반에 영향을 미친 것으로 보았다.

그런데, 구체적으로 사례를 들여다보면, 동일 인물이 來投하였다가 內附하는 경우도 있고, 반복적으로 고려에 왕래하고 있는 모습이 보이기도 하여 고려 내 정착 개념만으로는 설명이 되지 않은 부분이 있다. 이와 관련하여 이민족의 왕래 및 이주와 관련한 용례에 대한 검토를 통해 각 사례가 가지는 의미를 고려에의 入境 개념으로 고찰한 연구가 있다.[26] 그럼에도 여진에게만 사용되었던 內附라는 용례라던지, 來投, 來附 등과 같이 고려에 '온' 상태 이상을 나타내는 '投化'에 대한 명쾌한 설명을 하기에는 어려움이 있다. 이와 같은 모호함에도 불구하고, 논자마다 외국인 유입에 대한 지칭 용어가 다르고, 이해하는 방식 역시 판이하다. 그러므로 『고려사』 등에 기록되어 있는 각 용례별 사례를 통해 구체적인 외국인 유입의 형편을 확인할 필요가 있겠다.

둘째, 고려의 대외관계 변화와 외국인 유입 및 고려의 정책 사이의 연관성 문제이다. 고려는 다양한 국가와 교섭하고 관계를 맺었다. 바

---

26) 이미지는 외국인의 유입 관련 용례를 고려로의 入境 개념에서 '來獻', '來朝', '來投', '來附(內附)'를 중심으로 분석하였다(2015, 앞의 논문).

다 건너 중국 왕조와 교류하며 인적 왕래가 진행되었고, 송나라와의 관계 속에서 많은 宋人들이 고려에 유입되었다. 그러나 거란 및 금의 흥기에 따라 송과의 교류는 단절과 왕래를 반복하였다. 특히, 국경 인근 대륙의 정세에 따라 외국인의 유입에 영향을 받았고, 그 양상 역시 시기별로 성격을 달리하고 있다.

그동안은 고려 전기의 대외관계에 유의하며 송인, 발해인, 거란인, 여진인 등의 이주를 다소 일률적으로 파악한 경향이 있었다. 그러나 거란 동경을 중심으로 한 발해 유민 세력의 움직임에 따라 대규모 발해인과 거란인이 고려에 유입되기도 하였고, 여진 완안부 세력이 여진 부락을 점차 통합해 감에 따라 이전과는 다른 여진 왕래 모습을 가져왔다. 그뿐만 아니라 몽골의 흥기와 오랜 전쟁을 거치면서 많은 인구가 유출되기도, 유입되기도 하였고, 거란유종 및 동진 등 인근 제 정치세력과 영향을 맺으며 인구 이동과 관련한 교섭이 이루어지기도 하였다. 또, 원의 쇠퇴에 따라 요동지역에서 발생한 대규모 인구의 이동과 유입이 있었다. 고려 말 남해안 지역을 중심으로 잦은 왜구의 침입과 그 영향으로 왜인 거주지가 형성되기도 하였다. 외국인의 유입 양상과 그에 따른 고려의 대응 역시 모든 상황에 일관적일 수는 없었다고 생각된다. 시기별로 다변하는 국제 환경 속에서 대외관계의 추이에 따라 외국인 유입과 고려의 대응 및 정책이 달라지는 지점은 어떠하였는지를 확인할 필요가 있다.

셋째, 외국인의 고려 수용과 그것이 가능하였던 고려 사회의 본질에 대한 문제이다. 그동안 고려에서는 외국인에 대하여 포용적이고 적극적인 대응책을 펼쳤고, 정치적 활용 능력에 따른 우대책 및 고려의 사회 발전상에 도움이 되는 방향으로 대처하였다고 이해되어왔다. 실제로 많은 오대 및 송 출신 인물들이 고려에 와 정착하며 관직 생활을 영위하고, 고려 내 정착한 대규모 발해 유민 및 거란인들이 경제적·군사적 영향을 주었다는 점은 이미 선행 연구를 통해 상당 부분 밝혀졌다. 이는 기록에 남은 대표적인 사례들을 결과적으로 이해하고 고려가 외국인에 대한 '기대'를 전제하였다는 측면에서 살펴본 것이다.

그러나 대규모 집단의 유입은 기존 정착민들과 이질적인 집단과의 충돌을 야기할 수 있는 문제이며, 고려 정부에서 떠안는 부담감을 간과할 수 없다. 고려 광종대 投化漢人에 대한 지나친 후대에 고려 관료들은 비판적인 시각을 가지고 있었으며,[27] 조선 세조대 기사를 보면, 외국인의 수용에 대한 정부의 경제적 부담감을 드러내었는데,[28] 고려에는 수만에 이르는 집단이 유입되기도 하여 이들에 대한 수용이 긍정적 '기대'만으로 당연시되는 것은 재고의 여지가 있다.

고려는 사회적 여건에 따라 외국인들을 받아들였다. 고려는 제도적 정비에 따라 비교적 쉽게 등용되었던 중국 한인 인사들을 점차 시험하여 능력에 따라 적소에 배치하였다. 또한, 대규모 집단 유입에는 사회·경제적 여건에 따라 대응하였는데, 사회 전반의 체제가 변화함에 따라 외국인에 대한 관리 정책도 수립해나갔다. 이렇듯 각기 다른 형태의 외국인에 대한 수용이 가능하였던 고려의 사회적 조건에 대해서 지금까지 간과한 측면이 있다. 다종다양의 외국인 유입과 이들에 대한 수용이 이루어질 수 있었던 시기별 고려의 사회상을 고찰해 볼 필요가 있다.

---

27) 『高麗史』 권93, 列傳6 徐弼.

28) 『世祖實錄』 권11, 세조 4년 윤2월 25일 癸未.

2. 연구 방법 및 책의 내용

이 책에서는 고려시대 대외관계 변화에 따른 외국인 이주 양상과 관련한 정책이 어떻게 정리되고 변화하였는지 살펴보고자 한다. 논의는 다음의 지점들을 유념하며 진행해보고자 한다.

첫째, 연구 대상의 범주와 명칭에 대한 문제이다. 고려 전 시기에 걸쳐 외국인은 다양한 목적으로 고려에 왔다. 외국인은 공식적인 외교 사절에서부터 상거래 등을 위해 왕래하기도 하였다. 다양한 왕래 속에는 동일 인물이 여러 번 고려를 오가기도 하였으며, 일회적으로 방문하는 경우도 있는 등 왕래의 연속성 여부도 각각 사례마다 다르다. 이 책에서는 상거래나 외교 사절 등의 이유로 고려에 단기적으로 체류한 경우나, 승려나 醫官 등의 일시적 방문을 제외하고 고려에 와서 장기적으로 常住하였던 것으로 파악되는 외국인의 이주를 중심으로 살펴보고자 한다.

그리고 고려에 온 이들에 대해 '外國人'으로 통칭하고자 한다. 고려에 온 외국인의 면면을 살펴보면, 국가적 소속 개념이 아닌 종족적 존재, 즉 거란인, 여진인, 색목인, 몽골인 등의 이주 기사가 다수 존재한다. 『고려사』에는 이들의 이주 내용이 각각의 출신을 국가 및 종족별 특징에 따라 분류하여 기록되어 있다. 『고려사』 악지의 '풍입송'에서는 고려 국왕인 해동 천자의 교화가 미쳐 '外國'에서 모두 귀의하여 四境이 편안하고 고요해짐을 칭송하였다.[29] 이때 外國은 사방 변경[四境] 바깥 세상을 의미한다고 하겠다. 또, 1039년(정종 5) 12월에 추운

29) 『高麗史』 권71, 志25 樂2 俗樂 風入松.

계절을 맞아 국가에서 면포를 지급하는 조처에서 '外國投化人'이라는 표현이 보인다.[30)]

여기에서 外國은 일정한 국가체제를 갖춘 현대적 의미의 국가 개념으로 생각하기는 어렵다. 『고려사』에는 송·탐라·흑수·일본 등에서 온 외국인을 포함하여 잔치를 베풀 때 이들을 '諸國人'이라고 하였다.[31)] 諸國人은 '여러 나라 사람'으로 해석되지만, 흑수·여진 등은 부족 체계로 여러 부족이 산거하는 형태로 존재하였으므로 이때 國은 엄밀하게 영토와 체제를 갖춘 국가 개념이라기보다는 고려 사회 이외 세계·세상 정도의 의미라고 생각된다. 이들 용례를 종합해보면, 『고려사』 내에서도 비단 '국가' 개념만으로 외국인이라 지칭한 것은 아니었다. 고려시대 '외부'에서 고려로 온 이들에 대한 지칭 표현으로 '外國'이 사용되었으므로, 이러한 점 등을 고려하여 '외국인'이라 통칭하고자 한다.[32)]

용어 문제와 아울러 여러 사서에서 보이는 외국인 유입 기사를 정리하고, 기록 간 교차 검토를 통해 표현이나 인식의 차이를 정리해보겠다. 『高麗史』, 『高麗史節要』, 『同人之文四六』, 『高麗圖經』, 『東文選』, 『朝鮮王朝實錄』 등에는 다수의 고려시대 외국인 유입 기사가 확인된다. 이상의 기록에서는 같은 상황을 나타내는 기사라 할지라도 다른 표현과 내용을 다루고 있는 경우가 있다.

예를 들면, 『고려사절요』에는 1375년 5월 왜인 藤經光이 무리를 거

---

30) 『高麗史』 권6, 世家6 정종 5년 12월.

31) 『高麗史』 권4, 世家4 현종 10년 9월 壬戌.

32) 고려 사회 바깥에서부터 온 이들을 지칭할 때에는 外國뿐만 아니라 異國이라는 표현도 있다(『高麗史』 권78, 志32 食貨1 田制 祿科田. "其祖果自異國而來投王化歟."). 그러나 본 연구에서는 외부에서 고려 내로 이주해 온 이들을 주목하는 점에서 外國人으로 칭하고자 한다.

느리고 來投하여 순천·연기 등에 거처하게 하고 관청에서 재물과 양식을 지급하도록 하였다는 단편적 내용이 전한다.[33) 『고려사』 金先致傳에는 등경광이 무리를 이끌고 와서 장차 들어가 침략할 것이라 협박하며 식량을 요구하니, 조정에서 순천과 연기 등에 나누어 진을 치게 하고 군량을 지급한 자세한 사정이 기록되어 있다.[34) 이와 같은 사례는 『고려사』와 『고려사절요』 등을 종합적으로 검토하여야 정확한 전후 사정의 파악이 가능하다. 이렇게 확인되는 사례를 중심으로 외국인 이주의 실상을 천착해보고자 한다.

둘째, 연구 대상의 시기적 맥락과 내용 문제이다. 이 책에서는 고려 전 시기에 걸친 외국인의 이주 내용을 확인하고자 한다. 기존 연구에서는 주로 고려 전기 혹은 원간섭기를 중심으로 한 외국인 왕래의 양상을 확인하는 경향이 있다. 그러나 고려의 다양한 외교 교섭 양상과 맞물려 때에 따라 외국인의 이주 모습과 그에 따른 고려의 정책 역시 변화하였다. 고려 전 시기 동안 외교 관계의 변화 양상과 함께 외국인 이주와 정책은 어떠하였는지 아울러 바라보는 시도를 해보고자 한다.

이에 따라 고려의 시기별 외국인 유입의 특징과 정책이 어떤 내용으로 정리되고 변화하는지 추이를 살펴보겠다. 더하여 고대 외국인에 대한 정책은 어떠하였는지도 검토하고, 고려시대 외국인 정책이 조선시대에 어떠한 영향을 미쳤는지 확인하겠다. 고려 전 시기에 걸쳐 외국인 유입이 지속되었지만, 구체적으로 살펴보면 한 해에 집중하여 대규모 외국인 집단이 온 경우가 있는 반면, 40~50년 동안 한 건의

33) 『高麗史節要』 권30, 우왕 1년 5월.

34) 『高麗史』 권114, 列傳27 金先致.

유입 사례도 보이지 않는 시기도 있다.

이러한 시기적 맥락의 특징을 찾아보고, 그 이유를 밝혀보고자 한다. 또한, 고려는 제도가 점차 정비되고 경제·문화적 여건이 변화하는 등 그 사회 기반에 변동이 계속되었다. 그러한 변천 속에서 외국인에 대한 정책 또한 환경에 따라 정비, 변화를 겪었을 것으로 예상된다. 그러므로 외국인의 유입과 고려의 정책을 아울러 추이를 고찰해보고자 한다.

셋째, 당 및 송·거란·금·원·명 등 고려와 밀접한 관계를 맺은 중국 왕조의 외국인 정책과 내용을 비교하여 고려 사회에서 외국인 수용 및 관리 정책을 어떻게 펼쳤는지 그 영향이나 내용을 그려내 보겠다. 고려에서는 여러 제도를 정비하는데 唐制를 많이 참고하였다.[35] 그동안 고려의 여러 제도·문물에 대한 논의에서는 이러한 비교 연구가 많이 이루어졌으나, 외국인과 관련한 정책 등을 확인하는 데까지 미치지는 못하였다.

고려의 외국인 정책과 관련하여 당나라의 사례가 참고된다. 당은 개방적이고 포용적인 대외정책으로 많은 외국인들이 자유롭게 왕래하는 환경이 조성된 사회였다.[36] 당에는 외교 사절·유학생·무역상인·전쟁포로 등 다양한 이유로 많은 외국인이 거주하고 있었는데, 당 전기

---

35) 『高麗史』 권84, 志38 刑法1.

36) 宮崎市定(1988), 『大唐帝國-中國の中世』, 中央公論社.
김택민(2002), 『중국고대 형법 동양법의 일반원칙』, 아카넷.
全永燮(2004), 「唐 前期 外來人의 生活과 律令(上)」, 『中國史研究』 31.
권덕영(2005), 『재당신라인사회 연구』, 일조각.
김택민(2013), 「특별한 帝國 唐」, 『歷史學報』 217.
이해원(2013), 『당제국의 개방과 창조』, 서강대학교출판부.
박한제(2015), 『대당제국과 그 유산-호한통합과 다민족국가의 형성』, 세창출판사.

에만 120만에서 200만 정도의 외국인이 거주했을 것으로 추산되고 있다.[37] 다양한 국가 및 민족들로부터 유입되었다는 배경 역시 고려의 상황과 유사한 점이 있다.

당의 외국인에 대한 정책은 당률의 「名例」 '化外人相犯' 조항 등이 보인다. 당에 거주하는 외국인이 범법행위를 했을 때, 외국인 사이에 발생 시 해당국의 법률로 처벌하고, 출신이 다른 외국인끼리 혹은 외국인과 당인 사이에 충돌 시 屬地主義 원칙에 따라 당률에 의거해 처벌하였다. 또, 당에서는 내국인과의 혼거를 방지하기 위해 외국인 거주지로 지정한 성내 '蕃坊'을 설정하였으며, 외국인들과 관련한 행정업무는 그들 가운데 선출된 蕃長에게 맡겨 어느 정도의 자치를 허용하였다.

자유로운 외국인 왕래와 거주가 가능하였던 당의 사회적 환경과 외국인 정책 역시 일정 부분 고려에 영향을 미쳤을 것으로 보인다. 실례로, 1038년(정종 4) 5월 威雞州에 사는 여진인 사이의 살인 사건이 발생하였을 때, 서눌의 속지주의와 황주량의 속인주의 의견 대립에서 결국 황주량의 의견이 받아들여지기도 하였다.[38] 이렇듯 외국인에 관한 실제적인 상황에서도 당의 제도는 많은 참고가 되었을 것으로 생각된다. 이외에도 외국인과 관련한 규정에 있어서 당의 제도에 상당한 영향을 받았을 것으로 여겨진다. 이 책에서는 당의 제도를 함께 비교하여 기록의 부재로 다소 불분명한 고려의 외국인 정책을 보다 선명하게 그려내 보고자 한다. 그뿐만 아니라 동시대 관계를 맺은 송, 거란, 금, 원, 명 등에서의 외국인 정책과의 관계를 함께 살펴보겠다.

---

37) 박한제(2015), 「대당제국의 실체와 외국인」, 위의 책, 52쪽.

38) 『高麗史』 권84, 志38 刑法1 殺傷.

이상의 연구 방법을 토대로 책의 구성은 다음과 같이 하고자 한다. 1장에서는 다양한 외국인의 유입 용례를 살펴보고 이들 용어가 나타내는 외국인 이주의 형태를 살펴보겠다. 외국인의 고려 유입 용례가 나타내는 이주 현상을 구체적으로 밝혀보고자 한다. 용례는 '來', '來投', '來奔', '來附', '內附', '投化' 등이 있다. 이들 용어가 내포하는 바가 무엇인지 그 경향성에 대하여 파악해보겠다. 특히, '온' 행위를 나타내는 '來投', '來奔', '來附', '內附' 등의 용어와 '投化'는 근본적으로 의미하는 바가 다른데, 이들의 차이와 성격에 대해 고찰하겠다. 이는 앞서 언급한 고려 내 '정착' 내지 '귀화'라는 시각에서 설명되지 않았던 여러 사례에 대한 해답이 주어질 것으로 기대된다.

2장 1절에서는 고려 전기 외국인 수용에 대한 고려 정부의 집적된 정책의 방향성과 국제 정세에 따른 변화 내용에 대해 고찰하고자 한다. 외국인 수용 원칙과 관련하여 1081년(문종 35) 8월에 禮賓省에서 상주한 '舊制' 규정이 주목된다.[39] 이때 사안은 西女眞 漫豆 등 17인의 수용 여부에 대한 논의가 진행되었다. 그 과정에서 예빈성에서는 '舊制'를 근거하여 이들에 대한 수용이 불가하다고 하였으나, 禮部尙書 盧旦의 의견에 따라 결국 받아들여진다. '舊制'의 내용을 분석하여 그 의미와 성립 배경에 대해 살펴보고자 한다. '舊制'를 통해 고려 건국 이래 외국인 수용의 원칙과 국제 정세 변동 등 복합적인 사회 변화상을 함께 고찰하여 고려 전기 외국인 수용의 기저에 대해 논해보고자 한다.

2장 2절에서는 고려 전기 외국인 유입과 수용의 실제상을 확인하겠다. 고려 전기에는 渤海, 宋, 契丹, 女眞 등 다양한 출신과 배경의 외국

39) 『高麗史』 권9, 世家9 문종 35년 8월 己未.

인이 고려에 왔다. 판이한 사회 배경을 지닌 이들의 고려 유입을 똑같은 시선으로 일괄하기에는 한계가 있다. 그러므로 특징적인 출신의 계열에 따라 오대·송인[漢], 발해·거란인으로 나누어 각각 고려에의 이주 양상은 어떠하였는지, 또 고려에서의 수용 규정과 그 변화는 어떠하였는지 확인하였다.

구분의 기준은 국가·종족별 분류에 따른 것이기도 하지만, 고려에 온 경로(해로, 육로)나 배경(자발, 도망) 및 고려에서의 정착 방향성이 각각 다르게 이루어졌다고 판단되기 때문이다. 오대·송인은 주로 문사 등 지식인층이 고려에 정착하여 고려 지배계층에 속하였다. 반면 발해 유민·거란인은 몇몇 관직을 띤 지배계층이 포함되어 있기는 하였으나 대부분 일반 백성들의 대규모 이동이 주를 이루어 고려 사회의 하부조직에 안착하는 경향을 보인다. 이러한 차이를 생각하며 고려 전기 외국인의 유입과 이들에 대한 정책을 대외관계의 추이에 따라 고찰하고자 한다.

3장에서는 고려 전기 여진인의 왕래와 문종대 여진 부족의 內附 성격을 밝히고자 한다. 여진은 2장에서 분석한 오대·송인, 발해 유민·거란인의 고려 이주 양상과 다른 왕래의 모습을 보인다. 여진은 부족 단위로 다양한 세력이 고려를 오갔으며, 이들의 고려 유입은 다른 외국인 이주 사례와 달리 정착 개념으로 일괄하기 어렵다. 이미 고려 내 정착하였을 것으로 예상되는 來投 여진 부족이 여러 차례 고려를 왕래하는 사례들이 확인된다. 이러한 여진의 왕래에 대한 성격을 고찰해보았다.

또, 문종대 이후 집중적으로 나타나는 여진 부족의 군현 설치 요청과 이에 대한 고려의 대응 및 이를 나타내는 용어인 內附의 성격을 천착하고자 한다. 고려에서는 여진에 대해 무산계 등을 활용하여 이들을 계서화하고 왕래하는 부락을 化內로 구분하여 부락 간의 세력 균형을 유도하였던 것으로 이해된다. 여진은 문종대 접어들면 고려 군현 편입을 요청하며 內附하였다. 內附는 다른 출신의 외국인 이주 사례에는 사용되지 않은 용어로, 여진의 內附와 군현 설치 요청이 가지는 특징을 살펴보겠다.

4장에서는 금의 흥기로 새로운 국제 질서가 성립됨에 따라 변화한 외국인 이주와 고려의 정책을 살펴보고자 한다. 시기적으로는 금과의 공식적인 외교 왕래가 진행되었던 인종 이후부터 무신집권기에 해당한다. 먼저, 금과의 외교 관계가 형성된 직후 고려·금 양국 간 논쟁이 되었던 여진 戶口 송환문제에 주목하였다. 이 문제는 양국 사이에 4년 동안 지속된 외교 현안이었다. 논쟁의 과정과 내용을 구체적으로 살펴보고, 금과의 외교 관계 정립에서 戶口 문제가 어떻게 다루어졌는지 확인하겠다. 긴 논쟁 끝에 고려의 외국인 수용 내용에 변화가 있었던 것으로 파악된다. 외국인 유입과 수용의 내용이 어떻게 변화하였는지 확인해보겠다.

다음으로, 고려 전기와는 다른 모습을 보이는 무신집권기 외국인의 유입 사례와 그들의 존재 양상을 검토하고자 한다. 구체적인 내용을 정리하고 고려 전기와는 어떻게 다르게 변화하였는지 알아보겠다. 특히, 강동성을 점거한 거란유종을 제압하고 거란 포로가 대량 발생하면서 이들을 수용한 '契丹場'이 주목된다. '거란장'은 일종의 고려 내 외국인 집단의 특수 거주지역이라고 생각되는데, 고려 전기의 외국인 정착 모습과 비교하여 그 성격을 고찰해보고자 한다.

아울러, 몽골의 성장으로 인해 변화하는 국제정세 속에서 요동지역을 중심으로 산거하는 여러 정치세력과의 접촉과 인구 왕래와 관련한 문제들을 살펴보고자 한다. 1247년 3월 동진국 千戶와 왕래한 첩장에는 당시 인구 이동에 대한 사안이 담겨있는데, 이를 둘러싼 고려와 동진과의 논의 내용과 성격을 파악하겠다. 몽골의 영향력에 따른 동아시아 정세변동과 그 과정에서 외국인의 이주 특징은 어떻게 귀결되는지 검토하고자 한다.

5장에서는 고려 후기 국제정세의 변화에 따른 시기별 외국인 유형과 수용 정책을 살펴보고자 한다. 고려는 원과 외교 관계를 수립하면서 이전 시기에는 경험하지 못했던 새로운 국제 관계를 정립하였다. 특히 고려 국왕이 원 황실 공주와 혼인하며 고려는 고려국이면서 원의 부마국이라는 중층적인 대외 성격을 보인다. 이러한 점은 고려의 정치, 경제, 사회, 문화 등 전반에 걸쳐 큰 변화를 주었고, 외국인에 대한 인식과 그들에 대한 정책에도 영향을 주었다. 고려와 원은 다양한 이유로 많은 인구가 오갔으며, 이들의 존재 양상은 고려와 원 관계라는 특수한 상황에 영향을 받을 수밖에 없었다. 그들의 존재 양태를 정치·사회 등의 다양한 측면에서 고찰해보겠다.

고려 말 원의 쇠퇴와 명의 성립에 따른 요동지역의 정세 변화, 그리고 왜구의 침략 등에 대한 고려의 대응 정책을 확인하고자 한다. 원이 쇠퇴하고 명이 성립하는 과정에서 홍건적의 난 등 요동지역에는 다양한 사회 혼란이 야기되었고, 그 과정에서 많은 유민이 고려에 대거 유입되었다. 게다가 여진 세력이 다시 독자적으로 고려에 왕래하는 모습이 확인되는데, 공민왕대 이후 정치·사회 개혁의 움직임과 함께 그 내용을 살펴볼 필요가 있다. 여진의 왕래에서 고려 전기의 특징적인 모습이 포착되기 때문이다. 특히, 이 시기 고려에 정착한 이들이 조선 개창에 참여하면서 조선의 공신으로 성장하기도 하여 고려 말 유입된 외국인의 활동상을 구체적으로 분석해 볼 필요가 있다.

한편, 왜구의 침입이 극심해져 고려 사회에 큰 문제로 대두되었다. 왜구의 잦은 침입에 대응하기 위해 고려에서는 여러 가지 방편을 펼쳤는데, 그 일환으로 倭投化人이라는 새로운 집단이 형성되었다. 이들은 남부지방을 중심으로 집단 거주하였는데, 이전 시기까지 볼 수 없었던 현상이다. 이는 조선 초 남부지방에 왜인 집단거주지를 설정하는 데까지 이어졌다고 보이는데, 그 과정을 고찰하여 고려에서 조선으로 이어지는 외국인 관리 정책의 변화상을 천착해보겠다.

마지막으로 고려시대 외국인의 다양한 이주 실제와 그들에 대한 고려의 정책이 어떠한 성격을 가지는지 종합하겠다. 또한 외국인 이주에 따라 다양한 층위를 보이는 고려의 수용 방식과 기저가 되는 인식에 어떠한 차이가 있는지 밝혀보고자 한다. 앞 장에서 분석된 외국인의 시기별 고려 이주를 유형별로 종합해보겠다. 고려에 온 외국인들은 출신, 신분, 이주 경위, 경제 활동, 정착 이후 삶 등이 다양하였기 때문에 고려에서는 이들을 일괄하여 수용할 수 없었다. 외국인에 대한 수용 방식은 결국 고려 사회의 성격에 접근하는 문제라고 생각한다. 또한, 다층적인 외국인 수용 방식의 이면에는 고려 사회의 族類 의식이 내재되었다고 이해된다. 구체적으로 어떠한 인식이 자리 잡고 있었는지 同類, 異類 인식의 차이를 토대로 살펴보겠다.

이상의 논의를 통해, 고려시대 외국인 문제, 외국인 수용의 다층적 성격 등을 이해한다면, 고려의 국제적 성격은 물론 고려 사회를 보다 실제적이고 다각적으로 이해하는 데 도움이 되리라 생각된다.

1장
고려시대 외국인 이주 용례와 성격

고려에는 다양한 목적으로 많은 외국인이 왕래하였다. 외국인의 왕래는 대부분 일회적인 고려 방문을 목적으로 하였으며, 때에 따라서는 같은 인물이 여러 차례 오기도 하였다. 그러나 기본적으로 외국인의 고려 방문은 일회성이며 고려에 '잠깐' 머물다 돌아간다는 전제하에 이루어졌다. 이들의 왕래 기사는 단순히 '來'로만 기록되기도 하였으나, '來'字 뒤에 외국인이 고려에 온 목적을 나타내는 경우가 있다. 예를 들면, 국왕 접견을 목적으로 한 '來朝'와 方物을 바치기 위해 온 '來獻'이 있다. 來朝와 來獻은 모두 고려에 온 목적이 분명한 경우로, 일회적으로 고려에 왔다가 소기의 목적을 달성하고 나면 돌아가는 행위이다.

그런데 되돌아가는 것이 전제되지 않은 고려 유입을 나타내는 용례들에 대한 성격이 모호하다. 즉, 고려로 온 사실 자체는 확실하나, 이들의 고려 유입 목적이나 향배가 뚜렷하지 않은 사례들이 있다. 來投, 來奔, 來附, 內附, 投化, 向化 등의 용례가 그것이다. 來投, 來奔, 來附 등은 고려에 왔다[來]는 정황을 보여주기는 하나, 앞서 來朝, 來獻과 같이 행위의 구체성을 파악하기 분명하지 않다. 게다가 內附, 投化,

向化 등은 왔다[來]는 이동의 맥락에서도 이해하기 어려운 용어들이다. 다만, 이들 다양한 용례는 각기 다른 이주 상황을 반영한 결과로 짐작될 뿐이다.

고려시대 외국인 이주의 성격은 이들의 유입 사정과 그를 나타내는 용례가 무엇을 의미하는지를 알아야 명확하게 파악될 것이다. 외국인의 이주를 나타내는 다양한 용어들이 어떠한 형태로 기록되었는지, 그리고 무엇을 의미하는 것인지 등을 분석하여 외국인 고려 이주의 단초를 제공하고자 한다.

1. 외국인 이주 용례의 유형과 의미

1) 來投

첫 번째, 고려시대 외국인 유입을 나타내는 가장 보편적인 표현은 '來投'이다. 기존 연구에서는 來投가 주로 중국, 일본보다는 한국에서 많이 쓰였으며,[1] '投'가 가지고 있는 용어 성격에서 말미암아 '投化'와 같이 '武力的인' 함축성이 강한 용어로 이해되었다.[2] 특히, 來投는 고려에 거주지가 정해지고, 고려의 일반 백성으로 편입되는 과정 전반을 나타내는 용어로 파악되기도 하였다.[3] 최근에는 '來投=정착'이라는 이해보다 폭넓게 이국인이 고려의 王化에 투탁하는 의사의 표현으로 해석되기도 하였다.[4]

1) 全海宗(1972), 앞의 논문, 22쪽.
2) 朴玉杰(1996), 「고려 전기의 귀화인」, 앞의 책, 27쪽.
3) 朴理順(2011), 앞의 논문, 382쪽.

來投는 한국 고대사회에서부터 사용된 용어였다. 『三國史記』, 『三國遺事』 등에 있는 대표적인 사례들을 보면 다음과 같다.

가-1) 溫祚王 42년(24)에 南沃沮의 20여 家가 新羅로 來投하였다.[5]

가-2) (유리이사금) 14년(37) 고구려 왕 無恤이 낙랑을 습격해 멸망시켰다. 그 나라 사람 5천이 來投하니, 六部에 나누어 살게 했다.[6]

가-3) (고국천왕) 19년(197) 중국에서 큰 난리가 나 漢人들이 난을 피해 來投한 자가 매우 많았다. 이때가 한나라 獻帝 建安 2년이었다.[7]

가-4) (내물이사금) 18년(373) 백제의 禿山城主가 3백 명을 거느리고 來投하였다. 왕이 그들을 받아들여 六部에 나누어 살게 했다. 백제 왕이 문서를 보내 말하기를, "두 나라가 화친을 맺어 형제가 되기로 약속했는데, 지금 대왕께서 우리의 도망한 백성을 받아들이니 화친한 뜻에 매우 어긋납니다. 대왕이 바라는 바가 아닐 것입니다. 청컨대 그들을 돌려보내십시오."라고 하였다. 대답하기를, "백성은 일정한 마음이 없소. 그러므로 생각나면 오고 싫증나면 가는 것이 진실로 그렇기 때문이오. 대왕께서는 백성이 편치 않음은 걱정하진 않으면서 과인을 나무라는 것이 어찌 이리 심하단 말이오."라고 하였다. 백제가 그 말을 듣고 다시 말하지 않았다.[8]

---

4) 李美智(2015), 앞의 논문, 82쪽.

5) 『三國遺事』 권1, 紀異1 靺鞨渤海.

6) 『三國史記』 권1, 新羅本紀1 儒理尼師今.

7) 『三國史記』 권16, 高句麗本紀4 故國川王.

8) 『三國史記』 권3, 新羅本紀3 奈勿尼師今.

가-5) 우리 태조가 송악군으로부터 來投하니, 곧 鐵圓郡大守를 제수하였다.[9)]

가-1)은 24년(온조왕 42)에 남옥저의 20여 家가 신라로 來投한 내용으로, 고구려에 의한 옥저의 통합 과정에서 그 일부가 신라로 들어온 양상을 나타낸다. 이에 대해서 『삼국사기』에는 온조왕 43년 10월 기사에 남옥저의 仇頗解 등 20여 家가 斧壤에 이르러 納款하니 왕이 받아들여 漢山 서쪽에 안치하였다고 기록되어 있다.[10)] 『삼국유사』와 『삼국사기』 기록 간에는 1년의 시간 차이가 보이는데, 이는 『삼국사기』 기록이 남옥저 20여 家 무리가 와서 한산 서쪽에 안치하게 된 조처까지 모두 실행하는데 종합적으로 걸린 시간을 나타낸다고 생각된다. 또한, 『삼국유사』에는 이들이 신라로 來投하였다고 하나, 이들이 이르렀던 지역인 斧壤[지금의 강원도 평강군 일대]은 본래 백제의 영토였으나, 후에 신라에 소속되었기 때문에 신라로 來投하였다고 기록된 듯하다.

여기에서 來投는 곧 '納款'을 내포한다고 하겠다. 納款은 사전적으로 '맹세하는 말[誓詞]을 보내다', '인연을 맺다' 등을 뜻하며, 주로 배신하여 적에게 적을 통한다고 말하며 내통하는 것을 의미한다.[11)] 즉 서약을 보내 통하도록 하는 것, 특히 '복종'을 담고 있다. 가-1)에서 남옥저의 세력은 고구려에 쫓겨 백제에 귀부하는 것이었으므로, 이들의 來投에는 그러한 사정이 녹아있다고 하겠다.

가-2)는 37년(유리이사금 14)에 고구려의 대무신왕이 낙랑을 멸망시켜 그 영향으로 낙랑인 5천 명이 신라로 來投하여 이들을 6部에 나누어

9) 『三國史記』 권50, 列傳10 弓裔.

10) 『三國史記』 권23, 百濟本紀1 온조왕 43년 10월.

11) 諸橋轍次, 1984, 「納款」, 『大漢和辭典』 8, 大修館書店, 961쪽.

살게 하였다는 『삼국사기』의 내용이다. 이 기사 역시 『삼국유사』에서도 확인되는데, 고구려 3대 無恤王이 낙랑을 쳐서 멸망시키니, 그 國人들이 帶方과 함께 신라[羅]에 投하였다고 한다.[12] 이 사례에서도 『삼국사기』와 『삼국유사』 간의 시간 차이가 보인다. 『삼국사기』에서는 37년으로, 『삼국유사』에서는 27년의 일로 기록하고 있어 10년의 차이를 보인다. 가-2)에서는 5천 명이라는 인구 규모와 이들을 6部에 나누어 살게 했다는 조처까지 포함하고 있다. 『삼국유사』에서는 이들이 신라에 來投한 것을 '投' 한 글자로만 기록하고 있다는 점도 주목된다.

가-3)은 197년 중국의 난을 피해 많은 수의 漢人들이 고구려로 來投한 기사이다. 중국에 큰 난이 발생하였는데, 漢人들은 난을 피해 도망하여 온 인구들이라는 점이 짐작된다. 가-4)는 백제 독산성 백성 3백 명이 신라로 來投하였는데, 신라에서 그들을 받아들여 6部에 나누어 살게 한 조처이다. 이에 백제에서 다시 돌려보낼 것을 청하니 신라에서 거절하였다. 가-5)는 왕건이 궁예에 來投한 기사로, 그는 철원군태수로 임명되었다.

이들 기사를 살펴보면, 來投 전의 출발지, 來投 구성원, 來投한 대상(곳)이 명확하다. 즉, 가-1)은 남옥저로부터 20여 家가 新羅로 來投하였고, 가-2)는 낙랑으로부터 낙랑인 5천 명이 신라로 來投하였으며, 가-3)은 중국으로부터 많은 漢人이 고구려로 來投하였고, 가-4)는 백제 독산성으로부터 독산성주를 비롯한 백성 3백 명이 신라로 來投하였다. 가-5)는 송악군으로부터 왕건이 궁예가 세운 나라에 來投하였다.

이때 來投는 남옥저 20여 家, 낙랑인 5천 명, 백제 백성 3백 명 등

---

12) 『三國遺事』 권1, 紀異1 樂浪國.

다양한 규모와 출신의 이주를 나타내고 있다. 또한, 가-4)와 같이 來投한 이들을 받아들이는 것은 외교적 마찰을 일으키는 사안이기도 하였다. 그렇지만 대체로 고대사회에서는 來投한 이들을 나라로 수용하는 모습을 보인다. 來投는 다양한 출신과 규모, 유입 배경을 망라하고 외국인 이주를 나타내는 용례였다.

고려에서 역시 來投는 다양한 외국인의 이주를 나타내고 있다. 來投 기사는 『고려사』에서 총 135회가 확인된다. 이 가운데 태조대 호족의 來投 7건과 기타 6건을 제외하면,[13] 외국인의 고려 來投 기사는 모두 122회이다. 『고려사절요』의 경우, 태조대 호족 來投 6건을 제외하고 총 104회의 외국인 來投 기사가 보인다. 특히 『고려사』의 122회 가운데 고려 전기의 사례가 108건, 고려 후기가 14건으로, 고려 전기에 집중되어 나타나고 있다. 이는 고려 후기보다 전기에 외국인의 고려 유입이 빈번하였던 사정을 보여준다.

來投 기사는 주로 '○○(인물)이 來投하였다'의 형태로 고려에 온 인물의 출신 등 간략한 정보와 유입 사실만을 나타낸다. 대표적인 사례를 살펴보면 다음과 같다.

> 나-1) (923년 6월) 계사에 吳越國 文士 朴巖이 來投하였다.[14]
> 나-2) (1005년) 이해 宋 溫州 文士 周佇가 來投하자 (그를) 禮賓注簿를 제수하였다.[15]

---

13) 국내 정치·사회적 정세에 따라 반란, 유망 등에서 나타나는 來投 사례가 있는데, 이는 외국인의 고려 이주를 나타낸다고 보기 어려우므로 기타로 분류하였다.

14) 『高麗史』 권1, 世家1 태조 6년 6월.

15) 『高麗史』 권3, 世家3 목종 8년 4월.

나-3) (1185년 8월) 이달에 金 男女 18명이 登州 霜陰縣으로 來投하였으나, 왕이 돌려보내라고 조서를 내렸다.[16]

나-1)은 923년(태조 6) 5월 오월국 문사 박암의 來投 기사이다. 『고려사』에는 박암의 간략한 내투 기사만 전하나, 그가 온 그해 바로 後唐에 사신으로 파견된 사실이 확인된다.[17] 나-2)는 1005년(목종 8) 송 온주 출신 문사 주저가 내투하자, 禮賓主簿를 제수한 내용이다. 『고려사』 주저전에는 그가 商船을 따라 왔다가 蔡忠順의 천거로 고려에 머물게 하고 초직으로 예빈성주부를 임명하였다는 내용이 전한다.[18] 나-2)는 이러한 주저의 고려 유입 과정을 간략하게 나타낸 것이다. 나-3)은 1185년(명종 15) 8월에 금의 남녀 18명이 등주 상음현에 내투하였으나 조서를 내려 다시 돌려보낸 조처를 한 기사이다.

위 사례와 같이 來投 기사는 관직 제수 및 귀환 등 來投 이후 조처가 함께 기재된 경우도 있다. 來投 기사들은 대체로 내용이 소략함에도 불구하고 일정한 정보를 담고 있다. 즉, 來投한 이(들)의 출신과 구성원의 규모(인원수), 來投 사실, 그리고 이후 조처이다. 來投는 나-2) 주저의 사례와 같이 인물의 구체적인 고려 이주 사정이 상당히 압축된 표현이다.

그렇다면, 來投는 어떤 의미일까. 기존에는 '投'의 '投降하다'라는 字意를 무력적인 성격으로 보고 동아시아의 외국인 이주의 특징적인 상황으로 이해하였는데, 과연 그러할까. 송과 고려의 우호적인 외교

16) 『高麗史』 권20, 世家20 명종 15년 8월.

17) 『新五代史』 권74, 四夷附錄3 高麗.

18) 『高麗史』 권94, 列傳7 周佇.

관계를 고려할 때, 나-2)에서 송 문사 주저의 내투 사례를 보더라도 '투항하다'라는 의미는 어색하기까지 하다.

來投의 실마리는 나-3)에서 금인 18명이 登州 霜陰縣에 來投한 데서 그 의미를 유추할 수 있다.[19] 즉, '登州霜陰縣'이라는 구체적인 지역에 來投한 것이다. 이러한 형태는 앞서 가-1)에서 고대 남옥저의 20여 家가 '신라[斧壤]'로 내투하였다는 기사에서도 확인된다. 來投와 구체적인 지역 명칭이 후속하는 사례는 조선시대에도 찾아볼 수 있다.

> 다-1) (1410년 4월 6일) 지금 들으니, 張五十六 등 6인이 聖旨를 받들고 兀良哈을 招安하러 그 지경에 이르렀는데, 上官人을 쏘아 죽여서 그 나머지 5인이 돌아갈 곳이 없어 우리 지경에 來投하였다.[20]
>
> 다-2) (1470년 3월 9일) 遼東人 張長壽와 그 처 三姐가 일찍이 毛憐衛 野人의 포로가 되었는데, 이에 이르러 鍾城鎭에 來投하였다.[21]

다-1)은 1410년(태종 10) 4월에 명나라 張五十六 등 6인이 황제의 성지를 받들고 여진의 兀良哈을 초유하기 위해 그 지경까지 갔는데, 여진이 파견된 이들 중 上官人을 쏘아 죽여 나머지 5인이 조선의 지경에 來投하였다. 이에 이들이 도착하기를 기다려 상을 주고 후하게 대접한 뒤 명나라로 돌려보내도록 하였다.[22] 여기에서 명나라로부터 여진 세

---

19) 『高麗史』 권20, 世家20 명종 15년 8월.

20) 『太宗實錄』 권19, 태종 10년 4월 6일 壬寅.

21) 『成宗實錄』 권4, 성종 1년 3월 9일 戊子.

22) 『太宗實錄』 권19, 태종 10년 4월 6일 壬寅.

력에 파견되었던 무리가 '我境'에 來投하였다고 기록되어 있다.

다-2)는 1470년(성종 1) 3월에 요동 사람 張長壽·三姐 부부가 일찍이 毛憐衛 野人에게 붙잡혀 포로가 되었는데, 이때에 이르러 鍾城鎭에 來投하였다는 기사이다. 이들은 司譯院正 崔有江을 보내어 遼東都司에게 解送하게 하였다.[23] 여기에서 來投는 요동인 張長壽·三姐 부부가 야인 무리에 붙잡혔다가 조선의 鍾城鎭으로 도망하여 온 사실을 표현한 것이다.

위 사례들을 보면, '來投我境', '來投鍾城鎭' 등으로 '來投+지역'의 형태로 기재되고 있다. 또, 『東人之文四六』에 鄭知常이 모친께 물품을 하사해준 데 사은하는 표문에서 '신은 어려서 어머니의 가르침을 받고 학교에 와 임하기에는[臣幼被母敎, 來投學庠]'이라는 구절이 있다.[24] 이러한 예들을 종합할 때, 來投는 '來投○○○(지역)'에서 외국인이 와서 다다른 (구체적인) 지역명 혹은 (일반적인) 고려 경계가 생략된 형태라고 하겠다.

來投는 다양한 외국인의 고려 이주 사정을 압축적으로 표현한 용례이다. 『고려사절요』에는 1375년 5월 倭人 藤經光이 무리를 거느리고 來投하였다는 단편적인 기사만이 전하는데,[25] 이 내용만 놓고 본다면 이들의 고려 이주는 평탄하게 이루어져 順天·燕岐 등지에 안착하였다고 생각된다. 그러나 『고려사』 김선치전에는 藤經光이 무리를 이끌고 와서 장차 고려를 침략할 것이라 협박한 사실과 순천·연기 등지로 나누어 거처하게 하였으나 이후 藤經光이 다시 무리를 이끌고 바다로

23) 『成宗實錄』 권4, 성종 1년 3월 9일 戊子.
24) 『東人之文四六』 권11, 謝賜物母氏表.
25) 『高麗史節要』 권30, 우왕 1년 5월.

나가 떠나버린 자세한 사정이 기록되어 있다.[26)]

來投는 고려에 다다른 상태 자체를 나타내는 표현으로, 來投 행위에 이어 田宅을 주거나 관직을 제수하는 등의 후속 조치가 수반되는 경우도 있고 돌려보내지는 상황도 있었다. 來投 이후의 상황은 고려 정부의 수용 여부 결정에 따라 달라지는 것으로 모두 일관되지는 않았다. 한편, 來投는 '來投+人'의 형태로 '來投한 자'를 나타내기도 하였다.[27)] 來投人은 來投, 즉 '고려에 와 있는 상태에 놓인 사람'을 의미한다.

2) 來奔

두 번째, 외국인의 고려 유입을 나타내는 용어로는 來奔이 있다. 來奔의 사전적인 의미는 '도망하여 옴'을 뜻한다.[28)] 來奔은 그 字意 그대로 쫓겨서 도망하여 온 사정을 나타낸 용어이다. 『고려사』에 來奔은 모두 22회 확인되며, 이 가운데 외국인의 고려 유입을 뜻하는 경우는 15건이다. 이는 『고려사절요』에서도 마찬가지로 15회 확인된다. 來奔의 시기별 사례를 보면, 태조대 1건, 성종대 1건, 현종대 5건, 덕종대 7건, 기타 3건 등으로 나타난다.

먼저, 태조, 성종대 두 건의 기사이다.

> 라-1) 大諲譔이 전쟁에서 패배하여 항복하기를 청함으로 마침내 발해는 멸망하였다. 이에 그 나라 사람들이 來奔한 자들이 계속 이어졌다.[29)]

26) 『高麗史』 권114, 列傳27 金先致.

27) 『高麗史』 권5, 世家5 덕종 즉위년 11월 庚寅.

28) 諸橋轍次, 1984, 「來奔」, 『大漢和辭典』 1, 大修館書店, 746쪽.

라-2) 이에 여진에서 來奔한 자 2,000여 명에게 모두 베풀어 주어 돌려보냈다. 뜻하지 않게 도리어 몰래 군사를 갑자기 들여 우리 관리와 백성들을 죽이거나 도적질하였으며 장정들을 포로로 끌고 가서 모두 노예로 삼았소. (중략) 또 여진에서 피난하여 우리나라에서 관직을 받은 자가 10여 인이 아직 있으니, 바라건대 京闕에 불러다가 入貢하는 사신들과 대질[庭辨]하게 하면 거의 사실을 얻을 수 있을 것이므로 원컨대 황제께서 들을 수 있게 해 주시오.[30]

라-1)은 925년(태조 8) 9월 발해 유민의 대규모 유입 기사 끝에 來奔한 내용이다. 발해 멸망의 대략을 설명한 끝에 발해 유민들이 고려에 계속해서 도망하여 들어오는 양상을 설명하고 있다. 실제로 925년을 전후한 발해 유민의 고려 유입은 지속되었다. 이때 來奔이야말로 발해 멸망 이후 거란의 지배에 항거한 발해민들이 도망하여 고려로 들어온 행태를 그대로 나타낸 것이다.

라-2)는 985년(성종 4) 5월 고려에 請兵을 요구하며 온 송나라 사신 韓國華에게 이전 여진의 讒訴에 대한 설명 가운데 나온 내용이다. 984년 5월 고려에서 송에 進奉使 韓遂齡을 파견하였는데,[31] 송 황제가 한수령에게 여진이 고려가 거란을 끌어들였으며, 거란과 함께 노략질하였다고 참소한 정황을 물으며 포로로 잡힌 여진인들을 돌려보내도록 하였다. 이러한 내용을 전해 들은 성종은 노심초사하다가 한국화가

29) 『高麗史』 권1, 世家1 태조 8년 9월 庚子.

30) 『高麗史』 권3, 世家3 성종 4년 5월.

31) 『高麗史』 권3, 世家3 성종 3년 5월.

오자 여진의 무고임을 밝히고 상황을 설명한 것이다. 성종은 거란에 쫓겨 여진인 2천여 명이 도망하여 와 그들에게 모두 후하게 베풀어 주고 돌려보냈으나 오히려 고려의 관리와 백성들을 노략질하고 포로로 끌고 갔다고 말하고 있다. 여진인 가운데 고려에서 벼슬을 하는 자들이 10여 인이 있으니 이들과 대질하여 밝힐 수 있으니 이러한 사정을 황제가 잘 알 수 있도록 전해달라고 부탁하였다.

여기에서 주목되는 점은 쫓겨 도망 온 여진인 2천여 명을 다시 돌려보냈다는 사실과 그 가운데 10여 인은 고려에서 관직을 준 이들이 있다는 것이다. 『고려사』에는 여진인으로 고려에서 실제 관직을 역임한 인물은 확인되지 않는데, 여기에서 여진에 관직을 주었다는 것은 여진 추장에게 武散階나 鄕職 등의 職階를 주기도 하였던 사정을 반영한 것으로 보이며, 이들 10여 인은 2천여 명 혹은 다른 여진 부족을 대표하는 추장들일 것으로 이해된다.[32]

來奔은 자의 그대로 도망하여 고려로 유입된 행태를 나타낸다. 그런데 라-2) 사례에서 來奔한 여진인 2천여 명을 다시 돌려보냈다는 사실이나, 1019년(현종 10) 7월 여진의 약탈에 도망해 온 우산국 백성들을 모두 돌아가게 한 경우를 볼 때,[33] 來奔이 곧 고려 내에 수용되어 정착함을 담보한 것은 아니었다.

來奔 기사는 특히 현종~덕종대, 1029년~1033년(덕종 2) 기간에 집중적으로 보인다. 來奔은 女眞의 침략을 피해 來奔한 于山國 民戶를

32) 여진에 대한 무산계, 향직 수여는 1018년 이후 보이지만, 이전부터 여진에 대한 관리 대응 방법으로 향직을 수여하였을 가능성이 있다(임형수(2017), 「고려전기 女眞에 대한 武散階 授與의 양상과 특징」, 『한국중세사연구』 51).

33) 『高麗史』 권4, 世家4 현종 10년 7월 己卯.

모두 돌아가게 한 기사를 제외하면, 주로 거란·발해·송을 출신으로 한 거란에서 온 무리에 한정하여 사용되고 있다. 당시 거란은 1029년 8월 발발한 대연림의 난을 1년 만에 진압하고 이를 수습하고자 요동지역에 대한 賦稅를 면해주는 등 회유 정책을 펼친 반면, 상당수의 발해인을 내지로 遷徙 조치하였다. 1029~1030년 시기 來奔하여 고려로 유입되어 온 이들은 대연림의 난을 전후한 정세 영향으로 거란을 도망쳐 온 이들일 가능성이 높다.[34)]

來奔은 자의 그대로 도망하여 고려로 온 행태를 나타낸다. 또한 來奔 기사가 집중되는 1029년~1033년의 시기는 來投, 來附 등으로 나타나는 유입 사례가 빈번하여 외국인의 고려 이주가 극도로 증가하였던 때이다. 來奔은 외국인이 고려에 오게 된 경위를 나타낸 상황 설명이었으며, 이는 고려에 온 사실, 경우를 나타낸 표현이었다. 來奔하여 고려에 유입된 외국인은 그 출신, 규모, 경위 등이 파악되어 고려 사회에 안착되기도 하였으나, 다시 돌아갈 곳이 분명하다면 돌려보내지기도 하였다.

3) 來附

세 번째로, 외국인의 고려 유입을 나타내는 용례로 來附가 있다. 來附의 사전적 의미는 '와서 屬함' 즉, 歸順을 뜻한다.[35)] 기존 논의에서는 來附(內附를 포함)를 '와서[來] 호적에 오른다[附籍]'의 어의 그대로 장기적, 영속적으로 고려의 행정구역 내에 편입하는 것을 전제로 이해하

34) 朴淳佑(2017), 「10~14세기 '渤海人' 연구」, 한국학중앙연구원 박사학위논문, 254~256쪽.

35) 諸橋轍次(1984), 「來附」, 『大漢和辭典』 1, 大修館書店, 745쪽.

였다. 또한, 來附의 사례가 대체로 대규모 인원의 유입을 나타내는 경우가 많았다.[36)]

『고려사』에서 來附 사례는 총 20회가 확인된다. 태조대 11회로 가장 많은 기사가 확인되며, 현종대 5회, 문종·예종대 각각 1회씩 분포하고 있다. 기타로 구분한 2회의 경우, 외국인의 來附 기사라기보다는 고려 사회 내 종속 개념으로 쓰인 용례이다.[37)] 각각 궁예에 대한 신라인의 來附, 조위총의 난을 평정하는 과정에서 서경민들이 항복한 사례 등을 뜻한다. 來附는 예종 이후 보이지 않으며 고려 전기에 집중되어 나타난다.

태조대 來附 기사 내용을 보면, 후삼국 쟁패 기간에 해당하는 초기 호족들의 고려 유입을 의미하는 경우와 발해 멸망 이후 발해 유민들의 고려 유입, 흑수 무리에 대한 초유의 결과 이들의 來附 등으로 크게 구분된다. 호족들의 고려 유입 사례는 각각 후삼국 시기 지방 호족들의 고려 체제로의 흡수를 의미한다. 다음 내용에서 來附의 의미가 명확하게 파악된다.

> 마) 공직이 일찍이 백제에 조회하였다가 그 무도함을 보고 직달에게 일러 말하기를, "지금 이 나라를 보니 사치스럽고 도가 없다. 내가 비록 그와 가깝지만 다시는 오고 싶지 않다. 듣건대 고려 王公[王建]의 文德이 백성을 편안히 하기에 충분하고, 武德이 포악한 이들을 막기 충분하므로 사방에서 (그의) 위엄을 두려워하고 (그의) 덕을 마음에 품지 않은 이가 없다고 한다. <u>나는 歸附하고자</u>

36) 李美智, 2015, 앞의 논문, 81쪽.

37) 『高麗史』 권1, 世家1 태조.

하는데, 너의 뜻은 어떠하냐?"라고 하였다. (중략) 공직이 마침내 來附의 뜻을 결정하였다.[38)]

마)는 후백제 세력이었던 공직과 그 아들 직달의 대화 내용이다. 부자의 대화에서 來附는 곧 고려에의 歸附를 뜻하는 것이었다. 공직은 후백제의 무도함을 보고 고려로의 귀부를 결심하고 이 뜻을 직달에게 전하고 있다. 직달 역시 아버지의 뜻을 따를 것임을 말하고 이내 공직은 고려로의 來附를 결정하였다. 이들은 세력 기반이 되는 지역, 즉 邑의 존재가 확인되며 이들의 來附는 단순한 개인의 문제가 아닌 세력 전체를 포함한 광범위한 개념을 이해된다.

바-1) (926년 9월) 경자에 渤海 禮部卿 大和鈞·大均老, 司政 大元均, 工部卿 大福暮, 左右衛將軍 大審理 등이 백성 100戶를 거느리고 來附하였다.[39)]

바-2) (926년 12월) 무자에 渤海 左首衛小將 冒豆干, 檢校開國男 朴漁 등이 백성 1,000戶를 거느리고 來附하였다.[40)]

바-3) (929년 7월) 신해에 渤海人 大儒範이 백성을 거느리고 來附하였다.[41)]

바-4) (930년 6월) 경신에 渤海人 洪見 등이 배 20척에 사람과 재물을 싣고 來附하였다.[42)]

38) 『高麗史』 권92, 列傳5 龔直.
39) 『高麗史』 권1, 世家1 태조 8년 9월.
40) 『高麗史』 권1, 世家1 태조 8년 12월.
41) 『高麗史』 권1, 世家1 태조 11년 7월.
42) 『高麗史』 권1, 世家1 태조 12년 6월.

바-5) (935년 12월) 渤海의 陳林 등 160인이 來附하였다.[43)]

태조대 來附의 대부분은 발해 유민의 고려 유입 내용이다. 이들 기록의 공통점은 관직을 띤 대표자들이 대규모 인원을 이끌고 고려로 來附하고 있는 점이다. 구체적인 인원수가 기록된 경우에는 백성 100戶, 1,000戶, 160명 등 많은 인구가 고려로 유입되고 있다. 다만, 발해인들의 來附는 호족들의 내부와는 성격이 다르다. 호족의 來附는 그들의 지배력이 관철되는 지역의 토지와 인구를 모두 포함한 개념이었다. 발해인의 경우, 그들 자신의 세력 기반을 잃은 상태에서 인구만이 고려로 유입되고 있으며, 대표로 성명이 기입된 관직자들이 반드시 대규모 인원에 대한 대표자적 지배력을 가진 인물로 보기는 어렵다.

다음으로 현종, 문종, 예종대 來附 사례를 살펴보자. 현종대는 모두 5건의 來附 기사가 확인되고 문종·예종대 각 1건의 기사가 보인다. 대표적인 사례들을 살펴보면 아래와 같다.

사-1) (1028년 1월) 이달에 女眞 歸德將軍 高豆 등 70여 인이 來朝하였고, 骨夫가 부락의 500戶를 거느리고 來附하였다.[44)]

사-2) (1028년 윤6월) 갑인에 北蕃 酋長 阿忽 등 57인이 來附하였다.[45)]

사-3) (1028년 7월) 정유에 東女眞 噲拔 부락 300여 戶가 來附하였다.[46)]

43) 『高麗史』 권2, 世家2 태조 17년 12월.

44) 『高麗史』 권5, 世家5 현종 19년 1월.

45) 『高麗史』 권5, 世家5 현종 19년 윤6월.

사-4) (1047년 10월) 정미에 東女眞 蒙羅等村 古無諸 등 312戶가 來附하였다.[47]

사-5) (1107년 12월) 을사에 東女眞의 裊乙乃 등 3,230인이 來附하였다.[48]

현종대 來附 시기는 1028년(현종 19)과 1030년(현종 21)에 한정되어 나타나며 대부분 여진인의 유입을 나타내고 있다. 이때에도 역시 500戶, 57인, 300여 戶, 312戶, 3,230인 등의 대규모 인원수가 기록되어 있다. 문종·예종대 來附 기사 역시 여진인들의 이동을 나타내고 있으며, 이들 여진 세력은 來附 기사를 전후로 하여 고려에 來朝, 來投, 來獻 등의 왕래를 한 인물들로 보인다.

사-2) 1028년 윤6월에 來附한 阿忽은 다음 해인 1029년 2월에 來獻하였고,[49] 1073년(문종 27) 2월에는 內附하여 군현에 편입되기를 청하였다.[50] 사-3) 1028년 7월 來附한 噲拔은 다음 해인 1029년 8월에 來投하여 발해 옛 성에 거처하게 되었다.[51] 이들 여진의 고려 유입은 단 한 번에 이루어지는 것이 아니라 몇 차례 來獻, 來投, 來附, 內附 등이 유기적으로 발생한다는 점이 특징적이다.

이상의 來附 용례의 가장 큰 특징은 최소 57명에서 최대 1,000戶의 대규모 인원이 전제되었다는 점이다. 대규모의 명확한 인원수 규정은

46) 『高麗史』 권5, 世家5 현종 19년 7월.
47) 『高麗史』 권7, 世家7 문종 1년 10월.
48) 『高麗史』 권12, 世家12 예종 2년 12월.
49) 『高麗史』 권5, 世家5 현종 20년 윤2월.
50) 『高麗史』 권9, 世家9 문종 27년 2월 乙未.
51) 『高麗史』 권5, 世家5 현종 20년 8월 乙未.

알 수 없으나, 단독 來投 등의 유입 사례를 고려할 때 상당수 규모가 있는 집단의 고려 유입에 대한 용례라고 하겠다. 가장 많은 사례가 분포하였던 태조대 來附는 지방 호족과 발해 유민의 유입을 나타냈으며, 고려로의 종속을 의미하였다. 현종 이후에는 여진의 고려 왕래에 대해서만 쓰였다. 來附는 한차례 사례로 단번에 고려에 안착을 완결하는 개념이 아니라, 來獻, 來投, 內附 등이 반복적으로 작용하여 여진의 고려 왕래를 나타내었다. 來附는 고려에의 정서적 종속을 의미하며, 來附를 전후한 여진의 고려 왕래를 담보하였다.

4) 內附

마지막으로 외국인의 고려 이주를 나타내는 용어는 內附가 있다. 內附의 사전적 의미는 '와서 따르다', '服從하여 오다'이다.[52] 內附는 앞서 살펴본 來附와 구분되지 않고 같은 의미로 이해되어 왔다. 『고려사』에서 內附 기사는 총 18회 확인되는데, 이 가운데 외국인의 고려 유입 관련 사례는 6건이다. 시기별로 문종대 5건, 기타 1건이다. 그런데 태조대에도 2건의 內附 기사가 확인된다. 이는 박영규와 선필 등 호족의 유입을 나타낸다. 먼저 이 사례들을 통해 內附의 의미를 고찰해보도록 하자.

> 아-1) (936년 2월) 甄萱의 사위 將軍 朴英規가 內附를 청하였다.[53]
> 아-2) 선필이 태조의 威德을 보고 마침내 귀순하고자 꾀를 내어 신라와 우호관계를 맺고, 적을 막으면서 자주 공을 세웠다. 뒤에 載巖

52) 諸橋轍次, 「內附」, 『大漢和辭典』 1, 大修館書店, 1056쪽.
53) 『高麗史』 권2, 世家2 태조 19년 2월.

城[其城]으로써 內附하였다. 태조가 후하게 대우를 더하고, 年老하였으므로 尙父라 불렀다.[54]

아-1)은 936년(태조 19) 2월에 박영규가 內附한 기사이다. 박영규는 승주 사람으로, 견훤의 사위이다. 견훤이 먼저 고려에 來投하자 박영규도 뒤이어 사람을 보내어 歸款하였는데, 이후 태조가 신검을 토벌하고 후백제를 멸망시킨 다음 그를 佐丞에 임명하고 밭 1,000頃을 하사하는 등 후대하였다.[55] 그가 사람을 보내어 고려에 귀순한 사실[遂遣人歸款]을 內附로 나타내고 있다.

아-2)는 선필이 고려에 內附한 기사이다. 선필이 고려에 內附한 시기는 930년(태조 13) 정월로, 『고려사』 세가에는 來投로 표현하고 있다.[56] 『고려사』 세가에는 선필의 來投 사실만을 간략하게 기재하고 있으나, 그의 열전에는 선필이 고려에 귀부하고자 신라와 우호를 다지고 연달아 공을 세우는 등의 노력을 한 정황을 나타내고 있다. 그 이후에 재암성을 가지고 內附하고, 태조가 후하게 대우하고 尙父라 칭한 사실을 확인할 수 있다. 이를 종합하면, 태조대 內附는 歸款, 즉 고려에의 귀부를 표현한 용어이자, 구체적으로 지역적 기반을 토대로 한 세력의 고려 귀순을 나타내는 용례였다.

한편, 문종 이후 內附 기사는 여진의 유입에 한하여 사용되고 있음이 확인된다. 이들 사례는 여진의 고려 왕래와 관련하여 주목된다.

---

54) 『高麗史』 권92, 列傳5 王順式 附善弼.

55) 『高麗史』 권92, 列傳5 朴英規.

56) 『高麗史』 권1, 世家1 태조 13년 1월 丁卯.

자–1) (1073년 2월) 을미에 東女眞 歸順州 都領 大常 古刀化, 副都領 古舍, 盆昌州 都領 歸德將軍 高舍, 都領 黔夫, 氈城州 都領 奉國將軍 耶好, 歸德將軍 吳沙弗, 恭州 都領 奉國將軍 多老, 番長 巴訶弗, 恩服州 都領 元甫 阿忽, 都領 那居首, 溫州 都領 三彬·阿老大, 誠州 都領 尼多弗 등이 무리를 거느리고 內附하여, 郡縣이 되기를 청하였다.[57]

자–2) (1073년 6월) 을미에 東路兵馬使가 아뢰기를, "東蕃 大齊, 自古, 河舍 등 12개 촌의 蕃長인 昆豆, 魁拔 등 1,970戶가 霜昆의 예에 의거해 內附하기를 청하고, 또 豆龍骨伊, 餘波漢 등 부락의 蕃長 阿老漢 등도 역시 州縣이 되기를 원합니다."라고 하였다.[58]

자–3) (1073년 9월) 갑진에 翰林院에서 아뢰기를, "東女眞 大蘭 등 11개 촌의 內附者들이 濱州·利州·福州·恒州·舒州·濕州·閩州·戴州·敬州·付州·宛州 등 11개 州가 되기를 청하니, 각각 朱記를 하사하고 이에 歸順州에 소속시키십시오."라고 하자, 이를 받아들였다.[59]

자–1)은 東女眞 歸順州 都領 大常 古刀化 등은 대체로 將軍 등의 직함을 띠고 있어 고려에 왕래하였던 여진인들로 짐작된다. 이들이 집단을 거느리고 와서 內附하여 고려의 郡縣이 되기를 청하였다는 점은, 이들 집단이 거주하는 지역에 대한 고려의 영향력을 부여해주기를 요청한 것이다.

57) 『高麗史』 권9, 世家9 문종 27년 2월.
58) 『高麗史』 권9, 世家9 문종 27년 6월.
59) 『高麗史』 권9, 世家9 문종 27년 9월.

자-2)에서 東蕃의 大齊 등 12개 촌락의 蕃長인 昆豆 등 1,970戶가 霜昆의 예에 의거해 內附하기를 청하였고, 蕃長 阿老漢 등도 역시 고려의 州縣이 되기를 요청하였다. 먼저, 霜昆는 那復其村의 都領으로 휘하의 蕃軍을 거느리며 고려의 군사 행동에 조력하는 세력이었다.[60] 蕃長 昆豆는 1042년(靖宗 8) 1월에 준마를 바치는 등 적극적인 교섭을 펼쳤으나,[61] 고려의 영향력이 미치는 化內의 범주에는 소속되지 않았던 것으로 보인다.

자-3)은 1073년 6월 三山, 大蘭 등의 附籍 요청에[62] 따른 후속 조치 내용이다. 東女眞 大蘭 등 11개 촌의 內附者들이 11개 州가 되기를 요청한 데 따른 결과이며, 이를 받아들여 濱州, 利州 등 11개 주에 대해 각각 朱記를 하사하고 歸順州에 소속시키는 조처를 취하였다. 이들 사례는 村, 州 등으로 표현된 지역적 기반을 포함하였다. 앞서 선필의 경우도 內附라고 하였을 때 '재암성[其城]'이라는 공간적 배경이 내포되어 있었다.

內附에 공간적 의미가 내재된 사례는 중국의 사서에서도 확인된다. 『新唐書』에 629년(貞觀 3) 酋長들의 內附에 이어 모두 그 지역[其地]에 주현을 설치하고 송주도에 소속시킨 사실이 확인된다.[63] 『金史』에는 1175년 9월 高麗 西京留守 趙位寵이 반란을 일으키고 慈悲嶺 以西로부터 鴨綠江 以東의 40여 城으로써 內附하겠다고 청하였으나 받아들이지 않았다는 기록이 있다.[64] 두 사례 모두 '其地', '城' 등으로 공간이

60) 『高麗史』 권9, 世家9 문종 27년 5월 己酉.
61) 『高麗史』 권6, 世家6 靖宗 8년 정월 己酉.
62) 『高麗史』 권9, 世家9 문종 27년 6월 戊寅.
63) 『新唐書』 권43下, 志33下 地理7下 羈縻州 關內道 党項 靈州都督府.

포함된 사례에 사용되었다는 점이 확인된다.

그런데, 태조대 이후에는 內附 용어가 여진에 대해서만 사용된 점이 주목된다. 이는 다른 용례들이 다양한 외국인 이주를 망라하여 쓰였던 것과 차이가 있다. 內附는 여진인의 고려 편입을 짐작할 수 있는데, 공간적 개념은 內附한 여진에 대한 고려의 기미주 설치가 뒤따랐다. 앞서 자) 사료들에서 확인하였듯이 여진은 고려에 郡縣이 되기를 요청하면서 內附하였다. 또한, 內附 역시 來附와 마찬가지로 여진의 다양한 고려 왕래 양상과 함께 나타나고 있어 來投나 來奔 등과는 다른 사정을 표현한 것이라고 짐작된다. 이와 관련하여서는 다음 장에서 자세히 살펴보도록 하겠다.

정리해보면, 『고려사』 등에는 고려시대 외국인의 고려 유입을 나타내는 용례가 다양하게 나타난다. 분석해본 來投, 來奔, 來附, 內附 이외에도 款塞,[65] 歸化[66] 등이 확인된다. 다만, 이들 용례는 1·2건 확인되고 고려 유입을 나타내는 보편적인 용어라고 하기 어려우므로 많은 빈도를 보이는 네 용례를 중심으로 살펴보았다. 외국인의 유입 용례는 주로 고려 전기에 집중되어 나타나는데, 이는 곧 외국인의 이주가 고려 전기 집중적으로 이루어진 시대상을 의미한다.

來投는 유입해 온 외국인 집단의 규모와 상관없이 고려 국경에 다다른 상황 자체를 나타낸 용례로, 宋人, 契丹人, 女眞人, 渤海人 등 고려에 유입된 외국인의 출신을 망라하여 사용되었다. 來奔은 주로 거란으로부터 도망하여 고려에 온 발해 유민이나 거란인의 상태를 표현한

64) 『金史』 권7, 本紀7 世宗中 大定 15년 9월 辛卯.
65) 『高麗史』 권7, 世家7 문종 1년 3월 戊戌.
66) 『高麗史』 권39, 世家39 공민왕 10년 2월 辛卯.

것이었다. 來附는 주로 대규모 집단의 고려 유입에, 그리고 여진의 왕래에 사용되었다. 內附는 고려에 온 외국인(혹은 집단)과 그들의 생활 기반인 지역명을 포함한 개념으로 여진에 한해서 사용되었다는 점을 확인하였다.

2. '投化' 용어의 성격과 외국인 정착 규정

投化는 고려에 유입한 외국인의 형편을 나타내는 또 다른 용어이다. 사전적 의미는 '德化를 欽慕하여 歸附하다'의 뜻으로 '歸化'로도 지칭된다.[67] 投化는 來投와 같이 외국인의 고려 이주를 보여주는 대표적인 용어로 이해되어왔다. 그러나 용어에 대한 이해는 논자마다 조금씩 견해를 달리한다. 박옥걸은 來投와 마찬가지로 무력적인 느낌이 강한 표현으로 보았고,[68] 이진한은 외국인이 자신이 살던 나라나 지역을 떠나 고려에 常住하기 위해 온 것으로 이해하였다.[69] 박경안은 외국인으로서 고려에 來投하여 王化를 입는 것, 즉 풍속에 의한 敎化라는 유교적 관점이 개재되어 있다고 보았다.[70] 논자마다 조금씩 다르나 견해를 종합하면, 投化는 고려 경내에 들어와 거주하는 외국인의 상태를 나타낸 것이다. 조선시대에도 投化는 일시적으로 居留하는 개념과 달리 완전한 정착의 의미로 쓰이고 있다.[71]

---

67) 諸橋轍次(1984), 「投化」, 『大漢和辭典』 5, 大修館書店, 136쪽.
68) 朴玉杰(1996), 앞의 책, 27쪽.
69) 李鎭漢(2015), 앞의 논문.
70) 박경안(2015), 앞의 논문, 262쪽.

投化 기사는 『고려사』에 총 15건, 『고려사절요』에 7건이 확인된다. 投化는 앞서 살펴본 외국인의 유입 용례와는 달리 개념어 형태로 기재되는 차이가 있다. 구체적인 投化 사례를 통해 고찰해보자.

> 차-1) (1022년 12월) 계축일에 서여진 魚尼底가 와서 고하기를, "(저의) 고모가 일찍이 投化人 昧那를 따라 와서 고려[大國]의 도읍에 머문 지 이미 수년이 지났는데, 本蕃을 생각하여 그리워하므로 토종말로 贖하여 주기를 바랍니다."라고 하였다. 곧 놓아주어 돌아가게 하고 그 말은 돌려주었다.[72]
>
> 차-2) 선종 2년(1085) 6월에 제하기를, 異國投化官吏는 부모가 본국에서 사망하면 부음을 들은 날로부터 규정에 따라 휴가를 주도록 하였다.[73]
>
> 차-3) (1117년 8월) 정묘에 왕이 남경에 이르자 契丹投化人으로 남경 인근에 흩어져 사는 이들이 거란 가무와 잡희를 연주하며 왕의 수레를 맞이하였는데 왕이 어가를 잠시 멈추고 관람하였다.[74]
>
> 차-4) 만약 投化人이 도둑질을 범하면 南界 水路로 유배하여 州縣과 통하지 못하게 한다.[75]

차-1)은 서여진의 魚尼底가 와서 자신의 고모를 다시 본래 여진 거주지로 데리고 간 기사이다. 어니저의 고모는 投化人 昧那를 따라와

71) 『世宗實錄』 권41, 세종 10년 8월 13일 壬辰.
72) 『高麗史』 권4, 世家4 현종 13년 12월.
73) 『高麗史』 권64, 志18 禮6 凶禮 五服制度.
74) 『高麗史』 권14, 世家14 예종 12년 8월.
75) 『高麗史』 권85, 志39 刑法2 盜賊.

고려의 도읍에서 수년째 거주하고 있었다. 이러한 상황에 처하게 된 전말은 알 수 없으나, 投化人 昧那는 고려 개경에서 수년에 걸쳐 거주하고 있는 인물이었다. 차-2)는 1085년(선종 2) 6월에 내려진 異國投化官吏에 대한 휴가 규정이다. 다른 나라에서 와 고려에서 관직 생활 중인 이의 本國 부모가 사망하면 그 부음을 들은 날로부터 규정에 따라 휴가를 주도록 하였다. 여기에서 投化官吏는 고려에서 생활하고 있는 상태의 외국인 관리를 의미한다.

차-3)은 1117년(예종 12) 8월에 예종이 남경에 이르자 인근에 거주하던 契丹投化人들이 그들의 가무·잡희를 바친 내용이다. 契丹投化人은 거란에서 온 외국인들로, 이미 남경 인근에 거주하고 있는 상태였음이 확인된다. 차-4)는 投化人의 범법 행위에 대한 처벌 규정이다. 投化人이 도둑질을 하면 섬으로 유배하여 주현과 통하지 못하도록 하였다. 이때 投化人 역시 이미 고려 내 거주하고 있는 상태를 전제한 형벌 규정이라는 점을 알 수 있다.

이들 사례들에서 투화 용례는 '投化人', '異國投化官吏', '契丹投化人' 등으로, '投化○○人'의 대상 인물에 대한 상태 및 정의를 나타내고 있다. 특히, '異國'·'外國'이나 '宋'·'契丹' 등 投化人의 본래 출신을 함께 기재한 합성어 형태이다. 이외에도 投化丁,[76] 投化田[77] 등의 표현이 확인되는데, 사회·경제 단위로 파악되는 '丁', '田' 등과 함께 사용하기도 하였다.

차-2)의 投化官吏의 휴가 규정이나, 차-4)의 投化人 범법 행위에

76) 『高麗史』 권82, 志36 兵2 站驛 충렬왕 5년 6월.

77) 『高麗史』 권78, 志32 食貨1 田制 祿科田.

대한 처벌내용 등에서 보이는 바와 같이 投化人은 고려의 행정체계 안에서 관리되는 대상이었다.

> 카-1) (1039년 12월) 제하여 말하기를, "계절이 大寒으로 눈바람이 매서우니 이에 가난하여 궁한 이들을 생각하면 필시 헐벗고 굶주릴 것이다. 그 外國投化人과 번에 잡혀갔다 돌아온 남녀 모두 80여 인에게 담당 부서에서 노인과 어린아이를 헤아려 각각 면포를 지급하도록 하라."라고 하였다.[78)]
>
> 카-2) (1279년 6월) 또 兩界의 亡丁, 投化丁에게는 토지 각 4結을 지급하여 교대하는 자가 번갈아 받도록 하며, 몽골어, 한어에 능한 자 각 2인을 뽑아 데리고 가서 그들을 관리하도록 하되, 그 管領人은 사람마다 銀 1斤, 白苧布 1匹, 廣苧·廣布 각 15匹, 명주 5匹, 솜 3斤, 쌀 15石, 말 3匹을 주고, 해마다 그 집에서 쓰는 비용으로 명주와 모시[苧布]를 각 3匹, 쌀 15石을 주십시오.[79)]
>
> 카-3) (1388년 7월) 이로부터 閑人, 功蔭, 投化, 入鎭, 加給, 補給, 登科, 別賜의 명칭으로 대대로 더하여 늘어남이 있어 토지를 담당하는 관리가 번거롭고 자질구레함을 감당하지 못하게 되었습니다. (중략) 그 아버지가 과연 변방의 진에 들어가 수자리를 서는지, 그 할아버지가 과연 이국으로부터 來投하여 王化된 자인지를 묻지 않았습니다. (중략) 하나. 投化田은 향국인으로 종신토록 먹게 하고, 죽으면 관청에 돌아오게 한다. 관직을 받아 구분전이 있는 자는 허락하지 않는다.[80)]

---

78) 『高麗史』 권6, 世家6 靖宗 5년 12월.

79) 『高麗史』 권82, 志36 兵2 站驛 충렬왕 5년 6월.

카-1)은 1039년(정종 5) 12월에 大寒의 추위에 떨고 있을 外國投化人과 蕃에 잡혔다가 돌아온 이들 80여 인에게 노인과 어린아이를 헤아려 솜옷을 지급한 내용이다. 이러한 조처가 내려진 80여 인은 당시 고려에 유입된 지 얼마 안되어 정착 기반에 어려움이 있는 이들이었을 것으로 생각된다.

카-2)는 1279년(충렬왕 5) 6월 도평의사사에서 원에 대한 朝聘路에 伊里干을 설치하고 그 운영방식에 대해 건의한 내용 가운데 일부이다. 投化丁이라는 표현이 나타나는데 양계에 거주하고 있는 외국인 장정을 파악한 것으로 보인다. 카-3)은 1388년(우왕 14) 7월 토지제도 개혁을 위한 조준의 상소 내용이다. 이 가운데 投化田이 확인되는데, 투화전은 異國으로부터 來投하여 王化된 자에게 주어지는 토지였다. 또 토지제도의 폐단에 대하여 바로잡을 방법으로 투화전의 경우, 투화인[向國之人]이 종신토록 먹게 하고 죽으면 관청으로 반환하는데 관직을 받아 구분전이 있으면 허락하지 않도록 하였다.

이처럼 投化는 고려 내에 거주하고 있는 외국인을 지칭하는 용례로 사용되었다. 해당 인물에 대한 출신 등의 정보가 함께 합성된 용어로 나타나며 사회·경제 단위로서의 성격을 내포하기도 하였다. 이는 앞서 살펴본 외국인 유입 행위를 나타내는 용례들과는 형태적으로나, 담고 있는 성격의 측면에서 다른 용어임을 뜻한다.

그렇다면, 投化가 내포하는 의미는 무엇일까. 그 단서로 카-3)의 내용이 주목된다. 投化田과 관련하여 조준은 관리들이 '그 할아버지가 과연 이국으로부터 來投하여 王化된 자인지를 묻지 않았습니다.'라며

80) 『高麗史』 권78, 志32 食貨1 田制 祿科田.

폐해를 언급하고 있다. 여기에서 投化는 '異國으로부터 來投하여 王化된 자'라는 점을 알 수 있다. 즉 投化는 來投 행위에 더하여 '王化'라는 과정이 수반되어야 하는 것이다. '王化'란 무엇일까.

王化의 사전적 의미는 '왕의 德化'를 뜻한다.[81] 王化는 유교의 王道政治 이념의 일부로, 德治를 통한 敎化를 이상으로 한 개념이다.[82] 王化는 풍속에 의한 敎化라는 유교적 관점이 내재되어 있다. 이러한 관념적 차원뿐만 아니라, 실제적으로 왕조 국가 운영의 측면에서 국가 행정체계 내에서 관리되는 범주에 속하는 개념을 말한다. 刑政은 王化의 가장 첫째라 하였고[83] 京畿는 王化가 가장 먼저 미치는 곳으로 파악하였다.[84]

즉, 王化에는 고려 국가의 제도가 미치는 범위라는 실제적인 측면의 의미가 있는 것이다. '來投하여 王化된 자'라는 것은 이국으로부터 고려에 와 王化, 즉 고려의 제도권 내에 포함된 자라는 뜻이겠다. 앞서 살펴본 投化 용례에서도 고려의 행정권 내에서 제도의 운용 측면에서 등장하는 개념들이 주를 이루었다는 점에서 더욱 그러하다.

요컨대, 投化는 고려 경내 거주하고 있는 외국인을 지칭하는 것임을 확인하였다. 고려 내 정착이 허용되어 거주하게 된 외국인은 투화인이라는 범주 속에서 관리되었다. 이들에 대해서는 그 출신·배경을 더하여 명칭하였다. 宋投化人, 契丹投化人, 倭投化人 등이 대표적이다. 그런데, 渤海投化人, 女眞投化人 등의 지칭은 확인되지 않는다. 이는 여

81) 諸橋轍次(1984), 「王化」, 『大漢和辭典』 7, 大修館書店, 827쪽.
82) 박경안(2015), 앞의 논문, 248쪽 각주1).
83) 『高麗史』 권8, 世家8 문종 15년 2월 癸未.
84) 『高麗史』 권84, 志38 刑法1 職制 우왕 1년 2월.

타 외국인들에 대한 인식과는 다른 발해 유민과 여진에 대한 인식이 적용된 결과로 보인다.[85)]

투화인은 능력에 따라 고려 정부에서 관직 생활을 할 수 있었으며, 경제적 혜택을 누렸다. 老幼에 따라 파악되고, 고려의 법으로 규제되는 관리의 대상이었다. 다만, 이들에 대한 출신을 명확히 하고 本國을 그 출신으로 구분하였으며 투화인에 대한 규정을 따로 마련하는 등 고려인과는 구별하고 있다. 이러한 점들을 종합하였을 때, 투화인은 異國에서 와 고려에 거주하며 고려의 행정체계 속에서 관리되는 외국인을 말한다.

[표 1] 外國人 이주 용례의 유형과 특징

용어	시기	사전적 뜻	외국인 이주 상태	사용 대상	파생용어
來投	전시기	와서 투탁함	○○(지역)에 다다른 상태	모든 외국인	來投人
來奔	전기	도망하여 옴	도망하여 고려로 온 행태	송, 발해, 거란	來奔者
來附	전기	와서 屬함 (歸順)	규모가 있는 집단의 고려 유입 행태	발해, 여진	來附者
內附	문종	服從하여 옴	여진 공간의 고려 化內 편입	여진	內附者
投化	전시기	德化를 欽慕하여 歸附함 (歸化)	고려 경내에 거주하는 외국인의 상태	송, 거란, 원, 왜	投化人

정리하자면, 외국인 이주 용례의 특징은 [표 1]과 같다. 외국인의 고려 이주 상황을 나타내는 용례로는 來投, 來奔, 來附, 內附 등이 있

85) 발해 유민과 여진에 대한 고려의 인식과 투화인 규정과 관련하여서는 다음 장에서 자세히 살펴보도록 하겠다.

다. 『고려사』나 『고려사절요』 찬자, 혹은 고려 당대의 인식에서 이들 용례를 명확하게 구분하여 사용하였다고 단정할 수는 없으나, 사례들을 종합하여 보았을 때 단어들이 의미하는 경향성과 성격이 다르다는 점을 확인하였다. 이들 용어는 來獻, 來朝와 같은 외국인의 고려 왕래를 나타내는 사례와 같이 고려에 온 현상을 상황에 따라 다종의 용어로 표현하였던 것으로 여겨진다.

來投는 유입해 온 집단의 규모와 상관없이 고려 국경에 다다른 상황 자체를 압축하여 표현한 용례로, 宋人, 契丹人, 女眞人, 渤海人 등 고려에 온 외국인의 출신을 망라하여 전 시기에 사용되었다. 來奔은 도망하여 고려에 온 행태를 표현한 것으로, 고려 전기 특히 현종·덕종대 발해 유민과 거란인의 고려 이주 상황을 나타내었다. 주로 거란으로부터 도망하여 유입된 외국인 상태를 표현하였으며, 고려 후기에는 보이지 않고, 여진에 대해서도 사용되지 않았다. 來附는 고려 전기 대규모 집단의 고려 유입에, 그리고 발해, 여진에 주로 사용되었다. 이는 곧 발해와 여진이 대규모로 고려에 유입되었다는 사실을 반증하며, 태조대 이후에는 대체로 여진의 왕래 기사에 사용되고 있다는 특징이 있다. 內附는 문종대 고려에 편입한 여진에 한하여 사용되었다. 內附는 여진 부족이 거주하는 공간의 고려 편입을 의미하는 것으로, 고려의 기미주 설치 등을 통한 여진 관리 정책을 엿볼 수 있다.

반면, 投化는 '고려 내에 거주하고 있는 외국인'을 뜻하는 단어로, 이주 행위를 나타내는 다른 용례들과 성격을 달리한다. 해당 인물에 대한 출신 등의 정보가 함께 합성된 용어로 나타나며 投化丁·投化田 등 사회·경제 단위로서의 성격을 내포하기도 하였다. 投化는 실제적으로 고려의 국가 행정체계 내에서 고려의 법으로 관리되고 있는 상태를 나타내었다.

이들 용례의 파생용어를 살펴보면, 來投와 投化의 경우 '人'이 합성되어 來投人, 投化人 등이 나타나는 반면, 來奔, 來附, 內附 등은 '者'가 붙어서 來奔者, 來附者, 內附者 등이 기록되었다. 이들 사례는 來投人과 投化人의 경우, 주로 고려에 유입된 특정 외국인을 지칭할 때 사용되었다. 來奔者, 來附者, 內附者 등의 경우 무리나 세력 규모를 표현하였다. 이러한 파생용어에서도 각 용례가 나타내는 외국인 이주의 성격을 내포하고 있다는 점을 알 수 있다.

2장
고려 전기 외국인의 이주 사례와 특징

고려시대 외국인의 이주 양상은 국제 정세의 추이에 따라 변화하였다. 특히, 중국 왕조의 등장과 쇠퇴에 따라 특징적인 변화상이 나타났다. 五代와 宋人은 고려와의 우호적인 외교 관계 속에서 비교적 자유롭게 고려를 왕래하였다. 이 가운데 재능이 있는 자들은 고려에서 특별히 관직을 주는 등 고려 정착에 도움을 주기도 하였다. 발해 유민과 거란인은 거란의 동경 일대 정세에 따라 고려에 유입되었다. 발해의 멸망과 여러 차례 발생한 발해 부흥 운동 등의 영향으로 발해 유민과 거란의 일부 세력이 고려로 왔다.

이 장에서는 고려 전기 외국인 수용 원칙의 존재 여부와 그 내용 및 국제 정세에 따른 변화상을 확인하고자 한다. 선행 연구에서는 고려시대 외국인 이주에 대해 '來者不拒' 관념으로 적용하여 고려에서 관용적이고 적극적인 자세로 수용하였다고 보았다.[1] 고려에서는 다양한 외교 교섭과 전쟁이라는 특수한 상황을 겪으면서 외국인의 다양한

1) 朴玉杰(1996), 「고려 전기의 귀화인」, 『高麗時代의 歸化人 研究』, 國學資料院, 12쪽.

이주에 대하여 고민하였던 듯하다.

1081년(문종 35) 8월에 西女眞 漫豆 등 17인에 대한 고려 정부의 논의 과정에서 禮賓省이 상주한 내용 '舊制' 규정이 주목된다. 예빈성에서는 이 '舊制'를 근거하여 漫豆 등에 대한 수용이 불가하니 돌려보내야 한다고 주장하였다. 그러나 禮部尙書 盧旦의 건의에 따라 결국 고려로 받아들여진다. 즉, 이 논의에서는 이주해 온 외국인에 대한 수용의 가부를 결정한 것이다. 예빈성에서 법제적 근거로 든 '舊制'는 무엇일까. 그 내용으로는 어떠한 규정을 담고 있는 것일까. 그리고 이러한 규정이 성립된 배경과 실제 적용이 되었는지 등이 궁금하다. '舊制'의 내용을 분석하고 그 성립의 배경과 실제를 확인해보고자 한다.

고려에서는 외국인의 출신과 규모, 그들에 대한 인식 등에 따라 각각 수용 방식이 달랐다. 五代 및 宋에서 온 文士에 대한 대우와 거란에 멸망한 발해 유민에 대한 수용 방식이 모두 똑같이 적용되기에는 어려움이 있었다. 고려에 접근하는 방식 역시 달라서 송에서는 주로 宋商의 배를 이용하여 바다를 건너오는 루트였기 때문에 소규모 인원이 왔고, 고려의 국경에 맞닿아 거주하는 거란의 경우 대규모 인원의 접근이 용이하였다. 고려 정부에서는 이렇듯 각기 다른 성격의 외국인 집단에 대하여 일괄적인 수용과 관리 정책을 펼치기에는 한계가 있었다.

또한, 외국인의 다양한 이주 양상과 그에 따른 수용 방향성은 고려 사회의 정비와 발전에 따라, 현실에 맞게 구체적인 규정으로 확립되어 갔다. 이러한 두 가지 큰 분절점을 유의하며 고려 전기 五代와 宋人, 발해 유민·거란인의 고려 이주 양상과 이들에 대한 수용 방식, 관리 내용을 살펴보고자 한다.

1. 문종대 '舊制' 내용과 고려 전기 외국인 수용 정책

외국인의 고려 이주는 주로 고려 전기에 집중되어 나타난다. 국제 정세에 따라 다양한 외국인 집단이 지속적으로 고려에 왔음에도, 이들에 대한 고려의 수용 방식과 자세를 확인하는 데는 어려움이 있다. 외국인은 개인에서부터 많게는 수만에서 수백에 달하는 인원이 고려에 오기도 하였다. 고려에서는 출신도, 규모도 다른 외국인들의 접근을 무분별하게 대응하지 않았을 것으로 예상된다. 제도가 하나씩 점차 정비되어 갔듯이 외국인에 대한 정책 역시 이들에 대한 경험이 축적되면서 정리되어 갔을 것이라 여겨진다.

다만, 외국인들의 개별 유입을 알 수 있는 기사는 단편적이어서 고려 정부의 외국인 관련 정책이나 수용 방향 등을 파악할 수 있는 기록이 매우 적다. 그렇다고 외국인에 대한 기본 규정이 전무하였던 것은 아니다. 이와 관련하여 다음의 기록이 주목된다.

가) (1081년 8월) 기미에 西女眞 漫豆 등 17명이 가족을 이끌고 來投하자, 禮賓省에서 奏하여 이르기를, "舊制에 本國 변방의 백성으로 일찍이 蕃賊에게 포로가 되었다가 왕을 그리워하여 스스로 온 자와 송나라 사람으로 才藝가 있는 자 이외 黑水女眞과 같은 자는 모두 들어오는 것을 허락하지 않았습니다. 지금 만두 역시 舊制에 의거하여 돌려보내야 합니다."라고 하였다. 禮部尙書 盧旦이 奏하여 이르기를, "만두 등이 비록 무지한 족속이나 義를 흠모하여 왔으니 거절할 수 없습니다. 마땅히 山南 州縣에 거처하게 하고 編戶로 삼으소서."라고 하자 따랐다.[2)]

가)는 1081년(문종 35) 8월 기미일에 서여진 만두 등 17명이 고려에 來投하자, 이들에 대한 조치를 어떻게 할 것인지를 논의한 내용이다. 논의의 과정과 내용을 살펴보면 다음과 같다. 만두 등 17명이 고려에 來投하였다는 사실이 조정에 알려졌다. 그리하여 예빈성에서 이 사실을 보고하면서 舊制에 의거하여 이들을 고려 내에 들이는 것을 반대하며 돌려보내야 한다고 하였다. 이에 예부상서 노단이 만두 등이 무지하나 義를 흠모하여 왔으므로 받아들여야 한다고 건의하였다. 결국, 노단의 의견대로 받아들이기로 결정되었다. 이처럼 고려에서는 외국인의 來投 시 조정에서 일정한 논의를 거쳐 이들의 수용 가부를 결정하였다.

이 논의에서 주목되는 점은 예빈성에서 만두를 수용할 수 없는 근거로 든 舊制의 내용이다. 禮賓省은 賓客燕享, 즉 고려에 온 외국 사신 등에 대한 대접을 비롯한 외국인 대우의 문제를 관장하던 관서이다.[3] 예빈성에서는 고려에 온 외국인에 대한 수용 여부에 대해서도 담당하였다. 그렇다면, 예빈성에서 언급한 舊制란 무엇일까.

舊制는 크게 두 가지 의미로 파악된다. '이전에 내려진 制書' 내용 혹은 字意 그대로 이전부터 통용되었던 '옛 제도'로 해석된다. 『고려사』에는 두 가지 뜻이 모두 적용되어 나타난다. 1041년(정종 7) 9월에 尙書兵部에서 7품 이상 관원의 자제를 군문 충원 금지를 요청하는 상주 내용에서, '하물며 甲子年(1024)과 丙子年(1036)에 이미 금지하는 제서[禁制]가 있었으니, 이는 선대의 공을 잊는 것일 뿐만 아니라 또한 舊制에도 어긋나는 것입니다'라는 구절이 있다.[4] 이는 갑자년, 병자년에 금지하도록

---

2) 『高麗史』 권9, 世家9 문종 35년 8월.

3) 『高麗史』 권76, 志30 百官1 禮賓寺.

4) 『高麗史』 권6, 世家6 정종 7년 9월 丁未朔.

하는 制書를 舊制로 표현한 것으로, '이전 내려진 제서, 명령'에 해당하는 사례이다.

그런데, 대부분의 舊制는 '太祖舊制',[5] '遼舊制'[6] 등 이전에 시행되었던 제도라는 의미의 용례로 쓰이고 있다. 특히, 1106년(예종 1) 1월 東蕃公牙 등 10인이 來朝한 사례가 주목된다. 예종은 이들을 선정전에서 보고 술과 음식을 전례[例]에 따라 하사하였는데 이들을 맞이하는 장소에 대해 논의할 때, 舊制에 따라 편전에서 대접하도록 결정하였다.[7] 즉, 일정한 절차와 의례에 따라 외국인을 대접하였던 제도가 있었던 것이다. 이상의 사례들을 종합하면, 예빈성에서 언급한 舊制는 이전부터 행해져 온 제도로 해석함이 자연스럽다.

舊制는 고려 전기 외국인 수용에 대한 원칙을 담고 있다. 첫째, 수용의 대상이다. '本國 변방 백성 가운데 蕃賊에 잡혀갔다가 다시 돌아온 자와, 송나라에서 온 사람으로 才藝가 있는 자'는 고려에서 받아들였다. 둘째, 수용 불가 대상이다. 앞선 두 부류를 제외한 黑水女眞과 같은 무리는 모두 수용을 거부하였다.

기존 논의에서는 이 규정에 대하여 고려의 규제책이 있었겠으나 고려 외국인 정책의 궁극적 목적은 '인력의 확보'에 있었으므로, 사실상 '來者不拒' 명분으로 거의 지켜지지 않았다고 보았다.[8] 또, 규정의 내용이 당시 상황과 동떨어진 측면이 보이지만 이와 같은 내용이 있었던 이유는 농본주의 국가에서 비농업분야의 흑수여진과 같은 외국인을

---

5) 『高麗史』 권19, 世家19 명종 2년 2월 癸丑.
6) 『高麗史』 권15, 世家15 인종 4년 10월 戊戌.
7) 『高麗史』 권12, 世家12 예종 1년 1월 辛亥.
8) 박옥걸(1996), 앞의 책, 170쪽.

받아들일 수 없었기 때문으로 이해하기도 하였다.[9]

그러나 과연 舊制가 고려 현실과 동떨어진 내용으로 잘 지켜지지 않았다고만 할 수 있는지 의문스럽다. 舊制와 관련하여 다각적인 이해를 위해서 당의 사례를 함께 살펴볼 필요가 있다고 여겨진다. 당은 활발한 대외팽창에 따른 降附者, 降戶者, 內屬者 등이 당 영내로 들어왔는데, 이들 영역 안에 羈縻州(都督府)를 설치하였으며, 또 이들 가운데는 특정 지역으로 遷徙하는 경우도 있었다.[10] 당에서 외국인은 唐人과의 사적인 교류 및 왕래가 엄격히 금지되거나, 출입 시 정부의 엄격한 규제와 관리를 받기는 하였으나, 법률적으로 재산권이 보장되고 신앙의 자유 및 고유 장례가 허용되는 등 중국 내에서 안정적인 생활을 보장받았다.[11]

당의 외국인 입국 및 내지 정착과 관련한 조항에는 다음이 참고된다.

> 나) 무릇 外蕃에 몰락하여 돌아온 자와 化外人으로 歸朝한 자는 있는 곳의 州·鎭에서 옷과 음식을 제공하고 狀을 갖추어 省에 보내어 奏聞하도록 한다. 化外人은 貫鄕에 貫을 附籍하여 安置하고, 落蕃人은 舊貫에 의하며 舊貫이 없으면 近親에 맞게 附貫한다.[12]

나)는 당의 외국인 住居, 즉 附貫에 관한 조항이다. 여기에서는 落蕃人으로 돌아온 자와 歸朝한 化外人 두 부류가 당 내지에 어떻게 받아들

9) 박경안(2015), 앞의 논문, 258~262쪽.

10) 全永燮(2004), 「唐 前期 外來人의 生活과 律令(上)」, 『中國史硏究』 31, 192~194쪽.

11) 全永燮(2004), 위의 논문, 200·201쪽.

12) 『唐令拾遺』 戶令 19條.

여지고 있는지에 대한 내용이 확인된다. 먼저 이들이 있는 곳의 州·鎭에서 옷과 음식을 주고 이들의 유입 내용을 狀을 갖추어 중앙에 보고하도록 하는 절차가 있다. 그리고 化外人의 경우 본래 있던 곳인 貫鄕에 附籍하여 거주하게 하였으며, 落蕃人은 옛 貫에 의거하고 없을 시 近親의 貫에 맞게 附貫하도록 하였다. 당 역시 외국인의 수용에 일정한 절차가 있었으며, 수용 대상을 규정하고 있다. 고려에서도 외국인의 유입이 있을 시, 이를 받아들인 국경에서 중앙에 보고하였으며, 논의를 거쳐 이들의 수용 여부가 결정되었다.

위 조항에서 化外人이란 일반 이민족 전체에 대한 개념이 아닌 당의 지배하에 복속한, 당의 內地邊境 지역에 거주하는 이민족으로 이해된다.[13] 나)는 당의 영역에 들어온 외국인 가운데 長期滯留하는 경우에 대한 附貫 규정으로 보이며,[14] 이들은 동시에 국가의 공식적인 戶等制인 9등호제에 기초하여 호적에 편성되었다.[15] 당에서도 거주와 관련한 조항에서 外蕃에 몰락하여 다시 돌아온 唐人과 歸朝한 化外人을 함께 다루고 있다. 당 전기 활발한 대외팽창에 따른 인구의 이동에 따른 규정이라고 보인다. 다만, 당의 대외질서에 따른 羈縻州(都督府) 등의 지방지배 방식이나 化外人에 대한 정책은 고려와 차이가 있다. 특히 나) 규정에서 化外人은 당 내지에 편입된 지역민을 말하고, 이들에 대한 附貫과 安置 역시 그들이 본래 거주하였던 곳이기 때문이다.

반면, 舊制는 흑수여진과 같은 부류에 대한 수용이 불가한 조항을 포함하고 있다. 이는 고려의 대내외 상황과 특징을 반영한 것이다. 舊

13) 全永燮(2004), 「唐 前期 外來人의 生活과 律令(下)」, 『中國史硏究』 32, 68쪽.

14) 全永燮(2004), 위의 논문, 68·69쪽.

15) 『大唐六典』 권3, 戶部 郎中員外郎.

制가 실제 양상과 배치되기도 하지만, 이러한 규제책이 정리되어 있었기 때문에 예빈성에서 舊制에 의거하여 논의를 진행하였다고 본다. 舊制의 내용을 구체적으로 살펴보아, 이러한 원칙이 성립된 배경과 실제에 대하여 고찰해보자.

먼저, '蕃賊에게 포로가 되었다가 다시 돌아온 고려인'에 대한 규정이다. 여기에서 蕃賊은 여진을 의미하는데, 여진은 고려와 거란 사이에 위치하며 양국에 이용되기도 하고 때에 따라 토벌의 대상이 되었다.[16] 여진은 일찍부터 그들의 생활 방식과 식량 등의 현실 문제로 고려를 끊임없이 약탈, 침략하여 피해를 입히기도 하였다. 다음 기사를 보자.

> 다) (985년 5월) 이에 여진에서 來奔한 자 2,000여 명에게 모두 베풀어주어 돌려보냈다. 뜻하지 않게 도리어 몰래 군사를 갑자기 들여 우리 관리와 백성들을 죽이거나 도적질하였으며 장정들을 포로로 끌고 가서 모두 노예로 삼았다.[17]

다)는 985년(성종 4) 5월 고려에 원병을 요청하러 온 송나라 사신 韓國華에게 이전에 있었던 여진의 譏訴에 대한 전말을 설명한 내용이다. 984년 5월 고려에서 송으로 進奉使 韓遂齡을 파견하였는데,[18] 이때 송 황제가 한수령에게 여진이 고려가 거란을 끌어들였으며, 거란과 함께

16) 李孝珩(2006), 「高麗前期의 北方認識-발해·거란·여진 인식 비교」, 『지역과 역사』 19, 79쪽.

17) 『高麗史』 권3, 世家3 성종 4년 5월.

18) 『高麗史』 권3, 世家3 성종 3년 5월.

노략질하였다고 참소한 정황에 대해 물으며 포로로 잡힌 여진인들을 돌려보내도록 하였다. 이러한 내용을 전해 들은 성종은 한국화가 오자 여진의 무고임을 밝히고 상황을 설명한 것이다. 성종은 거란에 쫓겨 도망해 온 여진인 2,000여 명에게 모두 후하게 베풀어 주고 돌려보냈으나 오히려 고려의 관리와 백성들을 노략질하고 포로로 끌고 갔다고 말하고 있다.

이처럼 여진은 일찍부터 고려와 거란의 갈등 관계를 틈타 고려를 침입하거나 고려인을 잡아가는 등 폐해를 일으켰다. 여진에게 포로로 잡혀갔던 고려인 가운데 다시 돌아오는 경우가 종종 확인된다. 『고려사』에는 여진에 잡혔다가 돌아온 고려인을 被虜人, 沒蕃人 등으로 기록하고 있다. 舊制의 첫 번째 규정에서 이들을 언급하고 있다. 고려인이었으나 여진에 의해 고려 경계 밖으로 나갔다가 돌아오는 경우이기 때문에 다시 고려 경내로 들어오는 문제에 있어서 함께 규정되었다고 생각된다.

고려에서는 이들에 대해 기존의 생활 기반을 보전해주고,[19] 관직을 더해주는 등 후대하였다.[20] 여진 부족 가운데 고려와의 우호적 관계를 유지하기 위해 포로로 잡혀갔던 고려민을 돌려보내기도 하였다.[21] 고려에서는 沒蕃人의 수용에 있어서 그들의 정보 파악을 명확하게 하고 있었다. 1055년(문종 9)에 蕃賊에게 잡혀갔다가 돌아온 廉可偁은 1010년(현종 1) 거란 침입 때 피난을 가던 중 사로잡혔다가 돌아왔다. 그는 三韓功臣 廉邢明 손자로, 본래 신분이나 출신 및 여진에 포로로 잡힌

19) 『高麗史』 권7, 世家7 문종 10년 2월 甲午.

20) 『高麗史』 권4, 世家4 현종 11년 2월 己丑.

21) 『高麗史』 권7, 世家7 문종 7년 2월 丁丑.

경위 등을 확인하고, 그 아버지와 할아버지의 永業田과 집을 돌려주게 하는 조치가 취해졌다.[22] 이러한 사례는 첫 번째 '蕃賊에게 포로가 되었다가 다시 돌아온 고려인'에 대한 수용 원칙이 잘 지켜졌다는 점을 나타낸다.

두 번째는 '송나라에서 온 사람으로 才藝가 있는 자'에 대한 수용 규정이다. 고려 초부터 송에서 온 이들에 대하여 후대하였다고 하나, 이는 어디까지나 그들의 능력을 인정한 이후의 일이었다.

> 라-1) 雙冀는 後周 사람으로, 周에서 벼슬하여 武勝軍·節道巡官·將仕郎·試大理評事가 되었다. 광종 7년(956)에, 封冊使 薛文遇를 따라 왔다가 병 때문에 머무르게 되었다. 병이 낫자 불러 대면하니 왕의 뜻에 맞았다. 광종이 그의 재주를 아깝게 여겨 表를 올려 그를 僚屬으로 삼겠다고 요청하여, 비로소 발탁하여 등용하였다. 元甫·翰林學士로 (관직이) 뛰어넘고, 한 해가 지나기도 전에 文柄을 맡기니 여론이 지나치다고 여겼다.[23]
>
> 라-2) 周佇는 宋 溫州 사람이다. 穆宗 때 商船을 따라 왔는데, 學士 蔡忠順이 그가 재주가 있음을 알고서 긴밀히 왕에게 아뢰어 그를 머물게 하였다. 처음에 禮賓省注簿로 임명했다가 몇 달도 안 되어 拾遺로 임명하였고, 마침내 制誥를 맡겼다.[24]
>
> 라-3) (1081년 4월) 임오에 禮賓省에서 아뢰기를, "宋人 楊震이 商船을 따라 와서 스스로 擧子라 칭하고 여러 번 시험하였는데 합격

22) 『高麗史節要』 권4, 문종 10년 2월.

23) 『高麗史』 권93, 列傳6 雙冀.

24) 『高麗史』 권94, 列傳7 周佇.

하지 못하였으니, 요청하건대 보고하는 바에 따라 本國으로 돌려 보내도록 하소서."라고 하자, 이를 따랐다.[25]

라-1)는 956년(광종 7)에 봉책사 설문우를 따라 온 雙冀가 고려에 머물게 된 상황을 나타낸다. 쌍기는 송에서 파견한 사신을 따라 고려에 왔다가 병에 걸려 머무르게 되었다. 병이 다 낫자 광종은 그를 불러 대면하니 자신의 뜻과 맞아 후주에 표를 올려 그를 요속으로 삼겠다고 요청하고 발탁하여 등용하였다. 쌍기는 관직의 순서를 뛰어넘어 元甫·翰林學士로 승진하였으며, 고려에 온 지 1년이 되기도 전에 중책을 부여받는 등 광종의 총애를 받았다. 쌍기의 건의로 고려에서 과거가 처음으로 실시되었으며, 그의 성공을 배경으로 아버지 雙哲 역시 고려로 왔다.[26]

라-2)는 1005년(목종 8) 4월에 온 주저가 고려에서 관직 생활을 하게 된 내용이다. 주저는 상선을 따라 고려에 왔다가 학사 채충순이 천거하여 등용되었다. 주저는 문필에 능하여 당시 외교문서[交聘辭命]를 많이 작성하였다고 평가되고 있다.[27] 주저가 처음부터 고려에 거주하기 위해 왔는지는 알 수 없으나, 채충순이 목종에게 긴밀히 아뢰어 그를 머물게 하였다는 점을 보았을 때, 고려 정부 요청으로 고려에 남게 되었다고 짐작된다. 주저는 관직이 예부상서에 이르며, 죽을 때까지 고려에 있었다.[28]

---

25) 『高麗史』 권9, 世家9 문종 35년 4월 壬午.
26) 『高麗史』 권93, 列傳6 雙冀.
27) 『高麗史』 권94, 列傳7 周佇.
28) 『高麗史』 권5, 世家5 현종 16년 5월 庚戌.

고려 국왕이나 관료에 의해 발탁되었지만, 중국에서 온 문사, 대표적으로 송나라에서 온 사람 가운데 고려 사회 내에 받아들여질 수 있었던 인물들은 모두 그 재능을 인정받은 자들이었다. 위의 쌍기나 주저의 경우, 학문적 재능이나 문필 등이 고려 사회에 잘 맞았으며, 필요하였던 인물이었기 때문에 등용되었다. 반면, 능력이 인정되지 않을 시에는 송에서 온 문사라 할지라도 고려에 받아들여지지 않았다.

라-3)은 예빈성에서 송나라 사람 楊震이 여러 번 시험에서 합격하지 못하였으므로 다시 송으로 돌려보내야 한다고 보고하고 조처한 내용이다. 양진은 상선을 따라 고려에 왔는데 스스로 擧子라 칭해 여러 번 시험을 보았지만 합격하지 못해 다시 본국인 송으로 돌려 보내졌다. 擧子는 일종의 과거 시험 응시생인데, 거자라고 자칭하였다는 것은 스스로 유교적 소양을 갖춘 지식인이라는 점을 강조한 셈이다. 이 사례를 통해, 송에서 온 지식인이라고 할지라도 고려에서 능력을 인정받지 못하면 다시 돌아가야 했다는 점이 확인된다. 즉, 송나라에서 온 자라 할지라도 그 才藝가 인정되지 않으면 고려 내에 수용되지 못하고 돌려보냈다.

舊制의 두 번째 '송나라에서 온 사람으로 才藝가 있는 자'에 대한 수용 원칙 또한 비교적 잘 운용되었다. 다만, 특채로 발탁되던 宋人 등용은 시간이 흐름에 따라 점차 제도적 기준에 따라 규제되었다. 특히 문종대 이후 고려에 온 宋人은 시험을 통해 관료가 될 수 있었는데, 고려의 과거제 운용 안에서 가능하였다. 게다가 고려 초기에는 국왕의 특전으로 단번에 고위직을 역임할 수 있었지만, 문종대 이후에는 고려의 과거 시험에 합격하여야 고려 조정에 등용되었으며, 고려인과 마찬가지로 낮은 초입사직부터 시작하여야 하였다.

마지막은 '黑水女眞과 같은 자는 모두 들어오는 것을 허락하지 않았다'는 규정이다. 다)의 985년(성종 4) 5월 기사에서도 여진인 2,000여 명을 돌려보낸 내용을 보면, 여진이 고려에 수용되지 않았던 것으로 이해된다. 실제로 『고려사』에는 태조대 招諭에 의해 포섭된 흑수 사례를 제외하면,[29] 현종 이전까지 女眞의 고려 유입 기사는 거의 없다. 그러나 『고려사』의 초기 기록이 미비한 까닭에 여진의 고려 왕래 사실이 누락되었다고 생각된다. 948년(정종 3) 9월 동여진에서 大匡 蘇無蓋 등을 보내 말 700필과 토산물을 바친 기사나,[30] 993년 5월 서북계 여진에서 거란의 침략 계획을 알려온 점 등을 보면,[31] 고려 초기 여러 여진 부족과의 교류가 예상된다.[32]

여진은 고려에 우호적인 세력이 있는 반면, 고려를 침략해 피해를 주는 부류도 있었다.[33] 이에 고려에서는 북방 지역에 성을 쌓고 국경을 방비하였으며[34] 991년 10월에는 압록강 바깥에 거주하는 여진을 백두산 너머로 쫓아내 살게 하기도 하였다.[35] 종합해보면, 고려 초기에는 여진과의 교류 및 교섭이 활발하였지만, 그들이 고려 내로 유입되어 수용되지는 않았다고 생각된다. 993년 5월 여진이 거란의 고려 침략

---

29) 『高麗史』 권1, 世家1 태조 4년 2월 甲子 ; 4월 乙酉.

30) 『高麗史』 권2, 世家2 정종 3년 9월.

31) 『高麗史』 권3, 世家3 성종 12년 5월.

32) 金庠基(1959), 앞의 논문.
이세현(1971), 앞의 논문.
徐炳國(1978), 「高麗時代 女眞交涉史 硏究」, 『關大論文集』 6-1.
崔圭成(1981), 「高麗初期의 女眞關係와 北方政策」, 『東國史學』 15·16.

33) 『高麗史』 권3, 世家3 목종 8년 1월.

34) 『高麗史』 권3, 世家3 성종 3년 5월.

35) 『高麗史』 권3, 世家3 성종 10년 10월.

계획을 알려왔지만, 그들이 우리를 속인다고 여겨 방비하지 않았다는 점에서[36] 여진에 대한 부정적인 인식을 엿볼 수 있다. 舊制의 세 번째 조항은 이와 같은 고려 초기 여진과의 교류와 인식이 종합적으로 작용하여 정립된 내용이었다.

[표 2] 고려 전기 여진의 고려 內地 수용 사례

구분	유입 시기	출신	성명	직책	규모	유입 용례	조치 내용
1	1017.8.갑오	黑水靺鞨	阿離弗		6人	來投	分處江南州縣.
2	1029.8.을미	東女眞	噲拔	大相	300여戶	來投	賜渤海古城地, 處之.
3	1030.11.을축	西女眞	曼鬪(曼頭)		27戶	來附	處之東界.
4	1031.8.갑신	女眞	阿豆閒(間)	將軍	340戶	來投	勒留嘉鐵二州之地, 然阿豆閒本東蕃子項史之族, 宜遣置東蕃.
5	1040.9.임신	北女眞	尼迂火骨輔	將軍	1人	來投	賜田宅, 處之圻內.
6	1040.10.갑신	西北女眞	仍化老		13人	來投	命充兆爲課戶.
7	1047.3.무술	東女眞	耶於害	將軍	6人	款塞	賜田宅, 處之內地.
8	1052.1.병인	東女眞	馬波	正甫	48人	入	請入定州關外爲編戶, 賜田宅, 處之內地.
9	1078.9.	女眞	高麻秀		14人	來投	處之南界州縣.
10	1079.4.기유	女眞	耶邑幹		1人		父阿羅弗, 母吳쀁, 兄齊主那等六人, 曾於丁巳年, 向化來投, 願隨居之. (1017.8.갑오. 阿離弗 등 6인을 가리킴)
11	1081.8.기미	西女眞	漫豆		17人	來投	宜處之山南州縣, 以爲編戶

36) 『高麗史』 권3, 世家3 성종 12년 5월.

12	1093.3.임오	北審			3人	來投	賜衣及田宅.
13	1101.4.무오	女眞	古舍毛	氈工	6人	來投	賜田廬, 以充編戶.
14	1101.9.	西女眞	古時毛		1人	來投	賜田宅.

그런데, 현종대 이후 여진의 고려 유입 기사가 상당수 확인되고, 이들을 고려 內地로 받아들여 거처하게 하는 사례들이 있어 舊制 규정이 어느 시점에 변곡점이 생긴 것으로 보인다. [표 2]는 고려 전기 여진의 내지 수용 사례만을 정리하였다. [표 2]를 보면, 1081년 8월의 舊制 언급 이전에만 하더라도 여진에 대한 內地 수용이 10건이 확인된다. 처음 여진의 내지 수용을 허용한 기록은 첫 번째 1017년(현종 8) 8월 黑水靺鞨 阿離弗 등 6인이 來投하자, 江南 州縣에 나누어 살게 한 조처이다.[37] 단편적인 사실을 나타내는 내용만 있어 구체적으로 이들의 고려 내투 연유나 고려에 살게 된 이후의 사정에 대해서는 자세히 알기 어렵다. 다만, 그 뒤에 해당하는 [표 2]-10) 사례에서 대략을 유추할 수 있다.

1079년 4월 여진인 耶邑幹이 먼저 고려 내지에 있는 가족들을 따라 그곳에서 살고 싶다고 요청한 데 대하여 허락하였다.[38] 야읍간의 가족은 이미 정사년에 고려에 와 내지에 정착하였는데, 정사년은 1017년 아리불 등 6인이 와서 거처하게 된 사례로 짐작된다. 이들이 온 해가 정사년이고, 구성원의 수가 6인이라는 점이 같고 무엇보다 대표자 이름인 아리불과 야읍간이 아버지로 언급한 아라불이 동일 인물로 여겨지

37) 『高麗史』 권4, 世家4 현종 8년 8월 甲午.
38) 『高麗史』 권9, 世家9 문종 33년 4월 己酉.

는데, 여진 인명을 한자로 음차하면서 약간의 차이를 가져온 것으로 보인다.

야읍간이 가족을 따라 살고 싶다고 한 점을 보았을 때, 1017년 고려에 온 여진인 6인은 가족 구성원 단위로 나뉘어 거주지가 정해진 듯하다. 야읍간은 定州 弘化戍에서 왔는데, 홍화수는 1044년(정종 10)에 설치된 국경 방어진이다.[39] 그는 왕이 효심을 기특하게 여겨 고려 내지인 영남으로 옮겨 거주하는 것을 허락받았다.[40] 야읍간이 고려 내지로 수용될 수 있었던 데는 이미 가족이 거주하고 있으며, 정주 홍화수에서 고려의 국경 방어를 위해 협력하였던 인물이었기 때문으로 생각된다.

[표 2]-2), 3), 4)의 사례는 각각 渤海古城地, 東界, 東蕃에 거처하게 하였다. 이들의 거주지역은 다른 사례들이 圻內, 內地, 南界, 山南 등 고려 남부 지방인데 반해 국경에 가까웠다. 이는 고려에 온 이들의 규모가 300여 戶, 27戶, 340戶 등으로 비교적 많은 인원수였기 때문에 이동이 용이한 가까운 국경 지역에 배치하였던 것으로 보인다. 무엇보다 대표로 명시된 인물은 고려에 2번 이상 방문하였던 경험이 있는 자들이다.

그리고 [표 2]-13) 사례는 1101년(숙종 6) 4월 여진 氈工인 古舍毛 등 6인이 내투하여 전택을 주고 편호하였다. 氈工은 모전을 만드는 장인을 말하는데, 전문적인 기술을 가지고 있는 인물을 뜻한다. 이외 관직이 守司空·尙書右僕射까지 오른 高烈은 본래 黑水 사람인데, 활

39) 『高麗史』 권82, 志36 兵2 城堡.

40) 문종이 야읍간을 받아들인 이유는 겉으로는 부모에 대한 효성을 들었지만 당시 농업생산의 여건을 고려할 때, 가족 또는 친족과 함께 공동 노동의 효율성을 높이기 위한 것으로 이해되기도 하였다(李鎭漢(2017), 앞의 논문, 42·43쪽).

쏘기를 잘하여 여러 번 군공을 세워 시대의 명장으로 칭송받았다.[41] 고열 당대에 고려에 정착한 것인지, 선대에 이미 고려에 온 것인지는 분명하지 않으나,[42] 활을 잘 쏘는 재능으로 높은 관직에까지 올랐던 인물이다. 고열 사례를 고려하면, [표 2]에 정리된 사례 이외 사료에 명시되지 않은 많은 여진 출신 인물들이 고려 내에서 활동하였을 것으로 생각된다.

이상과 같이, 확인한 고려 전기 내지에 수용된 여진인들의 면면을 살펴보면, 黑水靺鞨부터, 東女眞, 西女眞, 北女眞 등 다양한 여진 계열이 해당한다는 점을 알 수 있다. 여진에 대한 수용 여부는 부락의 출신 계통보다 얼마나 더 고려에 화친하였는지가 중요한 척도였던 것으로 보인다. 고려 내지로 받아들여진 이들은 적어도 고려에 2회 이상 왕래하였던 인물 및 부락이었고, 기술이나 무예와 같이 재능이 있는 특수한 경우에만 가능하였던 것으로 생각된다.

舊制는 외국인의 고려 內地 수용 기준을 제시해주는 것이었다. 이는 고려 건국 이래 다사다난한 외교 교섭 및 다양한 외국인의 왕래에 대한 고려 사회의 경험이 온축된 결과였다. 그렇다면 舊制는 어떠한 과정 속에서 정립되었을까. 첫 번째 규정의 '蕃賊에 잡혀간 고려인[沒蕃人]'이 처음 등장하는 시기나, 다시 고려로 돌아온 廉可偁의 사례를 통해 볼 때도 993년(성종 12)의 거란과의 1차 전쟁을 겪으면서 沒蕃人의 급증과 그들의 귀환에 대한 논의가 정리되었을 것으로 짐작된다.

---

41) 『高麗史節要』 권4, 문종 10년 윤3월.

42) 고려에서는 투화 2세에 대해서도 본래 국가나 종족을 출신으로 인식하였기 때문에, 고열이 당대에 고려에 온 것인지, 이미 선대부터 고려에 거주하고 있었는지는 알 수 없다.

특히, 982년 6월에 최승로가 올린 상소문이 주목된다. 최승로는 광종의 치세를 평가하면서 '雙冀가 投化한 이후로는 文士를 존숭하고 중히 여겨 은혜를 베풀고 예우함이 지나치게 후하여, 재주가 없는 자들[非才]이 함부로 (관직에) 나아가고 차례를 지키지 않고 갑자기 승진하여 해를 채우기도 전에 곧 재상[卿相]이 되었습니다.'라고 하였다.[43] '재주가 없는 자들[非才]'에 대한 등용을 비판하였다. 최승로의 시무책이 대부분 성종에게 받아들여져 국가 정책으로 반영되었다는 점을 생각했을 때, 이러한 최승로의 광종대 投化宋人의 무분별한 등용에 대한 비판에 대한 대책이 마련되었을 것으로 짐작된다.

舊制의 마지막 규정인 '黑水女眞과 같은 자는 모두 들어오는 것을 허락하지 않았다'는 내용 역시 고려의 누적된 여진에 대한 불신과 배척에서 비롯되었다. 일찍이 고려에서는 태조대부터 여진에 대해 '人面獸心'으로 인식하며[44] 여진 관계에 있어서 회유와 강경책을 병행하였다. 991년(성종 10) 10월 '압록강 바깥에 거주하는 女眞을 백두산 너머로 쫓아내 살게 하였다.'는 기사나,[45] 993년 5월 거란의 침입 계획을 알려온 여진의 말을 믿지 못한 점 등에서[46] 고려 건국 이래 축적된 여진에 대한 부정적 인식을 잘 보여준다고 하겠다.

그러나 거란과의 전쟁을 겪으면서 고려와 거란의 국경 지대에 흩어져 사는 여진의 대외적 역할이 증대되었다. 특히, 현종은 즉위한 다음해인 1010년(현종 1)에 강조의 죄를 묻는다는 명분으로 요나라 성종이

43) 『高麗史節要』 권2, 성종 1년 6월.

44) 『高麗史節要』 권1, 태조 14년.

45) 『高麗史』 권3, 世家3 성종 10년 10월.

46) 『高麗史』 권3, 世家3 성종 12년 5월.

40만 군대를 이끌고 고려에 쳐들어와[47] 나주까지 피난하는 어려움을 겪었다. 현종이 요에 친조한다는 조건으로 전쟁을 마무리할 수 있었으나,[48] 요의 계속되는 요구에도 현종의 친조가 이루어지지 않자, 강동 6주의 반환을 요구하며 다시 양국 간 갈등이 시작되었다. 그 가운데 1015년 정월부터 거란군은 군사 행동을 시작하며[49] 변경 지역에서 수차례에 걸쳐 소규모 파상적인 공격이 이어졌다.

이러한 고려와 거란 간의 긴장 관계 속에서 여진의 來獻이나 來朝가 더욱 빈번해지고, 고려 정부에서는 여진을 이용하여 거란군을 격퇴하는 등[50] 양자 간의 이익에 따른 교류가 활발해졌다. 여진은 고려·거란 간 전쟁 상황 속에서 고려에 와서 말이나 무기 등을 바쳐 경제적 이익을 취하였고, 고려는 이러한 여진을 이용해 거란의 군사 행동에 대한 정보와 군사적 지원을 얻었다. 어지러운 정세 속에서 고려로 유입하는 여진 세력 또한 증가하였다. 고려 입장에서 이전에 고수해오던 '黑水女眞과 같은 자는 모두 들어오는 것을 허락하지 않았다.'는 규정을 지키기에는 현실적으로 어려운 상황이었다. 1017년 8월에 처음으로 여진을 고려 內地, 즉 江南州縣에 나누어 거처하게 한 것은[51] 당시 국제 정세가 반영된 조처였다.

한편, 가)에서 노단은 예부상서로서 만두 등에 대한 수용을 주장하고 있다. 禮部는 禮儀·朝會·交聘 등 예절과 예식 및 국가 儀禮, 외교

47) 『高麗史』 권4, 世家4 현종 1년 11월 辛卯.
48) 이정신(2004), 「江東 6州와 尹瓘의 9城을 통해 본 고려의 대외정책」, 『고려시대의 정치변동과 대외정책』, 景仁文化社, 72·73쪽.
49) 『高麗史』 권4, 世家4 현종 6년 1월 癸卯.
50) 『高麗史』 권4, 世家4 현종 9년 10월 丁未.
51) 『高麗史』 권4, 世家4 현종 8년 8월 甲午.

사절 관계 업무 등을 관장하였다. 예부상서는 예부의 정3품직으로 실질적인 장관이었다. 무엇보다 노단은 1073년 8월에 謝恩使로 송에 다녀온 경험이 있고,[52] 1078년 6월 고려에 온 송의 사절단을 접대하기도 하였다.[53] 이러한 노단의 이력을 보았을 때, 그는 당시 외교적 감각이 뛰어나고 대외 상황에 대한 이해가 높았던 인물이었음이 짐작된다. 예빈성에서 舊制에 의거하여 반대하였지만, 결국, 노단의 의견을 따라 만두 등이 받아들여진 것이다.

요컨대, 舊制는 이렇듯 고려 건국 이래 맺어온 외교 교섭과 외국인의 왕래 속에서 경험한 대내외 현실이 함축된 결과를 보여준다. 제도는 현실적 조건에 따라 개편되기 마련인데, 舊制 역시 현종대 이후 변화하는 대외적인 상황 속에서 여진인 수용을 예외적으로 허락하는 유연한 자세를 보였다. 이는 고려의 여진에 대한 정책 변화 과정에서 보이는 양상이다.

이전까지 고려는 여진에 대해 關內 왕래를 허가하여 정치·경제적 이익을 보장해주는 방식으로 관리하였다. 거란과의 전쟁 속에서 여진에 대한 외교적 중요성이 증대되고, 이들의 세력 편성에 따른 고려에 침입해오는 부족에 대한 제어를 위해 점차 여진의 고려 內地로 수용을 허용한 것이다. 이러한 환경이 발전하여 문종대 여진의 內附가 대거 이루어지면서 이들이 고려의 군현 설치를 요청하기에 이른 것이다. 그리하여 고려에서는 군현 제도 형태를 빌어 기미주를 설정하여 여러 여진 세력을 그들 간의 경쟁과 규합을 통해 통제하였다.

---

52) 『高麗史』 권9, 世家9 문종 27년 8월 丁亥.

53) 『高麗史』 권9, 世家9 문종 32년 6월 甲寅.

2. 五代와 宋人의 고려 정착과 등용 제도 변화

1) 五代와 宋人의 시기별 유입 양상과 정착과정

고려는 건국 초부터 중국과의 외교에 적극적이었다. 태조 즉위 당시는 대내외적으로 혼란한 시기였다. 태조는 즉위한 지 5일 만에 왕권을 위협하는 역모를 경험하였다.[54] 대외적으로는 중국이 五代十國時代의 혼란이 계속되고 있었으며, 후백제와 북방 지역에 대한 견제를 위한 대외교섭에 적극적으로 노력하였다. 태조는 재위 초부터 後梁에 사신을 보내어 친선을 꾀하였으며,[55] 後唐이 성립한 이후에도 적극적인 사신 파견 등의 노력으로 재위 16년 3월에 후당으로부터 책봉을 받기도 하였다.[56]

이러한 적극적인 교류 속에서 중국 문사들이 고려에 오기도 하였다. 吳越 文士 酋彦規,[57] 朴巖[58] 등이 고려로 來投하였다. 태조는 중국에서 來投한 이들을 적극적으로 받아들여 즉시 외교관으로 활용하였다. 박암은 923년(태조 6) 6월 고려로 來投하였는데, 그해 바로 後唐에 사신으로 파견되고 있다.[59] 이때 박암은 春部少卿 관직을 띠고 있었는데, 춘부소경은 고려의 예빈성 종3품 벼슬의 관직으로, 박암이 중국어에 능통하고 현지 환경에 밝을 것이기 때문에 외교 사절의 副使로 거용된 것으로 보인다.[60]

---

54) 『高麗史』 권1, 世家1 태조 1년 6월 庚申.
55) 『高麗史』 권1, 世家1 태조 6년 6월 癸未.
56) 『高麗史』 권2, 世家2 태조 16년 3월 辛巳.
57) 『高麗史』 권1, 世家1 태조 2년 9월 癸未.
58) 『高麗史』 권1, 世家1 태조 6년 6월 癸巳.
59) 『新五代史』 권74, 四夷附錄3 高麗.

『고려사』에는 중국 五代 文士들을 포함하여 고려에 유입된 宋 출신 인물들이 모두 82명 확인된다.[61] 이들의 고려 입국 시기나 출신 및 특징을 정리하면 [표 3]와 같다. 고려 초기 五代 문사를 비롯한 宋人의 고려 유입은 고려 전기에 집중적으로 분포한다. 고려 초기 기록이 散失되어 소략한 점을 생각한다면, [표 3]에 정리된 사례보다 많은 宋人들이 고려에 유입되었을 것으로 보인다.

실제로 광종대 고려 유입 기록이 확인된 인물은 雙哲·雙冀 부자와 蔡仁範 뿐이나, 이때 投化漢人들에 대한 厚待로 많은 世臣故家들이 집을 잃고 있다는 서필의 비판을 볼 때,[62] 보다 많은 인사들이 유입되어 있었다고 여겨진다. 다만, 국내외 정세변동에 따라 宋人의 고려 유입에 약간의 공백기도 있었다. [표 3]-5) 970년 蔡仁範과 6) 1005년 주저의 내투 사이에는 약 25년 정도 유입 사례가 없고, [표 3]-12) 1023년(현종 14) 11월 陳億 내투와 15) 1052년(문종 6) 6월 張廷의 유입 기사 사이에도 약 30년 정도 공백이 있다. 이 두 공백 기간에 송과 교류가 완전히 단절되었던 것은 아니다. 거의 매년 宋商의 來往 기사가 보이고, 999년(목종 2) 10월 吏部侍郞 朱仁紹가 송에 파견되기도 하는 등[63]

---

60) 국사편찬위원회(2004), 『中國正史 朝鮮傳 譯註 三』, 45쪽.

61) 인원 추산과 관련하여, 박옥걸은 고려에 귀화한 漢人을 155명으로 확인하였고(앞의 책(1996), 33~36쪽), 박순우는 162명으로 파악하였다(앞의 논문(2012), 222~225쪽). 이들은 예종 11년(1116)~12년(1117) 사이 고려에 유입된 거란에 살던 漢人들의 來奔까지를 포함하였다. 그러나 여기에서는 송나라에서 왔을 것으로 예상되는 인물들을 중심으로 파악하였기 때문에 거란에 소속되었을 漢人은 제외하였다. 다만, [표 3] 13·14에 해당하는 劉守全 외 14인, 申流 외 12인 역시 거란으로부터 온 宋人이었을 것으로 파악되나, 이들의 출신을 宋으로 기재하고 있으므로 포함하였다.

62) 『高麗史』 권93, 列傳6 徐弼.

63) 『高麗史』 권3, 世家3 목종 2년 10월.

공적·사적 교류가 계속되었다. 고려에 정착한 宋人의 사례가 확인되지 않을 뿐이다.

[표 3] 고려 전기 五代와 宋人의 고려 이주 사례와 특징[64)]

구분	시기	출신	성명	인원	용례	특징
1	919.9.계미	吳越國 文士	酋彦規	1	來投	
2	923.6.계사	吳越國 文士	朴巖	1	來投	923년 後唐에 사신으로 파견
3	956.	後周 前大理評事	雙冀	1	來	封冊使 薛文遇 따라 고려 방문 元甫 翰林學士(初職) 958.5. 始置科擧(지공거 3번 역임)
4	959.	後周 淸州守	雙哲	1	隨, 來	雙冀 父 回使 王兢을 따라 옴 佐丞
5	970.	宋 江南泉州	蔡仁範	1	隨	泉州持禮使를 따라 옴 禮賓省郎中(初職)
6	1005.	宋 溫州 文士	周佇	1	來投	授禮賓注薄
7	미상	宋 楊州	劉志誠	1		遷仕我朝 子. 劉炫取 1039.6. 卒(68세)
8	1012.3.임신	宋	王福 錢華 楊太 葉淸 王弩 李太 林惜	7	來投	

64) 『高麗史』와 『高麗史節要』, 묘지명 및 중국 사서 등의 기록을 토대로 고려에 이주한 인물들을 정리한 것이다.

9	1012.6.경술	宋	葉居腆 林德 王皓	3	來投	
10	1013.1.경술	宋 閩	戴翼	1	來投	授儒林郎守宮令 賜衣物田莊
11	1015.윤6	宋 泉州	歐陽徵	1	來投	1016.1.정묘 右拾遺(종6품) 임명
12	1023.11.	宋 泉州	陳億	1	來投	
13	1033.1.을해	宋	劉守全	14	來奔	
14	1033.6.갑진	宋	申流	12	來奔	
15	1052.6.무인	宋 進士	張廷	1	來	授秘書校書郎(정9품). 賜衣帶綵段白銀.
16	1052.8.신묘	宋 咸州	高士文	1	來投	自東女眞來投. 동여진으로부터 도망옴[沒蕃].
17	1055.9.신미	宋 都綱	黃忻 黃蒲安 黃世安	3	來投	노모 봉양을 위해 장남 포안을 돌려보내도록 청함.
18	1057.7.임진	宋	張琬	1	投化人	遁甲三奇法·六壬占 授太史監候.
19	1060.9.계묘	宋 進士	盧寅	1		授秘書省校書郎(정9품). 고려에 온 시기 불명.
20	1061.6.정사	宋 進士	陳渭 蕭鼎 蕭遷 葉盛	4		爲秘書校書郎 爲閤門承旨 . 爲殿前丞旨
21	1061.12.병오	宋	蕭宗明	1		權知閤門祗侯 1059.8.무진 許留
22	1068.8.정사	宋 進士	愼修 陳潛古 儲元賓	3		試詩賦於玉燭亭.
23	1071.5.무술	宋	周沆	1		禮賓省注簿(종7품) 本以文藝見用, 今犯贓, 請收職田遣還.
24	1081.4.임오	宋	楊震	1		屢試不中, 請依所告, 遣還本國.

구분	시기	출신	성명	인원	용례	특징
25	1089	宋 泉州	劉載	1		試以詩賦
26	1091.8.	宋	田盛 陳養	2		敦請留止, 且加職秩, 以勸來者.
27	1096.9.정미	宋 僧	惠珍 省聰	2		賜食於翰林院 各爲明悟三重大師
28	1101.1.경진	宋	邵珪 陸廷俊 劉伋	3	來投	王召試于文德殿 並授八品官 賜廷俊名廷傑
29	1102.4.	宋 進士	章忱	1	投化	賜別頭及第. 將仕郎禮賓注簿同正.
30	1106.7.계축	宋 譯語	陳高 兪坦	2	投化	試閱兵手, 各賜物.
31	1112.	西宋 漳州	林完 (光)	1	來	1114. 別賜乙科 監門衛錄事
32	미상	宋 福州	胡宗旦	1	來	邃從商船來. 左右衛錄事.
33	미상	宋 開封府	愼安之	1		愼脩 아들
34	미상	宋 樂人	蔞中立	1	來投	宋樂人蔞中立來投爲樂官. 及歸. 1116년 이전 돌아감
35	1124.5.경자	宋 明州	杜道濟 祝延祚	2		隨商船到本國, 不還.
36	1148.10.정묘	宋	張喆	1		喆伏誅, 其妻皆配遠島.

이는 고려의 대내외 정세가 반영된 결과로 보인다. 첫 번째 공백기는 광종 후반부터 목종 초년까지의 국내 정치 상황에 영향을 받은 것으로 짐작된다. 광종 시기는 投化漢人을 후대하여 비판을 받을 정도로 상당수의 宋人들이 고려에 와서 관직 생활을 영위하였던 것으로 생각된다. 그러나 광종 후반부터 경종대까지 고려 정계는 일대 혼란한 시

기를 겪었다.

982년(성종 1) 6월 최승로는 성종 이전 5대 국왕의 치적을 평가하면서 광종 후반에서 경종대까지 참소로 인한 정계의 혼란한 상황을 설명하였다.[65] 광종 말년에 참소가 일어나 고려 건국 이래 勳臣 관료들이 상당수 제거되었으며, 경종 즉위 이후 다시 정계 갈등으로 後生 등의 신진 관료 세력이 화를 입은 정황을 묘사하였다. 이러한 상황은 정치·사회적 배경이 취약하였던 宋人의 정계 진출에 큰 제약이 되었을 것으로 생각된다.

두 번째 공백기는 현종대부터 문종 재위 초기까지 국내외 고려 사회 분위기를 보여준다. 현종 재위 전반에 거란과 두 차례 큰 전쟁을 치른 이후 고려의 외교정책은 거란을 중심으로 이루어질 수밖에 없었다. 1058년(문종 12) 8월에 문종이 탐라와 영암 지역에서 목재를 마련하여 송과 통교하는 큰 배를 만들고자 하였는데, 內史門下省에서 거란과의 관계를 이유로 들며 반대하였다.[66] 내사문하성에서는 송과 통교하였을 때의 외교적 위험성과 무용성에 대해 말하였다. 먼저, 거란과의 긴장 관계가 해소된 평화로운 시점에서 송과 통교하면 거란과 갈등을 일으킬 소지가 있다는 점을 언급하였다. 경술년 問罪書는 1010년(현종 1) 거란이 고려를 침략하면서 보낸 문서로 짐작되는데, 여진과 결탁하고 송과 왕래하는 점을 전쟁을 일으키는 하나의 빌미로 삼았다는 것을 알 수 있다.

또한, 尙書 柳參이 거란으로 파견되었을 때, 동경유수가 송과 사신

65) 『高麗史』 권93, 列傳6 崔承老.

66) 『高麗史』 권8, 世家8 문종 12년 8월.

을 통한 일을 물은 일을 거론하며 거란에서 송과의 통교를 견제하고 있다는 점을 인지하였다. 柳參은 1041년(정종 7)에 거란 황제의 존호를 더한 데 하례하는 사신과 함께 方物使로 거란에 파견되었다.[67] 이때 사행에서 거란 동경유수가 고려와 송의 사신 왕래에 대해 불편함을 내비쳤던 것으로 짐작된다. 이상의 언급은 1018년 거란과의 3차 전쟁이 마무리된 이후 거란을 중심으로 한 국제 관계가 정립되면서 송과 교류함에 거란의 견제를 받았던 당시 분위기를 보여준다. 이러한 분위기는 宋 출신 인사들의 고려 정착에 한계로 작용하였을 것이다.

이상의 두 공백기를 제외하면, 고려 전기 宋人의 고려 유입은 비교적 꾸준히 이루어졌다. 구체적으로 고려에 온 宋人의 구성을 고찰하면 몇 가지 특징을 보인다. 첫째, 이들의 지역적 출신은 泉州, 溫州, 楊州, 福州, 明州 등이고, 이 가운데 泉州 지방 출신이 가장 많다는 점이다. 이들 지역은 고려와 송의 해상무역에서 중심을 이루는 지역이었다.[68] 특히, 이 지역들은 북방에서 거란이 흥기하면서 대외무역의 중심지로 떠오른 후 지속적으로 이용되었다.[69]

『宋史』 高麗傳에도 고려 王城에 장사 때문에 배를 타고 온 閩 지방 사람들이 많았다는 사실을 기록하고 있으며,[70] 『高麗圖經』에도 '실[絲線]과 옷감[職紝]은 모두 宋商을 통해 山東이나 閩浙에서 무역을 통해 얻는' 내용이 확인된다.[71] 이들 지역은 상시로 고려에 왕래하였던 宋商

67) 『高麗史』 권6, 世家6 靖宗 7년 12월.
68) 金庠基(1937), 「麗宋貿易小考」, 『震檀學報』 7, 14~27쪽.
박옥걸(1997), 「高麗來航 宋商人과 麗·宋의 貿易政策」, 『대동문화연구』 32.
李鎭漢(2011), 「宋人의 來投와 宋商往來」, 『高麗時代 宋商往來 硏究』, 景仁文化社.
69) 김철웅(2004), 「高麗와 宋의 海上貿易路와 貿易港」, 『중국사연구』 28, 109·110쪽.
70) 『宋史』 권487, 列傳246 外國3 高麗.

의 배를 이용하여 고려에 오기 비교적 용이하였고, 그만큼 고려에 대한 다양한 정보와 소식을 접할 수 있었다.[72] 이러한 지역적 사회 배경 속에서 이들 지역 출신의 인물들이 고려에 많이 왔다.[73]

둘째, 宋人의 신분적 배경은 文士, 進士, 前관직자, 都綱, 승려, 樂人 등으로, 進士 출신이 가장 많았다. 비교적 지식인층에 해당하는 이들이 고려에 정착하고 있다. 劉載는 '군자는 집에서 빈둥거리며 놀고먹지 않는다'라고 하며 고려에 왔고,[74] 林光은 장삿배를 따라와서 고려에서 벼슬을 구하였다.[75] 그리고 대부분이 고려 내에서 관직 생활을 하며 정착하는 모습을 보았을 때, 송의 문인 지식인들의 정치·사회적 상승 욕구와 제반 환경도 이들의 고려 유입을 자극하였던 것으로 짐작된다.[76] 宋人의 고려 유입은 능력 있는 새로운 지식인에 대한 고려의 수요와 宋人의 여러 욕구가 복합적으로 작용하였다.

셋째, 고려에 온 宋人은 개인 혹은 소수 인원 구성으로 고려에 정착하였다. 이는 바다를 건너와야 하는 지리적 배경이 크게 작용하였다고 생각된다. 실제로 이들은 주로 商船이나, 사절의 왕래에 편승하여 고려에 왔다. 宋人의 고려 유입 용례를 보면, 來投가 가장 많고 來, 隨 등이 쓰였다. 고려와 송의 왕래 루트는 주로 바다를 통한 길이기 때문

71) 『宣和奉使高麗圖經』 권23, 雜俗2 土產.

72) 이바른(2017), 「고려 예종대 胡宗旦의 행적과 평가」, 『한국민족문화』 64, 7쪽.

73) 이진한(2014), 「송과의 외교와 무역」, 『고려시대 무역과 바다』, 경인문화사, 133~137쪽.

74) 金龍善(2012), 「劉載墓誌銘」, 『高麗墓誌銘集成』, 한림대학교 출판부. 이하 본서에서 인용하는 墓誌銘은 모두 같은 책에서 인용하였다.

75) 「林光墓誌銘」. "宣和壬辰 隨商舶到京求仕中 甲午年春場別賜乙科▨第."

76) 이바른(2017), 앞의 논문, 8·9쪽.

에[77] 이들의 고려 유입 방법 역시 배를 타고 들어오는 방식이었다. 고려인은 물론 宋人들은 서해를 건너 양국 간을 오갈 때는 宋商의 배를 이용하였다.[78] 고려에 온 宋商들은 무역을 하고 일정 기간이 지나면 다시 본국으로 돌아가야 했다. 宋商의 고려 체류 기간은 짧게는 4개월에서 길게는 1년여 정도 되었다.[79] 돌아오지 않는 인원에 대해서는 송에서 공식적인 문서를 통해 귀환을 촉구하기도 하였다.

그렇다면 고려에서는 宋人들을 어떠한 기준으로 받아들이고, 어떤 절차를 거쳐 정착하게 하였을까. 이러한 내용을 한눈에 볼 수 있는 기록이나 사료가 없어 구체적으로 확인하는 데 한계가 있으나 여러 사례의 편린을 종합하여 파악해보자. 먼저, 고려에서는 宋人들이 고려 예성항에 도착하면 이들의 출신(지역·신분), 성명, 인원수, 유입 경로 등을 파악하였다.

---

77) 金渭顯(1978), 「麗宋關係와 그 航路考」, 『관동대논문집』 6 ; 『高麗時代 對外關係史研究』, 景仁文化社, 2004.
祁慶富(1997), 「10~11세기 한중해상교통로」, 『한중문화교류와 남방해로』, 國學資料院.
申採湜(1997), 「10~13世紀 東아시아의 文化交流-海路를 통한 麗·宋의 文物交易을 中心으로」, 『中國과 東아시아世界』, 國學資料院.
金澈雄(2004), 「高麗와 宋의 海上交易路와 交易港」, 『中國史研究』 28.
강봉룡(2006), 「신라 말~고려시대 서남해지역의 한·중 해상교통로와 거점포구」, 『韓國史學報』 23.
김영제(2009), 「麗宋交易의 航路와 船舶」, 『歷史學報』 240.
森平雅彦(2009), 「黒山諸島海域における宋使船の船路 -《高麗圖經》所載の事例から」, 『朝鮮學報』 212.
한정훈(2010), 「고려시대 연안항로에 관한 기초적 연구」, 『역사와 경계』 77.
이진한(2012), 「高麗 太祖代 對中國 海上航路와 外交·貿易」, 『한국중세사연구』 33.
문경호(2018), 「12세기 초의 동아시아 국제정세와 神舟의 고려 항로」, 『한국중세사연구』 55.

78) 李鎭漢(2011), 「宋人의 來投와 宋商往來」, 앞의 책, 155쪽.

79) 李鎭漢(2011), 「宋人의 來投와 宋商往來」, 앞의 책, 158·159쪽.

宋人의 유입 사료는 대체로 '宋+출신 지역(+신분)+성명+인원수+유입 경로(+후속 조치)'의 구조로 기재되어 있다. 이들의 유입 규모는 대부분 개인이나 소수 인원으로 기록되어 있으나, 처음 송에서 출발할 때부터 단독으로 이동하였던 것은 아니다. 이들은 商船을 따라 왔기 때문에 고려에 처음 당도한 당시에는 상단이나 사절 등 단체로 파악되고 이들 가운데 여러 가지 사정으로 고려에 머물게 된 인물만 따로 정리되었다고 생각된다.

고려에 머물게 된 사정은 인물마다 다르겠으나, 대체로 고려에서의 관직 생활을 담보받았던 것으로 보인다. 그리고 宋人의 고려 정착에는 양국의 허가 절차가 뒤따랐다.

> 가-1) 雙冀는 後周 사람으로, 周에서 벼슬하여 武勝軍·節道巡官·將仕郎·試大理評事가 되었다. 광종 7년(956)에, 封冊使 薛文遇를 따라 왔다가 병 때문에 머무르게 되었다. 병이 낫자 불러 대면하니 왕의 뜻에 맞았다. 광종이 그의 재주를 아깝게 여겨 表를 올려 그를 僚屬으로 삼겠다고 요청하여, 비로소 발탁하여 등용하였다.[80]
>
> 가-2) (1124년 5월) 경자에 宋商 柳誠 등 49인이 왔다. 처음에 明州 杜道濟와 祝延祚가 商船을 따라 우리나라에 왔다가 돌아가지 않자, 明州에서 재차 공문을 보내 그들을 찾아서 돌려보내라고 하였다. 우리나라에서 表를 올려 머물게 해달라고 요청하였다. 이에 이르러 유성 등이 와서 명주에 전달하여 황제의 뜻을 받들어 牒에 이르기를, "두도제 등이 편한대로 거주할 것을 허락한다."라고 하

80) 『高麗史』 권93, 列傳6 雙冀.

였다.[81]

가-3) (고려) 王城에는 중국인이 수백 명 있는데, 장사 때문에 배를 타고 간 閩 지방 사람들이 많았다. 은밀히 그 능한 바를 시험하고 벼슬로써 유혹하거나 강제로 일생토록 머물게 하기도 하였다. (송) 朝廷에서 사신이 이르면 牒을 올려 하소연해 오는 이가 있으면 데리고 돌아왔다.[82]

가-1)은 쌍기의 고려 정착 사례이다. 쌍기는 처음 후주에서 광종을 책봉하는 封冊使를 따라 고려에 왔다가 병으로 사절의 귀환 시에 바로 돌아갈 수 없었는데, 광종이 그를 불러 대면하니 뜻에 맞아 고려에 남기를 원했다. 그리하여 광종은 후주에 表를 보내 쌍기를 관료로 등용하기를 청하고, 이후 발탁하여 관직에 임용하였다.[83] 여기에서 쌍기의 임용 이전 후주에 먼저 表를 올려 허락을 요청하였다. 이는 쌍기가 봉책사라는 후주의 사절 일원으로 파견되었던 인원이었기 때문에 이러한 절차가 필요하였을 가능성이 있다.

가-2)는 1124년(인종 2) 5월 송 明州 출신의 杜道濟와 祝延祚가 고려에 거주하는 과정에서 宋商을 매개로 한 고려와 송의 양국 간 공문이 왕래한 사실을 보여준다. 먼저, 두도제와 축연조, 두 사람은 상선을 따라 고려에 왔다가 돌아가지 않았다. 그러자 송 명주에서는 두 차례에 걸쳐 고려에 공문을 보내 그들을 찾아 돌려보내라고 요청하였다.

이에 고려는 송에 表를 보내 이들의 고려 체류를 요청하였고, 송에

81) 『高麗史』 권15, 世家15 인종 2년 5월.

82) 『宋史』 권487, 列傳246 外國3 高麗.

83) 『東人之文四六』 권15, 上座主金相國謝衣鉢啓[良鏡]金坵.

서 최종적으로 두 사람의 편의대로 거주할 것을 허락하였다. 여기에서 두 가지 사실을 알 수 있다. 宋人이 고려에 장기적으로 체류할 때는 고려와 송 정부 간의 합의가 이루어져야 하고, 그 절차는 고려의 요청 表文을 보내면 송에서 허락하는 형태였다. 그리고 宋人의 고려 거주에는 본인의 의지가 가장 강하게 작용하였다.

이러한 사정들이 『宋史』에는 가-3)과 같이 기술되어 있다. 고려 왕성 즉 개경에는 수백 명의 중국인이 있었는데, 고려에서 은밀하게 이들 가운데 몇몇을 시험하여 벼슬로 유혹하거나 강제로 일생토록 머무르게 하여 송 사신이 고려에 이를 때 하소연하는 이가 있으면 다시 데리고 돌아왔다고 한다. 1055년(문종 9) 7월에 한식을 맞이하여 고려에 머물고 있던 송 상인 葉德寵 등 87인을 娛賓館에서, 黃拯 등 105인을 迎賓館에서, 黃助 등 48인을 淸河館 등에서 대접한 사실을 보았을 때,[84] 수백 명의 송 상인이 일시에 개경에 머물고 있었다는 점이 확인된다.

그런데 宋人에 대해 벼슬로 유혹하거나 강제로 머무르게 하였다는 기록은 중국의 부정적 시각이 더해진 서술로 보인다. 유재나 임광 등은 모두 관직을 구하러 스스로 고려에 왔으며, 고려 정착은 宋人 본인의 의지가 최종적으로 작용하였기 때문이다. 고려에서는 돌아가기를 원하는 宋人의 경우에는 귀환을 허가하였고,[85] 머물고자 하였으나 능력이 인정되지 않았을 때는 송에 돌아가야만 하였다.[86]

처음 고려에 온 宋人은 외국인과 관련한 업무를 처리하는 禮賓省 소관이었다.[87] 예빈성에서 일차적으로 고려에 온 宋人의 수용 및 귀환

84) 『高麗史』 권7, 世家7 문종 9년 2월 戊申.
85) 『高麗史』 권7, 世家7 문종 9년 9월 辛未.
86) 『高麗史』 권9, 世家9 문종 35년 4월 壬午.

여부를 다루었다. 예빈성에서는 외국인의 고려 수용 가부 문제를 논의하거나, 여러 번 시험하였으나 합격하지 못한 宋人 楊震의 귀환 문제 등을 담당하기도 하였다. 가-1)과 2)에서 고려의 表文과 중국의 공문을 주고받는 절차 역시 외교 사안을 다루는 예빈성에서 관장하였을 것으로 짐작된다. 즉, 예빈성에서는 고려에 來投한 宋人의 능력과 사정에 따라 수용과 귀환 여부를 판단하고 그에 맞는 절차를 담당하였다.

2) 고려의 宋人 등용 정책 변화

그렇다면, 고려에 정착한 宋人은 고려에서 어떻게 생활하고, 이들에 대한 고려 정부의 정책은 어떠하였을까. 기존 연구에서는 대체로 고려에서 漢人에 대해 우대하여 적극적으로 포섭하였고, 고려 사회 각 분야에 걸쳐 영향을 미친 것으로 파악하고 있다.[88] 한인들의 고려 출사가 견제되거나 초치에 적극적이지 않았다고 보는 시각도 있으나, 이들이 고려의 정치와 사회에 상당한 영향을 끼쳤을 것이라는 점에는 동의하고 있다.[89] 기존 논의를 통해 고려에 정착한 五代 및 宋人의 관직 생활을 중심으로 고려의 정치 제도와 개혁에 미친 영향 등이 분석되었

---

87) 宋人의 수용 문제와 관련하여 그 업무를 담당하는 관청에 대해 다양한 의견이 있다. 박옥걸은 예빈성이나 예부에서 전담하였다고 보지 않고, 송인이나 발해인의 경우는 태자나 중앙의 해당 부서에서 처리하였을 것으로 보았다(「高麗時代 歸化人의 居住地域에 대하여」, 『한중인문과학연구』 7, 2001, 143~146쪽) 이미지는 이국인이 처음 투화 의사를 확인한 관청에서 이들의 의사를 상주하여 조정의 결정대로 처리하였다고 보고, 항로를 통해 왔을 宋人의 경우 상대적으로 개경과 가까운 곳에서 투화 의사를 밝혔다고 보았다(앞의 논문(2015), 65·66쪽). 박경안은 귀화를 심사하는 1차 기관을 예빈성으로 보았다(앞의 논문(2015), 258~260쪽).

88) 朴玉杰(1982), 「高麗時代 歸化 漢人에 관한 硏究」, 『首善論集』 7. ; 앞의 책(1996).

89) 박순우(2012), 앞의 논문.

다. 고려의 배려 속에서 이들은 관직 생활을 영위할 수 있었으며, 중국의 제도와 문물을 전달하는 등의 다양한 역할이 밝혀졌다.

이와 같은 기존의 논의에 더하여 이들에 대한 고려 정부의 정책을 시기적인 추이에 따라 살펴보고, 宋人의 고려 정착 후 실제 삶의 모습과 존재 양상에 대해 구체적으로 밝혀보고자 한다. 고려 초 유입해 온 五代 文士 및 宋人에 대하여 고려에서는 높은 관직을 제수하고 田宅 등 경제적 지원을 통해 고려 정착을 도왔다.

나-1) 공의 성은 蔡이고 이름은 仁範으로, 바로 宋 江南 泉州 사람이다. 그 주의 持禮使를 따라 (결락) 동쪽의 해 뜨는 곳에 다다랐다. 광종이 왕위에 있던 건덕 8년(970)에 우리 조정에 배알하니, 이에 (결락) 머무르게 하고는 곧 官告 1통을 내려 禮賓省郎中에 임명하였다. 이어서 집 1채와 노비, 토지를 (결락) 내려주고, 여러 필요한 물품을 모두 다 官에서 지급해주라고 명하였다.[90)]

나-2) 당시 광종이 投化漢人들을 후하게 대우하여 신료들의 第宅과 딸들을 가려 뽑아 그들에게 주었다. 하루는 서필이 아뢰어 말하기를, "신이 사는 집이 자못 크니 바치기를 원합니다."라고 하였다. 광종이 그 연유를 묻자 대답하여 말하기를 "지금 投化人이 관직을 골라 벼슬을 하고, 집을 골라 거처하니 世臣故家가 도리어 거처를 많이 잃고 있습니다. 신이 어리석으나 진실로 자손을 위한 계획을 세웠습니다. 재상이 살던 집은 그 소유가 아니니, 신이 있을 때 이를 취하도록 청합니다. 신은 녹봉의 여분으로 다시 작은 집을 짓겠으니 바라건대 후회가 없도록 해주시옵소서."라고 하였다. 광

90) 「蔡仁範墓誌銘」.

종이 노하였으나, 마침내 깨달아 다시는 신료들의 제택을 빼앗지 않았다.[91)]

나-3) (1013년 1월) 경술에 宋 閩人 戴翼이 來投하자, 儒林郎·守宮令에 임명하고 의복과 물품, 田莊을 하사하였다.[92)]

나-1)은 蔡仁範이 고려에 온 경로, 이후 고려 정착과정이다. 채인범은 宋 泉州 출신으로, 970년(광종 21)에 泉州持禮使를 따라 고려에 왔다. 광종은 채인범을 고려에 머무르게 하고 禮賓省郎中에 임명하였으며, 집 1채와 노비 및 토지 등 여러 필요한 물품까지 모두 국가에서 지급해 주었다. 채인범 역시 쌍기 사례와 유사하게 광종과 대면한 후 뜻에 맞아 등용되었던 것으로 보이며, 송에 表를 보내 허가받는 절차가 진행되었을 것으로 예상된다. 그는 정5품직인 예빈성낭중에 등용되었다. 그가 경전과 역사에 통달하고 문장에 능하였다고 하는 평가를 볼 때, 고려 초 文翰을 담당할 인물이 절대적으로 부족한 형편에서 文翰官 확보에서 漢系 文士의 수용은 가장 효과적인 방법이었을 것이다.[93)]

나-2)는 徐弼이 投化漢人에 대한 광종의 지나친 후대를 비판한 내용이다. 광종은 投化漢人을 후하게 대우하여 관직을 골라 주고, 기존 고려 신료들의 집을 빼앗아 거처로 삼게 하였다. 도리어 고려의 신료들이 저택을 상실하고 있어 당시 여론이 부정적이었다. 서필은 자신의 집을 미리 바치고, 새롭게 작은 집을 지어 후대를 위한 계책으로 삼겠다고 하며 광종을 비판한 것이다. 이 일을 계기로 광종은 신료들의

91) 『高麗史』 권93, 列傳6 徐弼.

92) 『高麗史』 권4, 世家4 현종 4년 1월.

93) 박옥걸(1996), 앞의 책, 172·173쪽.

저택을 빼앗지 않게 되었다고 한다. 여기에서 신료들의 저택과 같은 경제적 지원뿐만 아니라 딸을 주어 처로 삼게 하는 조처가 주목된다.

채인범은 묘지명에 부인이 두 명 확인되는데, 처음 부인은 淸河郡大夫人으로 봉해진 崔氏이며, 후처는 淸川郡君에 봉해진 張氏이다.[94] 최씨의 경우, '처음 처 최씨가 있었다[初有閨室崔氏]'는 점이나 그가 받은 작호 등을 고려할 때, 송에서부터 함께 온 인물로 여겨진다. 그는 채인범 보다 먼저 사망하였으며, 이후 장씨와 혼인하였는데 장씨는 고려인으로 짐작된다. 채인범은 고려 정계에서 관직 생활을 하며 개경에 거주하며, 고려인과 혼인하여 일생을 보냈다.

나-3)은 1013년(현종 4) 1월 戴翼의 來投와 이후 조처를 보여준다. 대익은 송 閩 지방 출신으로 고려에 왔으며, 儒林郎·守宮令을 제수받고 의복과 물품, 田莊 등의 기본적인 정착 지원을 받았다. 그가 제수받은 수궁령은 帳幕 供給을 담당하는 守宮署의 정8품직이다. 고려 초 쌍기가 처음 관직으로 禮賓省使에, 채인범이 예빈낭중을 제수받았던 점에 비해 역할의 경중에서 차이가 있다. 대익에게 의복, 물품, 토지가 주어졌지만, 이전에 제공되었던 第宅이 빠져있다. [표 3]에서 현종대 이후에는 宋人의 고려 정착을 돕는 사회·경제적 혜택을 받은 사례가 없다. 물론, 관직 생활에 따른 경제적 혜택이 예상되나, 고려 초 지급되었던 집, 토지, 노비, 의복 등의 여러 경제적 지원과 대비된다.

현종대부터 宋人에 대한 고려의 정책에 변화가 있음이 포착된다. 來投한 宋人에 제수된 관직의 관품이 낮아졌다. 태조대 박암은 춘부소경(종3품), 광종대 쌍기는 예빈성사를 거쳐 1년이 채 되기 전에 元甫·

94) 「蔡仁範墓誌銘」.

翰林學士(정4품) 등으로 단번에 고위직에 발탁되어 文翰 등 중책을 맡았다. 그런데 戴翼에게는 정8품직의 守宮令를, 1015년에 온 歐陽徵에게는 右拾遺(종6품)를 제수하였다.[95] 이는 초기 宋人이 단번에 고위직을 차지할 수 있었던 고려 사회가 변화를 겪고 있다는 점을 짐작하게 한다.

현종대는 고려의 관직 체계가 어느 정도 안정을 이룬 시기로, 직분과 정원이 정해져 있는 체계에 맞추어 宋人에 대해서도 관직이 제수되었다. 현종 시기 2년 사이로 고려에 來投한 戴翼과 歐陽徵 사이에서도 그 직임에 차이가 있었다. 대익이 제수받은 守宮令은 행사 때 장막을 준비하고 설치하는 守宮署의 정8품직이었으며, 구양징이 제수받은 右拾遺는 중서문하성의 省郎으로 종6품직이었다. 관품의 차이가 있을 뿐만 아니라, 그 직임의 중요도에 있어서도 차이가 있다. 이는 일반적으로 외교 업무나, 문한을 담당하는 고위직에 발탁하였던 것에서 점차 개개인의 능력에 따라 직임이 정해졌던 것으로 확인된다.

특히, 문종대는 송과의 국교가 재개되는 등 활발한 왕래가 진행되었는데, 이를 반영하듯 송인의 來投 역시 증가하였다. 그런데 이들이 제수받은 관직을 살펴보면, 秘書校書郎(정9품)[96], 閤門承旨, 殿前丞旨(정9품),[97] 權知閤門祗侯(정7품)[98] 등 이전 시기에 비해 관품이 낮고 맡은 역할 역시 실무를 담당하고 있다. 무엇보다 문종대 처음으로 宋人에 대하여 시험을 보고 관직을 주고 있다. 1068년 8월 송 진사 愼修, 陳潛古, 儲元賓 등을 불러 詩賦로 시험을 보게 하였다.[99] 그뿐만 아니라

95) 『高麗史節要』 권3, 현종 6년 윤6월.

96) 『高麗史』 권7, 世家7 문종 6년 6월 戊寅.

97) 『高麗史』 권8, 世家8 문종 15년 6월 丁巳.

98) 『高麗史』 권8, 世家8 문종 15년 12월 丙午.

여러 번 과거에 응시하였으나 합격하지 못한 宋人 楊震은 다시 송으로 돌려보냈다.[100]

[표 3]을 보면, 문종대 이후 고려에 온 宋人은 대부분 시험을 통해 관료가 될 수 있었다. 이는 文士에게만 적용되는 사안이 아니었다. [표 3]-26 陳養의 경우, 1091년(선종 8) 무예로 등용되어 고려에 정착하였는데,[101] 1106년(예종 1)에 정6품의 郎將을 역임하고 있어 무예에 능한 점을 인정받고 있다.[102] 宋人을 시험하는 방법이나 규정이 따로 마련되었는지는 알 수 없으나, 고려의 과거제도와 별개로 선발하다가 별도의 場을 마련하여 이들을 시험하는 제도적 변화가 확인된다.

다-1) (1068년 8월) 정사에 태자에게 명하여 宋 進士 愼修, 陳潛古, 儲元賓 등을 불러 玉燭亭에서 詩·賦를 시험하였다.[103]

다-2) (1101년 1월) 경진에 宋人 邵珪, 陸廷俊, 劉伋이 來投하자, 왕이 불러 文德殿에서 시험하였다. 모두 8품관을 주고, 정준에게 廷傑이라는 이름을 하사하였다.[104]

다-3) (숙종) 7년(1102) 3월 知奏事 尹瓘이 知貢擧, 司宰卿 李宏이 同知貢擧가 되어 進士를 뽑았는데, 覆試하여 詔書를 내려 乙科 康滌 등 5명, 丙科 11명, 同進士 17명, 明經業 3명, 恩賜 5명에게 급제를 주었다. 아울러 投化한 宋 進士 章忱을 불러 시험하여 別頭

---

99) 『高麗史』 권8, 世家8 문종 22년 8월 丁巳.

100) 『高麗史』 권9, 世家9 문종 35년 4월 壬午.

101) 『高麗史節要』 권6, 선종 8년 8월.

102) 『高麗史』 권12, 世家12 예종 1년 7월 癸丑.

103) 『高麗史』 권8, 世家8 문종 22년 8월.

104) 『高麗史』 권11, 世家11 숙종 6년 1월.

乙科 급제를 주고 인하여 紅牌와 鞍馬를 하사하였다.[105)]

다-4) 공의 이름은 林光이고, 字는 彦實이며, 처음 이름은 林完으로, 西宋 漳州 사람이다. 宣和 임진년(1112)에 상선[商舶]을 따라 서울로 와서 관직을 구하던 중에, 갑오년(1114) 과거[春場]에서 別賜乙科에 ▨第하여 곧바로 監門衛錄事를 제수받았다.[106)]

다-1)은 1068년(문종 22) 8월에 송 진사 愼修, 陳潛古, 儲元賓 등을 불러 玉燭亭에서 시험한 내용이다. 이 기사는 고려에서 宋人을 상대로 시험을 보인 첫 사례이다. 고려에서는 이 해 이미 4월에 과거가 시행되어 崔駰 등이 합격하였다.[107)] 그러므로 이때 시험은 고려의 정규 과거와는 별개로 宋人들을 불러 개별적으로 시험한 것이다. 玉燭亭은 연경궁 후원에 있는 정자로, 宋人들을 특별히 궁궐로 불러 시험하였다. 이들은 詩·賦로 시험하였는데, 고려의 과거 과목과 유사하다.

신수는 배를 타고 고려에 왔으며, 학식이 있고 의술이 뛰어난 인물이었다. 관직이 守司徒·左僕射에 이르며, 叅知政事로 치사하였는데, 1101년(숙종 6) 2월에 고려에서 사망하였다.[108)] 그의 아들 愼安之 역시 고려에서 관직 생활을 이어갔다. 『고려사』 신안지전에 아버지 신수에 대한 기록에서 '과거에 급제하고[登第]'라고 기재하고 있는데,[109)] 이는 玉燭亭에서의 시험을 과거로 인식하고 있었다는 것이다. 진잠고는 1075년 12월에 右補闕에 임명되는 행적이 남아있을 뿐이다.[110)] 저원빈

105) 『高麗史』 권73, 志27 選擧1 科目1 凡選場.

106) 「林光墓誌銘」.

107) 『高麗史』 권73, 志27 選擧1 科目1 選場.

108) 『高麗史』 권11, 世家11 숙종 6년 2월.

109) 『高麗史』 권97, 列傳10 愼安之.

역시 1076년 1월에 右拾遺에 임명되는 기사와[111] 그가 지은 「尙書令鷄林公吉禮」 교서가 확인된다.[112] 진잠고와 저원빈 역시 주로 과거합격자로 文翰이 뛰어난 인물들이 맡는 右補闕, 右拾遺 등을 역임한 점을 보면, 다-1)의 시험을 과거 합격으로 인식하였다고 생각된다.

다-2)는 1101년(숙종 6) 1월에 宋人 邵珪, 陸廷俊, 劉伋이 고려에 來投하자, 왕이 문덕전에 불러 시험하고 관직을 제수한 내용이다. 이들 역시 신수 등의 사례와 같이 시·부로 시험하였을 것으로 짐작된다. 1101년은 고려의 정규 과거 시험이 없던 해로, 이미 한 해 전인 1100년 4월에 韓淑旦 등을 뽑았다.[113] 그렇기 때문에 이 시험은 고려의 과거와 별도로 송인을 시험보았다고 생각된다. 이때 장소 역시 문덕전으로, 이곳은 특히 문종대 국왕이 임어하여 覆試를 보는 장소로 애용되었고,[114] 역대 궁궐의 文書를 보관하는 장소였다.[115] 시험을 본 인물들이 모두 8품관을 제수받은 것으로 보아, 시험에 합격하였다고 이해된다. 이들 중 劉伋은 1089년(선종 6)에 고려에 온 劉載의 아들로, 아버지를 뒤따라 고려에 온 것으로 생각된다. 유급은 1119년(예종 14)에 通事舍人을 역임한 사실이 확인된다.[116] 나머지 두 인물의 행적은 알 수 없다.

다-3)은 1102년 3월 投化宋進士 章忱을 시험하여 別頭乙科 급제를

110) 『高麗史』 권9, 世家9 문종 29년 12월 丁未.

111) 『高麗史』 권9, 世家9 문종 30년 1월 己巳.

112) 『東人之文四六』 권6, 教書 尙書令鷄林公吉禮儲元賓.

113) 『高麗史』 권73, 志27 選擧1 科目1 凡選場.

114) 柳浩錫(1984), 「高麗時代의 覆試」, 『전북사학』 8.
박수찬(2017), 「고려전기 복시(覆試)의 시행과 기능」, 『역사와 현실』 106.

115) 『高麗史節要』 권6, 숙종 1년 7월.

116) 「劉載墓誌銘」.

준 내용이다. 이때는 정규 과거시험의 시행과 함께 부기되어 있는데, 장침에게 '別頭乙科'라는 독특한 형태의 급제를 주었다. 장침은 '投化' 宋 進士라고 한 점을 보아 이미 고려에 정착하여 지내고 있는 상태였다. '別頭'는 송의 과거제도 상 과목의 하나로, 別頭試라고 하며 이는 試官과 相避되는 자를 秋貢과 春試에 따로 '別頭場'을 두어 과거 보게 한 것이다.[117] 장침은 宋人이므로 시관인 尹瓘, 李宏 등과 상피해야 할 대상으로 보기는 어렵고, 정규 과거장과 별도로 시험을 보였다는 의미로 別頭乙科 급제를 주었다고 표현한 것으로 생각된다. 다만 이때 科場이 順天館이었는데,[118] 순천관은 송 사절이 머무는 객관이었으므로[119] 상징적으로 장침을 이곳이 아닌 별도의 장소에서 시험하였다는 의미로 생각해 볼 수 있겠다.

다-4)는 林光이 고려에 와 관직을 제수받게 된 과정을 보여준다. 임광은 宋 漳州 출신 인물로, 1112년(예종 7)에 상선을 따라 고려에 왔으며 관직을 구하던 중에 1114년 과거에서 別賜乙科에 급제하여 監門衛錄事를 제수받았다. 임광이 급제한 1114년 3월 과거는 金緣과 韓皦如가 주관한 시험으로, 4월에 예종이 복시를 보아 乙科 白嚅 등이 합격하였다.[120] 別賜乙科는 앞서 장침의 사례와 마찬가지로 宋人에게 특별 급제를 주었다는 의미이겠다. 이러한 사례는 1184년(명종 14) 9월에 송 진사 王逢辰에게 別賜乙科를 준 경우가 확인된다.[121] 別頭乙科로 표현

117) 『宋史』 권156, 志109 選擧2 科目下 擧遺逸附.

118) 『高麗史』 권11, 世家11 숙종 7년 3월.

119) 金昌賢(2011), 「고려시대 대명궁 순천관과 객관」, 『고려 개경의 편제와 궁궐』, 景仁文化社, 298~309쪽.

김규록(2015), 「고려중기의 宋 使節 迎送과 伴使의 운용」, 『歷史教育』 134, 163·164쪽.

120) 『高麗史』 권73, 志27 選擧1 科目1 凡選場.

되는 송에서 온 외국인에게 준 별도의 급제라는 의미이겠으나[122] 그보다는 이들의 시험이 고려의 정규 과거 과정에 편입되어 이루어졌다는 점이 주목된다.

고려 초 宋人의 관직 진출은 국왕의 뜻에 부합한다거나 고려 관료의 천거 등 고려 국왕과 관료의 총애와 친분이라는 특별한 기회를 통한 측면이 강하였다. 무엇보다 宋人의 고려 정착을 위한 사회·경제적 특전은 국왕의 恩賜 개념이었으며 시간이 지남에 따라 宋人에게 주었던 혜택은 점차 줄어들었다. 현종대를 거치면서 관직을 중심으로 한 정착 기반만이 남게 되었다. 그나마도 고려 초 고위관직에 단번에 진출할 수 있었던 환경이 변하여 자신의 능력에 따라 낮은 관직부터 시작하여야만 하였다.

문종대에는 관직의 획득마저 시험을 보아야 하는 방식으로 변화하였다. 고려의 과거처럼 시·부를 시험보아야 했고, 그에 따라 고려인과 같은 낮은 관품의 초사직이 부여되었다. 관직에 따른 田柴나 祿俸 등의 혜택 이외에 宋人에게 따로 부여되는 특전은 사라졌다. 그마저도 초반에는 고려인들이 보는 정규 과거 시험이 아닌 宋人만 별도로 불러 치러지는 시험이었다가, 숙종대 이후 고려의 정규 과거 시험 안에 포함되었다. 다-3)에서 장침이 이미 고려에 거주하고 있는 상태였던 점이나, 다-4)에서 임광이 고려에 온 2년 후 고려의 春場에서 급제하였

121) 『高麗史』 권73, 志27 選擧1 科目1 凡選場.

122) 許興植(1981), 『高麗科擧制度史硏究』, 일조각 ; 『고려의 과거제도』, 일조각, 2005, 313쪽.

박용운(1990), 「高麗時代의 科擧-製述科의 運營」, 『高麗時代 蔭敍制와 科擧制 硏究』, 一志社, 271쪽.

다는 사실은 이들이 고려의 과거제도 운용 안에서 시험을 보아야 했던 상황을 말해준다.

3) 宋人의 정착 이후 고려 생활

고려에 정착한 宋人은 投化宋人, 投化官吏 등으로 불리며 고려 사회에서 '投化人'이라는 존재로 특징지어졌다. 投化宋人은 주로 관직 생활을 하며 고려인과 같은 행정체계가 적용되었다. 이들은 문종대 이후 일반적인 고려 관인과 마찬가지로 9품직의 초입사직을 제수받으면서 관직 생활을 시작하였고, 고려의 관직 승진 절차에 따라 관직을 역임하며 고려 사회에서 살아갔다.

고려에 정착한 宋人은 외국인이면서, 고려에서 거주하는 投化人으로 고려 법률의 통제하에 있었다. 投化宋人은 고려인과 잡거하고 혼인하기도 하였으며, 고려 관료들과 교유하며 살았다. 송에서부터 가족이 따라오기도 하였고, 고려에서 이들의 2세가 아버지를 이어 관직 생활을 하며 고려에서 세거하였다. 投化宋人 가운데 혼인 관계가 파악되거나 2세의 관직 활동이 확인되는 사례는 [표 4]와 같다.

[표 4] 고려 전기 投化宋人의 가계와 특징[123)]

	투화 1세대	혼인 관계	투화 2세대	특징
1	蔡仁範 (934~998)	淸河郡大夫人 崔氏	子 蔡忠順	史失世系
		淸川郡君 張氏	子 閤門祗候 ?? 子 軍器主簿 ?? 子 佛住寺 大德 女 女	고려여인과 혼인

2	劉志誠 (971~1039)		子 將仕郎 禮賓注簿同正 行千牛衛錄事叅軍事 劉炫取	
3	愼脩 (?~1101)		子 愼安之	
4	劉載 (1052~1118)		子 通事舍人 劉及 子 主簿 劉升卿	
5	林光 (1088~1152)	閤門副使 劉文志 女 劉氏	女 直長同正 朴赫文 女 都齋庫判官 林師龍 子 都齋庫判官 林師龍	
		祗候 徐億 女 徐氏	女 注簿同正 李龜壽	

이상 정리한 5인은 『고려사』나 묘지명 등의 기록이 남아 행적이 비교적 상세하고 그들의 혼인 여부, 2세의 존재 양상 등이 확인된다. 첫 번째, 채인범은 송나라 泉州 출신으로, 970년(광종 21)에 泉州持禮使를 따라 고려에 왔다. 고려로 왔을 때 그의 나이는 37세였다. 광종은 그에게 예빈성낭중을 제수하고 주택과 토지·노비 등을 하사하여 그의 정착을 적극적으로 지원하였다. 「채인범묘지명」을 보면, 당시 內史侍郎同內史門下平章事·監修國史를 역임하고 있는 맏아들이 존재하는데, 묘지명이 작성되기 2년 전인 1022년 6월에 내사시랑평장사·서경유수에 임명된 채충순으로 짐작된다.[124] 『고려사』 채충순전에는 그의 가계가 사적에 世系가 남아있지 않다고 기록되어 있다. 채인범이 고려에 왔을 당시 37세였던 점을 감안한다면, 부인 최씨와 맏아들은 송에서부터 함께 이주했을 가능성이 있다.[125]

---

123) 『高麗史』 열전과 墓誌銘이 남아있어 가계 및 관력을 상세히 알 수 있는 인물을 중심으로 정리하였다.

124) 『高麗史』 권4, 世家4 현종 13년 4월 丁卯.

채인범의 두 번째 부인은 淸川郡君 張氏인데, 슬하에 세 아들과 두 딸을 두었다. 두 아들은 각각 합문지후, 군기주부를 역임하고 있고, 막내는 출가하여 불주사 대덕이었다. 두 딸 역시 모두 혼인하였으나 채인범보다 먼저 사망하였다. 채인범은 고려 여인과 혼인하였다는 점에서 그녀의 가문적 배경 역시 채인범이 고려에 정착하도록 도왔을 것이다. 채인범은 본인뿐만 아니라 자손에 이르기까지 고려에서 관직생활을 안정적으로 영위한 사례이다.

다만, 최고 지위를 자랑하는 맏아들이나 그 외 관직을 역임하고 있는 아들들의 이름이 언급되지 않고, 채충순의 가계가 남아있지 않는 점 등에서 송으로부터 온 외국인 출신이라는 가문적 배경에 한계를 엿볼 수 있다. 고려 초기 지역 본관을 중심으로 가문 중심의 문벌귀족이 형성되는 과정에서 이러한 외국인이라는 출신은 고려 사회에서 신분적 제약으로 작용하였을 것으로 짐작된다.

두 번째, 劉志誠 사례를 살펴보자. 유지성은 송 楊州 출신으로, 고려에 와 벼슬하여 관직이 尙書右僕射에 이른다. 그가 고려에 온 시기는 알 수 없으나, 1034년(덕종 3) 7월에 禮部尙書에 임명되었고,[126] 같은 해 12월에 工部尙書에 제수되었으며,[127] 1039년(정종 5) 6월에 졸하였다.[128] 관직 임명 사례를 보았을 때, 유지성은 주로 현종~덕종대 관직생활을 하였던 인물로 여겨진다. 그가 禮賓注簿, 禮賓少卿, 禮賓卿 등

125) 이바른(2018), 「송나라 사람의 고려 정착기-채인범과 유재를 중심으로」, 『한국사, 한걸음 더』, 푸른역사, 353·354쪽.

126) 『高麗史』 권5, 世家5 덕종 3년 7월 辛亥.

127) 『高麗史』 권6, 世家6 정종 즉위년 12월 己巳.

128) 「劉志誠墓誌銘」.

예빈성 관직과, 閤門祗候, 通事舍人, 閤門副使, 閤門使, 引進使 등을 역임한 것으로 보아, 외교 관련 직무를 중심으로 담당하였다. 묘지명을 통해, 그의 아들 劉炫取가 1045년 당시 將仕郎·禮賓注簿同正·行千牛衛錄事·叅軍事을 역임하고 있음이 확인된다. 유지성은 현종~덕종대 거란과 전쟁 및 갈등이라는 외교적 환경 속에서 宋人으로 문한적 능력과 언어적 능력을 십분 발휘하였다.

세 번째, 愼脩의 경우를 보자. 신수는 송 開封府 사람으로, 문종 때 배를 타고 고려에 왔다. 1068년(문종 22) 8월에 시험을 보아 고려 관직 생활을 시작하였고, 벼슬이 守司徒·左僕射에 이르렀다가 叅知政事로 치사하였다. 신수는 1101년(숙종 8) 2월에 졸하였다.[129] 그의 아들 愼安之도 예종~인종대 사환하였으며,[130] 관직이 兵部尙書·三司使·判閤門事에 이르러 고려에서 사망하였다. 신수와 신안지는 의약에 능숙하였다는 평가를 받았으며, 특히 신안지는 당시 외교문서가 모두 그의 손에서 나왔다고 할 정도로 문한에 뛰어났다.[131] 이러한 그의 능력을 활용되어 1109년(예종 4) 6월에 金商祐, 韓皦如 등과 송에 사신으로 파견되기도 하였다.[132]

네 번째, 劉載는 송 천주 출신으로, 1089년(선종 6)에 고려에 온 인물이다. 유재는 출사라는 분명한 목적을 가지고 고려에 왔다. 유재는 선종이 시·부로 시험하여 처음 감문위참군사에 임명되었다.[133] 숙종대에

---

129) 『高麗史節要』 권6, 숙종 6년 2월.

130) 박순우는 신수·신안지 부자 사례가 내투 漢人이 2대에 걸쳐 고려 정부에 사환 했음을 보여주는 최초의 사례라고 보았는데(앞의 논문, 241쪽), 그보다 앞서 채인범-채충순 등의 사례 등이 확인된다.

131) 『高麗史』 권97, 列傳10 愼安之.

132) 『高麗史』 권13, 世家13 예종 4년 6월 戊寅.

들어서는 1102년에 右史兼知制誥·東宮侍讀으로 태자를 보좌하는 자리로 승진하였으며, 국자감시를 주관하여 儒生 100여 명을 뽑기도 하였고, 1104년에는 동지공거가 되어 과거를 주관하기도 하였다.[134] 그가 천거하고 뽑은 사람 중에 우수한 성적으로 급제한 사람들이 많았다고 하는데, 유재의 묘지명을 짓고 쓴 門人 尹伊錫과 進士 林謙 등도 이에 해당된다고 생각된다.[135]

유재에게는 두 아들이 있었는데, 1119년 묘지명 작성 당시 通事舍人(정7품)이던 장남 유급과 차남인 주부(8품급) 유승경이다. 유급은 유재가 고려로 온 5년 후인 1094년(헌종 즉위) 8월에 온 것으로 확인되는데[136] 유재가 먼저 온 이후 그 가족들이 모두 고려로 이주한 것으로 보인다.[137] 유급은 1123년(인종 1) 6월 고려에 온 송 사신단이 왔을 때, 사사로이 만나고 예물을 보내는 일을 맡았다.[138] 이때 그는 中衛郎이었는데,[139] 예종·인종대 주로 활동하였던 것으로 이해된다.

마지막으로, 林光의 경우이다. 임광은 초명이 林完으로, 송 漳州 출신이다. 그는 1112년(예종 7)에 상선을 따라 왔으며, 유재와 마찬가지로 관직을 구하기 위해 고려로 왔다. 라-4)에서 그가 처음 관직을 제수받

133) 「劉載墓誌銘」에는 그의 초직으로 감문위참군사에 임명되었다고 기록되어 있으나("上知其來試以文藝喜見于色初命叅監門衛軍事."), 『高麗史』에는 千牛衛錄事叅軍을 제수받았다고 되어 있다(『高麗史』 권97, 列傳10 劉載. "試以詩賦 授千牛衛錄事叅軍.").

134) 『高麗史』 권73, 志27 選擧1 科目1 凡選場.

135) 「劉載墓誌銘」.

136) 『高麗史』 권10, 世家10 헌종 즉위년 8월 甲戌.

137) 이바른(2018), 앞의 책, 355쪽.

138) 『宣和奉使高麗圖經』 권8, 人物.

139) 中衛郎은 고려 전기 文散階에서는 찾을 수 없다. 다만, 송의 종5품 官階로, 송 사신 서긍의 시각에서 5품의 관직을 송 관계에 빗대어 기록한 것이 아닌가 생각된다.

은 과정을 살폈다. 그는 1114년 과거에서 別賜乙科로 급제하였다. 이후 그의 관력을 살펴보면, 詹事府注簿, 禮賓注簿兼寶文閣校勘, 國子博士, 右正言·知制誥, 左正言 등을 역임하였다. 이후 또 공부낭중, 예부낭중, 國子司業, 直寶文閣待制 등에 임명되었는데, 모두 知制誥를 겸하였다. 그의 관직은 守司空·左僕射·判秘書省事에 이르며 1152년(의종 6)에 향년 65세로 사망하였다.

그는 고려에서 두 번 장가들었다. 閤門副使 劉文志의 딸과 혼인하여 딸 2명과 아들 1명을 낳았으며, 장녀는 直長同正 朴赫文과 혼인하였고, 차녀는 시집가지 않았는데 모두 임광보다 먼저 사망하였다. 아들 林師龍은 1152년 都齋庫判官을 역임하였다. 두 번째 부인은 祗候 徐億의 딸로, 딸 한 명을 낳았는데 注簿同正 李龜壽와 혼인하였다. 이귀수는 1155년(의종 9) 12월에 直長同正이었는데, 仁州로 유배보내졌다.[140] 이귀수는 司空 王璋과 자주 어울리며 친분을 쌓았는데, 모반 혐의로 유배당했다.[141] 그가 인주로 유배간 것을 보아, 仁州李氏 계통 인물로 생각된다. 임광의 가계를 보았을 때, 송 출신 투화인으로 고려에서 성공적으로 정착하여 고려 여인과 혼인하고 그 자녀도 고려의 유력 가문과 혼인하고 있어 외국인에 대한 혼인 제약은 크지 않았다고 여겨진다.

게다가 임광의 묘지명을 지은 金莘夫는 1152년 文林郎·權知監察御史를 역임하였는데, 그의 인종에 대한 史臣評이 남아있다.[142] 유재의 사례에서도 묘지명을 지은 尹伊錫이 유재의 門人으로 기록되어 있다. 이러한 사례들을 보면, 投化宋人은 고려의 文士 및 관료들과 교유하며

140) 『高麗史節要』 권11, 의종 9년 12월.

141) 『高麗史』 권90, 列傳3 宗室 齊安公偦.

142) 『高麗史節要』 권10, 인종 24년 2월.

친우 및 사제 관계를 맺기도 하였다. 尹彦頤는 宋人 胡宗旦을 꿈에서 보고 지은 시에서 '옛날 사귀어 놀던 벗[昔年交件者]'이라고 표현하였다.[143] 이는 윤언이와 호종단이 예종~인종대 상당히 긴밀한 관계를 가졌다는 점을 짐작케 한다.[144]

이상에서 살펴본 五代와 宋人의 고려 이주 특징과 등용 정책의 변화 등을 정리하면 [표 5]와 같다.

[표 5] 고려 전기 五代와 宋人의 이주와 수용 정책 변화

구분	고려 초기	현종대	문종대 이후
지역 출신	온주, 양주 등	민, 천주 등	천주, 장주, 복주 등
신분 출신	문사, 전관직자	문사	진사 등
등용 절차	국왕 발탁, 거용	능력 따라 관직 부여	시험 이후 관직 등용
경제 혜택	토지, 집, 노비 등 후대	관직에 따른 경제적 혜택	
주요 역할	외교 사신, 사대 문서 작성		
정착 이후 생활	고려 여인과 혼인 및 2세 사환 가능, 고려 관료군 편입·교유, 투화관리로 구분		

宋人의 고려 유입은 고려의 대내외적 정세에 영향을 받았다. 고려에 온 宋人은 주로 고려 정계에서 관직을 역임하였기 때문에 다른 외국인 사례에 비해 고려 내부 정계 사정에 따라 활동에 제약이 있었다. 그럼에도 불구하고 비교적 꾸준하게 왔는데, 주로 文士, 進士 등의 지식인층에서 관직을 구한다는 명확한 목적으로 오는 경우가 있었고, 고려에

143) 『破閑集』 권中.

144) 이바른(2017), 앞의 논문, 66·67쪽.

서도 새로운 지식인에 대한 수요를 채우기 위해 이들을 적극적으로 활용하였다. 宋人의 고려 정착은 고려의 관직을 매개로 이루어졌다. 이들의 정착과정에는 먼저 고려와 송의 양국 간 허가 절차가 뒤따랐으며, 초기 정착과정을 담당하는 관서는 禮賓省이었다.

고려 초기에는 五代 文士 및 宋人에 대해 높은 관직을 제수하고 田宅 등 경제적 지원으로 후대하며 宋人의 고려 정착을 적극적으로 도왔다. 그러나 고려 정계 내부적으로 投化宋人에 대한 지나친 우대를 비판하는 분위기가 형성되고, 대외적으로 거란과의 갈등이 심화되면서 점차 이들을 수용하는 정책이 정비되기 시작하였다. 宋人의 고려 수용에는 '능력'을 기준으로 하였다. 특히 문종대 이후 고려에 온 宋人은 대부분 시험을 통해 관료가 될 수 있었는데, 별도로 시험하였던 것이 고려의 과거제 운용 안에서 이루어졌다. 게다가 고려 초기에는 국왕의 특전으로 단번에 고위직을 역임할 수 있었지만, 시간이 흐름에 따라 과거 시험에 합격하여 고려인과 마찬가지로 낮은 초입사직부터 시작하여야 하였다.

고려에 정착한 宋人은 本國인 송이 인정되는 외국인이면서, 고려의 법률하에 통제되는 投化人이었다. 이들은 고려인과 잡거하고, 혼인하여 가계를 이루기도 하였으며 고려 관료들과 교유하며 세거하였다. 投化宋人은 고려 여인과 혼인하는 데 제약이 없었기 때문에, 혼인을 통한 고려 내 정착이 용이하였다. 임광의 딸이 유력 문벌가문이었던 인주이씨 계통의 인물과 혼인하였던 점을 보았을 때, 세대가 지날수록 외국인이라는 가계 배경은 점차 희석되어 갔을 것으로 짐작된다.

3. 渤海 遺民 및 契丹人의 고려 이주와 특징

1) 渤海 遺民의 시기별 고려 이주 양상과 정착지역

고려 전기에는 거란 동경 지역을 중심으로 한 요동 지방의 정세에 따라 발해 유민과 거란인이 대거 유입하였다. 발해의 멸망과 이후 여러 차례 일어난 발해 부흥 운동 등의 영향으로 일부 세력이 고려로 왔다. 이들에 대한 고려의 태도는 대체로 우호적으로 수용하는 입장이었던 듯하다. 발해 유민과 거란인의 고려 접근 방식은 宋人과는 달랐다. 宋人은 주로 개인이나 소규모 인원이 宋商의 배를 이용하여 바다를 건너오는 루트였다. 발해 유민과 거란인들의 고려 유입 경로는 국경에 맞닿아 있었기 때문에 육로를 통한 대규모 인원의 접근이 용이하였다.

발해 멸망 이후 발해 유민은 거란에 편입되었기 때문에 이들의 유입은 거란과의 외교적 사안이 될 소지가 있었다. 특히 적게는 수십에서 많게는 수백에 이르는 대규모 인원이 와서 고려의 인구 증가에 기여하는 긍정적 측면이 있지만[145] 반대로 거란에서는 인구의 유출로 문제가 될 수 있는 사안이었다. 이들의 고려 유입은 요동 지방의 대내외적 상황과 맞물려 살펴보아야 할 것이다. 그리고 동시에 발해 유민과 거란인이 왔을 때, 고려에서는 어떻게 대처하였는지, 사회적 여건과 관련하여 고찰해보고자 한다.

고려 전기 발해 유민의 유입은 926년 발해 멸망 이후 세자 大光顯을 중심으로 한동안 지속되었다. 발해 멸망 이후 발해인들은 거란의 통치에 반하여 해외로 도피하거나, 거란 정부에 의해 내지로 강제 이주되

145) 이진한(2017), 앞의 논문, 32·33쪽.

었다.[146] 특히, 고려·송·여진 등지로 망명한 발해 세력은 대부분 지배계층으로 개인의 영달 또는 반거란 투쟁의 차원에서 해외로 이주한 것으로 이해된다.[147]

발해 멸망 초기에는 발해인으로서 정체성이 유지되었을 테지만 정안국 멸망 이후 거란의 속부 내지 주현의 거란 주민으로 편입되어 점차 발해의 정체성을 상실해나갔을 것으로 보인다. 이는 고려에 내투해 온 발해 유민과 거란인의 시기적 맥락과 구성원을 보아도 점차 발해 유민이 거란인이나 여진인으로 인식되었을 가능성을 배제하기 어렵다.[148] 발해 유민과 거란인의 고려 유입은 시기적 맥락에 따라 유사한 점이 있고, 구성원이나 고려의 대응에서 크게 다르지 않았다고 생각한다.

고려 전기 발해 유민·거란인의 유입 사례와 내용을 정리하면 [표 6]과 같다.

[표 6] 고려 전기 발해 유민·거란인의 고려 이주 사례와 내용[149]

구분	시기	출신	성명	인원	용례	특징
1	925.9.병신	渤海 將軍	申德	500	來投	
2	925.9.경자	渤海 禮部卿 禮部卿 司政 工部卿 左右衛將軍	大和鈞 大均老 大元均 大福暮 大審理	100戶	來附 (來奔)	

146) 나영남(2017), 「거란 지배하에 발해인의 존재양태」, 『요·금시대 이민족 지배와 발해인』, 신서원, 147쪽.

147) 나영남(2017), 위의 책, 168쪽.

148) 韓圭哲(1984), 앞의 논문.
韓圭哲(1994), 앞의 논문.

149) 짙은 면으로 표기된 사례는 발해 유민의 이주를 나타내었다.

구분	시기	출신	성명	인원	용례	특징
3	925.12.무자	渤海 左首衛小將 檢校開國男	冒豆干 朴漁	1000戶	來附	
4	927.3.갑인	渤海 工部卿 僧	吳興 載雄	50 60	來投	
5	928.3.무신	渤海	金神	60戶	來投	
6	928.7.신해	渤海	大儒範	率民	來附	
7	928.9.정유	渤海	隱繼宗	??	來附	
8	929.6.경신	渤海	洪見	??	來附	배 20척
9	929.9.병자	渤海	正近	300여	來投	
10	934.7.	渤海國 世子	大光顯	수만	來投	賜姓名王繼, 附之宗籍, 特授元甫, 守白州, 以奉其祀. 절요와 표에는 925년에 기록됨
11	934.12.	渤海	陳林	160	來附	大陳林(『新五代史』)
12	938.	渤海	朴昇	3000여戶	來投	
13	979.	渤海人		數萬	來投	
14	미상	渤海	劉忠正	1		知銀臺事 左司郎中
15	1016.2.임오	契丹	王美 延相	7	來奔	
16	1016.2.갑진	契丹	曹恩 高忽	6	來投	
17	1016.5.신해	契丹	馬兒 保良 王保 可新	13戶	來投	
18	1016.5.	契丹	要豆	3	來投	
19	1016.6.무인	契丹	志甫	3	來投	

20	1016.6.을유	契丹	張烈 公現 申豆 猷兒 王忠	30戶	來投	
21	1016.7.정사	契丹	由道 高宗	9	來投	
22	1016.8.	契丹	朱簡 從道	8	來投	
23	1016.9.	契丹	羅墾	5	來投	
24	1016.9.신미	契丹	奉大 高里	19	來投	
25	1016.11.	契丹	匡乂兒	10	來投	
26	1016.12.을미	契丹	瑟弗達	6	來投	
27	1017.7.무술	契丹	光正	7戶	來投	
28	1017.7.	契丹	買瑟 多乙 鄭新	14	來投	
29	1017.8.계유	契丹	果許伊	3戶	來投	
30	1017.9.갑진	契丹	群其· 昆伎	10戶	來投	
31	1017.9.임자	契丹	烏豆	8	來投	
32	1018.1.	定安國人	骨須	1	來犇 來奔 (절요)	
33	1018.2.병술	契丹	張正	4	來投	
34	1018.3.갑오	契丹	宋匡襲 伊蓋	10여	來投	
35	1018.5.을축	契丹	史夫	1	來投	
36	1018.12.임진	契丹	王遂	1	來投	
37	1022.2.임자	契丹	孟流 演擧	4	來奔	

구분	시기	출신	성명	인원	용례	특징
38	1022.9.무자	契丹	首于昧 鳥於乙	19	來投	
39	1022.12.신축	契丹	弗大	11	來投	
40	1023.1.무인	契丹	焦福	11戶	來投	
41	1023.5.정축	契丹	痲許底	13戶	來投	
42	1023.5.임진	契丹	大世奴 齊化那	8	來投	
43	1024.1.	契丹	馬史刀	3	來投	
44	1029.4.경술	契丹	曹兀	??	來奔	
45	1030.5.을축	契丹 水軍指麾使 ·虎騎尉	大道 李卿	6	來投	自是 契丹渤海人來附甚衆.
46	1030.9.병진	興遼國 郢州刺史	李匡祿	1		遂留不歸
47	1030.10.	契丹奚哥		500여	來投	處之江南州郡
48	1031.3.	契丹渤海		40여	來投	
49	1031.7.정유	渤海 監門軍	大道 行郎	14	來投	
50	1031.7.기사	渤海 諸軍判官 孔目	高眞祥 王光祿	2	來投	持牒來投
51	1031.10.정축	契丹	王守男	19	來投	處之南地
52	1032.1.	渤海	沙志 明童	29	來投	
53	1032.2.무신	渤海	史通	17	來投	
54	1032.3.계유	契丹 殿直 殿前 左廂都指揮使 保州懷化軍事判官 鄕貢進士	高善悟 高眞成	15	來奔	
			大光 崔運符 李運衡	3		
55	1032.4.무신	契丹 奚家	內乙古	27	來投	

56	1032.5.정축	渤海	薩五德	15	來投	
57	1032.6.신해	渤海	亏音 若已	12	來投	
58	1032.6.을묘	渤海	所乙史	17	來投	
59	1032.7.병신	渤海	高城	20	來投	
60	1032.10.병오	渤海 押司官	李南松	10	來奔	
61	1032.10.임자	契丹 注簿	劉信思	5	來奔	
62	1032.10.병인	契丹	濟乙男	10	來奔	
63	1032.12.갑진	契丹	羅骨	10	來	
64	1033.1.을미	契丹	仇乃	18	來奔	
65	1033.3.	契丹 奚家	古要	11	來投	處之江南
66	1033.4.무술	渤海	首乙分	18	來投	
67	1033.4.무오	渤海	可守	3	來投	
68	1033.5.계사	渤海 監門隊正	寄叱火	19	來投	
69	1033.6.신축	渤海	先宋	7	來投	
70	1033.12.계축	渤海	寄叱火	11	來投	處之南地
71	1040.4.병술	契丹東京	巫儀老 吳知桀	20여	來投	賜物及田宅, 處之嶺南.
72	1040.12.	契丹東京		20여 戶		
73	1050.4.계유	渤海	開好	??	來投	
74	1050.윤11. 신미	契丹 漢兒	曹一	1	來投	
75	1055.7.	契丹	康慶遵	15	來投	
76	1059.10.갑신	契丹	多于伊 男于陵	2	來投	
77	1064.12.	契丹	高奴	3	來投	
		黑水	包棄	8		

구분	시기	출신	성명	인원	용례	특징
78	1105.9.계묘	遼	霜丘	1	來投	
79	1116.2.계유	遼 東京	高諝		來投	
80	1116.4.	遼 來遠 抱州	流民	??	來投	驅羊馬數百來投.
81	1116.12.	契丹 漢 奚 熟女眞 渤海		33 52 155 15 44	來	
82	1117.1.임진	渤海 奚 漢 契丹 熟女眞		52 89 6 18 8	來投	自遼來投.
83	1117.2.병인	漢		3	來投	自遼來投.
84	1117.4.무진	漢		6	來投	自遼來投.
85	1117.6.무진	漢		3	來投	
86	1117.8.정묘	王至南京, 契丹投化人, 散居南京圻內者, 奏契丹歌舞雜戲以迎駕, 王駐蹕觀之.				

발해 유민의 고려 이주는 고려 전기에만 나타나며, 특정 짧은 기간에 집중적으로 분포한다는 특징이 있다. 발해 유민의 고려 유입이 이루어진 시기는 크게 세 시기로 구별된다. 첫째, 발해 멸망을 전후한 때인 925년~934년, 979년의 대규모 인원의 來投, 둘째, 1030년(현종 21)~1033년에 걸친 집중적 이주, 셋째, 1116년(예종 11)~1117년 사이 두 차례 걸친 유입이다. 각 시기별 발해 유민의 고려 이주 배경과 양상은 어떠하였는지 고찰해보자.

첫 번째, 태조대 발해 멸망을 전후한 시기 발해 유민의 고려 이주이다. 925년(태조 8) 9월 將軍 申德 등 500인의 來投를 시작으로[150] 938년까지 발해인의 유입은 계속되었다. 그들은 적게는 수십 명에서 많게는 수천여 戶에 이르는 대규모로 고려에 유입되었다.[151] 이 시기 고려에 온 발해인들의 구성을 보면, 관직자가 대규모 인원을 이끌고 무리를 이루어 오는 모습이다. 100戶, 1,000戶 단위는 한 州·縣의 호구를 모두 이끌고 왔다고 하여도 무리가 없는 인원이다. 『遼史』 지리지에는 거란 당시 東京 遼陽府에 속한 遼陽縣의 호수가 1,500이었고, 인근 縣의 호수가 1,000이었다고 하는데,[152] 한 지역의 인구를 모두 거느리고 온 셈이다.

그런데 발해 유민이 유입되어 온 기간은 후백제와의 쟁투가 극심하던 시기였다. 이 때 대규모 발해 유민의 조치 문제는 태조에게 고민이자 기회가 되었다. 발해 유민 이주 문제는 934년 7월 발해 세자 대광현의 來投와 함께 정리되었다.

> 라) (934년 7월) 渤海國 世子 大光顯이 수만의 무리를 거느리고 來投하자, 王繼라는 姓名을 하사하고 宗室의 족보에 넣었다. 특별히 元甫를 제수하고 白州를 지키면서 제사를 받들게 하였다. (그의) 僚佐에게 관직을, 군사들에게는 토지와 집을 주었는데 차등이 있었다.[153]

---

150) 『高麗史』 권1, 世家1 태조 8년 9월 丙申.

151) 박옥걸은 고려 전 시기 유입된 발해 유민을 최소 5만에서 최대 12만 명 이상으로 추산하였다. 그는 1戶를 5명으로 추산하였으며, 『宋史』 고려전 기록의 고려 전기 인구 210만 명 대비 총인구의 2.4%에서 6%를 점유하는 규모라고 하였다(1996, 앞의 책, 101·102쪽).

152) 『遼史』 권38, 志8 地理志2 東京道 東京遼陽府.

라)는 발해국 세자 대광현이 수만의 발해 백성들을 거느리고 來投한 사실과 이후 내려진 조처들이다. 태조는 대광현이 고려에 오자, 그에게 王繼라는 이름을 주고 종실의 족보에까지 올리는 특혜를 주었다. 그리고 元甫를 제수하고 白州를 지키며 조상의 제사를 이을 수 있도록 배려하였다. 더하여 대광현과 함께 온 僚佐, 軍士에 대해서도 각각 차등하게 관직과 토지·집을 주었다. 934년 대광현 來投 이전 시기 고려에 유입된 발해인들 역시 이때의 조처에 포함되었던 것으로 보인다.[154] 수만의 발해 유민은 태조에게 있어 부담으로 다가올 수 있는 존재이기도 하였다.[155] 그러나 이와 같은 대규모 인원의 포섭은 태조에게 처음이 아니었다.

태조는 즉위와 동시에 후삼국 통일과 사회 안정을 위해 노력하였다. 특히 태조는 여러 호족의 협조를 위해 이들에 대한 포섭정책을 적극적으로 실시하였다. 호족들 역시 태조의 즉위 직후부터 고려에 귀부하여 태조의 정치적 지지기반이 되었다.[156] 호족은 대부분 독립된 지역을 지배하고 있는 주체로, 그들의 고려 귀부는 그 一身뿐 아니라, 그가 영향을 미치고 있는 城, 人民 등 지역 기반을 포함한 고려로의 歸屬을 의미

153) 『高麗史』 권2, 世家2 태조 17년 7월.

154) 『高麗史節要』에는 이와 같은 조처 내용이 925년 12월로 기록되어 있다. 『고려사절요』 기사에는 925년 9월 將軍 申德 등의 내투 이후 태조대 유입된 발해 유민을 포괄하여 관직을 띤 인물들을 중심으로 요한 것으로 보인다. 그러므로 대광현을 대표로 하는 발해 유민에 대한 조치는 그의 내투를 기점으로 정리된 듯하다(『高麗史節要』 권1, 태조 8년 12월.).

155) 이재범은 대광현과 수만의 유민이 상당 기간 왕건의 군대와 대치하였을 것으로 보고, 이들이 후백제나 다른 세력과 연계될 위험성이 있는 존재로 이해하였다(「고려 태조대 대외정책－발해유민 포섭과 관련하여」, 『白山學報』 67, 2003, 727·728쪽).

156) 태조가 즉위한 지 불과 몇 개월 만에 상주의 阿字盖가 來附하였으며, 이후 유력한 지방 호족들이 태조에게 歸附하여 왔다(『高麗史』 권1, 世家1 태조 1년 9월 甲午.)

한다. 호족의 귀부에는 일정한 형식, 절차 등에 의해 성립되었다. 호족들은 고려에 대한 경제적·군사적 협조를 약속하였다. 그러면 고려에서는 호족에게 중앙의 官階나 官職을 수여하거나, 姓名의 하사, 왕족 등과의 혼인 등으로 신분을 인정해주었다. 특히 고려는 호족에게 그들의 독자적인 지배 영역을 공적으로 인정해주었다.[157)]

이러한 호족 통합의 경험은 발해 유민에 있어서도 적용되었다. 발해 유민들의 존재는 고려 초 호족과는 성격을 달리한다. 즉 이들에게는 영향력이 미치는 지역 기반이 없었다. 그리고 초반 고려에 유입된 발해 유민을 이끌고 온 관직자들은 그들 전체를 포괄할 대표자는 아니었다. 그런데 발해 세자 대광현이 來投하면서 발해 유민을 규합할 대표자로 합당한 인물이 등장한 것이다. 태조는 대광현을 중심으로 하여 발해 유민들을 안착시켰다.

태조는 유력한 호족들에게 王氏 성을 하사하여 擬制家族的 관계를 맺어 유대를 공고히 하였다.[158)] 대광현에게 역시 王繼라는 이름을 내려주고 종실의 족보에 올려 관계를 맺었다. 특히 대광현에게 白州라는 지역적 기반을 주었던 점이 주목된다.

> 마-1) (918년 9월) 왕이 여러 신하에게 말하기를, "平壤은 옛 도읍으로 황폐하여진 지 이미 오래되어 가시덤불이 무성하고, 蕃人들이 그 사이에서 사냥하며 돌아다니면서 침략하니, 마땅히 백성들을 옮겨 채워서 변경의 울타리를 굳건하게 하라."라고 하였다. 마침내

---

157) 申虎澈(2000), 「後三國時代 豪族과 國王」, 『震檀學報』 89, 17·18쪽.

158) 朴龍雲(2002), 「고려 귀족사회의 형성」, 『한국사』 12, 국사편찬위원회, 43쪽.

黃州·鳳州·海州·白州·鹽州 등 여러 州의 人戶를 나누어 살게 하였다.[159)]

마-2) (932년 9월) 百濟가 一吉粲 相貴를 보내어 水軍을 이끌고 禮成江으로 침공해 들어와서 鹽州·白州·貞州 세 州와 전함 100척을 불사르고, 猪山島에서 기르던 말 300匹을 취하여 돌아갔다.[160)]

마-3) (993년 2월) 진정 등은 東牟에서 八角海의 포구로 가서 白思柔가 타고 온 배와 고려의 뱃사공을 만나면 배를 타고 芝岡島로부터 바람을 타고 큰 바다를 건너 이틀 후에 甕津 포구에 도착하여 육지에 올랐는데, 160여 리를 가서 고려의 경계인 海州에 도착하고, 다시 100리를 가서 閻州에 도착하고, 다시 40리를 가서 白州에, 다시 40리를 가면 국읍에 이른다.[161)]

마-1)은 918년 9월 태조가 황폐해진 평양을 다시 세우고자 조처한 내용이다. 평양은 옛 도읍인데 가시덤불이 무성하고 蕃人들이 오가며 침략할 정도로 황폐해져 있으므로, 백성들을 옮겨 채우고 大都護로 삼아 사촌 동생 왕식렴 등을 보내 지키게 하였다. 태조는 즉위 초부터 북방 정책의 일환으로 평양을 중요하게 여겼다. 평양을 재건하는 것으로부터 시작하였는데, 이러한 사정을 나타낸 기사이다. 이때 평양에 인구를 채우는데 황주·봉주·해주·배주·염주 등의 人戶를 나누어 살게 하였다. 배주는 태조 초년에 한차례 徙民으로 인구의 공백이 있는 지역이었다.

159) 『高麗史節要』 권1, 태조 1년 9월.
160) 『高麗史節要』 권1, 태조 15년 9월.
161) 『宋史』 권487, 列傳246 外國3 高麗.

마-2)는 932년 9월에 후백제와의 전투에서 鹽州·白州·貞州 일대가 큰 피해를 입은 기사이다. 후백제 수군이 예성강으로 들어와 세 州 및 선박 100척에 불을 지르고, 猪山島에서 기르던 말 300필을 빼앗아 간 것이다. 이 사건은 대광현에게 배주를 맡기기 2년 전의 일이다. 배주는 대내외적으로 전략적인 요충지였다.

특히, 배주는 개경과의 접근이 용이한 지역이었다. 마-3)은 993년(성종 12) 2월 성종의 책봉을 위해 송에서 보낸 사신 陳靖 등이 고려 개경으로 오는 경로를 나타내고 있다. 송 사신단은 육지로 올라서면서 '海州-鹽州-白州'를 거치는 경로를 이용하였다. 배주에서 개경까지는 40리 거리이며, 송 사신단의 이동 경로상에 위치하였다는 점은 배주가 고려 초기 개경을 향하는 주요 교통로였다는 것이다.

[그림 1]은 『신증동국여지승람』 황해도 지도로, 고려시대 '서해도'에 해당하는 곳이다. 993년 송 사신단은 옹진 포구에서 육지로 올라와 해주, 염주, 배주 등을 거쳐 예성강을 건너 개경에 이르는 경로로 왔다. 이 육로길은 바다를 이용할 때보다 장거리의 불편함이 있었을 테지만, 옹진반도에서 백령도 사이 험난한 바닷길에 비해 안전하였기 때문에 이용되었던 것으로 보인다.[162] 배주는 고려 초 중국과의 사행로로 이용되었을 뿐만 아니라 海商들의 주요 행로인 교통상 중요한 지역이었다.

이러한 배주 지역을 지키게 하였다는 점은 대광현 등의 발해 세력에게 군사적 협조를 요청한 것이다. 932년 9월에 후백제 수군에 큰 피해를 입었다는 점 등에서 더욱 그러하다. 이 시기 발해 유민들은 주로 육지를 통해 고려로 왔을 것으로 예상되지만, 해상교통로를 이용한

162) 이진한(2014), 「오대십국 여러 나라와의 외교와 무역」, 앞의 책, 97쪽.

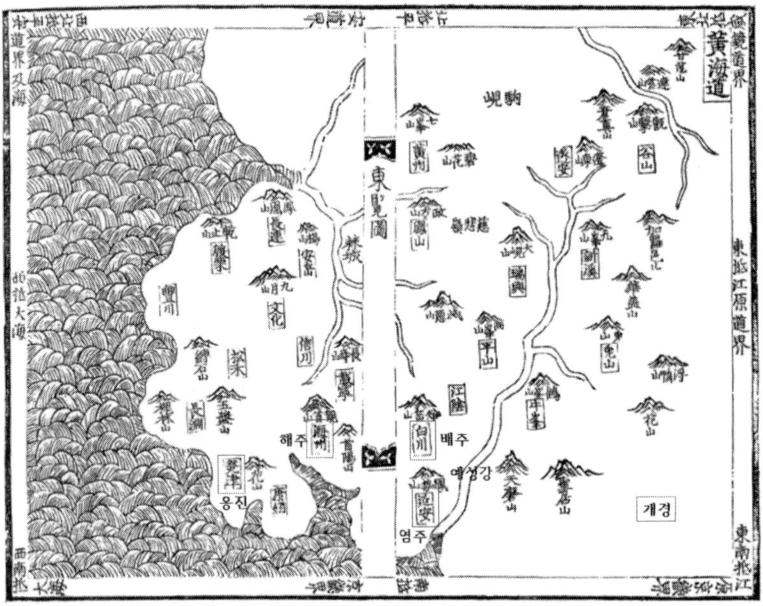

[그림 1]『新增東國輿地勝覽』黃海道 地圖

유입도 있었다. [표 6]의 여덟 번째 사례를 보면, 발해인 洪見 등이 배 20척에 사람과 물자를 싣고 來附하였는데,[163] 이들 이외에도 바다를 이용한 발해인의 유입도 상당하였을 것으로 짐작된다. 고려에서는 대규모 발해 유민들을 배주 지역을 중심으로 안착시키고, 지배층을 중심으로 대광현의 휘하 관료 및 군사들에게도 각각 정착 기반을 마련해주어 고려 정착을 도왔다. 태조대 발해 유민의 정착은 북방 蕃人과 후백제 침략에 대한 양면 대비를 꾀한 것이다.

태조대 이후 현종대까지 발해인의 유입 사례는 드물다. 979년(경종 4)

163)『高麗史』권1, 世家1 태조 12년 6월 庚申.

발해인 수만이 來投하여 온 기사[164]가 있을 뿐이다. 기존에는 발해인 수만의 來投에 대해서는 당시 동북지역의 사정에 기인한 것으로 이해되었다. 거란과 송의 전투가 장기화 되었고, 975년 7월에 황룡부 위장 연파가 반란을 일으키는 소요가 영향을 주어 발해인을 포함한 여러 종족에 대한 요 조정의 인력 및 물자 징발이 극심하였던 때였다.[165] 이러한 상황이 발해인들의 불안 심리를 자극하여 대규모 이동으로 연결되었을 것으로 보았다.

송과 거란의 전쟁이라는 당시 상황이 발해 유민의 고려 유입으로 이어졌을 것이라 동의한다. 특히 979년에는 송 태종이 晉陽을 평정하고 幽州로 진출하자, 발해 유민 大鸞河가 李勛 등 16명과 부족 300騎를 거느리고 來降하여 대난하를 渤海都指揮使로 삼았다.[166] 즉, 이 시기는 송 군대가 요동지역 인근까지 진출하여 밀려 올라오는 상황이었고, 이러한 혼란한 시기에 발생한 유민은 송, 거란, 고려라는 목적지를 설정하여 이주할 수밖에 없었다. 그러한 일부 세력이 979년 고려에 유입되었던 것으로 보인다.

979년 한 해에 발해인 수만이 來投하였다는 기사는 단 한 번에 고려에 온 인원수를 나타냈다기보다 고려 초기 기록의 산실 속에서 여러

---

164) 『高麗史』 권2, 世家2 경종 4년 6월. 기존 연구에서는 이때 발해인의 來投를 定安國의 내분과 붕괴가 원인이 되어 나타난 결과로 이해하고 있다(박옥걸(1996), 앞의 책, 103쪽). 그러나 필자는 송과 거란의 오랜 전쟁 속에서 발생한 유민이 각각 송, 거란, 고려라고 하는 선택지를 두고 각각 귀부하는 양상으로 생각한다. 『宋史』 발해전에 979년 송 태종이 幽州를 평정하고 발해 장수 大鸞河 등 부족 300騎를 거느리고 來降한 기사가 전하는데 이러한 전쟁 상황 속에서 남아있던 발해 유민들이 대거 고려에 유입된 것으로 보인다.

165) 박순우(2017), 앞의 박사학위논문, 261쪽.

166) 『宋史』 권491, 列傳250 外國7 渤海國.

번에 걸쳐 온 양상이 생략되었다고 보인다. 이들 역시 태조대 발해 유민의 유입과 마찬가지로 받아들여져 고려의 북방 경계 지역을 중심으로 거처하게 하였을 것으로 생각된다. 수만이라고 하는 대규모 인원이 고려 남쪽 지방까지 이동하기에 어려움이 따르기 때문이다.

두 번째 발해 유민의 내투 기사는 1030년(현종 21)부터 1033년(덕종 2) 사이 집중적으로 나타난다. 이 시기 발해 유민의 고려 유입은 1029년 8월 발발한 大延琳의 난과 그 여파에 의한 것이었다.[167] 발해 대조영의 후손 大延琳이 거란에 반기를 들어 국호를 興遼로, 연호를 天慶이라 하고 반란을 일으켰는데, 이때 많은 발해 유민들이 가담하였을 것으로 추측된다.[168] 거란의 동경 요양부는 거란 정부에서 동북지역의 중심지로 삼았던 곳이고, 발해인이 가장 많이 집중되어 있던 지역이다.[169]

그러나 1030년 8월에 거란에 의해 대연림의 난은 진압되고,[170] 이에 관련되었던 발해 유민들이 거란의 진압을 피해 고려로 유입되었을 것으로 보인다. 실제로 1030년 5월 거란의 水軍指麾使·虎騎尉 大道李卿 등 6명이 來投하였는데, 이때부터 來附하는 거란·발해인이 매우 많았다고 하였다.[171] 또, 1030년 9월 고려에 와 있던 흥요국 郢州刺史 李匡祿은 흥요국이 망했다는 소문을 듣고 고려에 머물며 돌아가지 않았다.[172] 이 시기 거란의 관직명을 띤 인물들이 유입된 사례들이 많고,

167) 한규철(1984), 앞의 논문, 8쪽.
박순우(2017), 앞의 박사학위논문, 262~264쪽.
168) 『遼史』 권17, 本紀17 聖宗8 太平 9년 8월 己丑.
169) 나영남(2017), 「거란의 멸망과 발해인의 동향」, 앞의 책, 242쪽.
170) 『遼史』 권17, 本紀17 聖宗8 太平 10년 8월 丙午.
171) 『高麗史』 권5, 世家5 현종 21년 5월 乙丑.
172) 『高麗史』 권5, 世家5 현종 21년 9월 丙辰.

來奔한 기사들이 확인되어 대연림에 호응하여 함께 한 세력이었을 것으로 이해된다.

대연림의 난이 진압된 이후 1031년~1064년에 이르는 기간 동안 산발적으로 고려에 오는 발해 유민들의 구성원을 보면, 거란의 하급관직을 띠고 있기도 하였다. 발해 유민은 거란 국가를 구성하는 거란족, 해족, 한족 등의 다른 민족에 비해 사회적 지위가 낮았고, 그에 따라 사회 신분과 법률 지위도 차별을 받았다.[173] 이때에는 대규모 인구 이동이기보다는 개인 및 가족 단위의 고려 유입이 특징이다. 이들에 대한 조처 역시 대규모 인원수가 왔을 때와는 다른 양상을 보인다.

> 바-1) (1030년 10월) 이달에 거란, 奚哥, 渤海 사람 500여 명이 來投하여 江南의 州郡에 살게 하였다.[174]
>
> 바-2) (1033년 5월) 계사에 渤海 監門隊正 寄叱火 등 19인이 來投하였다.[175]
>
> 바-3) (1033년 12월) 계축에 渤海 寄叱火 등 11인이 來投하니, 남쪽 땅[南地]에 거처하게 하였다.[176]

바-1)은 1030년 10월 거란, 奚哥, 발해 사람 500여 인이 來投하자, 江南 州縣에 거처하게 한 조처이다. 이전 시기 발해 유민의 來投에는 주로 북방 지역을 중심으로 이들의 거처를 마련하였다고 여겨지는데,

---

173) 나영남(2017), 「거란의 이중지배정책과 발해인」, 앞의 책, 142쪽.

174) 『高麗史』 권5, 世家5 현종 21년 10월.

175) 『高麗史』 권5, 世家5 덕종 2년 5월 癸巳.

176) 『高麗史』 권5, 世家5 덕종 2년 12월 癸丑.

이때 와서는 고려의 남쪽 지방에까지 받아들이고 있다. 江南은 州·郡이 포괄된 어느 지역임은 틀림없다. 거란에서 넘어온 거란인과 발해 유민 500여 명이라는 숫자는 결코 적은 인원이 아니다. 고려에서는 외국에서 온 이들에 대한 출신과 인원수를 비교적 정확하게 파악하고 있다는 점에서 이들에 대한 거처지를 '남쪽 지역의 주·군'이라는 분명하지 않은 개념으로 표현하지는 않았을 것이라 여겨진다.

특히, 995년(성종 14)에 전국을 10道로 조직할 때 형성된 '江南道'가 주목된다. 강남도는 1018년에 해양도와 합하여 전라도로 개편되었지만, 1019년 11월에 江南 州縣의 丁戶를 實象山·伊川縣·遂安縣·新恩縣·峽溪縣·牛峯縣 등으로 이주하게 한 기사 등을 보았을 때[177] 얼마간 '江南'이 행정구역명칭으로 기능하였을 것으로 여겨진다. 강남도는 지금의 전라북도 지역인데, 발해 유민의 상당수가 이 지역에 안치되었을 가능성이 높다.[178]

바-2)는 1033년 5월 渤海人 監門隊正 寄叱火 등 19인이 來投한 기사이다. 바-3) 역시 같은 해 12월에 渤海人 寄叱火 등 11인이 來投한 내용이다. 같은 인물이 두 번 來投한 기사이다. 두 사료에 등장하는 寄叱火는 같은 인물일 것으로 추측되는데, 처음 5월에 고려에 來投한 이후 12월에 이들 가운데 11인이 고려에 받아들여져 南地로 거주지가 마련된 것이 아닌가 한다. 이 때 南地는 앞서 '강남'과 같이 행정구역의 의미로 '하남'이나 '영남', '산남' 지역으로 이해되기도 한다.[179]

177) 『高麗史』 권4, 世家4 顯宗 10년 11월.

178) 김진광(2020), 「조선시대의 발해 지리 인식과 전환 – 지리지의 발해 지리 정보 누락 원인을 중심으로」, 『역사와 세계』 57, 76~80쪽.

179) 김진광(2020), 위의 논문, 79·80쪽.

南地의 용례는 바-3) 사례 이외 1031년 10월 거란인 王守男 등 19인을 거처하게 한 경우가 확인된다.[180] 이들 사례에서는 사-1)과 같이 '江南州郡' 등 구체적인 지역을 지칭하였다고 보기에는 어려울 것 같다. 이와 관련하여 「朴脩墓誌銘」에서 1153년(의종 7) '양계부터 남쪽의 주현에 이르기까지[自兩界至南地州縣] 모두 군졸을 보충하였는데, 박소가 밤낮으로 부지런히 군사를 가려 뽑아 매우 합당하였다'는 기록이 있다.[181] 이때 南地州縣은 兩界와 대별되는 개념으로 남쪽 주현을 의미하였다. 즉, 南地는 양계 국경 지역과 대별되는 남부지방이라는 의미로, 일부 발해 유민과 거란인이 안착되었다. 이를 통해 볼 때, 고려에 온 발해 유민 가운데 선택적으로 일부만이 고려의 남쪽 지방에 거주가 허락되었던 것으로 짐작된다.

이와 같이 대광현 중심의 발해 유민이 안착한 배주 일대나, 江南, 南地 등 정착지역에 대한 일부 단서가 있으나, 기사가 단편적이어서 이들이 구체적으로 어느 지역에 거처하게 되었는지는 알기 어렵다. 『世宗實錄』 지리지나, 『新增東國輿地勝覽』 등 조선시대 지리지 등에 남아있는 일부 토성 기록을 근거로 하여 발해 유민의 흔적을 추측할 뿐이다.[182] 특히, 발해의 대표적인 지배계층의 성씨인 大氏 인물들이

180) 『高麗史』 권5, 世家5 덕종 즉위년 10월 丁丑.

181) 「朴脩墓誌銘」.

182) 박순우는 『高麗史』, 『世宗實錄地理志』, 『新增東國輿地勝覽』 등에 산재한 大氏, 太氏 등 일부 성을 추적하여 고려 초 한반도 북부에 치우친 발해 유민의 거주지역이 고려 중기~후기에 이르러 한반도 전역으로 확장되었을 가능성을 확인하였다. 또한 안양사지, 원지동 원지 등에서 출토된 발해 연화문 수막새의 흔적을 검토하여 발해 유민의 거주지에 대한 이해를 확장시켰다(「고려 내투 발해인들의 처치 지역 검토-고려시기 유적 출토 발해계 막새기와를 중심으로」, 『白山學報』 114, 2019).

『고려사』 곳곳에 보여 발해 유민의 전국적인 활동상이 짐작되나,[183] 단편적인 언급이거나 고려 후기의 기사여서 구체적인 발해 유민의 안착 거주지를 확인하는데 한계가 있다. 이는 조선시대 지리지에 亡姓, 投化姓 등으로 기록된 太氏 역시 마찬가지이다.

마지막 발해 유민의 고려 유입 시기는 1116년과 1117년에 두 차례 확인된다.

> 사-1) (1116년 12월) 이달에 契丹人 33명, 漢人 52명, 奚人 155명, 熟女眞人 15명, 渤海人 44명이 왔다.[184]
>
> 사-2) (1117년 1월) 임진에 渤海人 52명, 奚人 89명, 漢人인 6명, 契丹人 18명, 熟女眞人 8명이 遼에서 來投하였다.[185]

사-1)은 1116년 12월 거란인 33명을 비롯한 여러 종족과 함께 발해인 44명이 고려에 온 기사이다. 사-2)는 그로부터 한 달 뒤인 1117년 1월에 마찬가지로 여러 종족과 함께 발해인 52명이 고려에 來投한 내용이다. 이 시기 이들의 내투는 1116년 거란 동경에서 발생한 高永昌의 반란과 관련이 있는 것으로 보인다.[186]

고영창은 거란 동경의 漢人이 발해인과 반목하여 많이 죽이는 사건을 계기로 여러 발해인들을 규합하여 동경을 점거하고, 황제를 칭하고 국호를 大元으로 삼았는데, 이때 열흘 만에 호응한 세력이 병사 8천

---

183) 『高麗史』 권123, 列傳36 李英柱.

184) 『高麗史』 권14, 世家14 예종 11년 12월.

185) 『高麗史』 권14, 世家14 예종 12년 1월.

186) 한규철(1984), 앞의 논문, 8쪽.
박순우(2017), 앞의 박사학위논문, 262~265쪽.

명이었다고 한다.[187] 이들은 금에 의해 진압되었는데, 그 영향을 피해 거란 동경의 여러 세력이 함께 고려로 유입된 것이다.

그뿐만 아니라, 금의 흥기에 의한 거란군의 패퇴 영향으로 동북지역에 있던 제 세력들이 점차 거란에서 이반되어 갔다.[188] 금에 밀려 패퇴한 대규모 거란군이 민가에 산거하면서 현지 발해, 한족 등의 민간을 침탈하며 사회 문제로 대두되었다.[189] 동북의 여진 및 발해, 거란에서 안정적인 생활을 유지하던 한인들까지 점차 거란을 떠나 고려로 오게 되었다. 이 시기 거란으로부터 漢人 來投 기사가 등장하는 이유도 이러한 배경 때문이다.

2) 契丹人의 고려 이주와 수용 정책

거란인의 고려 이주는 고려 초기를 발해 유민의 대거 유입을 제외한다면 발해 유민 이주의 두 번째, 세 번째 시기와 맞물려 집중적으로 나타난다. 거란인의 고려 이주가 두드러지게 나타나는 시기는 현종대이다. 특히, 1016~1018년, 1022년~1023년 사이, 및 1030~1033년간 발해 유민의 내투와 함께 집중적으로 보이며, 1116~1117년간 두 차례 걸쳐 거란에 속해있었던 다양한 족속과 함께 고려에 유입되고 있다.

거란인의 고려 유입을 이들 시기에 따라 나누어 살펴보겠다. 첫째, 거란인의 이주가 집중적으로 나타나기 시작하는 1016~1018년, 1022~1023년 사이의 來投이다. 현종 초 거란과의 2차 전쟁 이후, 정전의 조건이었던 현종의 親朝가 이루어지지 않자, 거란이 강동 6주의 반환을

187) 『金史』 권71, 列傳9 斡魯.

188) 나영남(2017), 「거란의 멸망과 발해인의 동향」, 앞의 책, 267~271쪽.

189) 『金史』 권75, 列傳13 盧彦倫.

요구하며 다시 갈등이 시작되었다. 그 가운데 1015년(현종 6) 정월부터 거란군은 군사 행동을 시작하며[190] 양국 변경에서 수차례에 걸쳐 소규모 파상적인 공격이 이어졌다. 1016년 정월에는 郭州에서 양군이 맞붙어 수만 명의 전사자가 발생하기도 하였다.[191]

이러한 정세 속에서 고려와 거란의 국경 지대에 살았던 거란인들이 소규모 무리를 이루어 피난하여 온 것이다. 1016년 2월 거란 王美, 延相 등 7인이 來奔하였는데,[192] 고려와 거란의 전쟁 상황을 엿볼 수 있다. 거란인의 고려 이주는 대부분 戶 단위의 소규모 인원인 점이 특징이다. 농경과 유목을 주로 일삼는 거란인들의 생활 습속을 생각한다면 戶를 중심으로 공동 경제 생활 단위를 이루어 이동하였다고 짐작된다.

둘째, 1030~1033년 사이의 거란인 내투는 앞서 살펴본 발해인의 사례와 같이 1030년 8월에 대연림의 난이 진압되면서 이와 관련한 세력이 고려로 유입된 것으로 보인다. 1032년 3월 契丹 殿直 高善悟 등이 來奔하였는데,[193] 高善悟나 高眞成 등은 성명으로 보았을 때, 거란의 관직을 제수받은 발해계 거란인으로 생각된다. 이들은 주로 고려의 북방 국경 지대에 안착되었을 것으로 보이지만, 선택적으로 고려의 남쪽 지방에 거주지가 설정되기도 하였다.

셋째, 1116~1117년 사이 여러 종족과 함께 고려에 유입된 거란인들이 있다. 사-1)과 사-2)의 기록과 같이, 이들은 금이 거란 동경을 점령하고 고영창 등의 반란 세력을 진압하자, 이에 영향을 받아 고려에

---

190) 『高麗史』 권4, 世家4 현종 6년 1월 癸卯.
191) 『高麗史』 권4, 世家4 현종 7년 1월 庚戌.
192) 『高麗史』 권4, 世家4 현종 7년 2월 壬午.
193) 『高麗史』 권5, 世家5 덕종 1년 3월 癸酉.

온 것으로 보인다. 다양한 출신의 인원들이 함께 고려로 유입하는 모습을 보이는데, 이는 거란의 동경도에는 거란의 遷徙 정책에 의해 漢人, 女眞人, 渤海人 등이 雜居하고 있었는데[194] 패퇴한 거란군 등의 사회적 폐단에 따라 고려로 도망하여 왔다.

발해 유민 사례와 비슷하게 거란인의 고려 이주는 거란 동경을 중심으로 한 특정 사건이나 정세의 영향으로 어떤 기간에 집중되어 나타나는 양상이다. 태조대 발해 유민의 대거 유입 이후에는 발해 유민과 거란인이 비슷한 시기에 대거 고려에 來投하는데, 이는 고려와 거란의 전쟁 및 거란 동경을 중심으로 한 정세변동에 따른 결과였다. 발해 멸망 이후 시간이 지나도 발해인으로 파악되는 인물들도 결국 거란에 거주하던 이들이고, 거란인으로 기재된 인물들의 경우 성씨 등을 통해 발해계 거란인으로 보이기도 한다.

이들 구성원은 결국 같은 출자로 볼 수 없지 않을까 하는 문제가 남는다. 이에 대해 고려 전기 고려에 유입된 거란인을 그 성씨를 분석하여 발해 유민일 가능성이 제기되기도 하였다.[195] 특히, 高氏, 大氏, 王氏 등 발해의 지배계층에 많았던 성씨의 경우 비록 그들이 거란인임을 자처하였더라도 발해 지배층 유민이었다고 이해된다.

거란의 주민 구성은 거란인은 물론 해인, 한인, 발해인, 서북의 여러 민족 등이 복합적으로 이루어져 있었다. 각 민족별로 경제 및 사회

194) 『遼史』 地理志에는 東京道 소속 州縣 연혁에서 다른 지역의 民, 漢人이나 渤海人 및 포로 등으로 채운 지역들이 여럿 확인된다. 예를 들어, 東京道 信州 彰聖軍은 1012년에 고려와 가까운 지역이므로 주를 설치하고, 포로로 잡은 漢人 민호로 채웠다고 하였다(『遼史』 권38, 志8 地理志2 東京道 信州 彰聖軍.).

195) 한규철(1984), 앞의 논문, 11쪽.

발전 수준이 달랐기 때문에 거란에서는 북남면관으로 상징되는 이중적인 통치체제를 수립하였으며,[196] '因俗而治'를 바탕으로 민족의 상황에 따라 차별정책을 시행하였다. 이러한 거란의 통치체제 속에서 발해 유민 역시 다양한 존재 양상을 보인다. 일부 지배계층은 병합 이후에도 어느 정도 지위를 유지하며 거란의 통치에 순응하여 거란에 편호되기도 하였으나, 차별대우에 따른 불만으로 발해 부흥 운동을 벌이거나 송·고려·여진 등으로 이주하기도 하였다.[197]

고려에서는 이주 외국인에 대해 출신, 성명, 인원, 유입 상황(來奔, 來投 등) 등을 파악하였는데, 기록에 남은 사례들은 결국 고려 정부에서 파악한 출자로 기재되었을 것이기 때문에 이를 그대로 받아들이기로 한다. 발해 멸망 이후 많은 시간이 지났음에도 고려에 온 발해인의 출자는 이러한 거란의 통치 방식 속에서 다양하게 존재하였던 사회상을 보여준다고 하겠다.

또한, 이들에 대한 구체적인 출신을 차치하더라도, 고려에서는 발해 유민과 거란인에 대한 조처가 크게 다르지 않았다. 앞서 살펴보았듯이, 바-1)의 사례나, 1031년 10월 거란인 왕수남 등 19명을 南地에 거처하게 한 경우 등은 발해 유민과 거란인에 대한 수용 조치에서 큰 차이가 없다. 다만 거란 쇠퇴를 전후한 시기 고려에 이주한 이들은 契丹投化人 등으로 인식되었던 듯하다.

아-1) (1117년 8월) 정묘에 왕이 남경에 이르자 契丹投化人으로 남경

196) 나영남(2017), 「거란의 이중지배정책과 발해인」, 앞의 책, 80~95쪽.
197) 나영남(2017), 앞의 책, 125~143쪽.

인근에 흩어져 사는 이들이 거란 가무와 잡희를 연주하며 왕의 수레를 맞이하였는데 왕이 어가를 잠시 멈추고 관람하였다.[198]

아-2) 청색과 녹색의 촘촘하고 가는 실로 짠 큰 꽃이 있는 전포를 입고, 그 바지는 혹은 자색, 혹은 황색, 혹은 검은색으로 입는데 이르고, 머리카락을 깎고 두건은 길지 않으며 정수리에 딱 붙게 쓰는데 듣건대 항복한 거란 병졸[契丹降卒]이라고 한다.[199]

아-3) 또한 듣건대 契丹의 항복한 포로 수만 명 중 장인이 열에 하나였는데, 그 중 정교한 솜씨를 가진 사람을 가려 王府에 머물게 하였다.[200]

아-4) 꽃무늬 비단이나 질긴 실로 짠 비단, 모직물을 꽤 잘 만드는데, 근래에 북쪽 오랑캐 항복한 병졸 중에 장인[工技]이 매우 많았다. 그리하여 奇巧를 더하고 染色 또한 예전보다 낫다.[201]

아-1)은 1117년 8월 예종이 남경이 순행하였을 때, 남경 인근에 흩어져 사는 契丹投化人들이 거란 가무와 잡희를 연주하며 왕의 수레를 맞이한 내용이다. 거란인들 가운데 선택적으로 남쪽 지방에 거처하게 하였다. 이 사례는 남경 인근에 거주하게 한 경우로, 1116년과 1117년 사이 상당한 거란 인원이 들어왔는데, 시기적으로 보았을 때 이때 유입된 이들로 생각된다. 그뿐만 아니라, 거란인들은 고려의 수도 개경에서 지내기도 하였다.

아-2), 3), 4)는 모두 1123년(인종 1)에 고려에 온 송 사신 서긍이

198) 『高麗史』 권14, 世家14 예종 12년 8월.

199) 『宣和奉使高麗圖經』 권12, 仗衛2 領軍郎將騎兵.

200) 『宣和奉使高麗圖經』 권19, 民庶 工技.

201) 『宣和奉使高麗圖經』 권23, 雜俗2 土產.

기록한 내용이다. 아-2)는 의장대 가운데 영군 낭장 기병의 복색을 기술한 부분인데, 이들 복색의 등급이 똑같지 않은 점을 특기하면서 청색과 녹색의 실로 촘촘하게 짠 큰 꽃이 있는 전포를 입고 자색 혹은 황색, 검은색 바지를 입으며, 머리카락을 깎고 길지 않은 두건은 정수리에 딱 붙여 쓴 거란 降卒을 묘사하였다. 이들은 금에 패퇴하여 고려로 망명하여 온 거란군의 일부로 생각된다.

아-3)과 4)는 고려에 거주하는 거란 降卒 가운데 기술을 가진 자들이 많았던 사정을 나타내었다. 거란인 가운데 기술을 가진 자는 개경에서 관련 관청에 소속되었다. 고려 전기 거란인의 이주는 1117년 이후 보이지 않는데, 『고려도경』에 남아있는 이들 거란 降卒의 존재는 1116~1117년 이후 1125년 거란이 금에 의해 멸망할 때까지 상당수의 인원이 고려에 유입되었다는 반증이겠다. 아-4)에서 '근래에[邇來] 북쪽 오랑캐 항복한 병졸'이라고 하여 서긍이 고려에 온 1123년을 전후한 시기에 거란인들의 대규모 고려 유입이 예상된다.

고려에 온 거란인들은 宋人의 경우와 같이 投化人으로 인식되었다. 다만, 이들은 관직 생활을 하며 고려의 지배계층을 형성한 宋人의 사례와 달리 일반 民의 유입이 대다수여서 고려 사회의 하부조직에 편입되었을 것으로 예상된다.

자-1) 知銀臺事·左司郎中 劉忠正은 본래 渤海人으로, 다른 기술과 재능이 없었는데도 왕에게서 매우 큰 총애를 받았다. 왕이 항상 水房의 人吏들을 두 사람에게 나누어 소속시키니 드나들 때 뒤를 수행하여 분수에 맞지 않은 것이 끝이 없었다.[202]

자-2) (1279년 6월) 또 兩界의 亡丁·投化丁에게는 토지 각 4結을

지급하여 교대하는 자가 이어서 받도록 하며, 몽골어·漢語에 능한 자를 각 2인을 뽑아 데리고 가서 그들을 관리하도록 하십시오.[203)]

자-3) 高州. 都領 1인, 郎將 3인, 別將 7인, 校尉 15인, 隊正 32인이 있다. 抄軍과 左軍은 각 1隊, 右軍은 8隊이다. 寧塞는 2隊, 投化·田匠이 각 1梗이다.[204)]

자-1)는 劉忠正이 목종의 총애를 입고 분에 넘치는 행실로 비판받고 있는 내용이다. 유충정은 본래 발해 사람인데 다른 기술이나 재능이 없는데도 왕의 총애가 매우 깊었다는 점을 미루어 볼 때, 그가 관직 생활을 하게 된 데에는 목종의 총애가 큰 역할을 하였던 듯하다. 그는 知銀臺事·左司郎中을 역임하였으며 목종을 근시하는 측근이었다. 유충정은 『고려사』에서 발해인으로 관직을 역임한 사실을 확인할 수 있는 유일한 사례이다. 그러나 태조가 발해 유민을 배주 지역에 안착시키고, 대광현 휘하 관료 및 군사들에게도 관직이나 경제적 특전을 주어 정착을 도왔던 점을 고려한다면 상당수 발해 지배계층이 고려 초기 정부에서 활동하였을 것으로 짐작된다.

그러나 유충정의 사례 이외 발해인의 고려 내 행적을 상세히 알기 어렵다. 다만, 유충정은 목종의 총애로 폐행을 일삼았던 행태를 비판받았던 점에서 발해인이라고 특기되었던 것으로 생각된다. 宋人이나 契丹人 등에 대해서는 '投化宋人', '契丹投化人' 등의 지칭이 있는데 반해 '投化渤海人' 등 발해인에 대한 명칭이 없는 것이 의아하다. 초기

202) 『高麗史』 권123, 列傳36 庾行簡.

203) 『高麗史』 권82, 志36 兵2 站驛.

204) 『高麗史』 권83, 志37 兵3 州縣軍.

고려에 온 발해 유민은 태조가 배주 지역을 중심으로 한 지역적 기반을 마련해주었고, 대광현에게 '왕계'라는 성명을 하사해준 것과 같이 유력 지배계층에 대해 본관이 설정되었으리라 짐작된다. 이들에게는 돌아갈 本國의 존재가 망실된 망명, 난민의 신분이었기 때문에 고려와 대비되는 本國을 출신으로 두는 投化人으로 구분되지는 않았던 것으로 보인다.

자-2)는 1279년(충렬왕 5) 6월 도평의사사에서 원에 대한 朝聘路에 伊里干을 설치하고 그 운영방식에 대해 건의한 내용 가운데 일부이다. 여기에 '投化丁'이라는 표현이 나타나는데 양계에 거주하고 있는 외국인 장정을 파악한 것으로 보인다. 고려에 온 발해 유민·거란인은 대부분 일반 백성으로 사회의 기반을 이루는 신분이었다.[205] 1030년 10월에 거란 해가·발해민[奚哥渤海民] 500여 명이 來投한 사례나,[206] 1031년 3월 거란·발해민[契丹渤海民] 40여 명이 來投한 기사 등에서도 확인된다.[207] 수십 명에서 수백 명에 이르는 집단은 여러 곳에 나뉘어 정착하였고, 이들이 제공하는 풍부한 노동력을 바탕으로 토지 개간이 이루어져 고려 사회의 농업 발전에 기여한 것으로 이해된다.[208]

또한, 이들은 일부 사례에서 고려의 남쪽 지방에 거처하게 하기도 하였으나, 대부분 고려 북쪽 양계지역을 중심으로 정착하였다고 생각된다. 자-2)에서 投化丁이라는 존재가 그렇다. 자-3)은 高州 주현군의 직급별 액수를 나타낸다. 고주는 고려 초기부터 주요한 고려의 군

205) 金渭顯(2004), 「契丹文化의 高麗傳播와 그 影響」, 앞의 책, 161쪽.
206) 『高麗史』 권5, 世家5 현종 21년 10월.
207) 『高麗史』 권5, 世家5 현종 22년 3월.
208) 李鎭漢(2017), 앞의 논문.

사 방어 지역이었으며, 북방에서 고려를 침략할 때 주요 공략 대상이었다.[209] 고주 주현군의 직급에 기록된 投化軍은 변경에 거주하는 외국인으로 이루어진 군대로 보인다. 投化丁이나 投化軍 등의 존재는 양계 지역에 외국인 집단이 거주하며 군사적인 역할을 수행한 것으로 여겨진다.

이처럼 농경 인구와 국경 지대의 군사 인구로 구분하여 남쪽 지방과 국경 지대에 나누어 거처하게 한 이유는 이들 유입 인구의 경제생활 방식을 고려한 조처였다. 1116년(예종 11) 4월 요의 來遠城, 抱州城 두 성의 유민들이 양과 말 수백 필을 몰고 來投한 사례나,[210] 요 流民 男女 20여 인이 來投하여 양 200口를 바친 경우가 확인된다.[211] 1117년(예종 12)에 금에 쫓기던 요 來遠城刺史 常孝孫 등이 이 지역을 고려에 넘기고 도망간 상황 등을 고려하면,[212] 금과의 전투 상황 속에서 고려로 도망하여 온 무리였다. 이때 주목되는 점은 이들이 양과 말 수백 필을 몰고 온 것과, 양 200구를 바친 내용이다.

이를 통해 볼 때, 이들은 양과 말의 목축을 주로 일삼는 무리였을 것으로 생각된다. 거란에서 고려로 온 인구의 구성은 단일한 경제생활 방식을 영위하였다고 볼 수 없다. 즉, 농경 민호는 남쪽 지방에 거주, 유목 민호는 양계를 중심으로 목축하게 하거나 군사 인구로 편입하였을 것으로 이해된다.

---

209) 1217년 11월에 거란군이 고주, 화주로 침입해 왔고(『高麗史節要』 권15, 고종 4년 11월), 1362년 2월 나하추가 고주까지 침범하였다(『高麗史』 권137, 列傳50 창왕 1년 9월).

210) 『高麗史』 권14, 世家14 예종 11년 4월.

211) 『高麗史』 권14, 世家14 예종 11년 4월.

212) 『高麗史』 권14, 世家14 예종 12년 3월.

한편, 발해 유민 및 거란인의 지속적인 고려 유입은 반대로 거란에서는 인구 유출이었다. 충분히 고려와 외교적 분쟁이 생길 수 있는 문제였다. 이와 관련하여 다음의 사료가 주목된다.

> 차) (1073년 6월) 기묘에 西京將軍 柳涉이 압록강을 방어하고 있었는데, 船兵 중에 契丹人으로 來投한 자가 있었다. 그를 追捕하려는 자가 長城을 넘어 들어와서 靜州에 접근하자, 유섭이 능히 방어하지 못하였으므로 制를 내려 그를 면직시켰다.[213)]

차)는 1073년 6월 고려에 來投한 契丹 출신 船兵을 잡기 위해 쫓아온 거란 세력이 장성을 넘어 靜州에 접근하였는데, 이를 방어하지 못한 유섭을 면직시킨 내용이다. 이 사료에서 다시 한번 고려에 來投한 거란인이 고려의 국경 군사 집단으로 편입된 사실이 확인된다. 무엇보다 거란에서 그를 追捕하고자 고려의 長城을 넘어 靜州까지 다가왔다. 이러한 움직임은 얼마든지 군사적 갈등으로 확대될 수 있는 사안이었다. 결국 유섭은 면직되고 말았다. 다만, 이 일은 외교적 분쟁으로까지 확대되지는 않았던 듯하다. 뒷장에서 살펴보겠지만, 1073년은 많은 여진 부족들이 일시에 군현 편제를 요청한 해이고 이를 조처하였는데, 이와 같은 거란의 행보 역시 국경지대 방비 정책을 전환하는 요인이 되었을 것이다.

이상에서 살펴본 발해 유민·거란인의 고려 이주 양상을 정리하면 [표 7]과 같다. 이들의 고려 이주는 주로 거란 동경을 중심으로 한 요

213) 『高麗史』 권9, 世家9 문종 27년 6월.

동 지방의 정세에 영향을 크게 받았다. 고려에 온 발해 유민·거란인은 대부분 고려 내 받아들여져 고려의 남쪽 郡縣에 나누어 배치되거나, 양계 등의 국경 지역에 대규모 안착되었다.

[표 7] 발해 유민과 거란인의 고려 이주 성격과 차이

구분	발해 유민		거란인	
이주 시기 및 요인	925~938 979	발해 멸망 송·거란 전쟁	1016~1018 1022~1023	고려·거란 전쟁 국경 소규모 전투
	1030~1033	대연림의 난	1030~1033	대연림의 난
	1116~1117	고영창의 난, 금의 동경 점령	1116~1117	고영창의 난
이주 형태	난민, 망명 / 대규모		난민 / 소규모 戶 단위	
신분 출신	발해 지배계층(일부), 관직자		일반 民	
거주 지역	국경, 남부 지방(일부 소규모)			
종사	농업, 군사, 관료(일부)		농업, 군사, 工匠	

태조대 발해 유민 집단의 유입에는 발해 세자 대광현을 필두로 발해 관직자 및 일반 백성을 아우르는 대규모 인원이었다. 이들 이후에는 거란의 하급 관직을 띤 인물들이 오기도 하였으나 대부분 일반 民 집단이 유입되어 와서 고려 사회를 채워갔다. 발해 유민·거란인의 고려 정착은 태조대 발해 유민의 안착 경험 이후 이들에 대한 정책으로 적용되었을 것으로 생각된다. 발해 유민의 대규모 유입은 태조의 호족 귀부 포섭정책의 연장선에서 해결되었다.

고려 초 발해 유민의 유입은 관직자를 중심으로 한 대규모였으나, 점차 개인이나 戶 단위의 소규모 유입이 지속되었다. 발해 유민과 거란인에 대한 고려의 조처에는 큰 차이가 없었다. 이들은 江南 등의 남

쪽 지방에 나누어 거처하게도 하였는데, 유입된 이들의 경제 활동 방식에 따라 배치되었을 것으로 보인다.

『고려사』에 출자가 발해, 거란, 해가, 漢 등으로 구분되기는 하였으나, 거란에서 왔다고 인지되었다. 게다가 고려에서는 이들을 종족별로 나누어 받아들이지는 않았다. 이들은 대부분 일반 民들로, 주로 고려 사회의 하부조직을 이루었다. 토지 개간 등에 풍부한 노동력을 제공하여 고려 사회의 농업 발전에 기여하는 면이 있었으며, 국경 지대 投化丁, 投化軍 등으로 분류되어 변경 거주민이 되었다. 일부 재능이 있는 이들은 개경에 거주하면서 工匠을 담당하여 고려의 수공업 발전에 이바지하였다.

3장
女眞의 고려 往來와 '內附' 성격

여진족은 시기에 따라 肅愼, 靺鞨 등으로 불리어 오던 퉁구스계 종족으로, 만주의 吉林城 沿海州 일대 흩어져 살면서 高句麗에 속했다가 渤海의 구성이 되었다. 9세기 이후 발해의 영역이 함경도와 평안도 북부까지 확대되자 여진족은 점차 남쪽으로 진출하여 살게 되었다.[1] 거란의 흥기 이후에는 길림성 동북지역에 산거하며 거란의 영향권 밖의 生女眞과 그 서남에 흩어져 거란에 복속된 熟女眞으로 나뉜다. 고려에서는 동북 방면의 여진을 東女眞 또는 東蕃이라 하고, 서북 방면의 여진을 西女眞 또는 西蕃이라 불렀다.[2]

여진은 거란과 고려의 국경지대에 산거하면서 그들의 이익에 따라 거란과 고려를 往來하였다. 여진의 왕래는 2장에서 살펴본 五代와 宋人, 渤海 遺民과 契丹人의 고려 이주와 성격을 달리한다. 宋人, 발해 유민, 거란인 등 이주가 허락된 이들은 고려 내 정착하여 관직 생활을

---

1) 金庠基(1959), 「女眞 관계의 始末과 尹瓘의 北征」, 『국사상의 제문제』, 국사편찬위원회, 65~67쪽.

2) 추명엽(2002), 앞의 논문.

영위하거나, 고려 사회 곳곳에 대대로 살아갔을 것이라 예상된다.

그런데, 여진의 경우 다른 외국인과 같은 이주 용례로 표현되면서도 실상에서는 고려 내 정착으로 보기 어려운 경우가 많다. 이 장에서는 여진의 고려 왕래 성격과 일부 고려 內地 수용이 허락된 경우를 중심으로 여진의 고려 정착 내용을 살펴보고자 한다. 특히, 문종대 집중적으로 나타나는 여진 부족의 內附는 이전 시기와는 확연히 다른 왕래의 모습을 나타내며 이를 이용한 고려의 여진 관리 정책을 고찰하고자 한다.

1. 女眞의 고려 往來와 정착

1) 고려 초 북방 정책과 女眞 往來

고려는 건국과 동시에 북진정책을 추진하였다. 그리하여 일찍부터 여진과의 접촉이 이루어졌는데, 태조는 이들에 대한 招諭를 통해 포섭하고자 하였다.

가-1) (921년 2월) 갑자에 黑水 酋長 高子羅가 170명을 거느리고 來投하였다.[3)]

가-2) (921년 4월) 을유에 黑水 阿於間이 200명을 거느리고 來投하였다.[4)]

가-3) 鶻岩鎭에 이르러서 東山에 큰 성을 쌓아 웅거하였는데, 北蕃

3) 『高麗史』 권1, 世家1 태조 4년 2월.
4) 『高麗史』 권1, 世家1 태조 4년 4월.

酋長 300여 명을 불러 모아 술과 음식을 성대하게 차려놓고 잔치를 열고 그들이 취한 틈을 타서 위엄을 갖추고 위협하니 추장들이 모두 복종하였다. 마침내 여러 部에 사신을 파견하여 말하기를, "이미 너희들 추장을 잡았으니, 너희들 또한 마땅히 와서 복종하라."라고 하였다. 이에 여러 部에서 이끌고 來附한 자가 1,500명이었고, 또 포로로 잡힌 3,000여 명을 돌려보냈다. 이로부터 北方이 편안해졌으므로 태조가 특별히 표창하여 격려하였다.[5]

이상의 사료는 태조대 黑水의 고려 來投 기사이다. 가-1)은 921년(태조 4) 2월에 흑수 추장 高子羅가 그 부족 170명을 거느리고 來投한 내용이다. 가-2)는 같은 해 4월 흑수 阿於閒이 200명을 거느리고 來投한 기사이다. 가-3)은 유금필이 北界 鶻岩鎭에서 黑水를 招諭한 내용이다. 태조는 남쪽의 흉적[南兇]도 아직 섬멸되지 않았는데, 북적의 침입에 근심하며, 이를 해결하고자 여러 장수를 불러 의논하였다. 그리하여 유금필을 골암진에 보내, 이들을 초유하도록 하여 來附한 자들이 1,500명이었고, 이로부터 북방이 편안해졌다고 하였다.

태조는 920년 北界를 순행하기도 하였다.[6] 또 태조는 북계 지역에 北狄이 자주 침입하니 이를 해결하기 위해 고심하였다. 가-1), 2)의 흑수 무리의 來投는 태조가 招諭한 결과로 보인다. 이후 936년 9월 후백제를 무찌른 一利川 전투 때 유금필이 黑水·達姑·鐵勒 등 여러 蕃의 기병 9,500명을 이끌고 참가하였는데,[7] 이들이 위 사료에서 유입

5) 『高麗史』 권92, 列傳5 庾黔弼.
6) 『高麗史』 권1, 世家1 태조 3년.
7) 『高麗史』 권2, 世家2 태조 19년 9월.

된 黑水 세력이었을 것으로 짐작된다.

태조는 여진에 대해 '사람 얼굴에 짐승의 마음[人面獸心]을 가진 자들로, 배고프면 오고 배부르면 가버리고 이익을 보면 염치를 잊는다. 지금은 비록 복종하나 향후 일정하지 않다'라는 의식을 가지고 있었다. 그리하여 담당 관청에 명령하여 '지나가게 되는 州鎭 성 밖에 館舍를 지어 대접하도록' 하였다.[8] 태조는 여진에 대하여 부정적인 인식을 가지고 있었으나, 북방 안정을 위한 현실적인 이유로 이들에 대하여 초유하고 갈등을 일으키지 않도록 노력하였다.

태조대 이후 여진의 고려 유입 기사는 거의 없다. 현종대까지 985년(성종 4)에 거란에 쫓겨 來奔한 여진 2,000여 인에게 물품을 지급해주고 다시 돌려보낸 기사가 있을 뿐이다.[9] 이는 고려 초기 기록의 散失로 인해 현종 이전 기록이 소략하여 구체적인 실상을 파악하기 어려우나, 성종대 여진의 來奔이나 여진이 거란의 침략 계획을 알린 사례들을 통해 볼 때, 다양한 형태로 여진이 유입되었을 것으로 생각된다.

그러나, 거란과의 전쟁을 겪으면서 고려와 거란 사이 산거하는 여진의 대외적인 역할이 증대됨에 따라 여진의 고려 왕래가 더욱 활발해졌다. 이러한 여진의 왕래에는 고려와 여진의 양자 간 이익을 위한 것이었다. 고려는 여러 여진 세력과 우호적인 관계를 유지함으로써, 군사적 지원 및 침략을 대비할 수 있었다. 이러한 고려 전기 여진의 유입 사례와 특징을 정리하면 [표 8]과 같다.

고려 전기 여진의 유입은 태조대 몇 건을 제외하면 현종 이후부터

---

8) 『高麗史』 권2, 世家2 태조 14년 11월.

9) 『高麗史』 권3, 世家3 성종 4년 5월.

집중적으로 나타난다. 여진의 유입은 크게 현종 이후 문종대까지 활발하게 나타났다가, 숙종·예종 시기 몇 차례 대규모로 오는 특징을 보인다. 여진의 고려 유입은 1017년 이후에는 비교적 지속적으로 이루어졌다. 다만, 이때 여진을 하나의 집단으로 볼 수는 없다. 여진은 각 부락에 따라 자유로이 산거하며 우두머리를 중심으로 狩獵·牧畜·漁撈·農耕 등으로 생활을 영위하였다. 그렇기 때문에 다양한 여진 부락이 각기 다른 형태로 고려에 유입되고 있는 양상이다.

[표 8] 고려 전기 여진의 고려 유입 사례와 특징

구분	시기	출신	성명	인원	용례	특징
1	921.2.갑자	黑水 酋長	高子羅	170	來投	태조의 초유에 의한 귀부
2	921.4.을유	黑水	阿於閒	200	來投	
3	미상	北蕃		1,500	來附	諸部相率來附. 유금필전.
4	985.	女眞		2,000여	來奔	皆資給遣還.
5	1017.8.을유	東女眞	盖多弗	4	來投	請效邊功, 許之, 優禮賜物.
6	1017.8.갑오	黑水靺鞨	阿離弗	6	來投	分處江南州縣.
7	1017.9.갑진	女眞	孤這	10戶	來投	
8	1018.4.	西女眞	木史 木開	200戶	來投	
9	1022.12.이전	西女眞	昧那	1	投化	乞以土馬贖之
10	1024.3.갑오	西女眞 東女眞	高豆老 瑟弗達	90	來投	
11	1028.1.	女眞	骨夫	500戶	來附	
12	1028.7.정유	東女眞	噲拔部落	300여戶	來附	來附-來投
13	1029.8.을미	東女眞 大相	噲拔	300여戶	來投	賜渤海古城地, 處之.

구분	시기	출신	성명	인원	용례	특징
14	1030.11.을축	西女眞	曼鬪 (曼頭)	27戶	來附	處之東界
15	1031.8.갑신	女眞 將軍	阿豆閒 (間)	340戶	來投	勒留嘉·鐵二州之地, 然阿豆閒本東蕃子項史之族, 宜遣置東蕃. 1035.11. 입조한 아로간(阿盧幹)과 동일인으로 짐작됨.
16	1032.1.정유	西女眞	者昆	8	來投	
17	1033.6.임술	西女眞 中尹	古舍	6	來投	
18	1040.9.임신	北女眞 將軍	尼迂火 骨輔	1	來投	賜田宅, 處之圻內.
19	1040.10.갑신	西北女眞	仍化老	13	來投	命充兆爲課戶.
20	1042.1.경신	西北路兵馬使, 籍鴨綠以東, 至淸塞鎭轄下, 立石村蕃戶, 以聞.				
21	1047.3.무술	東女眞 將軍	耶於害	6+??	款塞	各率其衆. 賜田宅, 處之內地.
22	1047.8.기사	蒙羅古村 仰果只村	蕃長	30部落	內附	
23	1047.10.정미	東女眞 蒙羅等村	古無諸	312戶	來附	
24	1052.1.병인	東女眞 正甫	馬波	48	入	請入定州關外爲編戶, 賜田宅, 處之內地.
25	1056.윤3.	黑水	高烈			『절요』 권4, 문종 10년 윤3월 기사 참조.
26	1064.12.	黑水	包棄	8	來投	
27	1071.11.신축	西女眞 酋長	漫頭弗	??	來投	職賞有差
28	1072.1.임신	東女眞	麽豆漢	25	來投	
29	1073*.2.을미	東女眞 歸順州 都領大常	古刀化	13??	內附	率衆內附 賜姓名, 各授將軍號.

30	1073.7.병오	黑水 譯語	加西老	1		可授監門衛散員, 賜名高孟.
31	1078.9.	女眞	高麻秀	14	來投	處之南界州縣.
32	1079.4.기유	女眞	耶邑幹	1		父阿羅弗, 母吳灑, 兄齊主那等六人, 曾於丁巳年, 向化來投, 願隨居之
33	1081.8.기미	西女眞	漫豆	17	來投	宜處之山南州縣, 以爲編戶 禮賓省奏(舊制)
34	1093.3.임오	北審		3	來投	慕化來投. 賜衣及田宅.
35	1101.4.무오	女眞 氈工	古舍毛	6	來投	賜田廬, 以充編戶.
36	1101.9.	西女眞	古時毛	1	來投	賜田宅.
37	1104.1.신사	東女眞	男女	1753	來投	
38	1107.12.을사	東女眞	裊乙乃	3230	來附	

여진의 고려 유입을 나타내는 용례 역시 來投, 來附, 內附, 來奔, 款塞 등으로 다양하게 나타난다. 지금까지 이러한 여진 유입 기사는 앞서 살펴본 宋人, 발해 유민·거란인과 마찬가지로 고려에의 歸附 및 고려 정착을 의미하는 '歸化' 개념으로 이해되었다. 여진은 주로 부락 단위로 고려에 왔는데, 적게는 수십에서 수천에 이르는 인원이었다. 이들의 유입은 고려의 인구 증대로 이해되었으며, 변경 안정과 영토 확장, 호구 증가 등의 여러 장점이 있었고, 이들이 고려 사회 전반에 영향을 미쳤을 것으로 해석되었다. 그런데 앞서 살펴본 宋人이나 발해 유민·거란인과 달리 여진의 유입은 고려 내 정착 혹은 영토 확장으로 해석되는가는 석연치 않은 부분들이 있다.

[표 8]의 12번째 사례에서 1028년 7월에 噲拔部落 300여 戶가 來附하였다. 그런데 13번째 경우를 보면, 바로 이듬해 8월에 다시 噲拔이

부족 300여 戶를 거느리고 來投하고 있다. 이들 대표 부족장의 이름이 噲拔이라는 점과 인원수가 같다는 점에서 이 두 기사는 같은 무리의 고려 유입을 나타내고 있음을 알 수 있다. 기존의 이해대로라면, 1028년 7월에 噲拔部落 300여 戶는 고려에 歸化하여 정착하였을 것이므로, 1년 후에 다시 고려에 來投하는 양상을 파악하는 데 어려움이 있다. 그렇다면 이와 같은 부분은 어떻게 설명할 수 있을까.

2) 女眞의 고려 往來 성격과 對女眞 정책

여진의 고려 유입에는 같은 인물 및 부락이 여러 차례 來投와 來附, 內附 등이 반복하는 특징이 있다. 그뿐만 아니라 이미 來投하여 고려 내 정착 및 귀속되었을 것으로 예상되는 여진 무리가 또 고려에 來獻, 來朝 등을 이유로 반복하여 往來하고 있다. 이러한 점은 여진의 來投가 송인이나 발해 유민·거란인의 고려 내 정착과는 다른 관점으로 고찰해야 할 여지가 있다고 생각된다.

여진 가운데 來投, 來附, 內附 등으로 표현되는 고려 유입과 來獻, 來朝를 목적으로 고려에 여러 차례 왕래한 사례를 정리하면 [표 9]와 같다. 첫째, 瑟弗達의 경우, 1016년(현종 7) 12월 6인과 함께 來投하였는데, 이때 그의 출신이 契丹으로 표기되어 있다.[10] 이후, 1024년 3월에 다시 西女眞 高豆老 등 90인과 來投하고 있는데,[11] 이때에는 東女眞으로 파악하고 있다.

10) 『高麗史』 권4, 世家4 현종 7년 12월 乙未.
11) 『高麗史』 권5, 世家5 현종 15년 3월 甲午.

[표 9] 고려 전기 반복적으로 고려에 온 여진 사례

구분	女眞 酋長	고려 왕래 내력	지칭 출신 변화	직함 변화	고려의 대응
1	瑟弗達	1016.12. 來投	契丹		
		1024.3. 來投	東女眞		
		1027.3 來朝	女眞	首領	
2	木史	1017.7. 來朝	女眞靺鞨		
		1018.4. 來投	西女眞		
		1018.10.	龜州女眞		賞捕賊功
3	高豆老	1024.3. 來投	西女眞		
		1042.9. 來獻	西北女眞	柔遠將軍	
		1043.3. 來獻	西女眞	酋長	
		1044.9. 來獻	西女眞	大將軍	
4	噲拔	1028.7. 來附	東女眞		
		1029.8. 來投	東女眞	大相	賜渤海古城地, 處之
5	曼鬪	1030.4. 來獻	東女眞		
		1030.11. 來附	西女眞		處之東界
6	阿豆閒	1031.8. 來投	女眞	將軍	宜遣置東蕃
	阿豆簡	1040.12. 來獻	東女眞	元尹	
	阿兜幹	1042.1. 來獻	東女眞	歸德將軍	
	阿豆幹	1043.7. 來朝	東女眞	酋長	
	阿兜幹	1047.2. 投丹	東蕃	酋長	背我投丹, 罪莫大焉
7	古舍	1033.6. 來投	西女眞	中尹	
		1051.7. 來獻	東女眞	元甫	名文格民, 各授大常,
		1073.2. 內附	東女眞歸順州	副都領	仍賜物有差

또, 1027년 3월에는 100인과 來朝하였는데,[12] 이때 그의 직함은 女眞 首領이었다. 瑟弗達은 契丹 영향권 내의 女眞으로 파악된다. 1016년에 처음 고려에 소수의 인원으로 왔다가 다시 1024년에 더 많은 무리 90인과 來投하였다. 여러 차례 고려에 오며 우호적 관계를 쌓았고,

12) 『高麗史』 권5, 世家5 현종 18년 3월 乙卯.

그리하여 1027년에는 고려 국왕을 알현할 수 있게까지 허락된 듯하다. 瑟弗達은 두 번 來投하였는데, 처음 왔을 때 고려에 귀속되었다면 한 번 더 來投하고 來朝한 행위는 무엇을 의미하는 것일까. 다른 사례들을 더 살펴보자.

둘째, 木史의 경우, 1017년 7월 부락을 거느리고 來朝하니, 고려에서 官爵과 옷, 물품을 하사하였다.[13] 이때 그의 출신은 女眞靺鞨로 파악되었다. 다시 이듬해 4월에 木開 등 200戶와 함께 來投하였다.[14] 이때 그의 출신은 西女眞이었다. 같은 해 10월에는 적을 사로잡은 공으로 木史 등 34인에게 비단, 명주, 베 500여 필을 하사하였는데, 그는 龜州女眞으로 파악되고 있다.[15] 木史는 '來朝-來投'로 표현되었다. 그의 출신 변화도 주목된다. 처음 女眞靺鞨에서 西女眞으로, 그리고 龜州女眞으로 파악된 것이다. 특히, 龜州는 1018년 거란과의 전쟁이 한창이었던 곳이었다. 木史는 여러 차례 고려를 방문하여 우호적 관계를 쌓고, 이후 龜州에 속한 여진 부락이 되어 거란과의 전투에서 공을 세우는 등 고려의 군사적 기반이 되었다.

셋째, 高豆老의 경우, 1024년 3월에 1)의 東女眞 瑟弗達 등 90인과 來投하였는데 서여진 출신으로 파악되었다. 이후 1042년(靖宗 8) 9월에 와서 토산물을 바쳤는데 이때 그는 柔遠將軍이라는 직함을 띠고 있었다.[16] 또 1043년 3월에도 來獻하였는데, 이때는 西女眞 酋長으로 파악되었으며,[17] 1044년 9월의 來獻 기사에는 西女眞 大將軍의 직함을 띠

13) 『高麗史』 권4, 世家4 현종 8년 7월 己酉.
14) 『高麗史』 권4, 世家4 현종 9년 4월 辛巳.
15) 『高麗史』 권4, 世家4 현종 9년 10월 丁未.
16) 『高麗史』 권6, 世家6 정종 8년 9월 乙丑.

고 있다.[18] 高豆老는 1024년 고려에 왕래하여 관계를 맺은 이후 여러 차례 고려를 방문하였던 것으로 보인다. 1042년에는 그가 고려에서 내려준 柔遠將軍 직함을 띠고 있었기 때문이다. 이후 매년 토산물을 바치고 있는 것으로 보아, 활발하게 왕래하며 우호적 관계를 맺었던 것으로 예상된다. 高豆老는 '來投-來獻-來獻-來獻'하였는데, 지속적으로 고려를 방문하였던 인물로 보이고, 그가 방문하였을 때, 경우에 따라 관작을 올려주었던 것으로 보인다. 高豆老 사례 역시 來投한 이후, 여러 차례에 걸쳐 고려를 왕래하고 있는 양상이다.

넷째, 噲拔의 경우, 1028년 7월에 부락 300여 戶를 거느리고 來附하였다.[19] 또 이듬해 8월에 다시 부족 300여 戶를 거느리고 來投하고 있다.[20] 이때 그는 大相이라는 직함을 띠고 있으며, 來投이후 渤海 옛 성터를 주어 거처하게 하였다. 噲拔은 1029년 8월 來投하였을 때, 大相 직함을 띠고 있는 점에서 1028년 7월 처음 고려에 왔을 때, 고려에서 그에게 大相을 하사하였을 것으로 짐작된다. 噲拔 부락은 '來附-來投'하였는데, 처음 來附하였을 때가 아닌 두 번째 來投하였을 때 발해 옛 성터를 내주어 정착하게 하였다.

다섯째, 曼闘의 경우, 1030년 4월 60여 인과 함께 고려에 來獻하였다.[21] 이때 그의 출신을 東女眞으로 기재하고 있으며, 戈船 4척과 楛矢 117,600개를 바쳤다. 曼闘 등은 동해를 중심으로 활동하였던 동여진

17) 『高麗史』 권6, 世家6 정종 9년 3월 丙子.
18) 『高麗史』 권6, 世家6 정종 10년 9월 癸亥.
19) 『高麗史』 권5, 世家5 현종 19년 7월 丁酉.
20) 『高麗史』 권5, 世家5 현종 20년 8월 乙未.
21) 『高麗史』 권5, 世家5 현종 21년 4월 戊子.

세력의 하나였던 것으로 생각되며, 배와 화살을 고려에 바치면서 우호관계를 맺고자 하였던 것으로 보인다. 그리고 같은 해 11월에 27戶와 함께 來附하였는데, 그 출신을 西女眞으로 파악하고 있으며, 그 일족을 東界에 거처하게 하였다.[22] 고려에서는 여진이 왔을 때, 그의 본래 출신을 파악하여 출신지에 맞게 거주지를 정해주었다. 曼闘 역시 본래 동여진으로 파악되었으므로 그를 동계에 거처하게 한 것으로 보인다. 다음 阿豆間의 사례에서 보다 명확히 확인된다.

여섯째, 阿豆間의 경우는 그의 성명 기재 방식이 다양하게 나타나는데, 阿豆簡, 阿兜幹, 阿豆幹, 阿兜幹 등이 그것이다. 고려 유입 시기나, 그가 띠고 있는 직함 등을 고려하였을 때 모두 동일 인물인 것으로 보인다. 阿豆間은 1031년(덕종 즉위) 8월에 340戶를 거느리고 來投하였다. 이때 그가 이미 將軍이라는 직함을 띠고 있었던 것으로 보아, 그의 고려 유입은 처음이 아니었을 것으로 짐작된다. 아두한 등 340戶가 來投하자, 이들을 嘉州와 鐵州 지역에 억류하였으나, 그가 東蕃의 子項史 종족이므로 동번에 머물게 하였다고 한다.[23] 이후 그의 고려 유입 때 모두 그의 출신을 동여진, 동번으로 파악하고 있다. 1040년 12월 來獻하였는데, 元尹이었고, 1042년 1월 來獻 때는 歸德將軍의 직함을 띠었으며, 1043년 7월에 來朝하였다.

그런데 1047년 도병마사의 보고에 그가 고려를 배신하고 契丹籍女眞으로 귀속되었음이 확인된다. 도병마사에서는 그가 고려에 內附한 이후 오랫동안 은택을 받았는데, 배반하였으므로 그 죄가 크다 하며

22) 『高麗史』 권5, 世家5 현종 21년 11월 乙丑.
23) 『高麗史』 권5, 世家5 덕종 즉위년 8월 甲申.

그 일당 高之問 등을 關內에 체포해 들여 연유를 심문하고 죄를 내려주기를 요청하였다.[24] 阿豆閒은 '來投-來獻-來獻-來朝-投丹'하였는데, 여러 차례 고려를 왕래하며 관작을 받고 경제적 혜택을 누렸으나, 고려와의 왕래를 끊고 거란과 관계를 맺었다. 고려에 來投하였으나, 다시 거란으로 投하였다는 점은 그가 고려 내 종속되는 歸化 상태는 아니었다는 것을 반증한다. 고려나 거란 왕래를 선택할 수 있는 자유로운 상태였다고 생각된다.

일곱째, 古舍의 경우, 1033년(덕종 2) 6월에 6인과 함께 來投하였는데,[25] 그가 이미 中尹이라는 직함을 띠고 있었던 점을 보았을 때, 고려에 이미 방문한 적이 있는 인물로 생각된다. 이후 1051년(문종 5) 7월에 26인 등과 함께 來獻하였는데,[26] 이때 그는 元甫를 띠고 있었다. 이 역시 1033년부터 1051년 사이 古舍가 고려에 왕래한 기록은 남아있지 않지만, 그가 고려에 왕래하였다는 사실을 보여준다. 이후 1073년 2월에 동여진의 여러 무리가 고려에 內附하여 郡縣이 되기를 청하였는데, 이때 古舍 역시 歸順州 副都領으로서 함께하고 있으며, 이로 인해 文格民이라는 성명을 하사받고, 大常 관직을 수여받았다.[27]

古舍는 '來投-來獻-內附'하는 양상을 보였다. 그의 무산계 직함으로 보아, 더 많이 고려에 왕래하였을 것으로 예상된다. 1073년 2월에 東女眞歸順州 副都領으로, 고려에 예속된 여진 세력이었다는 점을 알 수 있지만, 다시 內附하여 郡縣이 되기를 청하고 있는 점은 이해가 가

24) 『高麗史』 권7, 世家7 문종 1년 2월 丁卯.
25) 『高麗史』 권5, 世家5 덕종 2년 6월 壬戌.
26) 『高麗史』 권7, 世家7 문종 5년 7월 戊寅.
27) 『高麗史』 권9, 世家9 문종 27년 2월 乙未.

지 않는다. 이러한 여진 왕래의 양상을 어떻게 이해할 수 있을까.

이상의 사례들은 여진 부락 및 여진인이 來投 이후에도 여러 차례 다시 고려를 왕래하였다는 점을 보여준다. 이들이 고려에 오는 것은 來投, 來附, 內附, 來獻, 來朝 등으로 표현되었는데, 그 목적과 형태에 따라 달리 불렸다. 고려에서는 여진에 대해 물품을 후하게 주거나 관작을 수여하는 방식으로 대우하였고, 여진은 경제적 이익과 함께 여진 사회 내에서의 정치적 지위를 확보하는 효과가 있었다.[28]

고려가 여진에 수여한 관작은 大匡·大相·元甫·正甫 등의 鄕職과 歸德將軍·懷化將軍·大將軍 등의 將軍이 있다. 고려에서는 중국식 무산계를 채택한 이후에도 향직을 사용하였다. 특히, 상층인 정3품과 종3품은 大將軍과 將軍을, 4품 이하는 향직을 수여하는 이중 구조로 운용하였다. 이러한 여진 추장에 수여되는 관계는 고려 내부에서 통용되던 방식과 다르게 운용되었다.[29] 향직과 무산계의 계서를 이용한 여진 추장에 대한 관직 수여는 앞서 살펴본 사례들을 통해서도 알 수 있다. 이들은 고려에 방문하는 횟수가 쌓일수록 단계적으로 높은 관직을 수여받고 있다.

그런데, 여진의 고려 왕래는 고려 행정체계 속에 귀속되는 정착과는 달랐다. 물론, 여진 중에서 일부 고려 내지에 수용되기도 하였다. 주로 고려에서 내려준 그들의 거주지는 '渤海古城地', '東界', '東蕃' 등 고려의 북방 국경 지역이었다. 고려 남쪽 지방에 거주를 허락한 사례에서 '內地', '南界州縣' 등으로 표현된 점이 주목된다. 內地는 外地에

28) 임형수(2017), 앞의 논문, 399쪽.

29) 임형수(2017), 앞의 논문.

대별되는 고려 안쪽 지역이라는 개념이 포함되었다고 생각된다. 南界도 北界나 東界 등 고려의 북방 경계 지역에 대비되는 남쪽 지역이라는 표현으로 여겨진다. 발해 유민·거란인의 정착 거주지는 '江南州縣', '南地', '嶺南' 등 內外의 구별을 특기한 용례가 아니었다. 그런데, 여진에 대해서는 고려 내 수용 사례에 있어서 內外를 분별하는 개념이 사용된 것이다.

여진의 고려 왕래는 양자 간 관계의 단계성을 내포하고 있었다고 생각한다. 여진은 여러 무리가 부락 단위로 산거하고 있었기 때문에, 부락 별로 고려와의 친연성 정도도 모두 달랐다. 고려는 대내외의 현실적인 이유에서 여진의 여러 부족과 교류와 교섭을 이어왔지만, '人面獸心' 등 부정적 시각을 견지하였다. 1043년 4월 여진인 494인이 와서 朝會하기를 요청하니, 人面獸心을 들며 인원수를 줄이고 나누어 조정에 들이게 하였다는 사례가 대표적이다.[30] 그러므로 고려와 한 번도 왕래하지 않았던 여진 세력은 기존 우호적인 관계를 유지하는 다른 여진 부락을 따라 고려를 방문하여 관계를 시작하기도 하였다.

여진은 고려와의 왕래를 위해 귀속하겠다는 의지를 보여야 했다. 즉 우호적인 관계를 맺고, 고려와의 신의를 약속해야 했다. 처음 고려에 온 여진에 대한 이해로, 毛逸羅의 사례를 들 수 있다. 毛逸羅는 1012년(현종 3) 윤10월에 部落 30姓을 이끌고 和州에 이르러 和盟을 간청[乞盟]하였다.[31] 이후 毛逸羅는 2~3년을 주기로 來朝하거나 來獻하고 있는데, 올 때마다 고려에서는 관직을 높여주고 의물을 하사하였다.[32] 또

30) 『高麗史』 권6, 世家6 정종 9년 4월.

31) 『高麗史』 권4, 세가4 현종 3년 윤10월.

32) 『高麗史』 권4, 世家4 현종 10년 8월 壬子. ; 권5, 世家5 현종 16년 1월 辛亥.

1044년(靖宗 10) 4월에 동여진인 1,000여 명이 예물을 가지고 와서 和盟을 요청하여[執贄請盟] 각각 의복과 은그릇을 하사하기도 하였다.[33] 즉, 盟은 고려와 여진 양자 간에 우호를 약속하는 것이었다.

특히, 여진 부락이 고려를 왕래하기 위해서는 몇 가지 조건이 있었던 듯하다. 다음의 사료들을 살펴보자.

나-1) (1037년 2월) 기미에 西北路兵馬使가 契丹과 왕래[交通]한 東女眞 沙伊邏 등 55인을 체포하여 西京에 보냈다.[34]

나-2) (1047년 2월) 정묘에 都兵馬使가 아뢰기를, "東蕃 酋長 阿兜幹이 內附한 이래 오랫동안 恩賞을 받았는데, 우리나라를 배반하고 거란으로 투항하였으니 죄가 아주 큽니다. 그 일당의 首領 高之問 등이 지금 蕃境에 있으니, 청컨대 비밀리에 군사를 보내 잡아 關內로 들여와서 그 연유를 심문하여 법률에 의거하여 죄를 처단하십시오."라고 하니, 따랐다.[35]

나-3) (1073년 5월) 정미에 西北面兵馬使가 아뢰기를, "西女眞 酋長 漫頭弗 등 여러 번인이 東蕃의 사례에 따라 州郡을 나누어 설치한다면, 영원히 번병[蕃翰]이 되어 감히 契丹蕃人과 통교하지 않겠다고 청합니다."라고 하였다. 制하기를, "來朝를 허락하라."라고 하였다. 말미암아, 명하여 뒤에 投化하는 자가 있거든 招諭하여 오게 함이 옳다고 하였다.[36]

---

33) 『高麗史』 권6, 世家6 靖宗 10년 4월 庚戌.
34) 『高麗史』 권6, 世家6 정종 3년 2월.
35) 『高麗史』 권7, 世家7 문종 1년 2월.
36) 『高麗史』 권9, 世家9 문종 27년 5월.

나-1)은 1037년(정종 3) 2월에 西北路兵馬使가 거란과 왕래한 東女眞 沙伊羅 등 55인을 붙잡아 서경에 보낸 내용이다. 사이라는 1031년(덕종 즉위) 6월에 고려에 왔었는데,[37] 이때 그의 직함이 將軍·大宛으로, 대완이 거란의 관직명인 점을 미루어 보면[38] 본래 거란과 왕래하였던 여진 부락이었다고 생각된다. 1031년 고려에 내헌하면서 고려와 우호관계를 맺고 거란과의 관계를 끊겠다 약속하였지만, 1037년에 거란과 왕래한 사정이 발각되어 압송된 것으로 보인다.

나-2)는 1047년(문종 1) 2월에 도병마사가 상주한 내용으로, 東蕃 酋長 阿兜幹이 內附한 이래 오랫동안 고려의 恩賞을 받아왔는데, 고려를 배반하고 거란에 투항하여 죄가 크므로 그 일당인 高之問 등을 關內로 잡아들여 그 정황을 심문하고 죄를 주어야 한다고 하였다. 阿兜幹은 앞서 살펴본 바와 같이 1042년(靖宗 8) 정월에 來獻하였고, 이때 歸德將軍을 칭하고 있는 것으로 보아[39] 이전부터 고려에 왕래하였던 인물로 보인다. 이후로도 여러 차례 고려를 왕래하던 인물이다. 그가 거란으로 投한 점을 들어 죄를 주어야 한다는 점이 주목된다. 또 阿兜幹이 거란으로 가게 된 점을 고려에 대한 '배반'으로 표현하였다. 무엇보다 律에 의거하여 벌을 주어야 한다고 한 점에서 고려와의 왕래가 허락된 여진이 거란과 관계를 맺었을 때 문제가 되었다고 짐작된다.

나-3)은 1073년 5월에 西女眞 酋長 漫頭弗 등 여러 여진 부락이 東藩의 사례에 따라 州縣을 설치해주기를 요청하니, 來朝하도록 허락한 내용이다. 이때 漫頭弗 등은 주현을 설치해준다면 영원히 번병이 되어

---

37) 『高麗史』 권5, 世家5 덕종 즉위년 6월 乙未.

38) 『高麗史』 권9, 世家9 문종 27년 5월.

39) 『高麗史』 권6, 世家6 靖宗 8년 1월 己巳.

契丹蕃人과 통교하지 않겠다고 하였다. 여기에서도 고려와의 왕래에 거란 및 契丹籍女眞과의 관계를 끊겠다고 한 점이 주목된다. 漫頭弗은 이미 1071년 11월에 來投하여 관직과 상을 하사받은 인물이다.[40] 그가 契丹蕃人과 통교하지 않는다는 점을 들어 州縣 설치를 요청한 점이 이채롭다.

이상의 내용을 종합해보았을 때, 첫 번째 여진의 고려 왕래 조건은 거란 통교를 금하는 것이었다. 여진은 고려와 거란 사이를 오가며 양국의 대내외 정보를 획득할 수 있었다. 실제로 거란은 고려 침입 때, 여진인을 통해 고려의 주요 군사 기밀 및 교통로에 대한 정보를 알 수 있었다.[41] 그러므로 고려에서는 고려를 왕래하는 여진이 고려 關內로 오는 경로나, 개경으로 통하는 길 등에 대한 정보를 습득할 수 있었기 때문에 여진의 거란 통교를 금한 것이다. 이는 여진의 고려 왕래를 위한 조건으로 약속되었다고 생각된다.

다-1) (1033년 11월) 신묘에 西女眞 亐火 등 156인이 關城을 개척할 때 모두 공로가 있었으므로 官爵을 1급씩 더하였다.[42]

다-2) (1042년 2월) 西女眞 酋長 高之知 등 12인이 와서 토산물을 헌상하였다. 禮賓省에서 아뢰기를, "고지지 등은 왕년에 平虜鎭·寧遠鎭 두 성을 개척할 당시 자못 공로가 있었습니다. 청컨대 예물을 넉넉하게 하사해주십시오."라고 하였다. 이를 따랐다.[43]

---

40) 『高麗史』 권8, 世家8 문종 25년 11월 辛丑.
41) 『遼史』 권15, 本紀15 성종6 開泰 2년 10월.
42) 『高麗史』 권5, 世家5 덕종 2년 11월.
43) 『高麗史』 권6, 世家6 정종 8년 2월 丙申.

다-3) (1043년 9월) 경진에 東女眞 寧塞將軍 冬弗老와 柔遠將軍 沙伊羅 등이 化外 女眞人 80인을 거느리고 來朝하여 아뢰기를, "化外人이 함부로 포악한 마음을 품고 일찍이 변경을 소란스럽게 하였지만, 큰 가르침을 받은 뒤로 지난날의 잘못을 급속히 고쳤습니다. 지금 바다와 육지의 蕃長들을 이끌고 궁궐에 이르러 성의를 표현하니 변방의 백성이 되게 해주십시오. 지금부터 늘 인근 적들의 동정을 살펴서 보고하겠습니다."라고 하였다. 왕이 가상히 여겨 특별히 금과 비단을 하사하고 등급을 올려주었다.[44]

다-4) (1064년 1월) 신유에 西北路兵馬使가 아뢰기를, "지난 임인년(1062)에 蒙浦村 賊들이 우리 疆土를 침입하고자 몰래 平虜鎭에 들어와 折衝戍와 隆魔戍 사이에 伏兵을 두었는데, 化內番長 齊俊那가 이를 알고 와서 鎭將에게 보고하였습니다. (우리가) 먼저 풀숲에 복병하여 그들을 기다렸더니 적들이 과연 돌입하였습니다. 우리 병사들이 일제히 발사하여 사로잡거나 죽인 자가 매우 많았습니다. 청컨대, 제준나에게 금과 비단으로 후하게 상을 주십시오."라고 하니, 이를 받아들였다.[45]

다-1)은 1033년(덕종 2) 11월에 西女眞 亐火 등 156인이 關城을 개척할 때 공로가 크므로 관작을 1급씩 더해준 조처이다. 다-2) 역시 1042년(정종 9) 2월에 西女眞 酋長 高之知 등이 1041년에 영원진과 평로진 두 성의 개척에 공로가 있으므로[46] 예물을 넉넉하게 하사해주었다. 이

44) 『高麗史』 권6, 世家6 靖宗 9년 9월.
45) 『高麗史』 권8, 世家8 문종 18년 1월.
46) 『高麗史節要』 권4, 정종 7년 9월.

러한 사례들을 보았을 때, 고려와 우호적인 관계를 맺은 여진 부락은 고려의 북방 개척을 돕는 역할도 하였다. 성을 쌓을 때 공로가 컸다는 점은 노동력을 제공하였다는 것으로 생각된다.

다-3)은 1043년 9월에 東女眞 寧塞將軍 冬弗老와 柔遠將軍 沙伊羅 등 化外 女眞人 80인과 來朝하였다. 冬弗老와 沙伊羅는 각각 寧塞將軍과 柔遠將軍 직함을 가지고 있는 점에서 이전에 고려를 왕래하였던 여진 세력이었다. 그들은 化外 女眞人 80인을 거느리고 고려에 왔는데, 여기에서 化外人은 고려의 변경을 침략한 蕃賊 무리로 새롭게 고려와 우호 관계를 맺고 왕래하고자 왔다. 이때 이들은 '인근 적들의 동정을 살펴 보고하겠다.'고 약속하고 있다. 이전까지 고려와 교류가 없었고 오히려 갈등 관계에 있었던 여진 부류에 대해 化外人이라고 표현하고 있으며, 이들은 고려와 우호적 관계를 가지고 있는 冬弗老, 沙伊羅 등의 중개로 고려와 맹약을 맺고자 하였다.

다-4)는 1064년(문종 18) 1월에 西北路兵馬使가 化內番長 齊傻那에 대해 포상을 내려주도록 보고한 내용이다. 제준나는 1062년 平虜鎭의 折衝戍와 隆魔戍 사이 복병을 둔 蒙浦村 여진의 동정을 파악하고 평로진장에게 보고하여 침략에 대비하게 한 공로를 세웠다. 제준나는 化內番長이라 표현하였는데, 고려와 우호적 관계를 맺은 세력임을 알 수 있다. 적들의 동정을 살펴 보고하는 역할을 하였다. 이처럼 고려와 왕래하고자 하는 여진 무리는 고려의 북방 개척에 노동력을 제공하거나, 고려를 침략하고자 하는 다른 세력의 동정을 파악하여 보고하는 역할을 약속하였다.

반면, 우호를 약속한 여진 부족은 고려에 방물을 바치거나[來獻], 來朝하여 보다 높은 관직을 수여받고 물품을 사여받아 정치·경제적 이익을 취하였다. 여진의 고려 來投는 이러한 우호적 관계를 담보하는 행위였으며, 약속을 맺고자 하는 것이었을 뿐, 고려 국내의 거주나 정착이 목표가 아니었다. 고려에서 여진에 대하여 이러한 수용 방식을 취했던 데는 현실적인 배경이 있었다.

이상에서 파악한 여진의 고려 往來 성격을 정리하면 [그림 2]와 같다. 먼저, 고려와 왕래를 원하는 여진은 고려 국경에 접근하였다. 여진은 고려의 주요 국경 통로인 鎭, 關 등에 와서 고려와 우호 관계를 맺고자 하는 의사를 피력하였다. 이러한 여진의 행위가 『고려사』에는 來投, 來附 등으로 표현되었다. 여진의 접근을 파악한 변경 東北面, 西北面兵馬使 등은 접근해 온 여진 부락의 정보와 내용을 정리하여 중앙에 보고하였다. 이때 여진의 출신, 대표자(관직명, 인명), 규모(인원수) 등이 파악되었다.

이에 중앙에서는 그동안 고려와의 친연성 정도 등을 확인하여 이들의 수호 요청에 대한 可否를 결정하였다. 맹약의 조건으로 고려에서는 여진에 대해 거란과의 통교 금지, 고려 국경 경계 및 蕃賊 중개, 북방 개척 협조 등을 요청하였고, 여진에서는 고려 關內를 왕래할 수 있는 자격과, 토산물에 대한 경제적 대가 및 대표자들의 정치적 위상을 보장받았다. 특히, 예빈성에서는 고려의 정책에 협조한 정도를 파악하여 그 정도에 따라 관직 및 물품을 하사하는 특혜를 베풀도록 하였다. 최종적으로 왕래를 허락하는 制書가 내려지고, 이를 받은 여진들은 고려에 주기적으로 왕래하면서 정치·경제적 이득을 취해갔다.

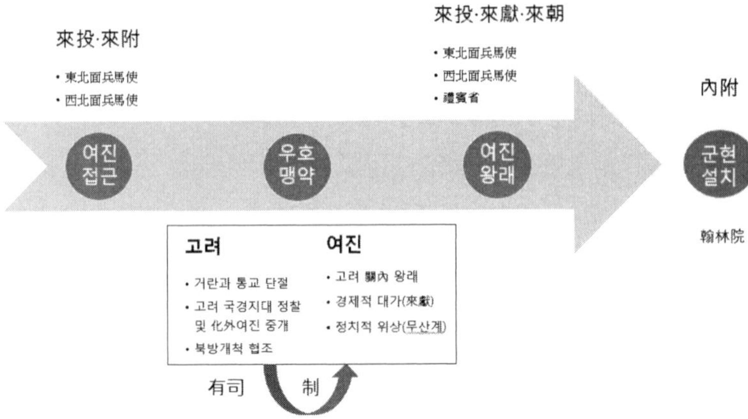

[그림 2] 고려 전기 여진의 고려 往來 개념도

여진의 고려 왕래를 나타내는 사례로는 來投, 來獻, 來朝 등이 있는데, 來投는 고려 국경에 접근해 온 상태를 나타낸다. 來獻은 고려에 토산물을 바치는 행위인데, 그에 대한 대가를 고려에서 하사하는 형식의 경제적 행위였다. 來獻은 주로 국경 지역의 州鎭 및 關에서 행해졌는데, 특별히 국왕을 알현하는 來朝가 허락되었을 때 개경 궁궐에서 이루어졌다. 이러한 전반적인 여진 왕래의 주 담당 부처는 예빈성이었으나 국경에서는 東北面兵馬使, 西北面兵馬使 등이 처리하였던 것으로 생각된다.

정리하면, 여진의 고려 유입은 곧 고려 내 정착과 귀화를 의미하는 것이 아니었다. 일부 고려 內地로 옮겨 와 정착한 사례가 있지만, 이는 극소수에 불과하였다. 다양한 여진 무리가 여러 번에 걸쳐 고려를 오갔다. 여진은 고려와 거란 국경 사이에서 부락 단위로 흩어져 살았으며, 농경보다는 사냥이나 수렵, 수공업 등을 주로 일삼았다.[47] 이러한 여진의 습속이 고려와의 왕래에서도 여실히 드러난다. 여진은 부락 단위로 각자 우두머리로 여겨 통일을 이루지 못하였기 때문에 고려에 오는 무리도 주로 부락을 단위로 하였으며, 때로는 여러 무리가 함께 왔다.

고려 초기부터 형성된 여진에 대한 불신이 있었기 때문에, 고려 정부에서는 여진 부락과의 관계 형성에 신중을 기하였다. 여진은 고려와 왕래하기 위해 귀속하겠다는 의지를 보여야 했다. 무엇보다 여러 여진 부족이 고려를 왕래한 이유는 고려 內地에 안착이 목표였다기보다 경제적 이익을 취하기 위한 것이었다. 여진은 고려에 올 때, 여러 토산물을 예물로 가져왔고, 고려에서는 銀幣를 후하게 주었기 때문에 지속적으로 왕래하였다. 948년 9월에 여진이 바친 토산물에 대한 구체적인 값이 매겨지기도 하였는데,[48] 이러한 사례는 고려와 왕래하며 얻어지는 여진의 경제적 수요를 예상하게 한다.

2. 女眞의 郡縣 설치 요청과 化內의 성격

1) 女眞의 존재 층위와 化內·化外 구분

고려 전기 여진의 존재 양태는 다양하게 나타난다. 고려와 관계를 나타내는 이들의 존재 양상으로는 '化內番長', '化內三山村', '化外女眞', '化外人', '關外蕃長' 등의 표현이 있다. 이들 사례의 구체적인 내용을 살펴보면 다음과 같다.

47) 『高麗史』 권14, 世家14 예종 10년 1월.

48) 『高麗史』 권2, 世家2 정종 3년 9월.

라-1) (1064년 1월) 신유에 西北路兵馬使가 아뢰기를, "지난 임인년 (1062)에 蒙浦村 賊들이 우리 疆土를 침입하고자 몰래 平虜鎭에 들어와 折衝戍와 隆魔戍 사이에 伏兵을 두었는데, 化內番長 齊俊那가 이를 알고 와서 鎭將에게 보고하였습니다. (우리가) 먼저 풀숲에 복병하여 그들을 기다렸더니 적들이 과연 돌입하였습니다. 우리 병사들이 일제히 발사하여 사로잡거나 죽인 자가 매우 많았습니다. 청컨대, 제준나에게 금과 비단으로 후하게 상을 주십시오." 라고 하니, 이를 받아들였다.[49)]

라-2) (1073년 5월) 또 (서북면병마사가) 아뢰기를, (중략) 번인 우두머리가 또 말하기를, '三山村의 골짜기와 해변에 나누어 거주하고 있는 蕃賊은 왕래하는 사람들을 죽이거나 약탈하여 우리의 원수가 되었습니다. 지금 원수를 갚으려고 化內三山村 中尹 夜西老 등 三十徒의 酋長들【東蕃의 黑水人은 그 종족이 30이므로 三十徒라 부른다.】에게 알려 주었더니, 또한 모두 행동을 같이하여 각기 蕃軍을 거느리고 바야흐로 나아가 토벌하고자 하므로, 요청하건대 鄕人들을 보내 전투를 관찰하십시오.'라고 합니다.[50)]

라-3) (1043년 9월) 경진에 東女眞 寧塞將軍 冬弗老와 柔遠將軍 沙伊羅 등이 化外 女眞人 80인을 거느리고 來朝하여 아뢰기를, "化外人이 함부로 도리에 어긋난 죄를 품고 일찍이 변경을 소란스럽게 하였지만, 넓은 보살핌을 받은 뒤로 지난날의 잘못을 급속히 고쳤습니다. 지금 바다와 육지의 蕃長들을 이끌고 궁궐에 이르러 성의를 표현하니 변방의 백성이 되게 해주십시오. 지금부터 늘 인

49) 『高麗史』 권8, 世家8 문종 18년 1월.
50) 『高麗史』 권9, 世家9 문종 27년 5월.

근 적들의 동정을 살펴서 보고하겠습니다."라고 하였다.[51)]

라-4) (1109년 2월) 기해에 宣政殿에 거둥하여 延州 關外蕃長 守弗首 등 7인, 淸塞鎭 關外蕃長 歸夫 등 18인, 平虜鎭 關外蕃長 要弗 등 28인을 접견하고, 술과 음식 및 전례에 따른 예물을 하사하였다.[52)]

라-1)은 앞서 살펴본 다-4)의 제준나 사례이다. 제준나는 고려를 침략하려고 하였던 蒙浦村 적의 동정을 파악하고 진장에게 알려 이를 막는데 공을 세웠던 인물이다. 그는 平虜鎭에 들어와 折衝戍와 隆魔戍 사이에 숨은 몽포촌 賊의 伏兵을 파악하였다. 그가 이러한 적의 동태를 알 수 있었던 점은 그가 거처하는 곳이 平虜鎭 인근이여야 가능한 것이었다. 1041년(정종 7)에 평로진 區內에 檮戎戍, 鎭兇戍, 直岑戍, 降魔戍, 折衝戍, 靜戎戍 등 6戍를 설치하였다. 융마수의 설치 시기는 알 수 없으나, 이 역시 평로진의 區內에 위치하였던 것으로 보인다.

戍는 州鎭城과 함께 고려 국경의 군사적인 주요 지점에 설치된 일종의 감시초소였다.[53)] 국경방어체계가 유지되기 위해서는 일정한 인구의 항구적 定住가 필요하였으므로 내부적으로는 사민 정책을, 외부적으로 投化民을 정주시켜 인구를 충당하였다.[54)] 1079년(문종 33) 4월에 定州 弘化戍로부터 와서 가족이 사는 곳에 함께 살기를 요청한 여진인

51) 『高麗史』 권6, 世家6 靖宗 9년 9월.

52) 『高麗史』 권13, 世家13 예종 4년 2월.

53) 李基白(1968), 「高麗 兩界의 州鎭軍」, 『高麗兵制史研究』, 一潮閣, 260~263쪽.
趙仁成(1983), 「高麗 兩界의 國防體制」, 『高麗軍制史』, 陸軍本部, 169쪽.
宋容德(2005), 「高麗前期 國境地域의 州鎭城編制」, 『韓國史論』 51, 95쪽.

54) 宋容德(2005), 위의 논문, 97쪽.

耶邑幹 사례를 볼 때,[55] 戍는 여진인이 고려에 들어오는 관문의 역할을 하고 혹은 여진인들이 섞여 인구를 구성하였다고 생각된다. 제준나는 평로진 區內에 위치한 여진 부족이었을 것으로 여겨진다.

라-2)는 1073년 5월에 三山村 일대의 여진 부족 간 갈등으로 인해 전투가 벌어진 상황을 보여준다. 三山村은 골짜기와 해변에 蕃賊이 나누어 거주하는 곳이라고 하였다. 이러한 설명은 삼산촌이 고려의 변경 동해안에 위치하는 지역으로 생각되는데, 번적이 왕래하는 사람들을 죽이거나 약탈하는 문제를 일삼자 化內 三山村 中尹 夜西老 등이 토벌하고자 고려에 보고하고 鄕人을 보내 전투를 관찰하도록 하였다. 삼산촌에는 蕃賊과 化內 여진 부족이 함께 거주하는 지역이었다. 夜西老가 中尹이라는 직함을 가지고 있는 점에서 고려와 관계를 맺고 왕래하는 여진 부족이었다고 생각된다.

라-3)은 1043년 9월에 東女眞 寧塞將軍 冬弗老와 柔遠將軍 沙伊羅 등 化外 女眞人 80인과 來朝하였다. 冬弗老와 沙伊羅은 이전에 고려를 왕래하였던 여진 세력으로, 化外 女眞人 80인을 포섭하여 고려와 우호적인 관계를 중개하고자 한 것이다. 여기에서 化外人은 고려와 교류를 맺은 적 없고, 갈등 관계에 있었던 여진 무리를 나타낸다. 라-4)는 1109년(예종 4) 2월에 延州 關外蕃長 守弗首 등 여러 여진 부족에서 예종을 접견하고 있는 모습을 보여준다. 이때 延州關, 淸塞關, 平虜關 등 주요 국경의 關外에 거주하는 이들이 왔음을 알 수 있다.

이상의 사례에서 고려와 여진 사이 관계를 나타내는 개념들로 化內, 化外, 關外 등이 있다. 化內와 化外가 관념적인 성격을 지닌다면, 關外

55) 『高麗史』 권9, 世家9 문종 33년 4월 己酉.

는 공간적 범위에 따른 구분이다. 化內와 化外는 고려 국왕의 敎化 유무에 따른 이념적이고 의례적인 개념이라고 생각된다. 라-3)에서 化外人이 '도리에 어긋난 죄[狼戾]' 즉, 변경을 어지럽힌 횡포를 일삼았으나, 고려 국왕의 '넓은 보살핌[洪育]'이라는 수식적인 언사로 고려와의 교섭을 요청하고 있다.

이러한 여진에 대한 化內와 化外 등은 고려의 천하관과 관련하여 논의가 심화되었다. 논자들은 고려의 천하관에 기초한 여진에 대한 化內, 化外 구분을 살펴보았다. 노명호는 해동 천자를 자처하였던 고려의 다원적 천하관 속에서 고려의 천하에 속한 여진을 化內, 밖에 존재하였던 여진을 化外로 개념을 구분하였다. 직접적인 化內, 化外의 해석을 밝히진 않았으나, 고려 전기의 국가체제와 집단의식에 대한 흐름 속에서 다루었다.[56]

박종기는 鄕職, 武散階의 수여 및 군현 편제 유무에 따라 化內와 化外를 나누었다. 化內는 고려 조정에서 향직과 무산계 등이 부여된 '賜爵' 대상 및 편적된 來投人으로 보았다. 化外는 고려 영역 밖에 존재하면서 때로는 적대적 행위를 일삼는 여진족으로, 고려 국왕의 敎化 범위 밖의 종족으로 파악하였다.[57] 이러한 구분을 통해 고려적인 천하질서를 형성하였다고 보았다. 신안식은 고려의 천하 귀속 여부에 따라 化內와 化外를 구별하였다. 즉, 고려의 천하관에 구속된 부류를 化內로 보았으며, 化內도 고려의 州縣 설치 여부에 따라 領內와 領外로 구분하였다.[58]

---

56) 노명호(2009), 『고려국가와 집단의식』, 서울대학교출판문화원, 187쪽. '자위공동체, 삼국유민, 삼한일통, 해동천자의 천하'로 설명한 내용을 개념도로 정리하였다.

57) 박종기(2009), 앞의 논문, 120~127쪽

본래 化內와 化外의 개념은 당의 세계 관념에서 찾아진다. 『唐律疏議』 '征討告賊消息'에 "化外人이 들어와서 間諜을 한 자는 聲教의 밖에 있는 四夷 사람으로 사사로이 國內에 들어와 왕래하며 정찰하는 것을 이른다."라고 하였다.[59] 이 조항을 통해 化外人에 대한 개념이 성립되었는데, '화외인이란 천자의 명령이나 德化·教化가 미치는 범위 바깥에 거주하는 四夷로, 당 제국과는 별개로 王을 세운 자'라는 의미로 해석되기도 하였다.[60] 그리고 보다 실제적으로 당에서는 '邊', '塞', '關' 등을 경계로 '華와 夷' 또는 '化內와 化外'가 구분되었다고도 이해되었다.[61]

『당률소의』에는 '聲教'라고 하는 이념적 개념의 유무가 기재되었지만, 결국 실제적으로 당과 교류하지 않는, 당 정부의 허가를 받지 않은 외국인 범주를 설정하였다고 생각한다. 고려에서도 관념적 개념이 포함된 의례적 용어이기는 하나, 化內와 化外를 구분하였다. 앞서 살펴보았듯이, 실제적으로는 고려와 우호적 관계를 약속하고 지속적으로 왕래하는 여진 부족에 대해서 化內로, 그렇지 않은 경우 化外로 구분하였다. 이 구별에는 공간적 遠近이나, 경계 구분보다는 교섭의 정도에 따른 것이었다. 그렇기 때문에 고려 국경 關을 사이에 두고 가까운 거리에 化外 여진이 거주하기도 하였고, 먼 거리에 거주하나 고려와 왕래하는 化內 여진 부족이 있었다.

다만, 이들 구분과 별개로 '關外'라는 개념이 주목된다. 기본적으로

---

58) 신안식(2017), 「고려전기 북방 영토의식과 이민족 인식」, 『한국중세사연구』 50 및 신안식(2018), 「고구려 계승, '高麗'의 境界 인식」, 『한국중세사연구』 55, 228~230쪽.

59) 『唐律疏議』 권16, 擅興律9 征討告賊消息.

60) 石見淸裕(2001), 「唐の國際秩序と交易」, 『アジア遊學』 26, 24쪽.

61) 鄭炳俊(2018), 「唐代 異民族 管理方式의 다양성 및 그 변용 - 羈縻府州 제도를 중심으로」, 『東洋史學研究』 143, 42쪽.

고려에 왕래하는 여진은 모두 고려의 關外에 존재하였다고 생각된다.

> 마) (1052년 1월) 병인에 東女眞 正甫 馬波 등 48인이 定州關外로 들어와 編戶가 되기를 청하므로, 토지와 주택을 하사하고 內地에 살게 하였다.[62)]

마)는 1052년 1월에 東女眞 正甫 馬波 등 48인이 定州關外로 들어와 編戶가 되기를 요청하여 田宅을 내려주고 內地에 살게 한 조처이다. 馬波는 正甫라는 직함을 지니고 있는 점을 보았을 때, 고려를 왕래하던 여진 부족으로 생각된다. 그가 무리 48인을 이끌고 '定州關外'로 들어와 編戶를 요청하였다. 이들은 內地에 거주하게 하였는데, 국경 인근의 토지를 바탕으로 정착하게 하였을 것으로 예상된다.[63)] 그러나 이렇게 고려 關內, 즉 內地에 들어와 사는 여진인은 일부에 지나지 않았을 것으로 생각된다. 대부분은 關外에 거주하며 고려를 왕래하였던 것으로 보인다.

2) 문종대 女眞의 內附와 郡縣 설치 요청 배경

이렇듯, 고려 關內로의 왕래를 허락하는 방식으로 각각의 여진 부족을 관리하였던 방식은 문종대를 전후하여 변화하는 모습을 보인다. 1073년(문종 27)에 많은 여진 부락에서 郡縣 설치 요청을 하고 있는데, 그 내용을 살펴보면 다음과 같다.

---

62) 『高麗史』 권7, 世家7 문종 6년 1월.

63) 김남규(1995), 「고려전기 양계지방의 원주 내투여진인에 대하여」, 『경대사론』 8, 23·24쪽.

바-1) (1073년 2월) 을미에 東女眞 歸順州 都領 大常 古刀化, 副都領 古舍, 益昌州 都領 歸德將軍 高舍, 都領 黔夫, 氈城州 都領 奉國將軍 耶好·歸德將軍 吳沙弗, 恭州 都領 奉國將軍 多老·番長 巴訶弗, 恩服州 都領 元甫 阿忽·都領 那居首, 溫州 都領 三彬·阿老大, 誠州 都領 尼多弗 등이 무리를 거느리고 內附하여, 郡縣이 되기를 간청하였다. 고도화에게 이름 孫保塞를, 高舍에게 이름 張誓忠을 내려주고, 각각 懷化大將軍을 제수하였다. 야호의 이름은 邊最, 다로의 이름은 劉咸賓이라 하고, 각각 奉國大將軍을 제수하였다. 오사불의 이름은 魏蕃이라 하고 懷化將軍을 제수하였으며, 아홀의 이름은 楊東茂라 하고 歸德將軍을 제수하였다. 古舍의 이름은 文格民, 검부의 이름은 康績, 파아불의 이름은 盧守라 하였다. 나거수의 이름은 張帶垣, 삼빈의 이름은 韓方鎭, 아로대의 이름은 高從化, 이다불의 이름은 趙長衛라 하고 각각 大常을 제수하였고, 이어 물품을 차등 있게 하사하였다.[64)]

바-2) (1073년 4월) 병자에 制하여 이르기를, "동북 변방의 15州 밖의 蕃人들이 잇달아 歸附하여 郡縣을 설치해 주길 원함이 지금까지 끊이지 않으니, 이는 실로 종묘와 사직의 신령에 힘입음이다. 宰臣에게 명하여 먼저 事由를 고하게 하고, 먼 곳과 가까운 곳 모두 받아들이기를 기다려서 이르면 州縣을 넓혀 정한 뒤에 몸소 받들어 감사를 행하려고 한다. 그 行禮 및 太子가 대행하는 의식은 有司에서 자세히 논의하여 보고하도록 하라."라고 하였다.[65)]

64) 『高麗史』 권9, 世家9 문종 27년 2월.
65) 『高麗史』 권9, 世家9 문종 27년 4월.

바-1)은 1073년 2월에 東女眞 歸順州都領 大常 古刀化, 副都領 古舍 등이 무리를 거느리고 內附하여 郡縣이 되기를 청하였고, 고려에서 이들에 대해 성명을 내리고 관직을 올려 제수하고 있다. 1073년 2월의 군현 편성 요청에는 몇 가지 특징이 있다. 첫 번째 귀순주, 익창주 등은 州名을 보아 이미 고려에서 주현으로 삼아 고을 명칭을 내려준 곳으로 예상된다. 군현으로 삼아 준 지역에서 다시 군현이 되기를 요청하고 있는 것은 어떻게 해석할 수 있을까. 두 번째는 이를 요청한 인물들이 都領, 副都領 등으로 고려에서 각 지역의 통치자로 삼아주었던 이들이었다.[66] 게다가 절반 이상의 인물들은 大常, 歸德將軍, 奉國將軍, 元甫 등 고려를 여러 번 왕래하여 무산계를 수여받은 것으로 보인다. 이들은 이미 고려를 왕래한 化內 여진 부족이면서 다시 무리를 이끌고 內附하여 또 郡縣이 되기를 청하고 있다.

지금까지 여진의 군현 요청은 고려의 여진 포용 정책의 일환인 기미정책으로 이해되었다.[67] '羈縻'란 본래 漢代 이민족 관리방식에서 생겨

66) 고려시대 都領에 대한 의견은 다양하다. 고려에 귀화한 여진인의 村, 州의 首領에게 부여한 칭호라는 견해, 양계지역 주진군의 최고지휘관이라는 이해, 주로 양계의 토착세력에 임명되었다고 보는 연구, 도령제의 변천을 살펴 고려 중기 이후 막강한 군사력을 지닌 존재로 파악한 논의, 비정규군의 지휘체계의 일부로 시기적 변동이 있으나 국방체제와 밀접한 관련이 있는 직으로 검토되었다. 이와 관련하여 다음의 논문들이 참고된다.
江原正昭(1963), 「高麗に州縣郡に關する一考察-女眞人の高麗軍への編入を中心にして」, 『朝鮮學報』 28.
李基白(1968), 「高麗 兩界의 州鎭軍」, 『高麗兵制史硏究』, 一潮閣.
金南奎(1977), 「高麗 兩界의 都領에 대하여」, 『慶南大論文集』 4 ; 『高麗兩界地方史硏究』, 새문사, 1989.
趙仁成(1981), 「高麗 兩界 州鎭의 防戍軍과 州鎭軍」, 『高麗光宗硏究』, 一潮閣.
김갑동(1996), 「고려시대의 都領」, 『한국중세사연구』 3.
朴玉杰(1999), 「高麗 「都領」에 관한 再檢討」, 『史學硏究』 58·59.
67) 신수정(2013), 「고려 문종대 女眞의 동향과 고려 영토」, 『崇實史學』 30, 95쪽.

난 용어로, '고삐와 줄을 가지고 소와 말을 조종하듯이 이민족을 간접적으로 제어한다'는 의미이다.[68] 이민족 관리의 방식으로 唐代에 기미부주가 처음 창안되었는데, 동돌궐이 멸망하여 대규모 降胡들을 나누어 안치한 것에서부터 시작되었다.[69] 기미부주제는 내부하거나 정복한 이민족들을 부락 별로 나누어 都督府·州·縣을 설치하고 그 수장들을 도독·자사·현령에 임명하여 세습하도록 하고 각자의 고유한 풍속을 유지하게 하는 제도이다.[70]

고려의 기미주는 고려에 귀순한 여진 촌락을 구분하여 州 이름을 내려주고 여진 추장을 도령에 임명하여 맡아 관리하게 하는 자치주로 이해되었다.[71] 바-1)의 귀순주, 익창주, 전성주, 공주, 은복주, 온주, 성주 등은 이미 1073년 이전에 설치된 고려의 기미주 지역으로 보인다.[72] 그렇다면, 고려의 간접적인 영향권 아래 있던 이들 지역에서 다시 內附하여 군현이 되고자 한 이유는 무엇일까. 이들의 요청은 고려의 군현으로 직접 편입되고자 한 것으로 해석되기도 하였다.[73]

그러나 고려에서는 여진의 군현 편제 요청에 대한 수용이 아닌, 대표 인물에 대한 한식 성명 하사와 이전보다 높은 관직을 제수하는 조처를 취하고 있다.[74] 고려에서는 기왕의 기미주를 재편하여 여진 부족

---

68) 김한규(1988), 「漢代의 天下思想과 〈羈縻之義〉」, 『中國의 天下思想』, 민음사, 80~83쪽.

69) 정병준(2018), 「唐 初期 羈縻府州의 出現과 制度的 境界」, 『동국사학』 65, 172쪽.

70) 鄭炳俊(2018), 「唐代 異民族 管理方式의 다양성 및 그 변용 - 羈縻府州 제도를 중심으로」, 『東洋史學硏究』 143, 2쪽.

71) 특히, 신수정은 1073년에 여진의 주현 편입 요청이 많이 나타나고 있는 현상은 문종대 대여진정책의 실효를 거둔 것으로 이해하였다(위의 논문(2013), 95쪽).

72) 宋容德(2005), 「高麗前期 國境地域의 州鎭城編制」, 『韓國史論』 51, 139쪽.

73) 宋容德(2005), 위의 논문, 140쪽.

을 관리하고자 하였던 것 같다. 바-2)에서 문종은 여진의 군현 요청이 종묘와 사직의 도움받은 것임을 천명하면서, 먼 곳과 가까운 곳의 여진 부족들이 모두 오기를 기다려 州縣을 넓혀 정하고[拓定州縣] 이후 감사 의례를 행하고자 하니 담당 관청에서 의식에 대해 논의하여 보고하도록 하였다. 2월의 요청에 실질적인 군현 편성 조처가 없었던 데에는 기미주를 이용한 여진 부족에 대한 재편을 염두해둔 것이었다. 기미주를 이용한 여진 부족 관리 상황이 예측되는 사례가 있다.

이는 바-1)에 등장하는 東女眞 歸順州 都領 大常 古刀化를 통해 확인된다. 고도화는 1032년(덕종 1) 7월에 東女眞 正朝 加伊老, 懷化將軍 也半, 歸德將軍 開老 등 91인과 함께 來獻하였다.[75] 고도화는 元甫 직함을 가지고 있었던 것으로 보아, 이전부터 고려를 왕래한 인물이었다고 짐작된다. 함께 온 가이로, 야반, 개로 등은 고도화 등과 같은 부족 내지 인근 세력권으로 생각된다. 앞서 삼산촌의 경우에서 보았듯이, 이들은 한 지역을 공유하는 부족들로 생각된다. 이들 여진 부족은 여러 이유로 갈등이 생기기도 하였다.

> 사) (1038년 5월) 東界兵馬使가 보고하기를, "威雞州 女眞 仇屯과 高刀化 두 사람이 그 都領 將軍 開老와 재물을 다투다가 개로가 취한 틈을 타서 때려 죽였습니다."라고 하였다. 사건을 재상[輔臣]들에게 내려 논의하게 하자 門下侍中 徐訥 등은 논의하여 말

---

74) 송용덕은 고려에서 여진의 요청대로 기미주를 직접지배하는 군현으로 재편하지 않았는데, 기존의 長城編制에서 벗어나 새로운 국경편제 방식을 구축해야 하는 문제가 있었기 때문으로 보았다(위의 논문(2005), 140쪽).

75) 『高麗史』 권5, 世家5 덕종 1년 7월 丁丑.

> 하기를, "여진이 비록 다른 부류이나 이미 歸化하여 이름이 版籍에 실렸으므로 백성[編氓]과 같으니, 진실로 마땅히 나라의 법규[邦憲]을 따라야 합니다. 지금 재물을 다투다가 그 윗사람을 때려 죽였으니, 죄를 용서할 수 없습니다. 법대로 논하기를 요청합니다."라고 하였다. 內史侍郞 黃周亮 등은 논의하여 말하기를, "이 무리들은 비록 歸化하여 우리의 울타리[藩籬]가 되었으나, 사람 얼굴에 짐승의 마음을 가져 사리를 알지 못하고 교화의 가르침에 익숙하지 않으니, 형벌을 가할 수 없습니다. 또한 律文에 이르기를, '여러 化外人들이 同類가 서로 범죄를 저지른 경우는 각기 本俗法에 의거한다.'라고 하였습니다. 하물며 그 이웃 마을의 어른들이 이미 本俗法에 따라 범인 두 집의 재물을 내어 개로의 집에 보내서 그 죄를 贖하였으니, 어찌 다시 논하여 결론을 내리겠습니까."라고 하였다. 왕이 황주량 등의 의견을 따랐다.[76]

사)는 1038년(정종 4) 5월에 威雞州에서 발생한 살인 사건과 관련하여 논의하고 처리한 내용이다. 먼저, 동계병마사가 위계주 여진 仇屯과 高刀化가 재물로 다투던 도령 장군 개로를 죽인 사건을 보고하였다. 재상들에게 이에 대한 처결 문제를 논의하게 하였는데, 서눌 등은 고려의 법에 따라 처벌하여야 한다고 하였으며 황주량 등은 여진의 本屬法에 따라야 하고 이미 여진 사이에 합의가 된 문제이니 따로 처벌하지 말아야 한다고 하였다. 결국, 황주량 등의 의견을 따라 다시 죄를 논하지 않는 것으로 결론이 내려졌다.

위계주는 여진에 대한 고려의 기미주로 파악된다. 版籍에 이름이

76) 『高麗史節要』 권4, 정종 4년 5월.

실려 백성과 같다는 언급에서 고려에서는 기미주에 소속된 여진 인구를 파악하고 있었다고 생각된다. 위 사례를 통해 볼 때, 아직 정종대까지 기미주에 대한 법 적용 문제 등에 대해 정해지지 않았다는 점을 알 수 있다. 다만, 이 사건에서 주목되는 점은 仇屯, 高刀化 등이 도령인 개로를 죽였다는 것이다. 재물로 다퉜다고 하나, 위계주의 통치자로 삼은 도령 개로를 죽였다는 점에서 중앙까지 보고되고 논의하게 된 사안이 되었다.

고도화와 개로는 1032년(덕종 1) 7월에 함께 고려에 내헌하였다. 이 인물들은 위계주 지역을 두고 세력다툼을 하였던 것으로 생각된다. 결국 도령 개로가 죽고, 고도화가 점차 성장하여 지역의 수령이 되었다고 보인다. 바-1) 기사에서 고도화는 歸順州 都領이면서 고려로부터 大常의 직위까지 받았던 것을 보면, 주변 세력을 규합하고 지속적으로 고려에 왕래하면서 정치·경제적 지위를 확보하였던 것으로 이해된다.

고려에서는 고려 關內로의 왕래를 허락해주는 방식에서 고려의 행정제도를 빌려 여진 부족 지역에 기미주를 두어 이전보다 영향력을 증대하고자 하였다. 그뿐만 아니라, 기미주를 중심으로 여진 수령에게 도령이라는 통치권을 부여해주고 인근 여진 세력들을 제어하는 정책을 펼쳤다. 문종대 당시 이러한 대표적인 기미주가 귀순주, 익창주, 전성주, 공주, 은복주, 온주, 성주 등이었던 것이다.

이들 도령들이 다시 군현으로 삼도록 요청한 목적은 고려의 행정력이 직접적으로 행사되는 직접 지배 군현으로의 편제보다는 이들 부족의 세력범위를 넓혀 정해 주어 세력권을 공고히 하고자 한 것으로 보인다. 이는 이들에 대한 조처로 한식 성명을 내려주고 관작을 높여준 것에서도 확인된다. 그리고 이후 여진 부락의 州縣 편성 요청에 따라

11개 州에 주기를 내려주고 歸順州에 예속시켰는데 결국 기미주를 이용한 여진 부락의 세력 균형을 꾀한 것이다.

기미주 설치는 느슨하게 왕래를 허락하는 정도로 교섭하였던 여진에 대해 보다 적극적인 관리책으로의 전환을 의미하였다. 우호적 관계를 약속하고 왕래를 허락하였다 하더라도 여진은 상황에 따라 거란과 왕래하거나, 고려를 침략하는 등의 배반을 일삼았다. 고려 유입 시 왕래 인원에 대한 파악만으로는 이들을 제어하고 관리하는 데 한계가 있었다. 이들의 거주지역에 州縣을 설치하여 거주 인원을 版籍에 올려 파악하고 기미주 수령을 중심으로 인근에서 고려에 반목하는 여진 부락을 제어하는 정책이 효과적이었다. 또한 이들을 우대하고 지역의 통치권을 부여하면서 자치를 허용하는 방식은 여진들에게도 고무적이었다.

> 아-1) (1073년 5월) 정미에 西北面兵馬使가 아뢰기를, "西女眞 酋長 漫頭弗 등 여러 번인이 東蕃의 사례에 따라 州郡을 나누어 설치한다면, 영원히 번병[蕃翰]이 되어 감히 契丹蕃人과 통교하지 않겠다고 청합니다."라고 하였다. 制하기를, "來朝를 허락하라."라고 하였다. 말미암아, 명하여 뒤에 投化하는 자가 있거든 招諭하여 오게 함이 옳다고 하였다.[77]
>
> 아-2) (1073년 5월) 또 (서북면병마사가) 아뢰기를, "平虜鎭 가까운 지경의 蕃帥인 柔遠將軍 骨於夫와 覓害村의 要結 등이 보고하여 말하기를, '우리는 일찍이 伊齊村에 살면서 契丹 大完이 되었습니다. 근래에 두 번이나 招諭를 받아 기유년(1069) 11월에 조정에

---

77) 『高麗史』 권9, 世家9 문종 27년 5월.

나아가 두텁게 은혜로운 하사품을 받고 또 관직도 받았으니, 감격스러움을 이기지 못하겠습니다. 돌아보면 사는 곳은 여기에서 400리나 떨어져 있어서 오고 가는 어려움이 있습니다. 요청하건대 狄耶好 등 5戶와 함께 契丹化內蕃人을 이끌어 몰래 覓害村으로 옮겨와 附籍하여 영원히 藩屛이 되게 하십시오.'라고 하였습니다. 이에 검사하여 35戶, 252口를 얻었으므로, 版圖에 올리시기를 청합니다."라고 하였다.[78]

기미주 설치는 여진의 입장에서 고려와의 안정적인 왕래가 보장되고, 이를 통한 이익을 얻을 수 있는 조치였다. 아-1)는 1073년 5월에 서여진 酋長 漫頭弗 등 여러 번인이 동번의 사례에 따라 州郡을 나누어 설치해주기를 청한 내용이다. 이에 문종은 이들의 來朝를 허락하였고, 이후 投化하는 자가 있으면 초유하여 오도록 하였다. 漫頭弗은 1071년 11월에 여러 사람을 거느리고 來投하였다.[79] 앞서 동여진의 여러 부락이 고려 기미주로 편입되면서 정치·경제적 이익을 취하는 방식을 알게 되어 이들도 동번의 사례에 따라 주군을 설치해주도록 한 것이다.

아-2)는 평로진 인근 蕃帥인 柔遠將軍 骨於夫와 覓害村의 要結 등이 본래 伊齊村에 살면서 거란의 化內 여진이었는데, 1069년 11월 고려의 후한 대우에 왕래의 편의를 위해 가까운 멱해촌으로 이주한 내용이다. 이들은 모두 35戶, 252인으로 版圖에 올려 관리하게 하였다. 이처럼 고려를 오고 가기 용이하기 위해 이주하는 여진 부족의 모습을 볼 수 있다. 멱해촌은 평로진 인근에 위치한 지역으로 보이며, 고려가 주민

78) 『高麗史』 권9, 世家9 문종 27년 5월.

79) 『高麗史』 권8, 世家8 문종 25년 11월 辛丑.

구성을 파악하는 化內村이었던 것으로 생각된다.

자-1) (1073년 6월) 무인에 東北面兵馬使가 아뢰기를, "三山·大蘭·支櫛 등 9개 村과, 所乙浦村 蕃長 鹽漢, 小支櫛前里 번장 阿反伊, 大支櫛과 羅其那·烏安·撫夷州·骨阿伊 蕃長 所隱豆 등 1,238戶가 와서 附籍하기를 청합니다. 대지즐로부터 소지즐 裹應浦 바닷가 長城에 이르기까지 무릇 700리인데, 지금 여러 蕃이 잇달아서 歸順하므로, (그들을) 막으려고 關防을 설치하는 것은 불가합니다. 마땅히 有司에게 州號를 정하여 아뢰게 하고, 또 朱記를 내려주십시오."라고 하자, 왕이 따랐다.[80)]

자-2) (1073년 6월) 을미에 東路兵馬使가 아뢰기를, "東蕃 大齊·自古·河舍 등 12개 촌락의 蕃長 昆豆·魁拔 등 1,970호가 霜昆의 사례에 따라 內附하기를 요청하였습니다. 또 豆龍骨伊·餘波漢 등 部落의 蕃長 阿老漢 등 역시 州縣이 되기를 원합니다. 이 무리는 사는 곳이 멀리 떨어져 있어 옛날에는 일찍이 조정에 나와 임금을 뵙지 못하고 있었는데, 이제 모두 歸服하였습니다. 만일 국경을 정하고 關防을 설치하면, 餘波漢嶺 밖 齊遮古·大史伊·稱見·昆俊·丹俊·無乙比·化豆 등은 땅이 끝없고 蕃戶도 연달아 거주하여 변방 끝까지 모두 요새를 설치할 수 없으니, 요청하건대 嶺外 여러 蕃이 모두 주현이 되기를 기다려 그 뒤에 점차 멀리 있는 번까지 미치도록 하소서."라고 하니, 이를 허락하였다.[81)]

자-3) (1073년 6월) 임인 초하루에 有司에서 말하기를, "東北面兵馬

80) 『高麗史』 권9, 世家9 문종 27년 6월.

81) 『高麗史』 권9, 世家9 문종 27년 6월.

使가 아뢰기를, '支櫛村·那發村·裏臥立村·大信村·西好村·無主其村 등 부락 蕃長이 方物과 名馬를 바치기를 청합니다.'라고 합니다."라고 하였다, 制하여 받아들이라고 하였다.[82)]

자-4) (1073년 9월) 갑진에 翰林院에서 아뢰기를, "東女眞 大蘭 등 11개 촌의 內附한 자들을 청컨대 濱州·利州·福州·恒州·舒州·濕州·閩州·戴州·敬州·付州·宛州 등 11州로 삼고, 각각 朱記를 하사하고 歸順州에 예속시키십시오."라고 하자, 이를 받아들였다.[83)]

자-1)은 三山·大蘭·支櫛 등 9개 村, 所乙浦村 蕃長 鹽漢, 小支櫛前里 번장 阿反伊 등 1,238戶가 附籍하기를 청하였는데, 동북면병마사는 군사적 방어체계라는 현실적인 이유를 들어 州號를 정하고 주기를 내려주기를 청하였다. 여진의 유입이 끊이지 않는 상황에서 이들을 막기 위한 관방을 두는 것보다 이들을 받아들여 기미주를 설치하는 것이 현실적으로 타당하다는 것이다.

자-2)에서는 같은 달에 동로병마사는 東蕃 大齊·自古·河舍 등 12개 촌락의 蕃長 昆豆·魁拔 등 1,970호가 霜昆의 사례에 따라 內附하기를 요청하였는데, 이때에도 변방까지 요새를 설치할 수 없으니 이들로 번병을 삼도록 청하고 있다. 상곤은 那復其村 都領으로,[84)] 지속적으로 고려를 왕래하며 우호적인 관계를 맺고 있는 인물이었다. 주로 말을 바쳤던 것으로 보아, 상곤 부족은 말을 기르는 것을 업으로 삼았던 부족이었다고 생각된다. 특히, 1073년 5월에는 삼산촌 번적을 토벌하

82) 『高麗史』 권9, 世家9 문종 27년 7월.
83) 『高麗史』 권9, 世家9 문종 27년 9월.
84) 『高麗史』 권9, 世家9 문종 27년 5월.

는 데 상곤 휘하의 蕃軍을 동원하였는데, 고려에 군사적 지원을 하기도 하였다. 또 豆龍骨伊·餘波漢 등 部落의 蕃長 阿老漢 등은 州縣이 되기를 요청하였다.

자-3)과 4)의 여진 부족 등은 모두 고려와 왕래하지 않았던 세력이었던 듯하다. 이들이 잇달아 內附하게 된 데에는 黑水譯語 加西老가 회유한 데 큰 영향을 받았다.[85] 결국, 자-4)와 같이 이들에 대해 11州의 州號가 정해지고 朱記를 하사하는 등의 절차를 통해 기미주가 설치되었다. 그리고 모두 귀순주에 예속되게 하였다. 즉, 여진 부락에 고려의 행정체계인 州縣을 이용하여 부락별로 계서화하고 이들 수령에 대해 고려의 무산계 및 도령이라는 권위를 부여하여 상하의 위계질서를 만들어 주어 여진 간 세력 균형을 만들어 관리가 용이하도록 하였다.

이상에서 살펴본 고려 전기 여진의 고려 왕래 및 內附의 의미를 정리하면 [표 10]과 같다.

[표 10] 고려 전기 女眞 往來와 內附의 의미

<table>
<tr><th>구분</th><th colspan="2">내용</th></tr>
<tr><td rowspan="2">존재 양태(인식)</td><td colspan="2">化內 - 고려 關內 왕래가 허락된 여진</td></tr>
<tr><td colspan="2">化外 - 고려와 관계 맺지 않은 여진, 때로는 침입</td></tr>
<tr><td>유입 경로</td><td colspan="2">육로(關)</td></tr>
<tr><td>규모</td><td colspan="2">부족 단위(몇십 戶~몇백 戶)</td></tr>
<tr><td>內地 수용</td><td colspan="2">일부만 허용</td></tr>
<tr><td>관리 정책 변화</td><td>왕래 허용
정치·경제적 혜택 부여</td><td>內附 - 郡縣 설치(문종대)
여진의 계서화→관리 용이</td></tr>
<tr><td>역할</td><td colspan="2">군사적 기반, 국경 안정, 경제적 교류, 정보 교류</td></tr>
</table>

85) 『高麗史』 권9, 世家9 문종 27년 7월 丙午.

고려 전기 여진의 존재는 크게 두 가지 층위로 구별된다. 하나는 고려 關內 왕래가 허용된 여진을 뜻하는 化內이며, 또 하나는 고려와 관계를 맺지 않았으며, 때때로 고려를 침입하여 갈등 관계에 놓인 化外 여진을 말한다. 고려 關內 왕래가 허락된 일부 여진 세력들은 육로를 통해 고려 국경의 주요 關을 통해 고려를 오갔다. 이들은 부족 단위로 산거하였기 때문에, 고려를 왕래하는 규모 역시 부족 인원이거나 일부 부족이 매개가 되어 함께 오기도 하였다. 고려는 왕래를 허용한 세력에 대해 무산계를 수여하는 등의 정치적 대우와 來獻에 따른 경제적 혜택을 부여해주는 방식으로 여진을 관리하였다.

현종대 이후에는 거란과의 관계 속에서 외교적 중요성 증대와 침입과 왕래를 반복하는 여진에 대한 회유책의 일환으로 고려 內地 수용을 일부 허용하기도 하였다. 그러다가 문종대 이후 여진은 고려 郡縣 설치를 요청하며 內附하였는데, 고려는 이를 이용하여 여진 부족을 附籍하여 이들을 파악하고, 계서화하여 관리하는 데 용이하도록 하였다. 여진은 고려와의 관계 속에서 국경 지역을 중심으로 한 군사적 기반이 되기도 하였으며, 여러 차례 왕래하면서 토산물을 바치는 등 경제적 교류를 지속하였고, 거란이나 인근 제 정치세력과 매개 하는 등 정보 교류에 중요한 역할을 담당하였다.

4장
金과의 외교 관계 성립과 외국인 수용 정책의 변화

고려 전기 활발하였던 외국인 이주 기록은 금의 흥기를 전후한 시기부터 점차 감소하여 거의 이루어지지 않고 있다고 여겨질 정도로 적다. 고려 전기에는 왕대별로 다소의 차이가 있으나 대체로 지속적으로 외국인의 고려 이주가 확인된다. 그러하던 것이 1115년(예종 10) 금의 흥기와 이후 금의 거란 통합, 송의 南遷 등에 따른 국제 정세 변동에 따라 외국인의 고려 이주에도 큰 변화를 가져왔다.

특히, 고려와 금이 외교 관계를 수립한 이후 고려에 유입된 외국인의 사례는 매우 단편적이다. 이는 변화한 국제 정세 영향과 무신정변 이후 성립된 무인들을 중심으로 한 국내의 정치 상황이 복합적으로 작용한 결과였다. 무신집권기는 고려 전기 정치·경제·사회·문화 등 모든 부분에서 다양한 변화를 가져왔다.[1] 고려와 금의 공식적인 외교 정책은 요와의 舊例에 따를 것을 전제하고 큰 충돌 없이 원만한 관계가 성립되어 지속되었다고 이해된다. 그러나 처음 양국 간 외교 관계

---

1) 邊太燮(1966), 「高麗後期 武班에 對하여」, 『論文集』, 서울대학교, 202쪽 ; 『高麗政治制度史研究』, 一潮閣, 1971.

를 정립하면서 약간의 진통이 있었으며, 그 과정에서 외국인의 이주와 고려의 외국인 정책에도 변화를 가져온 것으로 보인다.

이 장에서는 이러한 금과의 외교 관계 성립 이후 변화한 외국인 정책의 내용을 확인하고자 한다. 특히, 금에서 교빙 규정에 대한 논의와 함께 제기한 戶口 송환 문제는 양국 간 4년 동안의 공방을 가져왔고, 이후 외국인 수용 원칙에 큰 영향을 미쳤다. 그리고 무신집권기라는 고려 내부의 변화된 사회 속에서 외국인 정책은 어떠하였는지 확인하고, 이후 외국인 이주와 관련한 사안이 어떻게 귀결되는지를 고찰하고자 한다.

1. 고려·금 戶口 송환 논쟁과 외국인 수용 원칙의 변동

1115년(예종 10)에는 阿骨打가 여진을 통합하여 金을 세웠다.[2] 흩어진 여진 부족을 통합한 금이 새롭게 등장하면서 고려 역시 새로운 외교정책을 수립하고 대응하여야 했다. 금은 1117년 3월 고려에 阿只를 파견하여 형제 관계를 맺고 우호적인 외교 관계를 수립하고자 서한을 보내었다.[3] 하지만 고려는 금의 요청에 명확한 입장을 표명하지 않았고, 금과의 관계에 유보적이었다. 1119년 2월 금에서 孛菫 朮孛을 보내 요를 정벌하면서 모든 여진 부족 백성을 안정시켰음을 알리며 말 1필을 보내왔다.[4] 이러한 금의 사절 왕래에도 불구하고, 고려에서 사신을 보

2) 『高麗史』 권14, 世家14 예종 10년 1월.
3) 『高麗史』 권14, 世家14 예종 12년 3월 癸丑.
4) 『高麗史』 권14, 世家14 예종 14년 2월.

내지는 않았다.[5]

그런데 금이 1125년(인종 3) 요를 멸망시키고, 송의 수도 변경을 압박하며 고려와 군신관계로 事大를 요구하였다.[6] 이에 고려에서는 百官 회의를 거쳐 가부를 결정하게 하였는데, 이때 모두 불가하다고 하였으나, 집권자인 李資謙과 拓俊京만이 금에 대한 사대가 불가피함을 주장하였고 그의 의견에 따라 사대 외교가 결정되었다.[7] 바로 다음 달에 고려에서는 鄭應文과 李侯를 금에 보내 신하라 칭하며 표문을 올렸다.[8] 이로써 고려는 금과 공식적인 외교 관계를 맺었다.

금에서는 바로 上表稱臣한 데 대하여 신하의 의리를 잊어버리지 말 것을 당부하면서 '이외 함께 행해야 할 요구나 일이 있으면 곧 다음 사신을 보내 宣諭하겠다[外有合行條件事等, 卽次發使前去宣諭].'라고 회답 조서를 보냈다.[9] 이로써 금과 외교 관계의 방향이 잡혔으나, 아직 양국

---

5) 고려에서는 금과 요의 전쟁 상황을 지켜보면서 장성을 보수하는 등 국경 방비에 주력하고, 송과의 왕래를 적극적으로 추진하였다(『高麗史』 권14, 世家14 예종 14년 12월.).

6) 박한남(1993), 「高麗前期 對金外交政策 硏究」, 성균관대학교 박사학위논문.
朴玉杰(1996), 「高麗後期 歸化人」, 『高麗時代의 歸化人 硏究』, 國學資料院, 143~146쪽.
이정신(2004), 「묘청의 난과 대금관계」, 『고려시대의 정치변동과 대외정책』, 景仁文化社, 94쪽.
이석현(2005), 「高麗와 遼金의 外交관계-朝貢冊封關係를 중심으로」, 『한중 외교관계와 조공책봉』, 고구려연구재단.
김당택(2009), 「고려」, 『한국 대외교류의 역사』, 일조각, 85·86쪽.
조복현(2011), 「12세기 초 국제 정세와 麗金 간의 전쟁과 외교」, 『동북아역사논총』 34.
박윤미(2011), 「12세기 전반기의 국제정세와 고려-금 관계 정립」, 『史學硏究』 104.
김순자(2012), 「12세기 고려와 여진·금의 영토 분쟁과 대응」, 『역사와현실』 83.
한정수(2019), 「금과의 외교」, 『한국의 대외관계와 외교사_고려 편』, 동북아역사재단.

7) 『高麗史』 권15, 세가15 인종 4년 3월 辛卯.

8) 『高麗史』 권15, 세가15 인종 4년 4월 丁未.

9) 『高麗史』 권15, 世家15 인종 4년 4월 丁未.

간에는 해결해야 할 사안들이 남아있었다. 금에서는 얼마 지나지 않아 宣諭使 高伯淑 등을 보내왔다.

> 가-1) (1126년 9월) 신미에 金 宣諭使 同僉書樞密院事 高伯淑과 鴻臚卿 烏至忠 등이 왔다. 금의 임금이 고백숙 등에게 단단히 경계하여 이르기를, "高麗에서 무릇 파견하는 사신의 왕래는 마땅히 모두 遼 舊例를 따른다. 거듭 취한 保州路와 변방의 백성이 저 (고려) 안에 있는 자는 반드시 모두를 원래 있던 곳으로 돌려보내게 하라. 만일 하나하나 이르는 대로 잘 따르거든 保州 땅을 주도록 하라." 라고 하였다.[10]
>
> 가-2) (1126년 10월) 무술에 왕이 大明宮에서 金 사신을 전송하였다. (그 편에) 사의를 표하는 회답 表文을 부쳤는데, 모든 절차를 遼를 섬기던 舊制에 따랐다.[11]

가-1)은 1126년(인종 4) 9월에 금에서 宣諭使로 同僉書樞密院事 高伯淑 등을 보내어 기본적인 양국의 왕래 규정을 정하고, 몇 가지 요구사항을 전달하였다. 이번 금의 사행 목적은 첫째, 사신 및 의례 절차 등 양국 간 왕래와 관련한 儀制를 정하는 것이었고, 둘째, 保州路 및 변방 여진 백성의 송환을 조건으로 고려의 보주 지역 영유권을 인정하겠다고 전달하기 위함이었다.[12]

첫 번째, 遼의 舊制에 따르라는 사신 왕래 규정에 대해서는 합의가

---

10) 『高麗史』 권15, 世家15 인종 4년 5월.
11) 『高麗史』 권15, 世家15 인종 4년 10월.
12) 『金史』 권135, 列傳73 外國下 高麗.

이루어진 듯하다. 가-2)에서 다음 달 왕이 대명궁에서 금의 사신단을 전송하였는데, 사신을 보내준 데 대한 사의를 표한 회답 표문을 부쳐 보내었고, 모든 절차는 遼와의 舊制를 따랐다는 점을 보았을 때 그러하다.

그런데 두 번째, 保州와 관련한 사안들에 대해서는 합의를 이루지 못하였다. 이에 대해서는 12월에 고려에서 謝宣諭使로 金子鏐, 柳德文 등을 금에 보내 전말을 상세히 밝혔다.[13] 금에 보낸 표문 내용을 보면, 본래 保州城은 고려의 영토였으나, 遼가 침범하여 빼앗겼던 것을 되찾았고, 이를 금 태조가 인정해주었다는 사실을 밝혔다. 덧붙여 이는 금과 외교 관계를 맺기 이전의 일이며 앞으로는 대대로 조공에 힘쓰고 다른 뜻은 없음을 강조하였다.[14]

保州는 오늘날 평안북도 의주 지방으로, 고려 초 거란의 소유가 되어 대고려 군사기지로 중요시되었다.[15] 保州는 일찍이 고려와 거란 사이 분쟁이 되었던 지역으로, 압록강 상류와 하류를 잇는 水路의 길목이자 압록강을 건너는 중요한 거점으로 중요하였다.[16] 1117년(예종 12) 금에 쫓기던 요 來遠城刺史 常孝孫 등이 이 지역을 고려에 넘기고 도망갔는데 이때 保州를 義州防禦使로 고치고 鴨江을 국경으로 삼아 관방을 설치하여[17] 고려의 행정구역으로 편입하였다. 이미 금에서도 고려의 보주 영유를 인정하였는데, 다시금 이 문제를 제기한 데에는 그

---

13) 『高麗史』 권15, 世家15 인종 4년 12월 癸酉.

14) 『高麗史』 권15, 世家15 인종 4년 12월 癸酉.

15) 朴漢男(1996), 「고려 인종대 對金政策의 성격 – 保州讓與와 投入戶口推刷 문제를 중심으로」, 『한국중세사연구』 3, 37쪽.

16) 金佑澤(2009), 「11세기 對契丹 영역 분쟁과 高麗의 대응책」, 『韓國史論』 55, 51쪽.

17) 『高麗史』 권14, 世家14 예종 12년 3월.

조건으로 언급한 保州路 및 변방 여진 백성의 송환 때문이었다.

고려에서는 謝宣諭使를 보내 사신 왕래에 遼 舊例에 의거할 것과, 보주 문제에 대해 규명하였으나 금이 요구한 여진 戶口 문제에 대해서는 회피하였다. 여진 戶口 송환 문제는 금에서 계속 요구하였고, 고려의 지지부진한 대응으로 인해 4년이 지난 1130년이 되어서야 마무리된 사안이다. 이와 관련한 초반 고려와 금의 왕래는 주로 금에 대한 고려의 誓表 문제 및 保州 영유권과 관련한 영토 분쟁으로 주목되었다.[18] 기존에는 여진의 戶口 송환 문제에 대해 고려가 誓書를 금에 보내 여진인 추쇄 중지가 관철되면서 결과적으로 來投 여진인에 대한 고려국민화 작업을 명문화한 것으로 이해되기도 하였다.[19]

여진의 戶口 송환 문제는 고려와 금이 외교 관계를 맺은 이후 처음 갈등하였던 외교 문제였다. 무엇보다 4년간의 외교적 공방이 지속되었다는 점에서 양국이 첨예하게 대립하였던 문제임은 자명하다. 무엇보다 고려에서는 이전까지 戶口 문제로 이와 같은 외교적 마찰이 있었던 적이 없다. 고려는 새로 등장한 국가 金과의 관계도 정립하지 못한 시점에 前例가 없는 戶口 관련 외교 문제에 대응해야 하였다. 고려가 금과 호구 문제로 갈등을 빚으면서 이후 외국인 수용 문제에 대한 노선의 변화가 포착된다. 이를 자세히 알아보기 위해 4년간의 양국 간 공방 내용을 살펴보자.

---

18) 朴漢男(1996), 앞의 논문.
김순자(2012), 「12세기 고려와 여진·금의 영토 분쟁과 대응」, 『역사와현실』 83.

19) 朴漢男(1996), 앞의 논문, 66쪽.

[표 11] 1126~1130년 여진 戶口 송환 관련 사신 왕래

시기	파견국	파견 사신	사절 목적	내용	회답 문서
1126.9.	金	高伯淑, 烏至忠	宣諭使	사신 왕래 규정(遼舊) 여진 人口 송환	(고려→) 附回表謝
1126.10.	高麗	金子鏐, 柳德文	謝宣諭使 (回謝使)	보주 영유 당위성	
1127.3.				戶口 문제, 誓封 요구	(금→)詔
1128.12.	金	司古德, 韓昉	報諭使	誓表 독촉 戶口 문제 유보 힐책 변경 지역 갈등 문제	(고려→) 王答(論報)
1129.11.	高麗	盧令琚, 洪若伊	報諭回謝使	誓表 올림	(금→)詔
1130.3.				戶口 송환 재차 요구 投入戶數 조사 요구	(금→)別錄 (금→)傳旨
1130.12.	高麗	金端	告奏使	여진인 追索 중지 요청	(금→)回詔

[표 11]은 1126년부터 1130년 사이 여진 戶口 송환 문제로 고려·금 사이 오고 간 사신 왕래의 대략을 정리한 것이다. 양국 사이에는 1126년 9월 금 宣諭使가 처음 문제를 제기한 이후, 1130년 12월 고려에서 여진인 추쇄 중지를 요청할 때까지 5번의 사신 왕래가 있었다. 금에서는 1126년, 1128년 두 번 사신을 보내 이 문제를 독촉하고자 하였고, 고려에서는 1126년, 1129년, 1130년 세 차례 사절을 파견하여 해결하고자 하였다. 또한, 금에서는 고려의 사절에 회답하는 문서를 통해 계속해서 戶口 송환을 여러 차례 재촉하였다. 이제 사신 왕래를 통해 논의한 여진 戶口 송환 문제와 관련한 양국 간 공방을 자세히 확인해보자.

가-1)에서 확인하였듯이, 금에서는 1126년 9월 선유사 고백숙과 오지충을 보내 처음으로 보주로 및 변경의 戶口를 원래 있던 곳으로 돌려보내라고 요구하였다. 이를 조건으로 고려의 보주 영유권을 인정한

다고 하였다. 이와 관련하여 고려에서는 사신을 파견하여 적극적으로 해명하고자 하였다. 같은 해 12월에 謝宣諭使로 金子鏐, 柳德文 등을 금에 보내 보주 영유에 관련한 전말을 상세히 밝히며,[20] 보주 지역 영유권을 주장하였다. 이에 금에서는 귀국하는 고려 사신 편에 詔書를 보냈다.

1127년 3월 금에 사신으로 파견되었던 金子鏐, 柳德文 등이 돌아오면서 금의 조서를 가져왔다.[21] 조서의 주된 내용은 ⓐ 고려에서 여진 戶口를 돌려보내라고 하는 데 대한 명확한 답이 없었던 점과 ⓑ 誓表를 올리지 않은 것에 대해 힐책하는 것이다. 고려는 보주 영유 내력을 설명하며 금 태조가 이를 인정해주었다는 점을 강조하며 戶口에 대해서는 '선왕[睿宗]이 그 성과 못을 수리하고, 民戶로 채웠다[實以民戶].'라고만 하며, 여진 戶口를 언급조차 하지 않았다.[22] 오히려 고려의 편의에 따라 처리하게 허락해주기를 요청하였다.[23] 이에 금에서는 고려가 戶口에 대해 핑계를 댄다고 여겼다.

금에서는 그들의 요구대로 고려에 戶口 송환과 誓表를 갖추어 올릴 것을 기대하였던 듯하다. 금은 왜 戶口 송환문제와 함께 갑자기 誓表를 문제로 삼았던 것일까. 그리고 고려에서는 금의 이러한 요구에 지지부진하게 대응하였던 것일까. 이에 대해서 기존에는 고려와 금의 자존심 다툼으로 해석되었다.[24] 금의 입장에서 고려의 서표는 금 황실

---

20) 『高麗史』 권15, 世家15 인종 4년 12월 癸酉.
21) 『高麗史』 권15, 世家15 인종 5년 3월.
22) 『高麗史』 권15, 世家15 인종 4년 12월 癸酉.
23) 『高麗史』 권16, 世家16 인종 8년 3월 己未.
24) 朴漢男(1993), 앞의 박사학위논문, 43~95쪽.

의 대내외적 지배력을 강화하는 수단으로 이용하고자 하였고, 고려는 금에 대해 불손한 태도로 대응하고자 하였다는 것이다. 한편, 대외적인 측면에서 바라본 이해도 있는데, 금에서는 고려의 충성맹세를 제대로 형식을 갖춘 誓表를 받아내는 데 목적이 있었고, 고려는 송이 援兵과 假道를 요구하는 외교적 상황이 난처한 데서 미진하게 대응하였다고 보았다.[25)]

금은 요동지역을 통합해 가는 과정에서 고려와 曷懶甸을 두고 전쟁을 경험하였다.[26)] 또 금은 遼를 멸망시키고 북송과 대치되는 상황에서 고려와의 충돌을 피하고자 하였던 것으로 보인다.[27)] 금은 고려를 견제하는 한편, 외교적 노력을 통해 관계를 정립하고자 하였다. 그런데, 戶口 문제는 선유사 고백숙이 고려에 오기 이전부터 이미 금 내부에서 고려 국경 지대에 대한 견제로 문제가 되었던 사안이었다.

1124년 7월에 同知南路都統 鶻實荅이 반란을 일으키고 도망한 자들을 고려가 받아들여 변방 방비를 늘리고 있는데, 다른 계획이 있는 것이라며 경계하는 글을 올렸다.[28)] 이에 금 태종은 도망민을 받아들이고 돌려보내지 않은 일은 저들에게 사정이 있는 것이니, 먼저 常式을 어기지 말 것이고, 혹시라도 고려에서 먼저 침략해 온다면 응전할 뿐 먼저 침범하지 말도록 당부하였다. 이처럼 금에서는 고려와의 소요를 바라지 않았다. 다만, 고려에서 반란 도망민을 받아들이고 돌려보내지 않은 것에 대해 경계를 늦추지 않았다. 그렇기 때문에, 처음 고려와

---

25) 박윤미(2011), 앞의 논문. 15~22쪽.
26) 『金史』 권1, 本紀1 世紀 康宗[烏雅束] 4년.
27) 조복현, 2011, 앞의 논문, 76~78쪽.
28) 『金史』 권3, 本紀3 태종 天會 2년 7월.

외교 관계를 정립하는 데 있어 최우선으로 해결하고자 했던 사안이 되었다.

고려에서는 금에서 요구한 戶口를 돌려보내지 않았다. 이는 遼와의 관계에서도 한번도 외교 분쟁이 되지 않았던 사안이었기 때문이다. 사신 왕래와 관련한 儀制를 요의 구례에 따라 하라고 하였기 때문에, 고려에서는 유입해 온 여진 人口에 대해서도 이전과 마찬가지로 고려의 편의에 따라 알아서 처리하면 되는 문제[當取便宜]로 삼았던 듯하다.[29] 그러나 금에서는 고려와의 전투 경험 등이 있었기 때문에 변경 戶口를 이용한 군사적 대응에 안심할 수 없었다.

금에서는 1128년 12월 司古德, 韓昉 등을 보내 다시 여진 戶口 송환과 誓表를 올릴 것을 독촉하고 있다. 이와 관련한 자세한 내용은 다음과 같다.

> 나) (1128년 12월 갑술) 司古德 등이 語錄을 올리며 말하기를, "樞密院의 箚子를 받들었는데 '삼가 聖旨를 받들었는데, 「나라에 도착하면 대답에 함께 의논할 것이 있으면 사안을 모름지기 잘 처리하라.」라고 하시었습니다. 돌아오는 날 갖추어 거듭 아뢰는 데 근거로 삼아 아뢰십시오.'라고 하였습니다. 열어 전하면 아래 조목과 같습니다. ⓐ 保州 땅은 처음 詔諭에 있기를 다시 收復하지 않겠다 하였는데, 貴國이 반드시 옛 제도를 따라서 왕실을 좇아 받들 것이라고 생각하였습니다. 그러므로 조정에서 그 땅을 아끼지 않고 특별히 할양하였습니다. 그 후 수년 동안 귀국은 아직까지 誓表를 올리지 않았습니다. 그러므로 선유를 사례한 데 대한

29) 『高麗史』 권16, 世家16 인종 8년 3월 己未.

회답하는 조서 안에 이르기를, '오히려 戶口에 대해서는 핑계를 대고 誓封에 대해서는 따로 올리지 않았다. 다만 그 일마다 모두 완수할 것이고 대대로 충성하겠다는 말은 믿겠지만, 내가 타이른 말에 그 어떤 것은 확실히 정하지 않는다면 (그대가) 얻은 땅에 장차 무엇으로 증거하겠는가?'라고 하셨습니다. 엎드려 조서를 잘 살펴보면 황제의 뜻을 분명히 드러냈는데도 지금에 이르러 귀국은 아직 따르지 않고 다만 위에 적힌 항목의 保州城[州城]만 지키고 있으니 어찌 도리에 합당하다 하겠습니까? 이러지도 저러지도 못하는 사이에 끝내 어떻게 할 생각인지 알지 못하겠습니다. ⓑ 그리고 위협에 복종하여 왔거나 도망하여 이주한 戶口를 아울러 그 수가 제법 많은데 모두 죽었다고 말하니 이는 도저히 믿을 수 없습니다. 금년 8월 14일 安北都護府가 來遠城에 牒하여 백성들이 강을 건너 昌州와 朔州에 이르러 땅을 나누어 농사를 짓고 있다고 하였습니다. 公案을 살펴보니, '지난번에 선대 황제께서 鴨江을 경계로 삼도록 하고, 또 簽院 高伯淑이 받든 宣諭聖旨에 다시 보주 한 성의 경내를 수복하지 않겠다고 하시었는데, 지금 와서 귀국의 인민들이 농사를 짓고 있는 일은 사리에 맞지 않습니다. 청컨대 이들을 징계하고 (이주민을) 조사하는 것도 중단해주십시오.'라고 하였습니다. 지난번 조정에서 고백숙을 파견하여 선유하였을 때 대화와 어록에는 단지 勑旨를 전하며 보주를 하사할 것을 허락한다고만 하였고, 아울러 한 성의 경내[一城境內]라는 어구는 없으며 겸하여 국경도 확정하지 않았습니다. 이제부터 경계 내 지역의 분쟁이 있으면 마땅히 관리를 두어 단속하여 전과 같이 제멋대로 고치거나 보태어서 쓸데없이 일을 번잡스럽게 하지 말도록 하십시오.[30)]

나)는 1128년 12월에 금에서 온 사신 司古德과 韓昉 등이 금의 語錄을 보이며 다시 戶口 문제에 대하여 문제를 제기하고 있다. 금은 司古德과 韓昉의 사행에서 이 문제를 확실히 마무리 짓고자 하였다. 금의 樞密院 箚子에는 戶口와 관련해 크게 두 가지 사안을 지적하고 있다. ⓐ 保州 영유를 인정해주었으므로, 옛 제도[舊章]에 따라 금 황실을 받들 것이라 생각하였는데, 이를 증거하는 誓表를 올리지 않은 점, ⓑ 도망하여 고려에 이주한 戶口가 제법 많은데 모두 죽었다고 하니 믿을 수 없고, 昌州와 朔州 등 금인이 들어가 농사짓는 문제 등 국경 확정이 아직 끝나지 않았으니 고려가 제멋대로 처리하여 또다른 분쟁을 만들지 말라는 점을 들고 있다. 여기에서 금의 일관된 입장은 '고려를 믿을 수 없다'라는 것이다.

이에 인종은 각 조항에 대해 하나씩 근거를 들어 입장을 내놓았다. ⓐ '戶口가 도망쳐 온 일'에 대해서는 부친 예종 때의 일로, 하물며 금을 섬기지 않았던 시기에 인종 자신은 어려서 전혀 알지 못한 일이었다고 하였다. 그리고 고백숙이 왔던 날 宣諭에 '우리나라가 편한 대로 하라[小國取便]'고 허락해 준 일로, 마침내 表를 올려 사례하였다고 답하였다.[31] 또, ⓑ '보주성 하나만 허락하였고 국경을 확정하지 않은 점'에 대해서는 보주성을 허락해준 데는 큰 나라의 덕으로 작은 나라를 어루만지는 뜻인데, 변경 문제로 힐책한다면 금을 따르던 마음이 두렵고 무서울 뿐이라고 하였다.[32] 인종이 답한 내용의 핵심은 금과의 외교 관계 지침에서 '요와의 舊例를 따를 것'이라는 점이다.

30) 『高麗史』 권15, 世家15 인종 6년 12월 甲戌.
31) 『高麗史』 권15, 世家15 인종 6년 12월 甲戌.
32) 『高麗史』 권15, 世家15 인종 6년 12월 甲戌.

이와 같은 양국의 다른 입장은 결국 금에서 외교 규정으로 제시한 '옛 제도[舊章]에 따른다'에 대한 양국 간 해석 차이에서 비롯되었다고 생각된다. 이러한 입장 차이는 계속해서 해결되지 않은 채 공방을 이어갔다.

> 다) (1130년 3월 기미) 別錄에서 이르기를, ⓐ "지난번 高伯淑을 보내 宣諭했을 때 단지 말하기를, '保州는 비어있는 城이므로 장차 저들이 고려에 가서 만약 이 약속한 일들을 하나하나 모두 따르고 다시 더하여 간절히 구한다면 즉시 마땅히 할양하라.'라고 하였다. 그 金子鏐가 入朝하기에 이르러 올린 표문에서는 망령되게도 '投入한 戶口를 넘겨주는 일은 이미 세월이 오래 지났고 또한 風土가 다른 연유로 편안하게 있지 못하고 모두 사망했으니 저희 나라로 하여금 마땅히 편의에 따라 처리하도록 허락하여 주십시오.'라고 하였다. ⓑ 이에 회답하는 조서에서 특별히 타일러, '오히려 戶口 문제에 대해서는 핑계대고 誓封에 대해서는 별도로 아뢰지 않았다. 다만 그 일마다 모두 완수할 것이고 대대로 충성하겠다는 말은 믿겠지만, 내가 타이른 말에 그 어떤 것은 확실히 정하지 않는다면 (그대가) 얻은 땅에 장차 무엇으로 증거하겠는가?'라고 하였다. 또 司古德과 韓昉 등에게 使命을 받들게 하여 역시 위의 사항을 의논하게 하였다. 그런데 돌아와 보고하여 말하기를, 장차 語錄에 전과 같이 꾸미는 말로, '저의 부친 선왕께서는 생전에 (호구를) 잡아오지 않았고, 전후로 누차 내려온 조서에서도 일찍이 호구를 석방하라고 하신 적이 없습니다. 오로지 앞으로 진상할 誓表에 따라 반드시 따르겠습니다.'라고 하였다. ⓒ 방금 보내온 표문을 보니 뜻은 거듭 그러하겠다고 하는 것

> 같지만 끝까지 戶口를 돌려보내겠다는 말은 없다. 말로는 반드시 이르길, '生辰 및 正朝를 하례하러 들어가거나 橫宣使에 이르러 시기를 놓치지 않았고, 하물며 다시 명령에 따라 誓表를 올렸으니 의심을 사지 않기에는 충분하다고 생각해서 돌려보내는 일을 언급하지 않았습니다.'라고 할 것이다. ⓓ 만약 전후에 新舊 戶口를 헤아려보면 그 수가 적지 않은데 모두 죽었다고 하는 것은 이유가 될 수 없다. 당시에 전투에서 죽거나 뒤에 병으로 죽은 자는 찾아낼 수 없는 자 이외로부터 몸이 죽은 것에 이르기까지 모름지기 유해는 있을 것이다. 반대로 혹 본인이 살아 있거나 아울러 그 자손과 부인, 며느리 등 戶는 아울러 신속하게 조사하여 보이는 수를 산출하여 표문에 갖추어 보고하고, 즉시 마땅히 잘 헤아릴 것이며, 혹 끝내 응하기 어렵다면 올린 誓章 또한 믿을 수 없을 것이다."라고 하였다.[33]

고려에서는 1128년 12월 사고덕, 한방 등 금의 報諭使 파견에 대한 回謝使로 다음 해 11월 盧令琚, 洪若伊 등을 금에 보냈다.[34] 이때 고려에서는 금에 서표를 올렸다. 금에서 요구한 서표를 올렸음에도 불구하고 금에서는 계속해서 여진 戶口 송환에 대한 고려의 태도에 의심을 풀지 않았다. 다)는 1130년(인종 8) 3월 금에 사신으로 파견된 盧令琚가 돌아오며 받아온 금의 別錄 내용이다. 여기에는 그간 戶口 문제로 양국 간 공방이 오갔던 내용을 다시 정리하고, 더하여 戶口에 대한 상세한 숫자를 파악하여 갖추어 보낼 것을 강력하게 요구하였다.

---

33) 『高麗史』 권16, 世家16 인종 8년 3월 己未.

34) 『高麗史』 권16, 世家16 인종 7년 11월 丙辰.

ⓐ는 1126년 9월 선유사 일행이 전한 내용과 같은 해 10월 고려의 謝宣諭使 일행이 가져간 고려의 표문을 언급하였다. 이때 고려에서는 고려에 投入한 戶口는 이미 세월이 오래 지났고, 풍토가 다른 이유 등으로 모두 사망하였으니, 고려 정부가 편의대로 처리하도록 허락해달라고 요청하였다는 점이 확인된다. ⓑ는 金子鏐 등이 고려에 돌아올 때 가져온 금의 회답 조서 내용과 1128년 12월 報諭使 司古德 등이 왔을 때 인종의 답변을 다시 정리하고 서표를 보내온 사실을 확인하였다.

ⓒ는 1129년 11월 盧令琚 등이 가져온 표문 내용인데, 生辰使, 正朝使 및 橫宣使 등 사절 파견 규정을 잘 지킬 것이며, 誓表를 올리니 의심을 풀어달라는 고려의 요청이다. 그런데, 금은 여전히 고려에서 戶口를 돌려보내겠다는 약속을 하지 않은 점을 문제 삼고 있다. 그러면서, ⓓ 고려에 넘어간 戶口에 대해 그 수를 정확하게 산출하여 표문을 갖추어 보고할 것이며, 그렇지 않을 시 誓表 또한 믿을 수 없다고 하였다.

ⓒ 부분은 고려에서 금에서 외교 규정으로 제시한 '옛 제도[舊章]에 따른다'는 내용을 어떻게 이해하였는지 여실히 보여준다. 고려에서는 '사신 왕래'에 집중하였던 듯하다. 요와 행했던 바와 같이 생신사, 하정사 및 횡선사 등의 정기 사절에 대한 왕래를 잘 지킬 것을 약속했고 금의 요구대로 이를 맹세하는 서표를 갖추어 보낸 것이다. 그러나 금에서는 사신 왕래보다 '戶口 송환'이 중요하였다.

사정이 이렇게 되자, 고려에서는 거듭된 금의 호구 송환 요청에 문제의 심각성을 깨닫고 1130년 12월에 金端 등을 금에 告奏使로 파견하여 호구 추쇄를 중지해 줄 것을 요청하였다.[35]

35) 『高麗史』 권16, 世家16 인종 8년 12월.

과거 漢나라가 망명, 도망자를 석방한 이야기를 들어 넓은 은혜를 베풀어 戶口 쇄환 요청을 그만두어 줄 것을 간청하며 다시 한번 충성을 맹세하는 誓書를 보냈다. 고려는 충성을 맹세하는 誓表를 올리면, 금에서 誓詔를 내려주어 국경 지역의 경계를 확정하고 안정이 될 것이라고 보았다. 서표를 올렸음에도 불구하고 다시 戶口 문제를 강력하게 요구해오자 고려에서는 당황하였던 것이다. 이미 선왕 때 일이고, 금과의 외교 관계 이전의 일이므로 더이상 문제 삼지 않기를 재차 요청하고 있다.

> 라) (1130년) 이 해에 고려인 10명이 물고기를 잡다가 큰 바람에 그 배가 표류하여 해안에 다다르니 曷蘇館 사람이 그들을 붙잡았는데, 詔를 내려 그 나라로 돌려보내게 하였다. 이윽고 完顔勗이 表文을 올려 保州로 도망해 고려로 들어간 戶口를 찾지 말기를 청하자 太宗이 이를 따랐다. 이로부터 보주 경계[封域]를 비로소 정하였다.[36)]

이상 1130년 12월 김단의 사행 이후로, 戶口 송환은 더이상 양국 간 외교 문제로 제기되지 않았다. 라)는 1130년에 표류하여 온 고려인 10명을 돌려보낸 조치와 종실 完顔勗이 고려에 들어간 戶口 색출을 그만하자는 글을 올리므로 이에 따라 보주 영역이 정해졌다는 내용이다. 이는 금 내부에서도 10년에 이르는 긴 세월 동안의 호구 색출은 내외부적으로 이익이 되지 않으며, 양국 간 관계를 해한다는 비판이

36) 『金史』 권135 列傳73 外國下 高麗.

제기되었기 때문이다.[37] 결국, 금 태종은 대내외적인 의견을 받아들여 여진 戶口 송환 문제를 정리하였다. 이로써 1126년 처음 제기된 여진 戶口 문제는 긴 논쟁 끝에 마무리되었다.

금의 戶口 송환 요구는 고려에 대한 충성도를 시험하려는 목적에서 언급된 것으로, 충성을 약속하는 誓表를 받으며 매듭지어졌다고 이해되었다. 즉 금의 도망인구 추쇄 문제는 국가 간 국서 교환 시 일반적으로 요구되는 문제였으나, 고려의 불손한 태도로 인하여 확대되어 고려의 충성을 확인하는 수단으로 전개되었다는 것이다.[38] 처음 외교 관계를 수립하는 단계에서 양국의 정치적 알력 다툼으로 보았다.

그러나 현실적인 양국 간 대내외 정책의 방향성이 영향을 미친 것으로 생각된다. 금에서는 변경의 戶口를 민감하게 관리하였던 듯하다. 1123년 3월에 송과 맺은 誓書에서도 逃人에 대한 취급 규정을 마련해놓고 있다.[39] 또한, 1126년 11월 금이 송의 수도 開封을 함락하고 두 황제를 포로로 잡은 '정강의 변'이 일어나는데, 이에 대한 언급에서도 '맹서를 어기고 도망한 자들을 받아들여 원한을 만들었다'라고 하였다.[40]

금이 이렇듯 도망 人口에 대하여 예민하게 관리한 이유는 신생 국가로서 인구를 확보하여 생산력을 증대해야 하는 현실적인 이유도 있었다.[41] 금은 일찍부터 '係遼籍女直戶民', 즉 거란의 영향권 안에 있는 여

37) 『金史』 권66, 列傳4 始祖以下諸子 勗.
38) 朴漢男(1996), 앞의 논문, 63·64쪽.
39) 『大金國志』 권37, 兩國往來誓書 大宋與大金國誓書.
40) 『高麗史』 권15, 世家15 인종 5년 9월 丙辰.
41) 朴漢男(1996), 앞의 논문, 59쪽.

진 人戶에 대한 안정을 꾀하고자 하였다. 이들에 대해서는 금의 백성으로 인식하여[42] 이들을 본래 거주지로 안착하고 관리하고자 하였다.[43]

반면, 고려에서는 戶口 유입과 관련하여 요와는 심각한 외교적 분쟁이 발생하지 않았다. 그러므로 '요와의 舊制를 따른다'는 외교 지침에 대해 양국이 서로 다르게 받아들였다. 고려는 여진 戶口 문제에 대해 그동안처럼 고려에서 알아서 처리할 수 있는 내부적 문제로 인식하였다. 그러나 금과의 관계에 있어서는 戶口는 양국의 외교 분쟁이 될 수 있는 사안이었다.

이러한 戶口 문제를 둘러싼 양국 간 공방은 고려에서 외국인 수용 원칙을 다시 정립하게 된 계기로 작용하였던 것으로 보인다. 금과의 관계 정립 이후, 고려에 유입된 외국인의 사례는 매우 단편적이다. 이는 금의 여진 통합과 송의 南遷 등 국제 정세 변화에 따른 당연한 결과이기도 하지만, 초기 금과의 외교 공방이 고려로 유입해 온 외국인을 돌려보내는 방침으로 변화한 것으로 이해된다.

마-1) (1185년 8월) 이달에 金 남녀 18인이 登州 霜陰縣에 來投했으나, 돌려보내라고 조서를 내렸다.[44]

마-2) 尉貂는 본래 契丹 사람으로, 明宗 때 散員同正이 되었다. 부친 尉永成이 난치병을 앓게 되자 의원이 말하기를, "자식의 살을 먹으면 치료가 될 수 있다."라고 하였다. 위초는 즉시 넓적다리 살을 베어 만두소를 만들어 먹이니 병이 차도를 보였다. 왕이 이를

42) 『金史』 권19, 本紀2 태조 天輔 3년 5월 壬戌.

43) 『金史』 권19, 本紀3 태종 天會 1년 11월 己卯.

44) 『高麗史』 권20, 世家20 명종 15년 8월.

> 듣고 조서를 내려 이르기를, "위초의 효성은 고금에 으뜸이다. 傳에 이르기를, '효는 모든 행실의 근원이다.'라고 하였고, 또 이르기를, '忠臣은 효자의 집안에서 구한다.'라고 하였으니, 위초의 효성은 상을 받아 마땅하다."라고 하였다.[45)]

마-1)은 1185년(명종 15) 8월에 금나라 남녀 18명이 등주 상음현에 來投하였으나, 詔를 내려 이들을 돌려보내는[發還] 조처를 취한 내용이다. 금과의 여진 戶口 문제로 인한 초기 긴장 관계는 고려로 유입한 金人에 대한 '송환'으로 수렴되었다. 금과 외교 분쟁이 되는 戶口 문제는 이들을 다시 돌려보내는 것으로 미연에 방지하였다.

그렇다고, 금과의 외교 관계 수립 이후 고려 내 거주하는 외국인이 전무하지는 않았다. 금과의 관계 성립 이후 무신정권 시기 고려에 거주한 외국인 사례는 거란인 尉貂가 확인된다. 마-2)는 위초에 대한 기록이다. 위초는 본래 거란 사람으로, 아버지 尉永成의 병을 치료하기 위해 자신의 넓적다리 살을 베어 먹여 그 효성을 칭송받았다. 그를 정표한 시기가 1185년(명종 15) 12월임을 감안할 때,[46)] 위초는 선조가 이미 고려에 유입되어 정착한 투화인일 가능성이 높다.

또, 고려인과 공모하여 假道를 명목으로 고려를 도모하고자 하였던 宋人 張喆 등의 사례가 확인된다.[47)] 그러나 고려 전기의 양상과 같이 활발한 외국인의 고려 유입은 보이지 않으며, 이들에 대한 수용 역시 확인되지 않는다. 즉, 금과 맺은 誓書에 따라 고려는 유입되는 金人에

45) 『高麗史』 권121, 列傳34 孝友 尉貂.

46) 『高麗史』 권20, 世家20 명종 15년 12월 甲子.

47) 『高麗史』 권17, 世家17 의종 2년 10월.

대해서는 송환[發還]하는 원칙이 수립된 것이다.

2. 무신집권기 외국인 관리 정책의 내용과 특징

1) 외국인 유입의 실상과 특징

금의 여진 통합과 송의 南遷 등의 국제 정세 변화는 고려 전기 활발하였던 외국인 유입에 큰 변환점이 되었다. 금과의 관계가 정립된 이후 고려에 유입된 외국인의 사례는 매우 단편적이다. 이는 변화한 국제 정세와 더불어 고려 국내 역시 무신정변 이후 성립된 무인들을 중심으로 한 국정 운영이 복합적으로 작용하였기 때문이다.

앞서 금과의 관계 초기 4년에 걸친 여진 호구 송환 논쟁은 고려 정부의 외국인 수용과 관리 정책에 변화를 가져온 것으로 보인다. 1185년(명종 15) 8월에 금나라 남녀 18명이 등주 상음현에 來投하였으나, 詔를 내려 이들을 돌려보내는[發還] 조처를 취한다.[48] 금과 처음 여진 호구 송환 문제로 갈등하였다는 것은 곧 국경 분쟁으로 커질 수 있는 사안이었다. 그러므로 금과 외교 문제가 될 수 있는 戶口 문제에서 이들을 다시 돌려보내는 것으로 미연에 방지하였다. 즉, 금과의 외교 관계 수립 이후, 고려에 유입되는 외국인에 대해서는 송환하는 원칙이 정해졌다.

이러한 사정을 반영하듯, 이후 외국인의 유입 사례는 매우 단편적이며 내용 또한 고려 전기와 성격을 달리한다. 고려 전기에 활발하게

---

48) 『高麗史』 권20, 世家20 명종 15년 8월.

유입되었던 송인, 발해 유민, 거란인, 여진의 계통은 거의 찾아볼 수 없으며, 몽골과의 전쟁 기간 고려에 잠시 머문 몇몇 인물들이 있을 뿐이다. 이와 같은 무신집권기 외국인의 유입 사례를 정리하면 [표 12]과 같다.

[표 12] 무신집권기 외국인 유입 사례와 특징

구분	시기	출신	성명	인원	용례	특징
1	1185.8.	金	男女	18	來投	下詔發還.
2	1185.12.갑자.	契丹	尉貂	1		孝子, 투화 2세
3	1219.1.	契丹俘虜		700		分送州縣, 擇閑曠地居之, 量給田土, 業農爲民, 俗呼爲契丹場.
4	1225.6.	東眞	周漢	1	投	漢解小字文書, 召致于京, 使人傳習, 小字之學始此.
5	1228.6.임자.	東眞矛克 司曆	王奴卑 高隣·幹闌哥	3	來投	
6	1247.3.	東眞國千戶牒 我國人逃入貴國五十餘人 可悉送還.				
7	1256.10.갑신.	蒙古 東京摠管	松山	5??	來投	賜宅一區及米穀器物布帛奴婢各三口.
8	1257.7.	蒙古 別將	李成義·劉巨·王兒郎加大·王度·庭玉·李陽	6	來投	本自蒙古來投人也. 欲誘松山, 還蒙古.*

『고려사』 등의 기록을 통해 볼 때, 무신집권기 외국인 유입 사례는 8건으로, 그들의 행적에 대한 기록 역시 소략하다. 이들 사례의 시기적 특징을 보자면, 몽골과의 관계를 기점으로 분류될 수 있다. 『고려

사』에는 몽골과 연합한 강동성 전투로 거란 포로들에 대한 조처가 있기 이전 외국인의 고려 유입이 거의 전무하였다.[49] [표 13]에 정리된 사례들을 중심으로 살펴보자.

첫 번째는 1185년(명종 15) 8월에 금나라 남녀 18명이 등주 상음현에 來投하였으나, 詔를 내려 이들을 돌려보냈는데[發還], 고려로 유입한 金人에 대한 송환 원칙에 따른 조처였다. 두 번째는 거란인 위초 사례로, 앞서 살펴보았듯이 아버지에 대한 효성으로 散員同正에 임명된 인물로, 이미 선조대부터 고려에 정착하여 살고 있던 외국인이었다고 짐작된다.

세 번째는 1219년(고종 6) 1월 몽골과 연합하여 강동성을 되찾고, 거란 포로들을 사로잡았는데, 이들에 대한 조처이다. 이때 항복한 거란 포로가 5만 여인이었는데, 몽골은 이중 부녀자와 사내아이[童男] 700口를 고려에 남겨두고 갔다. 고려에서는 이들을 각 주현에 나누어 배치해 빈 땅에 거처하도록 하고 토지를 지급하여 농민이 되게 하였다. 이들 지역을 속칭 契丹場이라고 하였다. 유입 인원의 신분이 전쟁포로였음에도 불구하고 땅을 내어 정착하게 하고 농민이 되게 한 것은 특별한 조처였다고 생각된다. 이는 몽골과의 관계를 염두에 둔 이채로운 사례이다.

네 번째는 1225년(고종 12) 6월에 東眞 사람 周漢이 瑞昌鎭에 來投하였다.[50] 동진은 1215년 금의 遼東宣撫使 蒲鮮萬奴가 금에 반기를 들어

49) 외국인의 유입이란 일회성 고려 방문 및 往來가 아닌 고려의 장기 체류 및 거주를 목적으로 온 사례를 말한다. 무신집권기에도 고려 전기와 마찬가지로 宋商의 무역을 위한 왕래는 지속되었다(李鎭漢(2011), 「宋商貿易의 再照明」, 앞의 책, 91~97쪽).

50) 『高麗史節要』 권15, 고종 12년 6월.

요동지역에 자립하여 세운 국가이다. 몽골군과 거란군의 연합으로 두만강 유역으로 쫓겨오면서 국호를 東眞으로 바꾸었다.[51] 주한은 여진문자인 小字를 해독할 수 있었기 때문에, 개경으로 불러 사람들에게 소자를 가르치게 하였다. 금의 쇠퇴에 따라 요동지역의 제 세력과의 교섭에 필요한 언어능력을 소지하고 있었기 때문에 고려에 받아들여졌다.

다섯 번째는 1228년 6월 동진인 矛克 王奴婢와 司曆 高隣, 斡闌哥 등 3인이 來投하였다.[52] 동진의 관직자 세력이 고려에 온 사례인데, 일부 소규모 인원이 동진에서 이탈해 오는 모습이 확인된다. 이외에도 대규모 이탈이 다음 사례에서 보인다.

여섯 번째는 1247년 3월 東眞國 千戶가 첩을 보내, 고려에 도망 온 동진인 50여 인의 송환을 청하였다.[53] 고려에서는 오히려 국경을 넘어오는 일을 금지할 것임을 알렸다. 이 시기 혼란한 정세를 틈타 국경을 넘나드는 일이 팽배하였다는 점이 확인된다. 당시는 고려와 몽골의 전쟁 상황 속에서 변경 지역 인구의 이동이 잦았다. 1246년 겨울에 몽골군 400인이 북쪽 변경 여러 성을 거쳐 遂安縣까지 와서 일대를 약탈하여 피난 가 있던 백성들이 화를 면한 자가 드물었다고 하는 사례 등을 통해 짐작된다.[54]

일곱 번째는 1256년 10월 몽골의 東京摠管 松山이 처와 從人 5인을 데리고 來投하였다.[55] 고려와 몽골이 전쟁을 하고 있는 상황에서 몽골

---

51) 김한규(2004), 「몽원 시대의 요동」, 『요동사』, 문학과지성사, 499·500쪽.
52) 『高麗史』 권22, 世家22 고종 15년 6월 壬子.
53) 『高麗史節要』 권16, 고종 34년 3월.
54) 『高麗史』 권23, 世家23 고종 34년 8월.

의 총관이 고려에 내투하였다는 점이 이채롭다. 송산은 고려에 내투한 이유로 그가 3가지 죄목이 있었기 때문에 도망하여 왔다는 사실을 말하였다. 그는 몽골 車羅大의 휘하 총관으로, 義州를 지키라고 하였으나 지키지 못하였고, 농사를 권장하여 식량을 비축하라 하였으나 창고가 비게 되었으며, 고려군이 온다는 소식으로 70인을 정탐군으로 보냈으나 돌아온 이가 없었기 때문이었다. 송산은 몽골군에 계속 남아 있을 경우 이에 대한 문죄로 벌을 받게 될 것을 예상하여 고려로 내투하였다. 이에 고려에서는 그에게 집과 음식 및 물건 등을 하사하였다.

여덟 번째는 1257년 8월 이전에 내투하였던 몽골인 別將 李成義, 劉巨 등이 송산을 꾀어 몽골로 돌아가려고 하였다. 이 사건을 자세히 살펴보자.

> (1257년 8월) 別將 李成義와 劉巨는 본래 蒙古來投人인데 松山을 꾀어 몽골로 돌아가려고 하였다. 강을 건너면 송산의 목을 베어 저들에게 공로를 인정받으려고 하였다. 이에 송산을 꾀어 말하기를, "이 나라에서 당신을 의심하여 죽이려고 하는데 어찌하겠는가?"라고 하였다. 송산은 자못 겁먹은 모습이었다. 이성의 등이 이 틈을 타서 함께 도망가자고 약속하자 송산은 이를 따랐다. 장차 함께 온 王兒郎加大, 王度, 庭玉, 李陽 등과 가기로 모의하였다. 이양이 教定所에 보고하여 이성의와 유거를 잡아 참하고, 송산 등은 섬으로 유배 보냈다. 얼마 지나지 않아서 송산이 이성의의 간계에 빠졌다는 것을 알고 즉시 소환하여 잘 달래었다.[56]

---

55) 『高麗史』 권24, 世家24 고종 43년 10월 甲申.

56) 『高麗史』 권24, 世家24 고종 44년 8월.

송산은 함께 온 王兒郎加大, 王度, 庭玉, 李陽 등도 같이 가기로 모의하였는데, 이양이 教定所에 보고하여 이성의와 유거를 체포하여 죽이고 송산 등은 섬으로 유배보냈다. 몽골과의 전쟁 기간에 여러 가지 이유로 고려에 내투한 이들이 상당히 존재하였다고 여겨진다. 송산의 경우, 고위 군관이었기 때문에 고려에 지낼 수 있게 여러 특례를 베풀었으며, 그와 함께 온 왕아낭가대, 왕도, 정옥, 이양 등에게도 차등있게 대우하였을 것이다.

이성의가 別將을 역임하고 있었던 점을 본다면, 고려에 투항하여 온 몽골 관인은 그에 맞는 관직을 주었을 것으로 예상된다. 이들의 존재는 고려와 몽골의 전쟁 상황이라는 특수한 환경 속에서 발생한 외국인 유입 사례들로, 극소수에 해당한다고 생각된다. 이들은 蒙古來投人으로 불리웠으며, 전쟁이라는 특수한 상황이었기 때문에 다시 本國으로 돌아가는 것이 금지되었다고 여겨진다. 이들이 송산 등을 꾀어 도망가고자 한 모의가 발각되자, 이를 주도한 이성의, 유거 등은 처형되었고 나머지 인물들이 유배보내졌기 때문이다.

이렇듯, 무신집권기 외국인의 고려 유입 사례는 고려 전기에 비하면 매우 희박하다. 이는 금과의 외국인 왕래 규정에 따른 송환 원칙 및 무신집권 이후 급변한 국내 정세의 영향을 받았다. 게다가 몽골의 흥기 이후, 금이 쇠퇴하면서 요동지역에는 여러 세력이 자립하여 느슨해진 국경 경계로 인해 국경을 넘나드는 인구가 많았다. 이와는 별개로, 바다를 사이로 왕래한 宋商을 이용한 宋人들의 유입 역시 있었을 것으로 짐작된다. 다만, 고려 전기의 양상과는 달랐던 것으로 보인다.

바) (1225년) 또 아뢰기를 "우리나라의 문물과 예악은 오직 중국의 제도를 따르도록 청하옵고, 송에서 來投한 사람들은 臺省과 政曹의 관직를 허락하고 재능에 따라 뽑아서 등용하십시오."라고 하였다. (중략) (1229년) 이전에 나라에서 宋商에게 포를 주고 물소 뿔을 사 오게 했는데, 이 때에 이르러, 宋商이 綵緞을 사오니, 국가가 약속을 어겼다고 문책하였다. 宋商이 말하기를, "우리나라에서 듣건대 당신들 나라에서 물소 뿔을 구해서 활을 만든다고 하니 칙령을 내려 매매를 금지하였습니다. 이에 따라 사오지 못했습니다."라고 하였다. 그래서 최이가 都綱 등의 처를 가두고, 사 온 채단을 빼앗아 갈기갈기 찢어서는 도로 돌려주었다. 뒤에 宋商이 물소 4頭를 바치니, 최이가 인삼 50근과 포 300필을 주었다.[57]

바)는 최이가 정방을 설치하여 인사권을 장악하면서 1225년(고종 2) 상주한 내용으로, '송에서 來投한 자들은 臺省과 政曹의 관직을 허락하고 능력에 따라 뽑아 등용하도록' 건의하였다. 이어서 1229년에 송상에게 포를 주고 물소 뿔을 사오도록 한 것과 송상이 물소 4두를 바치고 인삼과 포를 대가로 받은 과정을 확인할 수 있다. 이와 같이 무신집권기에도 송상의 고려 왕래는 지속되었다.[58] 고려 전기 송인의 來投가 주로 宋商의 배를 이용한 점을 고려할 때, 송인이 고려에 올 수 있는 조건에는 큰 변화가 없었다.

그러나 『고려사』 등에는 무신집권기 고려에서 활동한 宋人의 개별

57) 『高麗史』 권129, 列傳42 崔忠獻 附怡.

58) 李鎭漢(2011), 「宋商貿易의 再照明」, 앞의 책, 91~97쪽.

사례는 없다. 이는 송의 南遷 이후 변화된 南宋의 사회상과 고려와 송의 공식적인 외교 왕래가 이루어지지 않은 상황을 반영한다. 1124년(인종 2) 5월 송 명주 사람 杜道濟와 祝延祚가 상선을 따라 고려에 왔다가 돌아오지 않자, 송 명주에서 두 차례나 공문을 보내 돌려보내라고 요청하였다. 고려에서 표문을 보내 그들을 고려에 머물게 해달라고 요청하고, 명주를 통해 그들의 의사대로 거주를 허락한 송의 聖旨를 받은 바 있다.[59]

무신집권기에는 이전 시기와 같은 宋商의 왕래와 무역 활동은 전개되었으나, 고려 전기 이들이 행하였던 공문서 전달 등과 같은 정치적 역할에서 배제된 것이 아닌가 한다. 그뿐만 아니라, 문신에 대한 탄압과 경계가 팽배하였던 무신집권기의 권력 구조상 주로 文士 출신이 많았던 宋人에 대한 등용은 고려 전기에 비해 어려움이 따랐을 것이다. 그러다 최충헌이 집권한 이후 문인을 보다 중요시하는 분위기가 형성되었다. 최씨 정권이 들어서면서 文士를 구하였다는 기사나[60] 최이가 자신에게 필요한 문인들을 등용하여 정방에 참여해 인사행정을 관장하게 한 예를 보면 그러하다.[61]

바)에서도 송에서 내투한 자는 臺省과 政曹에 임용되는 것을 허락하여 재능에 따라 뽑아 등용하라는 것은 이러한 최이의 정국운영 방향에 따른 건의였다. 최이집권기에는 정치운영 면에서 문인의 역할이 강조되었다.[62] 특히, 臺省과 政曹 관직은 淸要職으로, 문한 능력이 뛰어난

59) 『高麗史』 권15, 世家15 인종 2년 5월 庚子.
60) 『高麗史』 권102, 列傳15 琴儀.
61) 金塘澤(1999), 「최씨정권과 文臣」, 『高麗의 武人政權』, 國學資料院, 182쪽.
62) 오영선(1995), 「최씨집권기 정권의 기반과 정치운영」, 『역사와 현실』 17, 59쪽.

인물들이 주로 임명되는 특별한 관직이었다.[63] 臺省은 御史臺와 中書門下省 郎舍 소속의 대간직을 말하며, 諫諍, 封駁 및 署經, 糾察 등을 담당하였다. 政曹는 상서이부와 병부로, 문신과 무신의 인사업무를 담당하는 기구이다. 두 분야의 관직은 친족 상피나, 임용에 있어 출신 및 성품 등을 엄격하게 적용하였던 범주이다.

이전 宋人 유재가 吏部尙書를 역임하였으며,[64] 신안지는 兵部尙書·三司使·判閣門事로 졸하였다.[65] 그렇기 때문에 이러한 宋人에게 관직을 주어 능력에 따라 등용하게 한 데에는 송인의 고려 내투를 장려하는 방편이기도 하였다. 주로 文士 출신으로 고려에 사환하였던 고려 전기 宋人들의 사례를 생각하였을 때, 침체된 송인의 고려 來投를 장려하기 위한 조처를 마련하기 위한 것이었다고 여겨진다.

요컨대, 무신집권기에도 宋人의 고려 왕래나 來投가 있었을 것으로 생각된다. 당시의 국내외적 상황에 따라 고려에 정착한 사례를 찾아보기 힘들다. 이는 북방 계열 외국인도 마찬가지였다. 금이 여진 부족을 통합하고, 金人에 대한 고려 유입에 민감하였던 만큼 이들에 대한 고려의 수용도 고려 전기와 같이 행하기에는 어려움이 있었다. 급변한 대외 정세 속에서 투항한 몇 건의 사례가 있을 뿐이었다.

무신집권기 외국인의 고려 유입은 처음 금과의 관계 이후 성립된 송환 원칙이 잘 지켜졌다. 몇몇 거란 유종으로 표현되는 거란의 잔존 세력이 금과의 성립 초기에 고려에 일부 넘어왔던 것으로 보인다. 산

---

63) 박용운(1997), 「고려시대 淸要職에 대한 고찰」, 『高麗時代 官階·官職 硏究』, 고려대학교출판부, 213~236쪽.

64) 『高麗史』 권13, 世家13 예종 8년 12월 丙辰.

65) 『高麗史』 권97, 列傳10 愼安之.

원동정 위초는 본래 '契丹遺種'으로 문자도 깨치지 못하였지만, 아버지에게 효도를 다하였으므로 정표하는 포상을 내리도록 하였다.[66] 이러한 사례를 보면, 금의 성립에 따라 거란인들이 대거 고려에 정착하였을 것으로 여겨진다.

금의 성립 이후 戶口에 대한 송환 원칙이 정립되었고, 고려에 넘어온 외국인에 대해서는 돌려보내도록 하였다. 그러나 점차 금이 쇠퇴함에 따라 요동지역을 중심으로 흥기한 거란 유종 및 동진 세력 등이 고려의 국경을 넘나들었다. 특히, 몽골과의 전쟁 상황에서 일부 몽골군의 투항 사례가 있었다. 송산의 사례를 보았을 때, 이들은 몽골 내부의 사정에 따라 처벌을 피하고자 고려로 투항하였던 것으로 짐작된다. 몽골군에 대해서는 고려에서 주택이나 노비를 주는 등 후대하여 정착을 도왔다. 이는 몽골과의 전쟁 상황에서 몽골에 대한 정보를 얻을 수 있었고, 몽골군 지휘관의 고려 투항은 고려군의 사기를 진작시킬 수 있었기 때문이었다.

2) 강동성 전투와 '契丹場'의 성격

몽골의 흥기와 금의 쇠퇴는 고려 사회에 큰 영향을 미쳤다. 금의 지배를 받고 있던 거란족 耶律留可는 혼란한 상황을 틈타 부하 10여만을 거느리고 몽골에 투항한 뒤 자립하여 遼王을 칭했다. 요가 멸망하고 금으로 통합되었지만, 거란이라는 역사공동체는 쉽게 해체되지 않았다.[67] 거란뿐만 아니라 해가와 발해 등도 요나라 멸망 이후 계속

66) 『高麗史節要』 권13, 명종 15년 12월.

67) 김한규(2004), 「여진 금 시대의 요동」, 앞의 책, 475쪽.

존속되었다. 야율유가 등이 그러한 세력 가운데 하나였다.

야율유가는 금의 쇠퇴를 틈타 나라를 세웠으나 그 부하에게 쫓겨나게 되었다. 그러나 야율유가는 몽골의 후원을 받으면서 재차 부하들을 공격하게 되었고, 이러한 다툼에서 밀려난 세력들이 새로운 거점을 찾아 고려 내지로 침입해 들어왔다. 이들이 契丹遺種으로 불린 세력이었다.

처음 여진의 공격을 받아 고려로 밀려 들어왔던 거란인들은 1217년(고종 4)에 이르러서는 고려 內地 깊숙한 곳까지 밀려 들어왔다.[68] 3월에는 거란인[丹賊] 6명이 國淸寺에 들어왔고 첩자 3명이 宣義門까지 들어왔다.[69] 1218년(고종 5) 9월에 거란유종은 고려의 江東城을 점거하여,[70] 1219년에 고려·몽골 연합군에 의해 진압될 때까지 웅거하였다.

같은 해 12월 거란을 토벌한다는 명분으로 몽골군이 동진군과 함께 고려에 들어왔다. 몽골군 1만과 동진군 2만이 연합하여 고려의 동북면 지역으로 남하하여 和州, 猛州, 順州, 德州의 4개 성을 격파하고 강동성으로 향하였다.[71] 이때 큰 눈이 내려 군량 수송로가 끊기자, 몽골·동진 연합군은 고려에 물자의 원조와 강동성을 함께 토벌할 것을 제의하였다. 이에 고려군도 호응해 군량미 1천 석을 보내고, 1219년 1월 김취려, 조충 등이 군대를 이끌고 합세하여 강동성을 함락하였다.[72]

거란유종을 함께 몰아낸 고려와 몽골은 우호적인 분위기 속에서 '형

---

68) 윤용혁(2019), 「몽골과의 항쟁과 외교」, 『한국의 대외관계와 외교사_고려 편』, 동북아역사재단, 236쪽.

69) 『高麗史』 권22, 世家22 고종 4년 3월.

70) 『高麗史節要』 권15, 고종 5년 9월.

71) 『高麗史』 권22, 世家22 고종 5년 12월 己亥朔.

72) 『高麗史』 권103, 列傳16 趙沖.

제맹약'을 맺었다.[73)]

사-1) 哈眞과 札剌은 조충과 김취려에게 동맹을 청하면서 말하기를, "양국이 길이 兄弟가 되어 만세 자손에 이르기까지 오늘을 잊지 않도록 하였으면 합니다."라고 하였다. 조충은 犒師宴을 베풀었고 합진은 부녀자와 사내 아이 700口 및 우리 백성으로 적의 포로가 된 200口를 우리에게 돌려주었다. 나이 15세 전후인 여자로 조충과 김취려에게 각 9인씩과 준마 각 9필씩을 주고 그 나머지는 모두 자신을 따르도록 하였다. 조충은 거란 포로들을 각 州縣에 나누어 보내 묵고 있는 넓은 땅[閑曠地]을 택하여 거처하도록 하고 토지를 헤아려 지급하여 농사짓는 민이 되게 하였는데 속칭 契丹場이라 하였다.[74)]

사-2) 우리 忠憲王이 趙冲과 金就礪 등을 보내어 병사를 원조하고 군량을 주어서 일거에 적을 격파하였습니다. 이에 두 나라가 동맹을 맺어 만세에 이르는 자손까지 오늘날을 잊지 말자고 하고서 인하여 잡은 포로[生口]를 나누어 신표로 삼으니, 지금 우리나라에 契丹場이 있는데, 바로 이것입니다.[75)]

---

73) 高柄翊(1969), 「蒙古·高麗의 兄弟盟約의 性格」, 『白山學報』 6 ; 『東亞交涉史의 硏究』, 서울대학교출판부, 1970.

이개석(2010), 「麗蒙兄弟盟約과 초기 麗蒙關係의 성격-사료의 再檢討를 중심으로」, 『大丘史學』 101 ; 『고려-대원 관계 연구』, 지식산업사, 2013.

최윤정(2011), 「몽골의 요동·고려 경략 재검토(1211~1259)」, 『歷史學報』 209.

고명수(2015), 「몽골-고려 형제맹약의 재검토」, 『歷史學報』 225 ; 『몽골-고려 관계 연구』, 혜안, 2019.

이익주(2016), 「1219년(高宗 6) 고려-몽골 '兄弟盟約' 再論」, 『東方學志』 175.

윤용혁(2019), 「몽골과의 항쟁과 외교」, 앞의 책, 236~241쪽.

74) 『高麗史』 권103, 列傳16 金就礪.

사-1)에서는 강동성 전투에서 승리한 뒤 몽골의 哈眞·札剌과 고려의 조충·김취려가 '양국이 길이 兄弟가 되어 만세 자손에 이르기까지 오늘을 잊지 않도록 한다'라며 양국 사이 형제맹약을 맺은 내용과 전후 처리를 하는 모습이다. 강동성에 웅거하고 있던 거란인들은 고려·몽골·동진군의 형세를 보고 결국 관리와 군졸, 부녀자 5만여 명이 성에서 나와 항복하였다. 이때 喊捨王子는 자결하였으며, 왕자의 처자식 및 거짓 승상과 平章 등 100여 명을 참수하고 나머지는 죽음을 면하고 포로로 삼았다.

합진은 강동성을 접수하고 입성한 현장에서 고려·몽골 양군의 군사 지휘부 간 형제맹약을 맺었다. 이는 고려가 처음으로 몽골과 외교 관계를 맺은 것이다. 이에 조충은 몽골군을 대접하는 잔치를 베풀었고, 합진은 강동성에 억류되어 있었던 고려인 200인과 거란 부녀자와 사내 아이 700구를 고려에 주었다. 조충은 이들 거란 포로들을 각 州縣의 閑曠地에 나누어 거처하게 하고 토지를 지급하여 농사를 업으로 삼게 하였다. 그러한 곳을 속칭 '契丹場'이라고 하였다.

이렇게 1216년 1월 고려와 몽골 사이 맺어진 '형제맹약'은 양국관계의 시작이라는 점에서 일찍부터 주목받아 왔다. 형제맹약은 당시 몽골이 '6事'를 통한 정복지역 통제방식과는 다른 예외적이었다는 점이 강조되어 왔다.[76] 반면, 형제맹약은 고려와 몽골군 지휘관 사이의 사적인 관계로, 국가 간의 관계가 아니었다는 반론이 제기되기도 하였고,[77] 다시 양국 간의 상하 관계를 전제로 고려가 稱臣上表하고 공물을 납부

75) 『高麗史』 권110, 列傳23 李齊賢.

76) 高柄翊(1969), 앞의 논문.

77) 고명수(2015), 앞의 논문.

하는 관계였다고 이해된다.[78)]

고려와 몽골의 형제맹약은 두 국가 간 첫 관계 맺음이라는 점에서 의의가 크다. 특히, 이때 형성된 '契丹場'이라는 공간은 고려-몽골 관계 속에서 약속의 징표로 언급되기는 상징적인 곳이 되었다. 차-2)는 이제현이 유청신, 오잠 등에 의해 고려의 독립성을 부정하는 '입성론'을 제기할 때, 이를 저지하기 위한 논리로 활용하였다.[79)] 이제현이 원에 불려간 충혜왕의 송환을 요청하며, 강동성 전투의 결과 盟約을 맺어 만세토록 잊지 말자고 하여 그 포로로 믿음의 징표를 삼았는데, 그것이 곧 '거란장'이라고 하였다. 거란장은 고려와 몽골 관계 속에서 상징적인 의미를 부여받았다. 양국이 연합하여 전투한 결과로 포로를 나누었고, 그들을 安居하게 한 '거란장'은 양국 간의 표상인 것이다.

거란장은 고려의 외교 관계 속에서 실리적으로 이용되기도 하였다. 다음은 외국인의 고려 來投를 독려할 목적으로 작성된 「女眞·漢兒에게 은밀히 고하는 글」이다.

> 아) 또 우리나라가 너희 나라와 서로 和好한 지 1백 년이 되었으되 조금도 벌어진 틈이 없었으며, 더구나 바다 안에 들어오기 전부터 곳곳에 投化場을 설치하고 投來하는 당신네들을 거처하게 하되, 각각 좋은 토지를 주어 이를 갈아 먹으며 생업에 안락을 누리게 해주었다. 官人과 같은 자들에게는 벼슬까지 허락하였다. 이제 바다 안에서도 또한 이러하니 너희들이 어찌 듣지 못하였겠는가. 來投하려는 것은 믿음직하다. 과연 당신네의 말과 같다면 10인이

---

78) 이익주(2016), 앞의 논문.

79) 윤용혁(2019), 「몽골과의 항쟁과 외교」, 앞의 책, 240·241쪽.

> 함께 오는 자에게는 얼마의 廩食과 金帛을 줄 것이요, 100인이 함께 오는 자에게는 3배를 더할 것이다. 이상은 모두 앞의 예의 차등에 따라 상을 내리리라. 특히 이와 같이 상을 내릴 뿐 아니라 모두 좋은 땅에 편히 살게 해줄 것이니 진실로 의심하지 말라. 어찌 너희들뿐이랴. 다른 나라도 마찬가지다.[80]

고려와 몽골의 관계는 1225년(고종 12) 정월 몽골 사신 著古與가 피살된 사건을 계기로 단절되었다.[81] 경색된 관계 속에서 결국 1231년 8월에 몽골의 고려 침략이 시작되었고, 고려는 강화도로 천도하고 몽골에 항쟁하였다. 이러한 상황 속에서 작성된 글이 아)이다. 이 글은 李奎報가 쓴 것으로, 女眞·漢兒 등에게 고려에 왔을 경우 주는 특전에 대하여 말하고 있다.

이 글의 전문을 보면, 당시 女眞·漢兒 등 官人 및 回回·阿萬 등 여러 나라 사람들이 몽골을 따르기 싫어하고 연달아 끊이지 않고 고려에 投來하고 있는 상황이었다. 외국인들에게 고려는 토지가 넓고 다른 나라에서 오는 외국인들을 잘 대우하여 각 戶口에 따라 토지를 나누어 주어 살게 한다고 전해져 있었다. 이러한 이유로 고려에서 외국인 대우에 대한 파격 특전을 정확히 명시하여 來投를 장려하고자 하였다.

먼저, 고려에서는 강화도로 천도하기 이전부터 곳곳에 '投化場'을 설치하고 投來하는 이에게 거처하게 하고, 좋은 토지를 주어 안거하게 하였으며, 官人에게는 벼슬을 허락하였다고 말하고 있다. 이러한 일은 강화도에서도 가능한 일이라는 점을 언급하였는데, 앞서 몽골인 송산

80) 『東國李相國全集』 권28, 密告女眞漢兒文.

81) 『元史』 권154, 列傳41 洪福源.

의 來投에 대한 은례를 고려하면 거짓된 글은 아니었다. 여기에서 주목되는 점은 내투한 외국인에게 주어지는 토지 및 거주지로 '投化場'이 설치되었다는 것이다.

투화장은 投化+場의 결합어로 投化人이 개간해서 살고 있는 토지의 사정을 표현한 것이다.[82] 즉, 고려에 거주를 허락받아 수용된 외국인들이 정착하여 살게 된 사회·경제적 기반이다. 場이 '空地', 경작하지 않는 山地, 넓은 터[廣場], 넓은 밭 등을 의미한다.[83] 이는 사-1), 사-2)의 契丹場을 연상하게 한다. 사-1)에서 거란포로들을 각 주현에 나누어 보내 閑曠地를 택하도록 하였다는 점을 확인하였다. 閑曠은 '개간되지 않아 묵고 있는 땅이 넓은 것'을 뜻한다.[84] 거란 포로에게 제공되었던 땅 역시 경작하지 않은 넓은 땅이었다. 즉, 거란장은 거란투화인이 경작하는 땅이라는 뜻이 된다.

이러한 '場' 형태의 외국인 거주지는 고려 전기 외국인을 分處하여 땅을 주었던 개념과 상통한다. 다만, 고려 전기에는 이렇듯 분리된 외국인 거주지 개념의 '場'이 형성되지는 않았던 것으로 이해된다. 이와 유사한 사례로 1128년 10월 溟珍縣 등 세 현의 海賊 佐成 등 820인이 投附하자, 이들을 陜州 三岐縣에 歸原場과 就安場을, 晉州 宜寧縣에 和順場을 설치해 살게 한 기록이 있다.[85]

여기에서 歸原場, 就安場, 和順場 등의 '場' 사례가 확인된다.[86] 이때

---

82) 李鎭漢(2017), 앞의 논문, 53쪽.

83) 諸橋轍次(1984), 「場」, 『大漢和辭典』 3, 大修館書店, 220·221쪽.

84) 諸橋轍次(1985), 「閑曠」, 『大漢和辭典』 11, 大修館書店, 729쪽.

85) 『高麗史』 권15, 世家15 인종 6년 10월 壬子朔.

86) 이와 관련하여, 김광철은 이 사례에서 海賊을 선무사 정응문이나 왕충이 무력을 동원하여 격퇴하는 방식이 아닌 끊임없이 설득한 점, 외국 해적이라면 본현인 거제현도

설치된 세 곳의 場은 거제 지역민들을 分處한 것으로 보인다. 또 「왕충 묘지명」에는 당시 상황에 대하여 '마침내 변경 지역에 나누어 보내니 이로부터 이 지역이 조용해졌다[遂分北于裔地, 自此合境蘇息]'라고 하고 있는데, 陜州 三岐縣, 晉州 宜寧縣을 '北于裔地'으로 나타내고 있다.

이는 본래 溟珍縣·松邊縣·鵝洲縣 등 세 개 현에 거주하던 고려민들이 동요하여 이들의 본 거주지에서는 떨어진 가장자리 북쪽의 땅에 나누어 거처하게 한 것으로 이해된다. 그뿐만 아니라 鄭應文은 東南海安撫使로 파견되었는데, 1107년(예종 2)에 안무사를 여러 도에 파견하여 백성의 고통을 묻고 수령 殿最의 안찰을 담당하게 한 점 등을[87] 생각할 때, 이때의 場은 외국인 거주지의 의미로 보기 어렵다.

고려 전기에는 외국인의 능력과 경제생활 방식에 따라 구분하여 거처하게 하였다. 이들은 戶口에 따라 나누어 살게 하였는데, 외국인만 모여 살게 하는 집단 거주지 개념은 아니었던 것으로 생각된다. 외국인들은 고려인과 섞여 살았으며, 이들만을 위한 특별 거주지 설정은 보이지 않는다. 1219년 1월 강동성 전투 이후 형제맹약의 결과로 형성된 '契丹場'은 700口 라는 대규모 인원을 수용하기 위한 방편으로 설정되었다.

무엇보다 고려와 몽골 양국 간의 형제맹약이 맺어진 징표로 포로를

침탈의 대상이 되었을 테지만 언급이 없는 점, 이들의 집단적 거류지를 확보해준 점 등을 들어 거제 지역주민으로 파악하고 있다. 즉, 歸原場, 就安場, 和順場의 존재를 거제 지역사회의 변화 요인으로 보고 있다(김광철(2010), 고려 후기 거제 지역사회의 변동과 巨濟縣의 이동」, 『石堂論叢』 46, 264~267쪽). 한편, 이진한은 이들이 고려에 귀부하자 셋으로 나누어 거처하게 하고 동북계의 歸順州와 유사하게 '歸原·就安·和順' 등의 명칭을 붙여주었다고 보았다(이진한(2017), 앞의 논문, 41~43쪽).

87) 『高麗史』 권77, 志31 百官2 外職 安撫使.

나누어 이들에 대한 집단 거주지를 설정해주어 보존하도록 한 것이므로, 특별히 '契丹場'으로 칭하게 된 것으로 생각된다. 이것이 발전하여 고려에 살게 된 거란 포로가 거란투화인으로 고려에 정착하면서 이들 집단의 거주지라는 의미로 거란투화장으로 발전하여 몽골과의 전쟁 기간 외국인의 고려 來投를 독려하는 글 속에서 投化場으로 표현되었다고 여겨진다.

요컨대, 거란장은 몽골과의 관계 속에서 두 가지 층위로 활용되었다. 첫째, 「女眞·漢兒에게 은밀히 고하는 글」에서 투화장 사례를 들어 안락한 생활을 보장하겠다고 내투를 독려하였다. 물론, 토지를 주어 안락한 정착을 보장하고, 관인에게 관직을 주는 것은 고려 전기 이래 외국인의 고려 정착 정책이었다. 그러나, 거란 포로를 수용한 契丹場 성립 이후 '投化場'이라는 용례가 처음 나온 점에서 거란장을 내세워 외국인의 고려 이주를 독려하였다. 이 글은 몽골과의 전쟁 상황 속에서 작성되었는데, 요동을 중심으로 한 諸 세력을 이용하고자 한 고려의 전략이었다.

둘째, 거란장은 몽골과 외교 관계를 성립한 이후에는 양국 간 우호 관계의 상징으로 이용되었다. 사-2)에서 이제현은 양국이 함께 전투하여 거란 유종을 몰아내고 거란 포로를 믿음의 징표로 삼아 나누어 이들을 안착하게 한 곳임을 강조하여 거란장을 고려와 몽골 양국 간 동맹의 상징으로 이용하였다. 이처럼 거란장은 거란 포로를 고려 내 안착시킨 장소이지만, 때에 따라 외교적인 상징성이 부여되어 활용되었다.

3. 고려·동진국 왕래 첩장 내용과 성격

1211년 4월 南征을 시작한 몽골은 금에 대한 공세에 돌입하였다. 몽골과 금 사이 전쟁으로 인해 그해 9월, 11월에 고려가 금에 보낸 사신이 길이 막혀 돌아오기도 하였다.[88] 금이 몽골과의 전쟁에서 연이어 패배하고 통제력이 약화되면서 금의 통치에 반기를 든 여러 세력이 봉기하였다.[89] 특히, 금 말기 요동 지역은 금의 지배권에서 벗어나 일부 독립적인 여진 세력에 의해 장악되었고, 또는 금의 지배를 받던 거란의 일부 세력이 금에 반기를 들고 요동에 독립적인 형세를 취하기도 하였다.[90]

금을 정벌해 나가던 몽골군이 요동에서 부딪친 최대 장벽은 이들 거란과 여진의 잔재 세력이었다. 먼저, 1213년 3월 거란의 귀족 후예였던 耶律留哥가 거란 잔류 세력을 규합하여 요동지역에 遼를 세우고 遼王으로 자립하였다.[91] 금이 토벌군에 맞서 승리하고 금의 中京을 차지하고 도읍으로 삼아 세력을 키워나갔다. 금은 遼東宣撫使로 蒲鮮萬奴를 보내 야율유가 세력을 진압하고자 하였으나, 포선만노는 야율유가에 크게 패하고 도리어 금에 반기를 들고 1215년에 天王을 자칭하며 大眞國을 세웠다.

1215년에 몽골군은 야율유가의 거란군과 연합하여 포선만노의 여

88) 『高麗史』 권21, 世家21 희종 7년 9월. ; 희종 7년 11월.

89) 이미지(2019), 「주변 민족과의 외교와 전쟁」, 『한국의 대외관계와 외교사_고려 편』, 동북아역사재단, 327쪽.

90) 김한규(2004), 「몽원 시대의 요동」, 앞의 책, 498쪽.

91) 『元史』 권149, 列傳36 耶律留哥.

진군을 격파하였다. 이에 포선만노는 몽골군에 투항하고, 다시 국호를 東眞으로 바꾸었다. 1217년에 거란군이 고려로 들어와 강동성을 점령하였을 때, 거란인을 토벌한다는 명분으로 몽골군과 함께 연합하여 고려에 왔다. 그리하여 고려·몽골군과 연합하여 거란 세력을 함께 격파하기도 하였다. 그러나, 1233년에 포선만노가 몽골군에 의해 사로잡혔고, 이후 몽골 기록에는 동진에 관한 기사가 확인되지 않는다.

다만, 『고려사』에는 동진이 여전히 빈번하게 고려 변경을 침략하는 기사가 등장한다. 포선만노 생포 이후에도 동진이 멸망하지 않고 국가체제를 유지하였을 것으로 이해되기도 하나, 그들 세력이 몽골에 귀속되어 독자성을 상실하였을 것으로 보인다.[92] 즉, 요동의 대부분 지역이 몽골의 영향권으로 편입됨에 따라 동진국 역시 몽골에 귀속되어 있었을 것이다.[93]

강동성 전투 이후 얼마간 몽골 사신과 함께 동진국 인사도 고려에 함께 왕래하기도 하였다. 그런데 1224년 1월에는 동진국이 따로 사신을 보내 몽골과 우호 관계를 끊었음을 전하며 각장 설치를 요청하고 있다.[94] 앞서 [표 13]에서 확인하였듯이 몇 차례 동진국 인사들이 고려에 來投하는 모습을 보이기도 하였다. 동진은 몽골과의 관계가 악화되어 감에 따라 고려와 화친을 맺어 활로를 모색하기도 하였다.[95] 또한 고려와 몽골 관계에서 양자의 매개자 역할을 담당하였다.[96] 그러나 고

92) 고명수(2017), 「13세기 초 遼東의 정세변동과 高麗-東眞 관계」, 『한국중세사연구』 50 ; 『몽골-고려 관계 연구』, 혜안, 2019.

93) 김한규(2004), 「몽원 시대의 요동」, 앞의 책, 499·500쪽.

94) 『高麗史』 권22, 世家22 고종 11년 1월 戊申.

95) 『高麗史』 권22, 世家22 고종 16년 2월 壬子.

96) 이재선(2009), 「高麗 高宗代 對東眞關係의 추이와 성격」, 고려대학교 석사학위논문.

려에서는 동진의 교역 요구나 화친 요청을 수용하지 않았는데, 이는 고려에서 동진보다는 몽골을 주요 교섭 대상으로 삼았기 때문이다.[97)]

이후 동진은 고려 변경을 침략하여 오거나 국경을 넘는 행위가 빈번하여 문제를 야기하였고, 고려에서는 동진군에 대한 방어책을 논의하는 등 대책을 강구하였다.[98)] 그러던 와중에 다음과 같이 동진국 千戶가 고려로 넘어온 동진인 송환을 요구하는 첩을 보냈다.

> 자) (1247년 3월) 東眞國 千戶가 첩에 이르기를, "우리나라 사람으로 귀국으로 도망쳐 들어간 50여 인을 모두 돌려보내주십시오."라고 하였다. 회답하는 첩에 이르기를, "귀국으로부터 우리 강역까지는 산이 길고 길이 험하여 비어있고 사람이 없으며 왕래하는 도로는 끊어졌습니다. 귀국에서 도망한 사람을 찾는다든가 혹은 사냥을 한다는 핑계를 대며 국경을 넘어 횡행하고 있습니다. 이는 帝旨에서 각기 자기 땅에 안착하여 살라고 한 뜻에는 어떻습니까? 지금부터는 이유 없이 국경을 넘는 것을 완전히 금지할 것입니다."라고 하였다.[99)]

자)는 1247년(고종 24) 3월에 東眞國 千戶가 고려에 도망해 온 동진인 50여 인을 송환해달라는 요청과 고려의 회답 내용이다. 1229년 8월에도 동진 사람 40명이 화주까지 들어온 일이 있었으며,[100)] 1231년 10월에

---

97) 이미지(2019), 「주변 민족과의 외교와 전쟁」, 앞의 책, 328쪽.
98) 『高麗史』 권22, 世家22 고종 16년 7월 壬辰.
99) 『高麗史』 권23, 世家23 고종 34년 3월.
100) 『高麗史』 권22, 世家22 고종 16년 8월 癸亥.

는 화주를 침략해 선덕진 도령을 잡아가기도 하였다.[101] 이러한 사례들은 자주 국경을 넘어 고려 내로 침략하거나, 혹은 동진 인구가 고려 내로 이주하였다고 짐작된다. 점차 고려에 유입되는 동진인의 규모가 커짐에 따라 동진 천호가 고려로 도망한 동진 사람 50여 인의 送還을 요청하는 것이다. 이때 동진국 千戶는 누구인지 명확하게 알 수 없으나, 몽골의 영향 아래에서 동진국을 관할하는 존재였을 것으로 추정된다.

고려에서는 '고려와 동진 사이 지역은 험하여 비어있어 사람이 없고, 왕래하는 길도 끊겼는데, 동진에서 도망한 사람들을 찾거나 사냥한다는 핑계로 국경을 넘는 일이 횡행하고 있는 점'을 지적하며 앞으로 이유 없이 국경을 넘는 행위를 금하라고 하였다. 1229년 8월 溫迪罕을 추격한다는 핑계로 화주까지 들어온 일 등과 같은 상황이 빈번하게 발생하는 데에 대한 문제점을 지적한 것이다.

그런데, 이때 고려가 국경을 넘는 행위를 금하는 데 근거로 든 것이 '帝旨'였다. 帝旨는 황제의 명령을 뜻한다. 이때 고려와 동진 모두에게 해당되는 帝旨는 몽골 황제의 뜻이라고 하겠다. 몽골은 '각기 자기 땅에 안착하여 살라[各安土着]'는 내용의 帝旨를 내려던 듯하다. 이는 몽골과 외교 관계를 맺어 영향력 하에 있던 고려와 동진에서 지켜야 할 원칙으로 보인다. 그러므로 동진 세력이 고려의 국경을 넘어오는 것은 황제의 뜻에 어긋나는 것임을 들어 향후 국경을 넘는 행위를 금지할 것임을 명백히 밝혔다.

이는 몽골과의 관계 속에서 적용되는 人口 이동 원칙으로 보인다. 몽골은 고려와 화친을 맺으면서 몇 가지 외교 관계 원칙을 정하였다.

---

101) 『高麗史』 권23, 世家23 고종 18년 10월 辛巳.

차-1) (1260년 8월) 임자에 다른 한 통의 조서는 다음과 같았다. "衣冠은 그 나라 풍속에 따라 모두 고치어 바꾸지 말라. 가는 사람은 오직 조정에서 보내는 바이니, 내가 모두 금지할 것이다. 옛 수도로 옮기는 것은 빨리 하든지 늦게 하든지 헤아려서 하라. 주둔 군대의 철수는 가을을 기한으로 할 것이다. 원래 설치한 達魯花赤 孛魯合反兒와 拔覩魯 일행은 모두 서쪽으로 돌아오라고 명령하였다. 스스로 원해 이곳에 자취를 의탁하고 있는 십여 명의 무리는 (고려에서) 온 사신조차 어디에 있는지 파악하지 못하는 바, 이 일은 반드시 밝혀내어야 할 것이며 지금 이후로 다시 이 같은 머물겠다고 하는 자들은 다시는 허락하지 않을 것이다. 짐은 천하를 기준으로 삼는 만큼 일은 정성으로 처리하고 있으니 짐의 뜻을 잘 이해하여 의구심을 갖지 말도록 하라."[102)]

차-2) (1292년 10월) 경인에 우리나라는 옛 도읍에 자리 잡아서 형세가 약해지기 쉬운데도 오히려 용서를 받고 만물을 한결같이 보아 똑같이 인애하여[一視同仁] 자기 땅에 안착하여 살도록 허락한 것은 앞서 말한 바와 같습니다. 귀국은 멀리 해외에 있으니 단지 사신을 보내어 入朝한다면 반드시 후환이 없을 것이므로 진퇴를 자세하게 헤아리는 게 다행이겠습니다.[103)]

차-1)은 1260년(원종 1) 8월 임자에 賀卽位使로 몽골에 갔던 永安公 王僖가 돌아오면서 가져온 세 통의 황제 조서 가운데 하나이다. 왕희가 몽골로부터 가져온 세 통의 조서는 1) 中統 연호를 정하였다는 내

102) 『高麗史』 권25, 世家25 원종 1년 8월.

103) 『高麗史』 권30, 世家30 충렬왕 18년 10월.

용, 2) 6가지 사안에 대한 회답, 3) 虎符, 國王之印 등의 물품을 하사한다는 내용이 각각 기술되어 있다. 차-1)은 그 가운데 두 번째 조서로, 당시 고려와 몽골 사이 현안이 되었던 6가지 사안에 대한 회답이다.

이와 같은 내용이 『元高麗紀事』에도 전하는데, 원종이 원에 요청한 6가지 일에 대한 회답 조서라는 점을 알 수 있다.[104] 그 내용은 다음과 같다. 1) 衣冠은 고려의 풍속에 따라 하고, 고치어 바꾸지 말라는 것, 2) 사신[行人]은 오직 원의 조정에서 보내는 것 외에는 모두 금지할 것, 3) 개경으로 수도를 옮기는 것은 고려의 여력에 따라 할 것, 4) 압록강에 주둔한 군대는 가을을 기한으로 철회할 예정이라는 것, 5) 고려에 설치한 達魯花赤 일행 등은 모두 서쪽으로 돌아오도록 하였다는 점, 6) 몽골에 의탁한 고려인 10여 무리는 끝까지 조사하여 돌려보낼 것을 약속하였다. 더하여 몽골에 머물겠다고 하는 자들[有似此告留者]은 결단코 좇아 허락하지 않겠다[斷不准從]고 하였다.

여기에서 주목되는 점은 마지막 조항으로 몽골에 의탁한 고려인 10여 무리에 대해서는 끝까지 조사하여 밝히겠다는 점과 더불어 지금 이후로 다시 이와 같이 몽골에 머물겠다고 하는 자들은 다시는 허락하지 않겠다고 한 점이다. 즉, 이는 앞서 자)에서 언급한 '各安土着'하라는 帝旨의 내용과 상통하는 것이라고 할 수 있다. 차-2)에서도 이러한 내용을 엿볼 수 있다.

차-2)는 1292년(충렬왕 18) 10월 경인에 일본인 호송의 일로 大僕尹 金有成 등을 일본에 파견하면서 함께 보낸 글의 내용이다. 일본에 원 入朝를 촉구하는 글로, 고려와 몽골(원)의 외교 관계를 나타내는 핵심

---

104) 『元高麗紀事』 世祖皇帝 中統 1년 6월.

이념들이 언급되어 있다. 즉, 몽골에서 고려에 대해 몽골과 똑같이 대한다는 개념[一視同仁]과, 본래 자신이 살던 땅에 안착하여 살도록 허락한 내용[許安土着]이 그것이다. 이와 같은 지침이 있었다고는 하나, 오랜 전쟁 끝에 양국 간 수많은 유민이 발생하였고, 고려와 원 모두 이들에 대해 계속해서 추쇄하였다. 현실적으로 몽골과의 오랜 전쟁 속에서 빈번한 인구 이동과 속출하는 유민 현상으로 귀결될 수밖에 없었다. 몽골과의 관계 속에서 계속해서 여진 인구의 이동을 금지하는 조처가 시행되는 점이 주목된다.

카-1) (1262년 6월) 을미에 여진이 高麗國 백성을 침범하는 것[侵軼]을 금지하고 그 사신이 돌아가는데 官에서 호송하였다.[105)]

카-2) (1262년 7월) 임인에 朴倫이 몽골에서 돌아왔는데, 몽골 황제가 왕에게 비단 9필을 하사하고 詔에 말하기를, "보내온 表文에서 女眞이 그대 (나라의) 변경을 침략하여 人民이 붙잡아갔다는 일은 이미 들어서 알고 있다. 얼마 전에 북쪽 변방에서 반역이 일어난 일도 그대가 이미 자세히 알고 있을 것이다. 얼마 있다가 諸王들이 말하기를 '먼저 한두 간사한 사람의 말을 듣고 믿어서 마침내 과오를 저질렀는데, 우리의 잘못이니 화의를 요청합니다.'라고 하여서 정벌군을 거두어 들였더니, 뜻하지 않게 작년에 우리 변경 백성들을 침략하여 소동을 일으키기에 이르렀다. 전란이 계속되고 있던 즈음에 소인배들이 그 틈을 타서 과오를 저지른 자가 있으니, '交戰의 일은 상서롭지 않다.'라는 것이 이를 말함이다. 차차 진상을 조사하여 그들을 내보낼 것이다."라고 하였다.[106)]

---

105) 『元史』 권5, 本紀5 世祖2 中統 3년 戊戌 6월.

카-3) (1264년 11월) 을축에 登州, 和州 等處와 여진인들이 고려 경계에 들어가서 협박하고 약탈하는 것[剽掠]을 금지하였다.[107)]

카-1)는 1262년(원종 3) 6월에 원에서 여진의 高麗國과 백성을 侵犯하는 것을 금지하도록 조처를 내린 것이다. 이 일에 대한 자세한 사정이 카-2)의 내용이다. 고려에서는 1262년 4월에 方物使로 朴倫을 원에 보냈다.[108)] 고려에서는 이때 표문을 올려 여진이 고려 변경을 침략하여 소요를 일으켰으니 이를 금지해 줄 것을 요청하였다. 원에서는 고려의 요청을 받아들여 얼마 전 요동 일대 반역 모의와 그로 인한 소요가 발생한 일임을 알리고, 그에 대해 조사하여 처리할 것임을 약속하였다. 카-1)은 그에 대한 조처였다.

카-3)은 1264년 11월에도 여진인들이 고려 경계에 들어가 약탈하는 것을 금지한다는 내용이다. 불과 2년 전에 여진의 고려 국경 침략행위를 금지한 조처를 내렸는데, 1264년에 다시 조처가 내려졌다는 것은 여진 세력의 고려 국경 침략이 계속되었다는 것을 뜻한다. 이 해는 원종이 직접 원에 입조하여 다녀왔다. 1264년 8월에 원종이 원에 입조하여[109)] 황제를 알현하고[110)] 같은 해 12월에 돌아왔다.[111)] 원종의 입조 시 여진의 고려 국경 약탈 문제를 건의하고 시정해줄 것을 요청하였을 것으로 보인다.

106) 『高麗史』 권25, 世家25 원종 3년 7월.
107) 『元史』 권5, 本紀5 世祖2 至元 1년 甲子 11월 乙丑.
108) 『高麗史』 권25, 世家25 원종 3년 4월.
109) 『高麗史』 권26, 世家26 원종 5년 8월 癸丑.
110) 『高麗史』 권26, 世家26 원종 5년 9월 庚子.
111) 『高麗史』 권26, 世家26 원종 5년 12월 丙午.

이상에서 몽골의 흥기와 금의 쇠퇴에 따른 요동 일대 정세 변화가 경계 지역을 중심으로 외국인의 고려 유입에 어떻게 영향을 미쳤는지 확인하였다. 금 멸망 이후 요동지역에 자립하였던 東眞人으로 표현되는 여진 세력들이 원 초기까지 고려 국경을 침략하며 문제를 일으켰다. 처음 고려에서는 女眞과 漢兒 등 외국인에 대해 적극적으로 고려 來投를 권장하였다. 경제적 혜택과 안정적 정착을 약속하기까지 하였다. 이러한 분위기는 일부 인사들의 내투에 영향을 미치기도 하였으나, 근본적으로 외국인의 유입은 요동 일대 산재하던 여러 세력과의 교섭 양상에 따라 좌우되는 양상이었다.

요동지역의 여러 세력이 결국 몽골의 영향권 아래 귀속되었으나, 얼마간 고려와 개별적으로 교섭하였다. 몽골과의 관계가 소원해진 동진은 사신을 보내거나, 무역을 요청하고 화친을 청하는 등 적극적인 고려 교섭을 펼쳤으나, 고려에서는 몽골과의 전쟁과 화친이라는 현실적인 외교 상황 속에서 이들의 요청을 받아들이지 않았다. 이후 동진의 침략이나, 越境 행위는 얼마간 계속되어 문제를 야기하였다.

그러나, 몽골의 영향력이 강화됨에 따라, 국경 일대의 인구 이동에 있어서도 몽골의 지배권이 영향을 미치기 시작하였다. 동진 千戶가 고려에 넘어온 동진인 소환을 요청하는 첩을 보내왔는데, 고려에서는 향후 국경을 넘어오는 행위는 금지할 것이라고 하며, 이의 근거로 몽골 황제의 帝旨를 들었다. 동진과 고려 사이 오고 간 첩장은 몽골의 영향권 아래 점차 귀속되어 가는 양국의 모습을 엿볼 수 있다. 이후 원과의 화친이 맺어진 이후, 국경 일대의 소요문제는 원을 통해서 조처하게 되는 모습이다. 차-1)와 차-3)는 모두 원에서 시행한 조처인데, 이는 고려의 요청에 의한 것이었다. 이는 앞서 고려 정부에서 여진과 한아에 대하여 來投를 독려하던 상황과는 다른 새로운 국제 질서가 형성되었음을 의미한다.

5장
원간섭기·고려 말 외국인 이주의 추이

고려는 몽골과의 관계가 성립되면서 정치·경제·사회·문화 전반에 걸친 대변혁을 경험하게 된다. 고려는 오랜 몽골과의 전쟁으로 인해 많은 인구가 희생되었을 뿐만 아니라, 전쟁이 계속되는 동안 북방 지역 일부 세력의 반란과 몽골로의 투항이 일어났다. 대규모 유민 발생에 따라 막대한 인구 손실로 국가를 유지하기조차 어려웠다.[1] 몽골과의 전쟁 전후 유례없는 고려인의 이탈과 계속된 고려 정부의 인구 추쇄는 원과의 관계 속에서 형성된 현상적 특징이었다. 고려와 원 사이 일반 民들의 이탈이 심각하였고 잦은 추쇄 등을 통해 인구 왕래를 제어하고자 노력하였다.[2]

그럼에도 불구하고 원간섭기 양국의 특수한 외교 상황 속에서 국경을 넘나드는 민의 이동은 다른 어느 시기보다 자유로웠다.[3] 다만, 양국

---

1) 朴玉杰(2001), 「高麗末 北方 流民과 推刷」, 『白山學報』 60.

2) 고려와 몽골의 오랜 전쟁 상황과 요동의 혼란한 정세 속에서 포로, 자발적 이주 등에 따른 양국 간 많은 人口의 이동이 짐작된다. 특히, 원간섭기 동안 고려에서는 도망민, 포로 등으로 잡혀간 고려인에 대한 추쇄를 계속하여 원으로부터 많은 백성을 데려왔다(朴玉杰(2001), 위의 논문).

사이 활발한 인구의 이동이 예상되는 것과 달리 이들의 구체적인 이주 내용을 확인할 수 있는 경우는 일부 지배계층의 사례뿐이다. 이 장에서는 고려와 원의 특수한 외교 관계 속에서 확인되는 원 출신 외국인의 고려 이주 사례를 통해 이 시기 외국인 존재 양태와 고려 정부의 정책은 어떠하였는지를 살피고, 이전 시기와의 차이점을 확인해보겠다.

그리고 원의 쇠퇴와 명의 등장은 공민왕의 반원개혁, 홍건적의 침입 등 고려 국내외 정세에 많은 영향을 미쳤다. 공민왕대 새로 등장한 명과의 외교 관계 정립 과정에서 국경 지역 중심의 인구 이동이 활발히 이루어졌고, 이들에 대한 정책 방향 역시 양국의 외교 관계와 밀접한 연관이 있었다. 특히, 이 시기 고려로 이주한 외국인 일부는 조선 건국 세력으로 성장하기도 하였다. 대표적인 인물들을 중심으로 고려 말·조선초 외국인의 정치적 역할을 함께 고찰하고자 한다. 한편, 빈번하게 발생하는 倭寇의 침략은 고려 말 정치·사회 전반에 걸친 마비를 가져올 정도로 고려에 큰 위기를 가져왔다. 그 속에서 倭人 집단을 거주시키는 등 새로운 외국인 정착 정책을 통해 고려가 대응하고자 하였던 안정책을 살펴보고자 한다.

1. 고려·원 관계의 이중 구조와 외국인 이주 양상

1) 고려·원의 왕실 통혼과 원 공주의 고려 이주

1259년(고종 46) 4월에 고려 태자[후에 원종]가 몽골에 입조하면서 양

3) 김순자(2006), 「고려, 원(元)의 영토정책, 인구정책 연구」, 『역사와현실』 60.

국 간 실질적인 강화가 맺어졌다. 이후 고려·원 관계는 고려 국왕이 원 황제의 부마가 되고, 원에 수시로 入朝하는 등 이전까지 대외교섭 방식과는 완전히 성격을 달리하게 되었다.[4] 고려와 몽골 사이 양국관계의 틀은 '不改土風'의 원칙에 의하여 고려가 독립국으로 유지되면서 몽골[元]의 정치적 간섭을 강하게 받는 이중성을 갖게 되었다.[5]

이와 같은 고려와 원의 이중적 관계는 고려의 대내외 여러 측면에서 다층적으로 적용되었다. 예컨대, 고려와 원은 국가 간 국경이 있었지만, 이를 뛰어넘는 제도적 장치를 가지기도 하였다. 고려의 육상교통로는 원의 역참 제도와 연계되어 있었고, 고려에 기근이 발생하면 원에서 무상으로 곡식을 보내 구제하기도 하였다.[6] 고려 관료가 원의 文散階나 武散階를 하사받기도 하여, 고려 사회 내 계서 기준을 넘어선 양국 관료 간 우열관계마저 형성되었다.[7] 이는 고려라는 독자적 체제가 유지되는 동시에 몽골 제국이라는 보다 넓은 범위에서 운용되는 제도가 있었다는 것을 의미한다.

원과의 이중적 관계는 외국인의 이주와 고려 내 이들의 존재 양태에도 영향을 미쳤다. 원간섭기 외국인의 고려 이주는 이전과는 다른 양상을 보인다. 고려에 이주한 외국인의 사례와 내용을 정리하면 [표 13]

---

4) 李益柱(1996), 「高麗·元關係의 構造에 관한 硏究-소위 '世祖舊制'의 분석을 중심으로」, 『韓國史論』 36.
이익주(2007), 「원元의 '부마국'으로서의 고려국가의 성격」, 『한국사 시민강좌』 40.
李命美(2012), 『고려-몽골 관계와 고려국왕 위상의 변화』, 서울大學校 博士學位論文.
崔允精(2013), 「駙馬國王과 國王丞相-13-14세기 麗元관계와 고려왕조 國體 보존 문제 이해를 위한 새로운 모색」, 『大丘史學』 111.

5) 李益柱(1996), 『高麗·元關係의 構造와 高麗後期 政治體制』, 서울大學校 博士學位論文.

6) 이진한(2014), 「고려시대 대외관계 및 교류의 변천과 바다」, 앞의 책, 67쪽.

7) 이강한(2017), 「고려와 원제국, 격절과 융합」, 『고려 역사상의 탐색』, 집문당, 47쪽.

와 같다. 원간섭기에 고려로 이주한 외국인은 크게 세 부류로 구분된다. 첫째, 고려 국왕과 혼인하여 국왕을 따라 고려에 온 원 공주, 둘째, 원 공주의 怯怜口[私屬人]로 고려에 와서 정착한 이, 셋째 고려 국왕, 특히 충숙왕의 총애를 바탕으로 고려에 와 仕宦한 인물들이다.

[표 13] 원간섭기 외국인 이주 사례와 특징[8)]

구분	유입 시기	출신	성명[본명]	직책	인원	특징
1	1274.10.	元	忽都魯揭里迷失	公主	1	충렬왕 妃 충선왕 母
2	1274.10.	元	印侯 [忽剌歹]	怯怜口	1	제국대장공주 怯怜口 子 印承光 子 印承旦
3		回回	張舜龍 [三哥]	怯怜口	1	제국대장공주 怯怜口 子 張瑄 子 張芸
4		河西	盧英 [式篤兒]	怯怜口	1	제국대장공주 怯怜口
5		本國人	車信 [車忽觧]		1	제국대장공주 怯怜口
6	1277.6.을유.	元	忻琪		1	忻都의 子 守司空 琪娶安平公女
7	1286.(?)	回回	伯顔		1	제국대장공주 怯怜口

8) 원간섭기 고려와 원 양국 간 인물의 왕래는 전 계층에 걸쳐 폭넓게 이루어졌다. 관직 역임 등으로 고려를 단기적으로 체류한 경우나, 일시적 방문 등을 제외한 고려에 와서 장기적으로 거류하였을 것으로 보이는 이들을 중심으로 정리하였다. 원의 쇠퇴와 명의 등장으로 새로운 국제 정세를 맞이하는 공민왕대 외국인 이주는 다음 장에서 다루도록 하겠다. 다만, 공민왕비인 노국대장공주 사례는 양국 간의 왕실 통혼이라는 범주에서 함께 설명하겠다.

8	1298.1.	元	寶塔實憐	公主	1	충선왕 妃
9	1294.9.	回回	閔甫		1	平壤府尹兼存撫使
10	1314.1.	元	亦憐眞八剌	公主	1	충숙왕 妃
11	1325.5.	元	金童	公主	1	충숙왕 妃
12	1333.윤3.	元	伯顔忽都	公主	1	충숙왕 妃
13	충숙왕대 (1313~)	南蠻	王三錫		1	
14	충숙왕대	燕南	梁載[梁將]		1	1335년 銓注를 주관
15	충숙왕대	色目	崔老星 [党黑厮]	富商	1	
16	충숙왕대	宋 泉州	李宜風		1	1321. 同知密直司事 제수
17	1330.3.	元	亦憐眞班	公主	1	충혜왕 妃 충목왕 母
18	1351.12.	元	寶塔失里	公主	1	공민왕 妃

[표 13]에서 확인되는 이들 이외에도 제국대장공주 등 원 공주를 따라 고려에 온 겁령구들은 더 많았으며,[9] 고려 국왕을 비롯한 양국을 왕래한 고려인과의 혼인, 교유, 상거래 등을 이유로 보다 많은 원 출신 외국인이 고려 내 존재하였을 것으로 예상된다.[10]

원간섭기 양국의 특수한 외교 관계 속에서 수많은 원 관리와 군대가 수시로 고려를 來往했으나 고려에 정착한 이들은 드물었다. 기록으로

9) 몽골 황실 내 혼인을 살펴보면 칭기스칸이 이바카베키를 주르체데이에게 시집보내면서 100명을 거느리고 가게 하였는데(유원수 역주(2004), 『몽골비사』, 사계절, 207쪽), 고려에 시집온 원 공주 역시 많은 수의 겁령구를 이끌고 왔을 것으로 예상된다.

10) 고려에 사신으로 왔다가 고려 여인과 혼인하여 정착한 錢惟謙의 사례가 있고, 원대 고려에 귀화한 姓氏만도 21姓이 확인된다(金渭顯(1994), 「麗元間의 人的 交流考」, 『關東史學』 5·6合輯 ; 앞의 책(2004), 392쪽).

확인되는 이들은 대부분 고려 국왕과 혼인한 원 공주, 충렬왕비인 齊國大長公主의 겁령구이거나, 충숙왕의 총애로 고려에서 관직 생활을 영위한 인물들이었다. 이들의 출신은 元, 回回, 南蠻, 燕南, 南宋 등으로 다양하다. 기본적으로 이들은 원이라는 국가체제 속에서 고려에 온 이들이었다.

원간섭기 고려에 이주한 외국인 가운데 가장 먼저 살펴보고자 한 범주는 고려 국왕과 혼인하면서 고려에 온 원 공주들이다. 이들은 고려의 왕실 일원으로, 관료나 백성 등의 국가 제도권 내에 관리 대상으로 포함된 여타 이주 외국인들과는 성격이 완연하게 다른 존재였다. 원 공주들은 고려 왕비로 최상위 계층으로 존재하며 원과 관계에서 중심적인 역할을 하였고, 고려 국왕의 어머니로 정치적 임무를 수행하기도 하였다.

고려와 원의 왕실 통혼은 1274년 5월에 충렬왕이 원 세조 쿠빌라이의 딸 忽都魯揭里迷失를 맞이하면서부터 시작되어 공민왕에 이르기까지 약 100년 동안 이어졌다.[11] 원간섭기 고려 국왕은 세자시절 禿魯花로 원 수도에 머물었고, 원 공주와 혼인하여 원의 부마가 되는 것이 양국의 통례가 되었다. 고려에 下嫁한 원 공주는 모두 8명으로, 충렬왕비 齊國大長公主, 충선왕비 薊國大長公主·懿妃,[12] 충숙왕비 濮國長公主·曹國長公主·慶華公主, 충혜왕비 德寧公主, 공민왕비 魯國大長

---

11) 정용숙(1992), 「元 公主 출신 왕비의 등장과 정치세력의 변화」, 『고려시대의 后妃』, 民音社, 207쪽.

12) 懿妃는 몽골 여인이라는 정보 이외 가계에 대한 기록이 없다. 그녀가 公主로 책봉되지 않았던 점을 미루어보면, 원 황실이나 귀족 가문 출신은 아니었던 듯하다. 그러나, 그녀는 세자 王鑑과 충숙왕을 낳았고 1316년 원에서 사망하자 고려로 운구하여 장례지내고 懿妃로 추증되는 등 고려 왕비로서의 삶을 살았다(『高麗史』 권89, 列傳2 后妃2 懿妃).

公主 등이다.[13]

이들에 대해서는 고려와 원 관계의 성격을 규명하는 시각에서 논의가 진행되었다.[14] 원 공주에 대한 논의는 몽골 공주가 고려 국왕을 감시하는 원의 정치세력으로 보는 관점과,[15] 고려 국왕과 공동으로 고려의 지배 정치세력을 형성하였다는 차원에서 진행되었다.[16] 주로, 고려 국왕과의 갈등 관계가 부각된 측면이 있다. 또, 양국 통혼은 정치적 성격으로 이해되어 고려의 입장에서 실추된 왕실 권위를 높이고 왕권 강화를 도모하려는 목적에서, 원의 경우 원 제국 지배체제 속에 고려를 편제하려는 의도에서 이루어졌다고 이해된다.[17]

고려 국왕과 혼인한 원 공주들이 모두 일원적인 출계를 가졌다고 보기 어렵다. 충렬왕비인 제국대장공주는 원 세조의 딸로 명실상부한

13) 『高麗史』 권89, 列傳2 后妃2.

14) 金成俊(1958), 「麗代 元公主出身 王妃의 政治的 位置에 對하여 - 특히 忠宣王妃를 中心으로」, 『韓國女性文化論叢』, 梨花女子大學校.
정용숙(1992), 「元 公主 출신 왕비의 등장과 정치세력의 변화」, 앞의 책.
권순형(2005), 「원 공주 출신의 정치권력 연구 - 충렬왕비 제국대장공주를 중심으로」, 『史學研究』 77.
森平雅彦(2008), 「高麗王家とモンゴル皇族の通婚關係に關する覺書」, 『東洋史研究』 67-3.
이정란(2008), 「충렬왕대 계국대장공주의 개가운동」, 『한국인물사연구』 9.

15) 김현라(2008), 「고려 충렬왕비 齊國大長公主의 위상과 역할」, 『지역과 역사』 23.
김현라(2016), 「원간섭기 忠宣王妃 薊國大長公主의 위상 정립과 의미」, 『지역과 역사』 39.
김현라(2018), 「고려 원간섭기 慶華公主의 역할과 위상」, 『역사와 세계』 53.

16) 이정란(2012), 「忠烈王妃 齊國大長公主의 冊封과 그 의미」, 『한국인물사연구』 18.
이명미(2017), 「고려에 下嫁해 온 몽골공주들의 정치적 위치와 고려-몽골 관계: 齊國大長公主의 사례를 중심으로」, 『이화사학연구』 54.

17) 金惠苑(1989), 「麗元王室通婚의 成立과 特徵-元公主出身王妃의 家系를 중심으로」, 『梨大史苑』 24·25, 163·164쪽.

공주였으나, 나머지는 세대가 거듭됨에 따라 모두 원 황실의 종실에 불과하였다는 정치적 한계가 있다.[18] 그러한 모습이 『고려사』 내 기록의 비중에서도 다른 왕비들에 비해 제국대장공주에 대한 기사가 월등히 많다는 점에서도 확인된다. 그리고 제국대장공주를 따라온 겁령구들의 활동상이나 이들을 이용한 공주의 정치 행적도 드러난다. 여기에서는 고려에서 살아간 원 공주의 외국인으로서 삶에 집중하여 고려에서의 존재 양상을 검토하고자 한다.

齊國大長公主는 원 세조의 여섯 번째 공주로, 어머니는 阿速眞可敦이다. 이름은 忽都魯揭里迷失이고, 1274년(원종 15) 5월에 충렬왕이 세자로 원에 있을 때 혼인하였으며 충렬왕이 즉위하면서 같은 해 10월 고려에 왔다.[19] 제국대장공주는 고려와 원의 첫 번째 왕실혼 주인공으로 많은 주목을 받았다. 특히, 고려에서 충렬왕 및 貞和宮主 등과의 갈등, 원과의 관계 속에서 정치적 위상, 활동 등 여러 방면에서 연구가 진행되었다. 그리하여 그녀의 정치 활동, 식리가로서의 활동, 고려·원 관계 속에서 공주 책봉에 대한 능동적 역할, 원의 대표자로서 원 공주의 입장, 이주자로서의 일생 등이 논의되었다.[20]

제국대장공주는 충렬왕과 혼인할 당시 나이가 16세였으며, 충렬왕은

18) 정용숙(1992), 「元 公主 출신 왕비의 등장과 정치세력의 변화」, 앞의 책, 218쪽.
19) 『高麗史』 권89, 列傳2 后妃2 忠烈王 齊國大長公主.
20) 정용숙(1992), 「元 公主 출신 왕비의 등장과 정치세력의 변화」, 앞의 책.
권순형(2005), 앞의 논문.
김현라(2008), 앞의 논문.
森平雅彦(2008), 앞의 논문.
이정란(2012), 앞의 논문.
이명미(2017), 앞의 논문.
권순형(2018), 앞의 논문.

39세였다. 무엇보다 충렬왕은 이미 태자 시절 1260년(원종 1)에 혼인한 貞和宮主가 있었다.[21] 게다가 충렬왕과 정화궁주 사이 소생으로 江陽公 王滋, 靖寧院妃, 明順院妃가 있었다. 정화궁주는 어린 나이 고려에 시집 온 공주의 입장에서 불편한 존재였을 것임은 자명하다. 실제로 공주가 고려에 온 초반부터 정화궁주에 대한 견제와 갈등이 시작되었다.

1275년 9월 공주가 元子[후에 충선왕]를 낳아, 정화궁주가 축하 잔치를 베풀었는데 연회 자리 높낮이 문제로 갈등을 빚었고,[22] 정화궁주가 공주를 저주했다는 무고로 정화궁주를 가두고 심문하기도 하는 등의 갈등이 계속되었다.[23] 결국 정화궁주는 별궁에 거처하며 왕과 관계를 끊고 지내다가 공주가 죽은 이후에야 충렬왕과 함께 할 수 있었다.[24]

제국대장공주는 왕실 내 갈등 관계와는 별개로 원 공주이면서 고려 왕비였던 이중적 지위에 걸맞게 고려에서 최상위 대우를 받았다.

가-1) (1275년 1월) 공주를 책봉하여 元成公主로 삼고, 宮을 敬成이라 하고, 殿을 元成이라 하며, 府를 膺善이라 한 뒤 요속을 두었다. 安東·京山府로 湯沐邑을 삼았다.[25]

가-2) 왕이 장차 공주를 책봉하려 하자 유천우가 殿을 元成이라 이름 지었는데, 伍允孚가 공주에게 말하기를, "元成이란 현종[顯王]비의 諡號이므로, 殿額으로 하여 사용함은 상서롭지 못합니다."라고 하였다. 공주가 화를 내니 유천우가 측근을 이용하여 이를 해소

21) 『高麗史』 권25, 世家25 원종 1년 11월 辛卯.
22) 『高麗史』 권89, 列傳2 后妃2 忠烈王 齊國大長公主.
23) 『高麗史』 권28, 世家28 충렬왕 2년 12월 丙子.
24) 『高麗史』 권89, 列傳2 后妃2 忠烈王 貞信府主.
25) 『高麗史節要』 권19, 충렬왕 1년 1월.

> 하려고 말하기를, "신은 진실로 그러한 사연을 알지 못하였고, 또 공주께서는 원성왕후[元成后]께서 다시 세상에 오신 게 아님을 어찌 알겠습니까?"라고 하였다. 드디어 왕에게 간하여 이르기를, "황제의 딸이 시집오신 것은 실로 옛적부터 드문 일이므로, 마땅히 湯沐邑을 바쳐야 합니다."라고 하였다. 공주가 기뻐하며 말하기를, "蒙古의 법에서는 이름을 피하는 바가 없다."라고 하며, 드디어 (그 일을) 묻지 않았다.[26)]

가-1)은 1275년(충렬왕 1) 1월 공주가 고려에 온 지 몇 개월 지나지 않아 元成公主로 책봉하고, 거처하는 궁과 전의 이름을 정하고 膺善府를 설치하여 관속을 배치하도록 한 조처이다. 더하여 안동, 경산부를 탕목읍으로 삼도록 하였다. 공주가 처음 고려에 왔을 때에는 얼마간 몽골식 穹廬에서 생활하였을 것으로 생각된다. 공주를 호송한 脫忽이 먼저 개경에 도착하여 穹廬를 설치하고 흰 양의 기름으로 祓除를 행하였다는 점 등을 보았을 때 그러하다.[27)] 가-1)의 조처가 이루어지면서 비로소 고려 왕비로서의 고려 생활이 명실상부 시작되었다. 여기에는 원 공주라는 특수한 지위가 함께 작용되었던 부분이 있다. 膺善府를 설치하고 安東·京山府를 탕목읍으로 삼았다는 점이다.

후비부를 세우고 탕목읍을 설정하였다는 점은 원 공주에 대한 고려의 특별한 대우였다. 膺善府 설치는 제국대장공주에게 后妃府를 세우고 요속을 배치한 조처였다. 충렬왕 이전 시기 后妃府 설치는 太后에

---

26) 『高麗史』 권105, 列傳18 兪千遇.

27) 『高麗史』 권89, 列傳2 后妃2 忠烈王 齊國大長公主. 時帝令脫忽, 送公主, 脫忽先至, 張穹廬以祓白羊膏.

한정되어 이루어졌다는 점을 보았을 때 상당한 특혜였다.[28] 가-2)에서 공주에게 탕목읍을 내려준 배경을 알 수 있다. 충렬왕이 공주를 책봉하고자 하였는데, 유천우가 殿을 元成이라 이름 지으니 日官 伍允孚가 元成은 현종비의 시호이므로 전의 이름으로 상서롭지 못하다고 하였다. 이에 유천우는 공주가 원성왕후의 환생일지도 모른다고 다독이고, 충렬왕에게 황제의 딸이 시집온 것은 예로부터 드문 일이므로 마땅히 탕목읍을 바쳐야 한다고 간언하였다. 여기에서 책봉호 선정에 약간의 논쟁이 있었던 사정을 보여준다. 탕목읍이라는 공주의 경제 기반을 더해주는 것으로 마무리 지어지고 있다.

安東·京山府 탕목읍 설정은 공주의 상당한 고려 내 경제적 기반이 되었다.[29] 安東府와 京山府 관내 군현의 貢賦가 일부 창고에 납부하는 것을 제외하고 모두 元成殿으로 지급되었다.[30] 공주는 응성부라는 독립적인 기관을 토대로 자신만의 경제 활동을 펼쳤다. 공주는 잣과 인삼을 중국 江南에 수출하여 많은 이익을 얻었고,[31] 모시를 직조할 수 있는 노비를 장악하여 모시 무역에 적극적으로 참여했다고 평가되기도 한다[32] 원성전 소속 '織室司'라는 기관이 이를 뒷받침한다.[33]

원 출신 충선왕비로는 薊國大長公主와 懿妃가 있다. 계국대장공주는 원 晋王 甘麻剌의 딸로,[34] 본명은 寶塔實憐이고, 1296년(충렬왕 22) 11월

28) 이정란(2006), 「고려시대 后妃府에 대한 기초적 검토」, 『한국중세사연구』 20, 68·69쪽.

29) 김현라는 수조지로서의 성격이 강한 궁원전과 달리 제국대장공주의 탕목읍은 식읍지로서의 성격이 강하다고 이해하였다(앞의 논문(2008), 84쪽).

30) 『高麗史』 권28, 世家28 충렬왕 4년 3월 戊戌.

31) 『高麗史』 권89, 列傳2 后妃2 忠烈王 齊國大長公主.

32) 김현라(2008), 앞의 논문, 85쪽.

33) 『高麗史』 권28, 世家28 충렬왕 3년 4월.

충선왕이 세자로 원에 있을 때 혼인하였다.[35] 1298년 1월 충선왕이 즉위하면서 고려에 왔다.[36] 계국대장공주와 충선왕의 혼인은 고려의 요청에 의해 성립되었다.[37] 계국대장공주에 대한 연구는 주로 조비무고사건과 그녀의 개가운동에 집중되어 이루어졌으며,[38] 고려와 원의 통혼 속에서 계국대장공주의 위상과 역할이 고찰되기도 하였다.[39]

충선왕과 계국대장공주의 혼인은 제국대장공주과 비교하여 그 위상과 성격에 약간의 차이를 보인다. 제국대장공주는 원 세조의 딸로, 고려에서 첫 번째 원 황실과 혼인이었다. 그렇기 때문에 제국대장공주의 고려 대내외 정치·경제적 위상은 상당한 영향력을 가졌다. 계국대장공주 역시 원 세조의 증손이자 당시 황제인 원 성종의 조카였다. 공주가 상징하는 황실 권위의 위상에서 제국대장공주와 비견되는 위치였다고 하겠다. 계국대장공주가 고려에 올 때 영접함이 왕과 같았다고 한 데서 알 수 있다.

> 나-1) (1298년) 이 해에 충선왕이 왕위를 물려받아[受禪] 공주궁을 中和이라 부르고 府를 崇敬이라 하였으며 官屬을 두었다.[40]

---

34) 계국대장공주의 아버지 甘麻剌는 원 세조 쿠빌라이의 장자인 眞金의 첫째 아들이고, 어머니에 대한 가계는 구체적으로 알 수 없다. 다만, 감말라의 正妃 晋顔怯里迷失의 소생일 가능성이 제기되기도 하였다(金惠苑(1989), 앞의 논문, 176·177쪽).

35) 『高麗史』 권31, 世家31 충렬왕 22년 11월.

36) 『高麗史』 권31, 世家31 충렬왕 24년 1월 庚子.

37) 『高麗史』 권31, 世家31 충렬왕 22년 1월 壬申.

38) 金成俊(1958), 앞의 논문.
이정란(2008), 앞의 논문.

39) 김현라(2016), 앞의 논문.

40) 『高麗史』 권89, 列傳2 后妃2 忠烈王 齊國大長公主.

나-2) (1310년 7월) 元에서 寶塔實憐 공주를 책봉하여 韓國長公主로 삼았다.[41]

충선왕은 계국대장공주가 고려에 온 이후 그해 공주궁을 중화궁으로 이름하고 崇敬府를 설치하여 관속을 배치하였다. 제국대장공주가 응선부를 통해 독립적인 생활기반을 마련하여 적응하였던 것과 같이 계국대장공주도 숭경부를 두어 고려 왕비로서 일상에 필요한 제반 업무를 담당하게 하였다. 다만, 계국대장공주에 대해서는 고려 왕비 책봉이 따로 이루어지지 않았던 듯하다. 제국대장공주는 고려에서 원성공주로, 원에서 안평공주로 책봉되었다. 계국대장공주는 나-2)에서와 같이 1310년 7월에 원으로부터 韓國長公主로 책봉되기까지 寶塔實憐 공주로 명명되었다.

계국대장공주의 고려 내 생활은 충렬왕이 다시 즉위하고 충선왕이 원으로 돌아가는 부자의 重祚 등 정치적 갈등 속에서 원만하지 않았던 듯하다. 충렬왕이 계국대장공주의 개가를 추진하기에 이르는 상황은 그러한 사정을 반영한다.[42] 게다가 충선왕은 계국대장공주와의 혼인을 통한 원 부마라는 지위보다 원 세조의 외손이자 원 황실의 일원이라는 위상이 더 컸던 듯하다. 충선왕은 즉위 이전부터 원에서 주로 생활하였으며, 재위 기간에도 대부분 원에서 지냈다. 그렇기 때문에 계국대장공주 역시 고려 왕비로서의 위상보다는 원 공주로서의 일상이 상위하였다고 생각된다. 충선왕과의 불화로 인해 소생이 없었던

41) 『高麗史節要』 권23, 충선왕 2년 7월.

42) 이정란(2008), 앞의 논문.

점도 그녀에게 있어 고려 왕비로서의 역할에 한계를 가져왔다.

懿妃는 충선왕과의 사이에서 세자 王鑑과 충숙왕을 낳았다. 의비는 몽골 여인으로, 也速眞이라는 이름 이외 구체적인 가계를 알 수 없다. 충숙왕이 충선왕의 둘째 아들로 1294년(충렬왕 20) 7월에 태어났으므로, 의비는 계국대장공주보다 먼저 충선왕과 혼인한 사이였다. 그녀가 공주 칭호를 받지 못한 점이나, 고려에서 요청하여 충선왕이 계국대장공주와 혼인하였다는 점은 의비의 가계가 미천하였다고 짐작된다. 의비는 몽골인으로 원에서의 황후의 위상을 잘 알고 있었기 때문에 제1비가 된 계국대장공주에게 위해가 될 존재로 인식되지 못하였다고 이해된다.[43] 더하여 충선왕과 아들들의 재원생활로 인해 짧은 고려에서의 생활은 고려 사회 내 큰 영향력을 행사하지는 못하였다고 생각된다.

충숙왕은 세 명의 원 공주와 혼인하였다. 충숙왕은 원에 있을 때 1316년(충숙왕 3) 7월 營王 也先帖木兒의 딸인 亦憐眞八剌[濮國長公主]와 혼인하였다.[44] 濮國長公主는 혼인한 해 겨울 충숙왕과 함께 고려에 왔다. 그러나 얼마 되지 않아 1319년 9월에 사망하였다.[45] 이후 충숙왕은 심왕의 무고로 원에 억류되었는데, 1324년(충숙왕 11)에 원 순종의 아들 魏王 阿木哥의 딸인 金童[曹國長公主]와 혼인하였다. 조국장공주는 1325년 충숙왕과 함께 고려에 왔으며, 왕을 따라 龍山에 갔다가 아들을 낳았는데, 얼마 후 행궁에서 사망하였다.[46]

충숙왕은 다시 魏王 阿木哥의 딸인 伯顔忽都[慶華公主]와 혼인하였

43) 김현라(2016), 앞의 논문, 253쪽.

44) 『高麗史』 권34, 世家34 충숙왕 3년 7월 戊申.

45) 『高麗史』 권34, 世家34 충숙왕 6년 9월 丁未.

46) 『高麗史』 권89, 列傳2 后妃2 曹國長公主.

다. 경화공주는 1333년 3월에 충숙왕과 함께 고려에 왔다.[47] 조국장공주와 경화공주는 자매지간이다.[48] 경화공주와의 혼인은 조국장공주 소유의 인제를 그대로 후에 들어온 경화공주에 승계하여 상실을 방지하기 위한 것으로 보는 이해도 있다.[49] 또한 경화공주의 위세에 힘입어 국내 반대세력을 잠재우기 위한 것으로 보기도 하였다.

다-1) (1336년 2월) 무인 초하루에 公主府를 세워 慶華라고 하고 官屬을 두었다.[50]

다-2) (1339년 12월) 무자에 慶華公主가 명하여 金之謙을 權征東省事로, 金資를 提調都僉議司事로 삼았다.[51]

다-1)은 1336년(충숙왕 후2) 2월에 경화공주 소속 公主府인 慶華府를 설치하고 관속을 배치한 조처이다. 이전에 원 공주 가운데 후비부를 설치가 확인된 사례는 충렬왕대 제국대장공주, 충선왕대 계국대장공주가 있다.[52] 충숙왕은 세 명의 원 공주와 혼인하였지만, 후비부가 세워진 경우는 경화공주 뿐이다. 후비부의 설치는 원 공주에 대한 특혜로 이해되는 만큼 원 공주의 위상과 관련된다. 그런데 공주가 고려에

47) 『高麗史』 권35, 世家35 충숙왕 후2년 윤3월 丁酉.

48) 이명미(2017), 앞의 논문, 59쪽.

49) 고명수(2015), 「충렬왕대 怯憐口(怯怜口) 출신 관원-몽골-고려 통혼관계의 한 단면」, 『사학연구』 118, 237~241쪽.
김현라(2018), 앞의 논문, 168쪽.

50) 『高麗史』 권35, 世家35 충숙왕 후5년 2월.

51) 『高麗史』 권36, 世家36 충혜왕 복위년 12월.

52) 이정란은 全信이 1317년(충숙왕 4)에 肅寧府右司尹에 제수된 사례에서(「全信墓誌銘」) 肅寧府가 복국장공주의 후비부였을 것으로 판단하였다(앞의 논문(2006), 71쪽).

온 지 얼마 되지 않아 1339년 3월에 충숙왕이 홍서하였다.[53]

다-2)는 충혜왕의 부재 상황에서 경화공주가 직접 국정에 관여하고 있는 모습을 보여준다. 충혜왕은 복위 이후 경화공주를 겁탈하고 원 사신 頭麟 등이 와서 왕을 원에 압송해갔다. 경화공주는 金之謙을 權征東省事로, 金資를 提調都僉議司事로 임명하고 있다. 이후 경화공주는 1344년 죽었으며 1367년(공민왕 16)에 원에서 肅恭徽寧公主라는 시호를 추증하였다.

충혜왕은 1330년(충숙왕 17) 3월에 원 鎭西武靖王 焦八의 딸인 亦憐眞班[德寧公主]과 혼인하였다.[54] 덕녕공주는 충혜왕과 사이에서 忠穆王과 長寧翁主를 낳았다.[55] 공주는 일찍이 乾洞社 주지에게 요청하여 旻天寺에서 戒를 받기도 하였다. 1344년 정월 충혜왕이 원에 체류하다가 岳陽縣에서 홍서하고[56] 어린 충목왕이 즉위하자 국정을 도맡아 처리하였다.[57] 또 충목왕이 홍서하자, 奇轍과 王煦 등에 정동행성의 일을 섭정하기를 명하였고, 충정왕 때에도 정사에 상당히 간여하였다.[58]

덕녕공주는 1350년(충정왕 2)에 원에 갔다가 1354년(공민왕 3)에 고려로 돌아왔으며, 1367년에 원에서 貞順淑儀公主로 책봉하였다. 고려에서 살다가 1375년(우왕 1)에 홍서하자 頃陵에 장사지냈다. 공민왕은 덕녕공주가 형수뻘 되므로 매우 근실하게 섬기어 받들었다고 한다. 덕녕공주에게도 후비부가 설치되었던 것으로 짐작된다. 1344년(충목왕 즉위)

53) 『高麗史』 권35, 世家35 충숙왕 후8년 3월 癸未.
54) 『高麗史』 권36, 世家36 충혜왕 즉위년 3월 戊寅.
55) 『高麗史』 권89, 列傳2 后妃2 忠惠王 德寧公主.
56) 『高麗史』 권36, 世家36 충혜왕 후5년 1월 丙子.
57) 『高麗史』 권89, 列傳2 后妃2 忠惠王 德寧公主.
58) 『高麗史』 권89, 列傳2 后妃2 忠惠王 德寧公主.

6월 서연을 설치하고 여러 관료들 가운데 德寧府注簿 洪俊이 시강으로 임명되는 기사가 확인되는데,[59] 충혜왕대 이미 덕녕공주의 후비부가 설치되었다고 생각된다.

마지막 고려와 원의 왕실 통혼은 공민왕과 노국대장공주의 혼인이다. 노국대장공주는 원 魏王 孛羅帖木兒의 딸인 寶塔失里로, 1349년(충정왕 1)에 공민왕과 혼인하였다. 공민왕은 어린 조카에게 밀려 왕이 되지 못한 상황이었다. 이러한 상황에서 원 종실의 공주와 혼인하여 부마가 됨으로써 왕위에 오를 수 있는 자격을 획득한 것이다.[60] 공주는 공민왕이 즉위하면서 함께 고려에 왔다. 고려에 온 이후 1352년(공민왕 1) 2월에 府를 설치하여 肅雍府라고 하였다.[61] 1355년 2월에는 원에서 承懿公主로 책봉하였다.[62]

노국대장공주는 공민왕의 인생 동반자이자, 때로는 국정의 협력자로서 공민왕의 개혁정치 시행에 중요한 역할을 담당하였다고 평가된다.[63] 1363년(공민왕 12) 興王寺의 난이 발생하였을 때, 왕이 대비의 밀실로 피해 숨었고, 공주가 문 앞에 막고 앉아 지킨 사례는 공민왕에게 노국대장공주의 역할을 극명하게 보여준다. 노국대장공주의 고려 생활은 이전 원 공주의 존재 양상과 차이가 있다. 공민왕 즉위 이후 반원 개혁 정책을 펼쳤던 국내적 상황과, 원의 쇠퇴 등에 의한 혼란한 국외 정세는 원 공주라는 위상이 이전에 비해 약화될 수 밖에 없는 요건이었다.

---

59) 『高麗史』 권37, 世家27 충목왕 즉위년 6월 乙卯.
60) 이형우(2009), 「노국대장공주와 공민왕의 정치」, 『韓國人物史硏究』 12, 150쪽.
61) 『高麗史』 권89, 列傳2 后妃2 恭愍王 徽懿魯國大長公主.
62) 『高麗史』 권38, 世家38 공민왕 4년 2월 癸亥.
63) 이형우(2009), 위의 논문, 155쪽.

노국대장공주는 원 공주라는 출신보다 고려 왕비로서의 삶에 충실하였다. 공주는 후사를 잇기 위해 노력하였다. 공민왕 재위 초 왕과 함께 혹은 혼자 福靈寺에 여러 차례 행차하여 後嗣를 기원하였다.[64) 1359년(공민왕 8)에 후사가 없으니 후궁을 들이라는 宰樞의 건의에 공주가 허락하여 李齊賢의 딸을 들여 惠妃로 삼았다.[65) 또 여러 차례 국왕과 함께 원 사신을 맞이하여 연회를 베풀었다.[66) 공민왕의 반원 개혁을 전후한 시기 원 사신 맞이를 공주가 함께 하면서 어색해질 수 있는 상황을 미연에 방지하였다고 생각된다.

이러한 노력에도 불구하고, 공주는 1365년에 혼인한 지 16년 만에 임신하여, 해산에 들어갔지만 난산으로 공주와 아이 모두 사망하였다. 공민왕은 노국대장공주의 무덤인 正陵과 영전 공사를 10여 년에 걸쳐 무리하게 진행하였다. 계속되는 신하들의 영전 공사 중지 간언에도 이어나갔다. 유탁 등이 토목 공사의 중단을 간언한 데 대해 공민왕이 '이것은 나의 영전 역사를 방해하는 것과 같다'라고 한 데에서 노국대장공주에 대한 애정이 깊이 드러난다.[67)

이상에서 살펴본 원 공주의 고려 이주와 고려에서의 생활은 각 왕대별 고려와 원의 관계 양상 및 국내 정치 상황 속에서 조금씩 다른 양상을 보인다. 고려 국왕과 혼인한 원 공주는 원 황실이라는 출신 배경과 함께 고려 왕비라는 이중적 신분을 가진다. 당연히 이들의 존재 양상

---

64) 『高麗史』 권38, 世家38 공민왕 2년 4월 乙卯 ; 공민왕 2년 9월 戊子 ; 공민왕 3년 3월 癸酉.

65) 『高麗史』 권89, 列傳2 后妃2 恭愍王 徽懿魯國大長公主.

66) 『高麗史』 권38, 世家38 공민왕 3년 2월 丁巳 ; 권39, 世家39 공민왕 5년 10월.

67) 『高麗史』 권111, 列傳34 柳濯.

도 이중적 신분 구조 속에서 특징지어진다. 충렬왕부터 공민왕대까지 8명의 원 출신 왕비가 있었는데, 이들의 이주에 따른 특징을 정리하면 [표 14]와 같다.

원 공주의 이주는 가장 최상위 신분 계층의 이동이라는 자체에서 고려시대 전체 외국인 이주의 신분적 스펙트럼을 보여준다. 원 공주들은 고려와 원의 왕실 통혼이라는 점에서 양국 간 혼인동맹, 고려 국왕의 부마 지위, 국내 권위 확보 등 정치적인 성격을 지닌다. 그러나 이들은 혼인을 매개로 고려라는 낯선 환경으로 이주해 온 외국인이었다.

[표 14] 원 공주의 고려 이주와 특징

왕대	원 공주	거주 기간	고려 책봉호	后妃府名	宮·殿名	원 책봉호
충렬왕	齊國大長公主 [忽都魯揭里迷失]	1274~1297	元成公主	膺善府	敬成宮 元成殿	安平公主
충선왕	薊國大長公主 [寶塔實憐]	1298, 1313~1315		崇敬府	中和宮	韓國長公主
	懿妃[也速眞]	?~1316				
충숙왕	濮國長公主 [亦憐眞八剌]	1316~1319	靖和公主 (추증)	肅寧府(?)		
	曹國長公主 [金童]	1325				
	慶華公主 [伯顔忽都]	1333~1344	慶華公主	慶華府		
충혜왕	德寧公主 [亦憐眞班]	1330~1332 1339~1350 1354~1375	德寧公主	德寧府(?)		貞順淑儀公主
공민왕	魯國大長公主 [寶塔失里]	1351~1365	徽懿公主	肅雍府		承懿公主

원 공주는 고려에 온 이후 '공주'로 불려졌다. 가계를 알 수 없는 懿妃를 제외한 나머지 7명의 공주는 고려와 원으로부터 이중적으로 책봉을 받았다. 고려에서는 고려 거주 기간이 짧은 경우를 제외하고 下嫁해 온 공주에 대해 고려의 후비 책봉이 이루어졌다. 고려로부터 받은 공주 칭호를 통해 원 공주들은 고려 왕실 구성원으로 재편되었으며 그에 따른 정치·경제적 기반이 주어졌다.

충렬왕비 제국대장공주의 사례는 이후 원 공주의 고려 이주에 전례가 되었다. 특히, 후비부의 설치는 이전까지 太后가 되어야 세워졌던 것에서 원 공주에 대한 특별한 혜택으로 이루어졌다. 충선왕비 懿妃와 1년도 안되는 짧은 기간 있었던 충숙왕비 조국장공주를 제외하고 나머지 공주들에 대해서는 모두 후비부가 설치되었던 것으로 이해된다. 공주들은 이 후비부를 독립적으로 운영하여 낯선 고려 환경에 적응해 나갔다.

한편, 원 공주에 대한 이해가 정치적 상황 속에서 원 공주와 고려 왕비라는 위상에 매몰되어 외국인으로 고려에 살았던 이들의 삶에 대해 실제적으로 접근하지 못한 측면이 있다. 원 공주의 고려 거주 기간은 제국대장공주와 덕녕공주를 제외하고는 대부분 10년 남짓이었다. 게다가 제국대장공주가 충렬왕과 혼인할 때 나이가 16세이었고, 조국장공주가 용산원자를 낳고 얼마 되지 않아 죽었을 때가 18세였으며, 덕녕공주가 1344년 충목왕 즉위 시 盛年이었다는 점을 보았을 때, 대체로 원 공주는 어린 나이에 고려 국왕과 혼인하여 고려에 왔다. 특히, 고려 국왕의 잦은 원 입조와 여러 정치 상황에 따른 왕래로 실제로 공주들이 고려에서 생활한 기간은 이보다 짧았을 것이다.

비교적 원 공주의 호방한 생활을 영위하였던 것으로 이해되는 제국대장공주가 원에서 돌아와 壽寧宮에 핀 작약 꽃 한 송이를 한참 만지작거리다 흐느껴 운 이후 곧 병을 얻어 죽었다는 점은[68] 어린 나이에 낯선 고려 사회에 와 어렵게 적응하였던 외국인이자 여성으로서의 삶을 짐작하게 한다.

2) 怯怜口 및 원 출신 外國人 이주와 仕宦

원 공주의 겁령구는 공주가 고려 국왕에게 下嫁할 때 함께 온 사람들이다. 고려 국왕과 원 공주와의 혼인은 결국 많은 원 출신 외국인의 고려 유입에 영향을 미쳤다. 이들은 몽골 제국의 통치계층의 일부라 할 수 있으며, 고려로 와서 공주의 신변을 보살피는 업무에서부터 공주를 도와 고려의 정치문제, 여원 관계를 처리하는 역할을 하였다.[69] 원의 입장에서 원 공주를 따라 온 겁령구는 고려에 파견되어 고려 왕실의 감시, 국왕의 자주적 성향 견제, 내정 간섭 등을 효과적으로 도모할 수 있었다.[70]

이들의 성격에 대해서는 다양한 논의가 진행되었다. 먼저, 이들은 충렬왕의 측근세력으로 이해되었다. 충렬왕과 제국대장공주가 정치적으로 충돌하는 일이 없었기 때문에 공주의 겁령구는 자연스럽게 충렬왕과 연결되어 측근이 되었다고 보기도 하며,[71] 충선왕 집권 과정에서 인후와 같은 인물은 충선왕의 지지세력으로 전환되었다는 견해도

68) 『高麗史』 권89, 列傳2 后妃2 忠烈王 齊國大長公主.

69) 배숙희(2017), 「13~14세기 歸化人의 유형과 고려로 이주」, 『歷史學報』 233, 5쪽.

70) 장영주(2017), 「원 간섭기의 怯怜口 印侯 연구」, 한남대학교 석사학위논문, 5쪽.

71) 李益柱(1988), 「高麗 忠烈王代의 政治狀況과 政治勢力의 性格」, 『韓國史論』 18, 197~200쪽.

있다.[72] 한편, 공주를 따라온 인물들은 넓은 의미에서 겁령구이지만, 세부적으로 따지면 중국 왕족이나 귀족 여인이 시집갈 때 수종하는 가신인 孕身에 해당하고, 오직 제국대장공주에게만 충성하므로 공주의 측근세력으로 보아야 한다고 여겨지기도 한다.[73]

한편, 이들의 역할에 대해서는 공녀 차출 업무, 황실과의 관계 조정, 사절 의례와 관련한 대원 외교 관계에 영향력을 발휘하였다고 이해된다.[74] 또 고려의 겁령구가 국왕의 의식주나 왕궁을 관리하는 업무 등 평소 국왕의 일상생활에 대한 숙위를 담당하다가 유사시 군사적으로 동원되기도 하는 군사적 역할을 고려할 때,[75] 공주의 겁령구 역시 마찬가지였을 것으로 생각된다.

무엇보다 이들은 원의 官屬이면서 동시에 고려의 관직에 임명되어 고려를 대변하는 관료였다. 고려와 원은 고려국과 원 제국이라는 이원적인 세계를 공유하는 독특한 관계였다. 원 공주를 따라온 겁령구 역시 이러한 관계 속에서 존재하였기 때문에, 원 공주에 속한 사속인임과 동시에, 고려에서 관직을 제수받고 고려 사신으로 원에 파견되는 등 고려 관료라는 이중적인 신분을 가졌다. 특히, 印侯의 경우, 원에서 昭勇大將軍·鎭邊萬戶, 鎭邊萬戶府·達魯花赤 등에 임명하여 고려 관료임과 동시에 원 관직을 소유하고 있었다.

고려 관력 및 활동 내용을 중심으로 이들의 고려 내 존재 양상과

72) 金光哲(1997), 「충렬왕대 측근세력의 분화와 그 정치적 귀결」, 『考古歷史學志』 9, 300쪽.

73) 고명수(2015), 「충렬왕대 怯憐口(怯怜口) 출신 관원-몽골-고려 통혼관계의 한 단면」, 『사학연구』 118.

74) 이명미(2015), 「고려-몽골 간 使臣들의 활동 양상과 그 배경」, 『한국중세사연구』 43.

75) 林亨洙(2018), 「고려 怯薛의 구성과 역할」, 『고려후기 怯薛制 운영 연구』, 고려대학교 박사학위논문, 78~89쪽.

그 성격을 고찰해보고자 한다.

> 라-1) (1277년 1월) 공주의 怯怜口에게 성명을 하사하였다. 忽刺歹를 印侯로, 三哥를 張舜龍으로, 車忽觧를 車信으로 하고 職은 모두 將軍에 제배하였다. 式篤兒는 盧英으로, 五十八을 鄭公으로 하고 職은 모두 中郎將에 제배한 뒤 內侍에 소속시켰다. 겁령구라는 것은, 중국말[華言]로 개인에게 속한 사람[私屬人]을 의미한다.[76]
>
> 라-2) 三哥, 車古歹와 함께 공주를 따라 와서 중랑장(中郎將)에 보임되었다. 忠烈王이 將軍으로 제수하고자 이름을 바꾸라고 명령하니, 忽刺歹가 大將軍 印公秀에게 말하기를 "내가 당신과 친하니 그대의 성을 빌리면 어떻겠소?"라고 하였다. 마침내 姓名을 바꾸어 印侯라고 하였다.[77]

라-1)은 제국대장공주의 怯怜口에게 이름과 관직을 하사한 내용이다. 忽刺歹[쿠라다이]는 印侯로, 三哥[셍게]는 張舜龍으로, 車忽觧[차쿠다이]는 車信으로 하고 將軍을 제배하였다. 또 式篤兒[식투르]는 盧英으로, 五十八은 鄭公으로 하고 모두 中郎將에 임명한 뒤 內侍에 소속시켰다. 이들을 한식 성명으로 개명한 데에는 고려의 관직 임명과 관련이 있는 것 같다.

라-2)는 쿠라다이가 인후로 개명한 내력에 대한 내용이다. 쿠라다이는 셍게와 차쿠다이와 함께 공주를 따라 와서 중랑장에 보임되었다. 즉, 이들의 고려 초직은 중랑장이었음을 알 수 있다. 그런데, 충렬왕이

76) 『高麗史節要』 권19, 충렬왕 3년 1월.

77) 『高麗史』 권123, 列傳36 印侯.

장군으로 제수하고자 하니 이름을 바꾸라고 명령하였다. 이에 쿠라다이는 평소 친분이 있는 대장군 印公秀의 성을 빌려 성명을 인후로 고쳤다. 이외 다른 인물들도 충렬왕의 개명 명령에 따라 이름을 고친 것으로 보인다.

이들은 처음 공주의 사속인으로 고려에 왔지만, 다시 고려 관직을 임명하여 고려 관료 조직 내로 편입되었다는 점이 주목된다. 이들의 초임직은 중랑장, 낭장 등으로 무반직이었다.[78] 초임직뿐만 아니라 이들의 관력을 보더라도 주로 무반직을 통한 관직 생활을 하였다. 『고려사』 등에서 원간섭기 고려에 이주한 외국인 가운데 고려 관직 임명 사례가 확인된 인물들을 중심으로 구체적으로 활동상을 살펴보고자 한다.

인후는 몽골인으로, 고려의 초직으로 중랑장을 제수받은 이래 대장군, 상호군, 鷹揚軍上將軍 등을 역임하였으며, 1286년 12월에는 副知密直司事에 임명되었으며, 昇平郡을 본관으로 하사받았다. 또, 그는 1281년 10월 원으로부터 昭勇大將軍·鎭邊萬戶에 제수받고 虎符와 인장을 받았다.[79] 인후는 몽골인이었지만, 한미한 출신이었던 듯하다. 처음에 매우 가난하였으나, 충렬왕의 총애를 받고 큰 재산을 축적하였다고 한다. 그는 고려와 원 사이에서 외교적 중재 능력으로 신임을 받았다. 여러 차례 원에 사신으로 파견되었고, 충렬왕과 제국대장공주가 함께 입조할 때마다 인후가 따라가지 않은 적이 없다고 하며 황제에게 아뢸 일이 있으면 반드시 인후를 보내 처리하게 하였다.[80]

---

78) 邊太燮(1966), 「高麗後期 武班에 對하여」, 『論文集』, 서울대학교, 203쪽 ; 『高麗政治制度史硏究』, 一潮閣, 1971.

79) 『高麗史節要』 권20, 충렬왕 7년 10월.

인후는 1311년(충선왕 3) 9월 사망할 때까지 고려에 살았다.[81] 그에게는 印承光과 서자 印承旦이 있었는데, 과거 급제의 영예를 부러워하여 인승광에게 과거시험을 보게 하였다. 인승광은 능력이 되지 않았으나, 試官들이 인후의 권세에 아부하기 위해 급제시켰다고 한다.[82] 인승광은 벼슬이 護軍에 이른다고 하는 것을 보아, 그 역시 아버지를 이어 고려에서 관직 생활을 하였던 것으로 보인다.

장순룡은 본래 회회인으로, 제국대장공주를 따라 고려에 왔다. 그의 아버지는 원 세조의 必闍赤인 張卿이다. 장순룡 역시 중랑장에서부터 호군, 대장군 등의 무반직을 거쳐 副知密直司事, 同知密直司事, 僉議叅理 등을 역임하였다. 그도 1281년 10월 원으로부터 宣武將軍·鎭邊管軍摠管을 제수받았다.[83] 장순룡은 인후, 차신 등과 더 좋은 저택을 짓기 위해 경쟁하기도 하는 등 사치스러움과 분수에 넘치는 행동이 극에 달하였다고 비판받았다. 인후와 마찬가지로 장순룡도 아들 張瑄에게 과거시험을 보게 하여 급제하였다. 장선은 檢校評理 등을 역임하였는데,[84] 장순룡–장선 부자 역시 2대에 걸쳐 고려에서 사환하는 모습이 확인된다.

노영은 본래 河西國人으로, 고려 관직은 장군을 역임하였다. 그는 1275년 7월에 원 황제의 생신을 축하하는 사신으로 許珙과 趙仁規가 파견되었는데, 공주가 黑的이 참소하여 변고가 생길까 함께 보내어 그

---

80) 『高麗史』 권123, 列傳36 印侯.

81) 『高麗史』 권34, 世家34 충선왕 3년 9월 己巳.

82) 『高麗史』 권123, 列傳36 印侯.

83) 『高麗史節要』 권20, 충렬왕 7년 10월.

84) 『高麗史』 권35, 世家35 충숙왕 7년 7월.

의 행동을 살피게 하였다.[85] 또 같은 해 12월에 국왕의 원 입조를 요청하기 위해 원에 파견되었다.[86] 그는 일 때문에 원에 갔다가 돌아오지 못하고 일찍 죽었기 때문에 다른 인물들에 비해 기록이 소략하다.[87] 그렇지만, 성품이 부드럽고 너그러웠으며 총명하고 글을 제법 알아 인후나 장순룡과 비교할 바가 아니라고 칭송받았다.[88]

공주의 겁령구 중 차신은 본래 고려인이었다. 그의 어머니가 공주의 유모가 되어 고려에 올 때 시종하는 신하가 되어 돌아온 것이다. 그는 다른 외국인 겁령구들과 다른 관력이 이채롭다. 차신도 처음에 將軍으로 임명되어 원에 사신으로 파견되는 등의 역할을 하였는데, 1295년 1월에 世子元賓에,[89] 1297년 8월에는 贊成事·世子貳師에 제수되는 등의 다른 관력를 보인다.[90] 이에 앞서 1278년 11월에 세자의 태를 안동부에 묻는 일에 파견되기도 하였으며, 1287년 10월에 공주와 세자가 차신의 집으로 거처를 옮기기도 하였다.[91]

이들은 처음에 기본적으로 공주에 예속되어 공주의 개별 명령에 따라 원에 파견되기도 하고, 공주와 관련한 공무를 수행하였다. 그런데 또 라-1)에서 볼 수 있듯이, 충렬왕이 고려의 관직을 제수하고 內侍에 소속시켰다. 이들의 고려 내 관직 승진은 공주와 연관된 것 같지는 않다. 1297년(충렬왕 23) 5월에 공주가 현성사에서 사망하였다.[92] 그렇

85) 『高麗史』 권28, 世家28 충렬왕 1년 7월.
86) 『高麗史』 권28, 世家28 충렬왕 1년 12월 甲辰.
87) 『高麗史』 권123, 列傳36 盧英.
88) 『高麗史』 권123, 列傳36 盧英.
89) 『高麗史』 권31, 世家31 충렬왕 21년 1월 己巳.
90) 『高麗史』 권31, 世家31 충렬왕 23년 8월 辛丑.
91) 『高麗史』 권30, 世家30 충렬왕 13년 10월 庚午.

다면, 본래 신분대로 따지자면 공주의 사망으로 인해 원으로 돌아가야 하는 것이 아니었을까.

하지만, 이들은 계속해서 고려 내 남아있으면서 고려에서 관직 생활을 이어갔다. 이들은 원의 관속이면서 고려의 관료로 예속되었다. 충렬왕이 內侍에 소속시켜 자신의 본속으로 삼아 고려에 정착하게 한 것이다. 이들 입장에서도 원에서의 생활보다, 국왕 총애를 기반으로 한 고려에서의 권력과 영향력이 나은 환경이었다. 인후가 처음 가난하였으나 국왕의 총애에 힘입어 부를 축적하였다는 점 등에서 더욱 그러하다.

한편, 제국대장공주와 나머지 공주들은 그 출신 배경이 달랐기 때문에 겁령구나 그 수행원도 성격을 달리하였다. 제국대장공주는 원 세조의 딸로, 명실상부한 원 황실의 일원이었다. 그렇기 때문에 공주에게는 겁령구가 예속되어 있었다.[93] 그 규모 역시 황실에 가까울수록 달랐다. 점차 왕대가 거듭될수록 황실의 인척 諸王의 딸과 결혼하면서 공주에게 속한 겁령구 역시 규모가 줄어들었을 것으로 생각된다. 그뿐만 아니라, 많은 고려인들이 원에 관직 생활을 하는 등 다방면에서 활동하게 됨에 따라 다수의 고려인이 공주의 수행원이 되어 고려에 돌아오기도 하였다.[94]

두 번째는 고려 국왕의 총애를 입고 고려에 온 인물들이다. 이들은 신분적 출신이나, 재능과 상관없이 충숙왕의 총애만으로 고려에서 관직 생활을 영위하였다. 왕삼석은 본래 蠻人으로, 상선을 따라 연경에

92) 『高麗史』 권31, 世家31 충렬왕 23년 5월 壬午.

93) 겁령구는 몽골의 皇室·公主·諸王에게 종속되어 주인을 위해 狩獵, 牧畜, 工匠, 護衛 등 여러 직종에 종사하는 사속인이었다(고명수(2015), 앞의 논문, 237쪽).

94) 『高麗史』 권89, 列傳2 后妃2 忠宣王 薊國大長公主.

왔다가 왕의 입조 시에 은총을 베풀고 師傅로까지 칭한 인물이다. 그에 대해서 兪思廉은 '왕삼석은 학술이 없는 일개 蠻人이지만 왕이 미혹되어 그를 믿고 은밀히 곁에 가까이하였다. 단지 벼슬을 팔고 옥송을 거래하였을 뿐만 아니라 심지어 風憲을 조정에서 욕보였음에도 왕은 깨닫지 못하였으니, 아첨하는 사람을 멀리하기 어려운 것이 이와 같다.'라고 평가하였다.[95] 즉, 그는 학술적 능력은 없었지만, 醫術이나 陰陽, 幻術로 충숙왕의 총애를 얻었다.[96]

梁載는 燕南人으로, 초명은 梁將이다. 그는 왕삼석의 연줄로 권력을 행사하였는데, 왕삼석이 죽자 원 연경으로 돌아갔다. 그러하다 충숙왕의 총애로 전권을 남용하기도 하였는데, 자신과 친분이 두터운 李閨을 蔡洪哲·安珪에게 부탁하여 과거에 급제시키자 당시 상인이나 雜類들이 앞다투어 서로 의탁하였다고 한다.[97] 그는 1335년 4월에 銓注를 관장하여 崔老星을 懷義君으로 임명하기도 하였다.[98]

崔老星은 색목인 출신으로, 富商으로 표현되는데 그는 고려에서 상업과 무역에 종사하던 대상인이었다. 그는 1335년에 燕南人 梁載의 추천으로 懷義君에 봉해졌다. 그의 봉군 과정을 보면, 왕삼석-양재-최노성으로 연결되는 양상이 확인된다. 이는 고려 내 외국인이 하나의 정치 네트워크를 형성하고 있었던 것이라고 하겠다.[99] 고려 국왕의 총애를 배경으로 권력을 장악하였지만, 외국인 사이의 관계망을 이용하

---

95) 『高麗史節要』 권24, 충숙왕 12년 7월.
96) 『高麗史』 권124, 列傳37 王三錫.
97) 『高麗史』 권124, 列傳37 梁載.
98) 『高麗史節要』 권25, 충숙왕 후4년 4월.
99) 金澈雄(2017), 「고려후기 色目人의 移住와 삶」, 『東洋學』 68, 10쪽.

여 지지기반을 공고히 하였다고 생각된다.

李宜風은 충숙왕 嬖幸으로, 송나라 泉州 출신이다.[100] 폐행은 국왕의 총애로 관인이 되어 이를 이용해 상당한 권력을 행사한 존재로 이해된다.[101] 이의풍은 활쏘기와 말타기를 잘했는데, 충숙왕의 폐신이 되어 15세에 散員에 임명되었다. 국왕의 사냥에 따라갔다가 화살 한 발로 사슴을 잡으니 왕이 기뻐 別將行首를 제수하였다가, 갑자기 뛰어올라 摠部典書를 거쳐 密直副使에 올랐다. 충숙왕의 총애에 힘입어 정치 참여에 제멋대로 사욕을 채우고 법을 어지럽게 만드는 폐해를 끼쳤다.[102]

이상에서 살펴본 원 간섭기 외국인 존재 양상은 고려 국왕의 권위를 근간으로 하였다는 특징이 있다. 고려에 온 이후로는 고려 왕실과 관료 조직에 편입되어 정착하였다. 특히, 이들의 관직 역임 내용을 보면, 처음 將軍 등의 무반직으로 고려 관료가 되었고, 주로 원과의 관계 속에서 외교 사신 등의 역할을 수행하였다.

또, 이들의 관직 임명 양상에는 密直司를 중심으로 이루어지고 있다는 특징이 있다. 1275년 원의 강요에 의해 고려의 관부 조직이 대폭 개혁이 이루어졌는데, 밀직사는 樞密院이 개편된 것이다.[103] 밀직사는 왕명의 出納과 宿衛, 軍機의 정무를 관장하였다.[104] 충렬왕은 자신과 함께 원에 들어와 시중들던 사람들을 기반으로 忽赤을 편성하였으며,

---

100) 『高麗史節要』 권24, 충숙왕 11년 9월.

101) 金光哲(1986), 「高麗 忠宣王의 現實認識과 對元活動-忠烈王 24年 受禪以前을 중심으로」, 『釜山史學』 11. 한편, 『高麗史』 폐행 서문에는 아첨, 聲色, 鷹犬, 土木, 技術 등으로 국왕의 총애를 받은 인물들이라 기록하였다(『高麗史』 권123, 列傳36 嬖幸1).

102) 『高麗史』 권124, 列傳37 李宜風.

103) 『高麗史』 권76, 志30 百官1 密直司.

104) 『高麗史』 권76, 志30 百官1 密直司.

즉위 후에도 이들을 중심으로 자신의 호위를 맡기고 기존 친위군을 대신하는 무력적 기반으로 활용하였던 것으로 이해된다.[105] 이 과정에서 원 공주를 따라온 겁령구들도 고려 관직을 매개로 충렬왕의 친위 세력으로 재편되었다고 생각된다.

閔甫의 사례를 보면, 민보는 여러 해에 걸쳐 원에 새매를 바치기 위해 원에 파견되었다. 그는 장군, 대장군, 대호군, 상호군 등을 역임하였는데, 응방에 소속된 집사반으로 여겨진다. 응방은 매를 포집하고 사육하는 임무를 주로 담당하였는데, 여기에 소속된 이들은 주로 장군과 같은 무관직을 지니고 있었으며, 국왕의 매사냥에 배종하거나, 매를 관리하는 역할을 하였다.[106]

> 마) 忠烈王이 元을 섬긴 이래, 매양 中朝의 宦侍·婦女·奉使者의 청으로 인하여 관작이 제 분수에 넘쳐, 모두 청탁하는 사람을 侍衛하는 관직을 제수하니, 세력을 믿고 교만하여 宿衛를 즐겨하지 않았다.[107]

마)는 1394년(조선 태조 3) 2월에 정도전이 조선 초 군사 제도 개혁에 대한 상서를 올린 내용의 일부이다. 정도전은 고려 후기 군사 제도의 문란함을 비판하였는데, 충렬왕 이후 원과 관계된 자들의 청탁으로 이들을 시위하는 관직을 제수하여 숙위직이 더욱 문란해짐을 꼬집었다. 앞서 사례들을 통해 살펴보았듯이, 충렬왕 이후 원에서 온 이들에

105) 林亨洙(2018), 「고려 怯薛의 구성과 역할」, 앞의 박사학위논문, 48쪽.
106) 林亨洙(2018), 「高麗·元 怯薛의 운영에 대한 비교 분석」, 앞의 박사학위논문, 119쪽.
107) 『太祖實錄』 권5, 태조 3년 2월 29일 己亥.

대해 장군직 및 밀직사 관직을 통한 국왕 근시직을 제수하여 친위 세력으로 재편한 사정이 확인된다.

원간섭기 외국인은 고려 관료 조직에 편입되면서 주로 국왕을 근시하는 친위군 역할을 하였다. 이들은 고려 이름으로 개명하는 등 고려 내 정착에 적극적이었다. 고려 전기 특별한 대우로 국왕이 성명을 하사하였던 것과는 달리 그들 자신이 임의로 개명하기도 하였다. 인후는 大將軍 印公秀와의 친분을 빌어 印氏 성을 빌려 이름을 바꾸었다.[108] 그러나 성명을 바꾸었다고 하여 이들의 출신이 곧 高麗人이 되는 것은 아니었다.

원간섭기 외국인 고려 정착의 특징은 이들에게 고려의 군현을 본적으로 하사하고 있다는 점이다. 인후의 경우, 1286년에 부지밀직사사로 임명되면서 昇平郡을 본적으로 하사받았다.[109] 장순룡 역시 관향이 내려진 시기는 명확하게 알 수 없으나, 德水縣을 采地로 받아 자손들이 貫籍으로 하였다.[110] 고려에 온 초기에는 장순룡의 관직 제수 등이 인후와 함께 이루어지고 있는 점을 미루어보았을 때, 인후가 승평군을 하사받은 시기를 전후하여 관향이 내려졌을 것으로 생각된다. 이들의 경우 관료층을 이루면서 고려에 세거하였기 때문에 특별히 관향을 정해주었던 것으로 보여지나, 이는 고려 전기에는 볼 수 없는 특징적인 변화상이다.

조선 초 1406년(조선 태종 6)에 右軍同知摠制 李玄은 증조 때부터 고려에 와 4대에 걸쳐 고려~조선에 살았지만 本國[朝鮮]에 籍을 두지 못했으

108) 『高麗史』 권123, 列傳36 印侯.

109) 『高麗史』 권123, 列傳36 印侯.

110) 『顯宗實錄』 권22, 현종 15년 6월 4일 丁酉.

니 賜鄕해주기를 청하고 있다.[111] 李玄 사례를 보면, 고려에 관직 생활을 하였다고 하여 모든 외국인에 대하여 관향이 내려진 것은 아니었다고 생각된다. 그의 증조부는 至元 丙戌年에 제국대장공주를 받들고 고려에 왔다고 하는데, 지원 병술년은 1286년(충렬왕 12)이다. 다만, 제국대장공주가 고려에 온 때는 충렬왕이 국왕 즉위를 한 1274년이고, 1286년에는 제국대장공주가 원을 다녀온 기록이 없어 伯顔이 고려에 온 정황을 알 수 없다. 伯顔이 고려에 온 이후 자손 대대로 고려에 정착하였던 것으로 보이는데, 조선 태종대에 이르러 본향을 받을 수 있었다.

고려 전기에는 本國이 곧 외국인의 출신으로 적용되었고, 이들의 2세에 대해서도 외국 출신을 적시하였던 점에 비하면 고려의 관향을 받는다는 점은 특기할 만하다. 고려의 군현을 관향으로 받아 이를 후세 대대로 본적으로 삼았다는 점은 고려 후기 점차 本을 중심으로 하는 가문의식이 성장한 변화된 고려의 사회 분위기를 반영한다고 하겠다.

그렇다고는 하나, 원간섭기 고려에 정착한 외국인들은 그들의 삶의 방식을 그대로 유지하였다.

> 바) 결국 上疏하여 이르기를, "우리나라는 본래 남자는 적고 여자가 많은데 지금 신분의 고하를 막론하고 모두 한 명의 妻에 그쳐 아들이 없는 자도 감히 妾을 두지 못합니다. 異國人이 와서 제한 없이 아내를 맞이하니 인재들이 모두 장차 北으로 흘러 들어갈까 두렵습니다. 청컨대 大小臣僚는 여러 명의 처를 두게 하되, 官品에 따라서 수를 줄여 庶人에 이르면 한 명의 처와 한 명의 첩명을

111) 『太宗實錄』 태종 6년 12월 9일 甲午.

두게 하며, 여러 처가 낳은 아들도 嫡子와 같이 벼슬에 나갈 수 있게 하소서. 이와같이 하면 원망을 품은 자들도 없어지고 戶口도 늘어날 것입니다."라고 하였다. 부녀자들이 이를 듣고 원망하고 두려워하지 않는 자가 없었다.[112]

바)는 충렬왕 때 朴褕가 올린 상소문의 내용이다. 여기에서 異國人은 고려에 와서 아내의 수에 제한을 두지 않고 장가들고 있는 양태를 언급하며, 이에 고려의 신료도 여러 명의 처를 두도록 하되, 관품의 고하에 따라 그 수를 제한하는 것을 건의하였다. 이는 고려의 제도와는 별개로 외국인에 대해서는 그 풍속에 따라 생활하도록 하였다는 점을 알 수 있다. 위에서 언급한 娶妻 문제는 몽골인과 색목인의 多妻制 풍속이 인정되어 이들의 고려 유입이 고려 사회에서 폐단을 야기한 사례이다.[113]

요컨대, 원간섭기 고려에 이주한 외국인은 원 공주와 제국대장공주의 겁령구 및 고려 국왕의 총애를 배경으로 고려에 온 인물들을 중심을 이루었다. 고려에 사환한 인물들은 출신을 막론하고 모두 한식 성명으로 개명하였으며, 2세에 걸쳐 고려에 정착하여 살았다. 고려의 제도와는 별개로 이들 출신에 따른 풍속대로 생활할 수 있었다.

원과의 특수한 관계 속에서 원 공주를 따라온 겁령구와 충숙왕 측근·폐행을 중심으로 성장한 인물들이 고려로 와서 고려 관직과 국왕 권력을 매개로 지배 계층에 편입되었다. 무엇보다 원간섭기 고려의

112) 『高麗史』 권106, 列傳19 朴褕.
113) 金澈雄(2017), 앞의 논문, 14·15쪽.

관향을 받는 외국인이 등장한다는 점은 매우 주목된다. 고려의 군현을 관향으로 받아 이를 대대로 본적으로 삼았다는 점은 고려 후기 점차 本을 중심으로 하는 가문의식이 성장한 변화된 고려의 사회 분위기를 보여준다.

2. 고려 말 국제 정세 변동과 倭人 관리책의 대두

1) 공민왕대 외국인 이주와 조선 개국세력의 성장

공민왕 즉위를 전후한 시기 중국에서는 홍건적, 장사성 등의 漢人 반란군이 전국 각지에서 봉기하였다.[114] 공민왕은 원의 동요와 쇠락을 기회로 삼아 반원정책과 내정개혁을 단행하였다.[115] 1356년(공민왕 5) 5월 기철 등의 친원 세력을 제거하였으며[116] 정동행성이문소를 혁파하고 원의 연호 정지, 문종 舊制로의 관제 복구 등 정치개혁에 박차를 가하였다. 이러한 대내외적인 분위기 속에서 원과의 관계 질서도 재조정되었다. 격변하는 국제정세 속에서 공민왕의 반원정책이 잠시 주춤하기

---

114) 김경록(2007), 「공민왕대 국제정세와 대외관계의 전개양상」, 『역사와 현실』 64.
이정신(2017), 「공민왕의 죽음과 국내외정세」, 『韓國史學報』 67.

115) 閔賢九(1992), 「高麗 恭愍王代 反元的 改革政治의 展開過程」, 『擇窩許善道先生停年紀念 韓國史學論叢』, 一潮閣.
蔡守煥(1998), 「高麗 恭愍王代의 改革과 政治的 支配勢力」, 『史學研究』 55·56合集號.
홍영의(2012), 「개혁군주 공민왕: 공민왕의 즉위와 초기 국왕권 강화노력」, 『韓國人物史研究』 18, 178~185쪽.
이익주(2015), 「1356년 공민왕 反元政治 再論」, 『歷史學報』 225.
최윤정(2018), 「1356년 공민왕의 '反元改革' 再論」, 『大丘史學』 130.

116) 『高麗史節要』 권26, 공민왕 5년 5월.

도 하였으나, 1359년과 1361년의 두 차례 홍건적의 난과 1368년 정월 명이 건국되면서 기존에 원과 고려 사이의 외교 원칙은 영향력을 상실해갔다. 이러한 양상을 보여주듯, 북방 세력이 대규모로 고려에 유입되었다.

사) (1409년 1월) 知議政府事 偰眉壽를 보내어 명나라 서울[京師]에 가게 하였는데, 聖節을 축하하기 위함이다. 禮部에 보내는 咨文 2통을 가지고 갔다. (중략) 그 하나는 이러하였다. "근래에 온 咨文에 의하면, '奚官萬戶府 소속 察罕 등 12戶를 마땅히 찾아서 보내고, 建州衛에 머물러 사는 指揮僉事 馬完者와 阿合出 管下의 人口도 찾아 건주위로 보내어 完聚하게 하라.'고 하였습니다. 이것에 준하여 行文한 바, 議政府 狀啓에 의거하면, '東北面都巡問使 林整의 呈文을 살펴보건대, 죽은 찰한의 며느리 那難 등을 심문하여 얻은 공술[供稱]에, 「洪武 5년 임자(1372)에 那哈出이 女直 地面으로 와서 소란[鬨亂]을 일으켜, 만호 殷實과 같이 함께 우리나라에 向化하여 慶源·定州·咸州 등지에 와서 호적에 편입하고 생업에 종사하며 差役을 감당한다.」 하였고, 또 각 고을 地面과 紅肯 등지에 마완자와 아합출 등의 管下 남녀 인구를 자세히 조사하였으나, 자문 안에 열거한 이름자[名字]와 서로 같은 사람은 없었습니다. 그러므로 呈文을 갖추어 이 狀啓를 올립니다.'고 하였습니다.

(중략) 홍무 7년(1374) 10월 이전에 다른 고을로 옮겨 일찍이 附籍하고 차역에 이바지하는 자는 논하지 아니한다.'고 하였고, 또 太祖 高皇帝께서 여러 번 내린 聖旨를 받았는데, '外邦을 구분하지 아니하고 일체로 보아 함께 사랑한다.'고 하였습니다. 위의

> 죽은 찰한 등의 管下 인민 남녀 아울러 50口는 이미 임자 연간에 본국에 流移하여 准請한 十處地面에서 오래도록 生業에 종사하고, 附籍하여 差役에 이바지한 사실을 참조하여 황제에게 奏達하여 주시오. 엎드려 바라건대, 聖慈께서 특별한 지시를 밝게 내려서 저들로 하여금 생업에 안정되게 하여 주시면, 한 나라의 큰 다행이겠습니다."[117]

사)는 조선 초 기록이지만, 고려 말 외국인 이주와 관련한 내용을 엿볼 수 있는 사료이다. 1049년(태종 9) 1월에 명나라에 賀聖節使로 파견된 知議政府事 偰眉壽가 가져간 咨文의 내용이다. 이는 이보다 앞서 명나라에서 보내온 자문조항에 대한 보고 사항을 담고 있다. 명에서는 奚官萬戶府 소속 察罕 등 12戶와, 指揮僉事 馬完者와 阿合出 管下의 人口를 찾아 건주위로 보내라고 요구하였다. 이에 조선에서는 이들의 행방에 대해 조사하여 보고한 것인데, 이들은 1372년(공민왕 21)에 만호 殷實과 같이 함께 이주하여 慶源·定州·咸州 등지에 와서 호적에 편입하고 생업에 종사하며 差役을 감당하며 살았다.

이미 察罕은 사망한 상태이며, 마완자와 아합출 등의 管下 남녀 인구는 조사하여도 자문 안의 이름자와 같은 사람을 찾을 수 없는 상황이었다. 이에 따라 조선에서는 '명에서 1374년 10월 이전 流移한 인구에 대해서는 논하지 않겠다'고 하였으니, 이들에 대해서도 호적에 편입해 생업에 종사하고 있는 사정을 봐주기를 청하고 있다. 이를 통해 볼 때, '1374년 10월'을 기준으로 하여 명의 정책에 따라 요동지역 여

---

117) 『太宗實錄』 권17, 태종 9년 1월 21일 甲子.

진 인구의 고려 이주가 어려워진 사정이 짐작된다.

원의 쇠퇴와 홍건적의 난 등의 혼란 속에서 여러 정치세력이 난립하는 와중에 공민왕은 고려에 이주해 오는 유민과 여진 세력을 받아들이면서 고려 전기의 수용 정책을 실시하였다. 그러나 명과의 관계가 수립되고, 요동지역에 대한 명의 영향력 확대에 따라 건주위를 중심으로 한 여진 人口를 비롯한 외국인의 이주가 제한되었다. 그렇기 때문에 명에서 기준으로 제시한 '1374년 10월'을 전후하여 점차 외국인의 고려 이주가 소원해졌다고 생각된다.

명에서 '1374년 10월 이전 流移한 인구'에 대해 논하지 않겠다고 한 점은 이 기준 시기가 공민왕의 죽음을 기점으로 하였다고 생각된다. 공민왕은 1374년 9월에 홍륜 등에 의해 시해당하였다.[118] 공민왕은 명과 처음 외교 관계를 맺은 고려 국왕으로, 1370년(공민왕 19) 5월에 책봉을 받았다.[119] 명이 수립된 직후 遼瀋지역은 고려와 北元, 명 사이의 삼각지대였다.[120] 공민왕은 세 차례에 걸쳐 東寧府 지역 수복을 위한 정벌을 단행하였으며, 遼瀋 일대 인구를 적극적으로 받아들였다. 명이 수복하기 이전까지 요심 지역은 심왕세력, 나하추 등의 여러 세력들이 점거하여 고려와 갈등을 일으키고 있었다. 이러한 공민왕 치세 기간까지는 명의 영향력이 요심 일대에 절대적이지 않았다. 그러므로 공민왕 죽음을 기점으로 시기를 한정하였다고 여겨진다.

공민왕대 이후 외국인의 고려 유입 양상을 정리하면 [표 15]와 같다.

---

118) 『高麗史』 권44, 世家44 공민왕 23년 9월 甲申.

119) 『高麗史節要』 권29, 공민왕 19년 5월.

120) 남의현(2012), 「元末明初 朝鮮·明의 요동쟁탈전과 국경분쟁 고찰」, 『韓日關係史硏究』 42, 93·94쪽.

공민왕~공양왕대 외국인 이주의 특징은 1) 원 인사들의 고려 이주, 2) 요동지역 여진의 대규모 유입 3) 倭人의 來投로 요약할 수 있다. 이 시기에는 원의 지배체제 약화와 중국 각지에서 발생하는 반란을 피하여 위해 고려에 많은 외국인들이 유입되었다. 외국인의 고려 유입을 나타내는 용례로는 來投가 일반적으로 보이지만, '請降'이나 '來降' 등 국제적 긴장 관계를 나타내는 용어도 확인된다.

[표 15] 공민왕~공양왕대 외국인 이주와 특징[121)]

유입 시기	출신	성명[본명]	인원	용례	특징
1358.	回鶻 高昌	偰遜 [百遼遜]	1	東來	공민왕 후대 子: 偰長壽·偰延壽·偰福壽·偰慶壽·偰眉壽
??	色目人	偰長壽	1		1362. 과거급제 子: 偰耐·偰衜·偰振
??	元 高昌	偰眉壽	1		1376. 과거급제 子: 偰猷
1359.11.갑진.	遼·瀋	流民	2300+a	來投	分處西北郡縣, 官給資糧
1359. (이전)	元人	羅世	1		1359. 홍건적 격퇴 1363. 2등 공신
1365.3.무진.	女眞	所音山 所應哥 阿豆剌	??	請降	處之朔方.
1369.7.신축.	巨濟南海縣投化倭, 叛歸其國.				
1369.11.	初倭人, 願居巨濟, 永結和親, 國家信而許之, 至是入寇.				

121) 공민왕~공양왕 기간 외국인 이주는 『고려사』 및 『조선왕조실록』 등의 기록을 참조하여 고려 내 정착이 확실하다고 판단한 경우를 중심으로 정리하였다. 이 시기 倭俘 등 고려가 倭賊을 토벌하여 포획한 포로 등이 유입되었는데, 이들에 대해서는 다음 절에서 자세히 다루도록 하고 여기에서는 생략하였다.

1369.(?)	中國 河間人	李敏道	1	來	조선 개국공신
1370.4.(?)	威遠縣	盧英壽	1		長寧公主媵臣
1370.	元朝人	韓復[拜住]			王厚加待遇, 拜判司農寺事, 賜姓名韓復
??	漢南人	韓昉	??	出來	
??	漢南人	李原弼	??	出來	
??	漢人	洪楫		出來	
??	胡人	金義[也列哥]			1373.12. 密直副使
1371.2.갑술.	女眞千戶	李豆蘭 [李豆蘭帖木兒]	100戶	來投	조선 개국공신 子: 李和英·李和美·李和秀
1375.5.	倭	藤經光	率衆	來投	處之順天燕岐等處, 官給資糧
1375.6.	倭	公昌	16	來降	
??	漢族	任彦忠	1		1379.3. 護軍 조선 개국공신
1382.윤2	海陽萬戶	金同不花	以所管人民	來投	處之禿魯兀之地
1387.11.	回回	金鼻			
1391.7.	我太祖獻議, 遣人賫牓文, 招諭東女眞地面諸部落. 於是, 女眞歸順者, 三百餘人				

고려 말 외국인의 고려 이주는 주로 공민왕대에 집중되어 나타나며, 1370년대 중반 이후에는 왜인 집단과 육로를 통해 온 일부 원 잔존 인사들의 이주 사례가 몇 건 있을 뿐이다. 인구 이동문제는 명이 건국되고 고려와 명이 외교 관계를 형성함에 따라 국경 지역을 둘러싼 영토 및 인구 문제가 외교적 현안이 되었던 듯하다. 특히, 명에서는 인구 이동 관련한 외교적 제재를 가하였다.

[표 15]에서 확인되듯이, 공민왕대에는 다양한 출신의 외국인이 고

려에 이주하였다. 먼저, 원의 통치체제가 이완되면서 여러 사정에 따라 고려에 온 원 인사들이 있다. 偰遜과 그 아들들, 羅世, 李敏道, 韓復, 韓昉, 李原弼, 洪楫, 李之蘭, 任彦忠 등이 확인된다. 이들은 원으로부터 고려에 와 고려에서 관직 생활을 하며 정착하였다.

아-1) 紅巾賊이 대령을 침략하자 恭愍王 7년(1357)에 병란을 피하여 우리나라로 왔다[東來]. 왕이 元에 있을 때 황태자를 端本堂에서 시종하며 설손과 舊誼가 있었으므로 그를 매우 후하게 대우하였다. 집을 하사하고 高昌伯으로 봉하였다가 富原侯로 고쳐 봉하였고 富原의 토지를 하사하였다.[122)]

아-2) 偰長壽는 字가 天民이다. 恭愍王 때 慶順府舍人을 지내다가 父親喪 중이었는데, 왕은 色目人이므로 특별히 명령하여 상복을 벗고 과거 시험에 응시하게 하였다. 마침내 과거에 급제하여 여러 관직을 거쳐 判典農寺事가 되었다.[123)]

아-3) 檢校議政府參贊 偰眉壽가 卒하였다. 설미수의 자는 天用으로서 元 高昌 사람인데, 崇文監丞 伯僚遜의 아들이었다. 어머니 趙氏는 성격이 엄하여 그를 가르치는데 법도가 있었다. 병진년(1376) 18세에 문과에 합격하여 두루 中外에서 벼슬하고 永樂 계미년(1403)에 工曹典書로 중국 朝廷에서 무역해 가는 馬籍을 가지고 京師로 나아갔다. (중략) 偰眉壽는 효도와 우애에 恭謹하였다. 네 사람의 형이 먼저 죽으니, 어린아이들을 돌보아 구제하였다. 仲兄 偰延壽는 후사가 없었으나, 侍婢에게 한 女息이 있었는데, 戚混이

122) 『高麗史』 권112, 列傳25 偰遜.
123) 『高麗史』 권112, 列傳25 偰遜 附長壽.

었다. 형수는 설미수에게 예속시키니, 형수에게 고하고 良民이 되게 허락하여, 데리고 양육하면서 치장해서 시집보냈다.[124]

아-1)은 1357년(공민왕 7)에 설손이 홍건적의 난을 피해 고려에 온 사정과 그에 대한 고려의 대우를 볼 수 있다. 공민왕은 설손이 원에서 숙위할 때 황태자를 함께 시종하였던 옛 인연이 있으므로 매우 후하게 대우하였다. 집을 하사하고 高昌伯으로 봉하였다가 후에 富原侯로 고쳐 봉하고 富原의 토지를 하사하였다. 그는 온 가족들과 함께 고려에 왔다.[125] 설손에게는 偰長壽·偰延壽·偰福壽·偰慶壽·偰眉壽 등 다섯 아들이 있었다. 이들은 모두 설손이 고려에 오면서 함께 고려에 왔다.

아-2)는 설손의 長子 설장수가 부친상 중이었는데, 공민왕이 특별히 그가 色目人이므로 상복을 벗고 과거 시험에 응시하도록 하였다. 설장수는 1362년(공민왕 11)에 과거에 급제하여 여러 관직을 두루 거쳤다. 설장수는 戶數의 多少를 가려 城堡를 축조하는 왜구 침입에 대한 대책을 건의하기도 하였으며,[126] 공양왕을 옹립하려는 이성계 세력에 가담하여 中興功臣, 定亂功臣의 칭호를 얻기도 하였다.[127] 설장수는 고려에 이어 조선에서도 仕宦하여 관직이 判三司事에 이르며, 8번에 걸쳐 명에 파견되어 고려와 조선의 외교 사신 역할을 도맡았고, 華語로 小學을 해석한 『直解小學』을 간행하였다.[128]

124) 『太宗實錄』 권29, 태종 15년 3월 4일 壬寅.
125) 『定宗實錄』 권2, 정종 1년 10월 19일 乙卯.
126) 『高麗史』 권112, 列傳25 偰遜 附長壽.
127) 『高麗史』 권112, 列傳25 偰遜 附長壽.
128) 『定宗實錄』 권2, 정종 1년 10월 19일 乙卯.

아-3)은 설손의 아들이자 설장수의 동생인 설미수에 대한 기록이다. 설미수는 1376년에 과거 시험에 합격해 고려에서 관직 생활을 시작하였다. 설미수 역시 설장수와 마찬가지로 여러 차례 명에 사절로 파견되어 외교적 능력을 발휘하였다. 이들 형제는 고려 여인과 혼인하여 그 후세도 대를 이어 생활하였다. 이들 설손 부자는 고려에 이주하였지만, 조선 건국 이후에도 조선 조정에서 관직 생활을 하며 언어적 능력을 활용하여 외교에 중추적 역할을 수행하였다.

설손이 처음 고려에 왔을 때, 공민왕이 富原의 토지를 하사하였던 것은 고려 정착의 경제적 기반을 제공해준 것이라 생각된다. 설장수는 태조에게 관향을 내려줄 것을 요청하였다.[129] 1396년(태조 5) 11월에 설장수는 鷄林을 관향으로 받았다.[130]

설장수와 같이 고려에 와서 정착하였지만, 조선 초 관향을 받은 사례는 李敏道가 있다. 이민도는 본래 중국 河間 출신으로 원의 慶元路摠官 李公埜의 아들이다. 원이 쇠퇴함에 따라 외가인 明州에 우거해 있다가 고려 사신 成準得이 張士誠이 있는 곳에서 돌아갈 때 자청하여 함께 고려에 왔다.[131] 성준득은 1369년(공민왕 18) 8월에 賀聖節使로 명에 파견되었다가[132] 이듬해 5월 귀국하였다.[133] 이민도는 1369년 성준득의 사행을 따라 고려에 왔다고 생각된다. 그는 1390년(공양왕 2) 1월에 衛尉判事로, 중국 제도를 모방하여 새로운 의장을 만들었다.[134]

---

129) 『世宗實錄』 권150, 지리지 경상도 경주부.
130) 『太祖實錄』 권10, 태조 5년 11월 23일 丁丑.
131) 『太祖實錄』 권7, 태조 4년 3월 9일 壬寅.
132) 『高麗史』 권41, 世家41 공민왕 18년 8월 戊辰.
133) 『高麗史』 권41, 世家41 공민왕 19년 5월.
134) 『高麗史』 권72, 志26 輿服1 儀衛.

이민도는 이성계를 추대할 뜻을 가지고 역대의 沿革을 설명하기도 하였으며, 조선 태조가 즉위하자 공신의 반열에 올라 推忠協贊開國功臣의 호를 받았다.[135] 이민도는 개국의 공이 있으므로 商山君에 봉하고 尙州를 본관으로 삼도록 하였다.[136] 이민도 역시 조선 태조대에 본관을 하사받았다. 이때 그가 상주를 관향으로 받은 이유는 妻鄕이 상주였기 때문이다.[137]

원간섭기 고려에서도 몇몇 인물들에 관향을 내려주는 사례가 있었다. 그러나 고려에 본관을 두지 않더라도 고려 내에서 관직 생활을 하며 정착하는 데 무리가 없었다. 그런데 고려말 조선에 접어들면서 점차 외국인의 賜鄕 및 요청 사례가 빈번히 확인된다.

> 자) (1439년 윤2월 2일) 이조에서 아뢰기를, "옛날 제왕들은 다른 풍속의 사람 들이 우러러 사모하여 오면, 혹 姓을 내려주고 혹 氏를 내려주어 회유하는 뜻을 보였습니다. 우리나라에서도 高麗 때 判三司事 偰長壽의 아버지인 遜이 元朝로부터 나왔는데, 慶州를 賜鄕하였습니다. 尙山君 李敏道 또한 원나라에서 나왔사온데, 우리 태종 때에 이르러 慶州를 賜鄕하였습니다. 이제 梅佑의 할아버지 君瑞가 처음 왔고, 아버지 原渚도 청렴하고 근신하며 벼슬하여 관직이 牧使에 이르렀으며, 매우에 이르기까지 2대가 우리 조정에서 복무하였으니, 청하옵건대, 舊例에 의하여 賜鄕하옵소서."라고 하니 따랐다. 마침내 忠州를 賜鄕하였다.[138]

135) 『太祖實錄』 권7, 태조 4년 3월 9일 壬寅.
136) 『世宗實錄』 권150, 지리지 경상도 상주목.
137) 『太祖實錄』 권7, 태조 4년 3월 9일 壬寅.

자)는 1439년(세종 21) 윤2월에 고려 때부터 3대에 걸쳐 사환한 梅佑가 本貫을 내려주기를 요청하여 이에 이조에서 조처한 내용이다. 매우는 조부 梅君瑞가 고려에 와서 벼슬하여 관직이 行省提控에 이르고, 아버지 梅原渚는 태종 때 벼슬하여 義州牧使에 이르렀으며, 본인 또한 관직에 이름을 올리고 있는 상황에서 본관을 아직도 중국으로 칭하는 데 민망하므로 관향을 내려주기를 요청하였다.[139] 이에 이조에서는 고려 때부터 중국에서 와서 사환한 설장수, 이민도 등에게 관향을 내려주었던 것과 같이 매우에게도 忠州를 내려주었다.

자)에서 이조의 상주에 설손이 원으로부터 와서 경주를 사향하였다는 점이나, 이민도가 태종 때 경주를 받았다는 사실에 약간의 오류가 있다. 고려에 정착한 설손 당대에 경주를 사향한 것이 아니라, 설장수가 태조 때 요청하여 관향으로 받았다. 이민도 역시 태조 때에 경주가 아닌 처향인 상주를 받았다. 그런데, 매우가 충주를 관향으로 받은 데에는 조부 매우가 처음 고려에 와서 사환하였던 점보다는 아버지 매원저와 매우 부자가 조선의 조정에서 벼슬한 공이 근거가 되었다.

설장수는 아버지 설손을 따라 고려에 정착해 고려의 과거 시험에 합격하여 관직 생활을 시작하였다. 설장수는 1362년 과거에 급제하였기 때문에 고려에서만 30년의 긴 기간 관직 생활을 하였다. 그런데 그가 관향을 내려주기를 요청한 때는 태조대에 이르러서였다. 이는 본관을 중국으로 칭하는 데 민망하다는 매우의 언급을 고려하면, 고려시대에는 본래 출신을 본관으로 칭하여도 무방하였던 사회였다는 점을

138) 『世宗實錄』 권84, 세종 21년 윤2월 2일 庚辰.
139) 『世宗實錄』 권84, 세종 21년 윤2월 2일 庚辰.

알 수 있다.

두 번째로, 급변하는 국제정세 속에서 요심 일대의 여진 세력 유입이 재개되었다. 원의 영향력 약화에 따라 요동 일대 여진 세력들은 부족 간 분열과 권력다툼이 심했고, 그들 자신의 부족 세력 유지와 이익을 위해 고려와의 관계를 이용하고자 하였다.[140] 이들의 유입 기사를 자세히 살펴보면 다음과 같다.

> 차-1) (1359년 11월) 갑진에 遼瀋 流民 2,300여 戶가 來投하여 西北郡縣에 나누어 거주하게 하고 관아에서 생필품과 식량을 공급했다. 앞서 本國人으로 鴨綠江을 건너가 그 지역에서 거주하던 자들도 병란을 피해 모두 스스로 돌아왔다.[141]
>
> 차-2) (1365년 3월) 무진에 女眞의 所音山·所應哥·阿豆剌 등이 항복을 요청하여 朔方에 거주하게 했다.[142]
>
> 차-3) (1371년 2월) 갑술에 女眞 千戶 李豆蘭帖木兒가 百戶 甫介를 보내 民戶 1백 戶와 來投하였다.[143]
>
> 차-4) (1391년 7월) 이달에 이성계[我太祖]가 의견을 올려 사람을 보내어 牓文을 가지고 東女眞 지역의 여러 部落을 招諭하게 하였다. 이에 女眞 歸順한 자들이 300여 인이었다.[144]

140) 서민정(2019), 「여말선초 정도전의 建州女眞 인식과 요동정벌계획」, 『역사와 세계』 55, 75쪽.

141) 『高麗史』 권39, 世家39 공민왕 8년 11월.

142) 『高麗史』 권41, 世家41 공민왕 14년 3월.

143) 『高麗史』 권43, 世家43 공민왕 20년 2월.

144) 『高麗史』 권46, 世家46 공양왕 3년 7월.

차-1)은 1359년(공민왕 8) 11월에 전란을 피해 遼瀋 지역 유민 2,300戶가 來投하자, 西北 郡縣에 나누어 거주하게 하고 이들에 대한 생필품과 식량을 공급해 주었다. 이들은 본래 고려인으로, 遼瀋 지역에 거주하다가 병란을 피해 本國 고려로 돌아왔다. 이때 병란은 홍건적의 침입에 의한 영향으로 생각된다. 1359년 11월에 이미 홍건적은 압록강을 건너와 노략질을 하고 돌아가는 등 고려에 큰 피해를 입혔다.145)

홍건적의 침입은 공민왕의 정국운영에 장벽이 되었을 뿐만 아니라 고려에 수많은 물적·인적 피해를 미쳤다.146) 홍건적의 숫자는 대략 14만 정도로 추정되는데, 요동으로 밀려 들어온 이들 홍건적을 유지할 물자 확보는 불가능하였다.147) 차-1)의 유민 2,300戶는 이러한 홍건적의 약탈을 피해 피난하여 온 것으로 여겨진다. 공민왕은 무악에 행차하여 천도를 기념하며 내린 敎書에서 '遼陽과 瀋陽 유민 가운데 歸化한 자들이 많으니, 해당 관청에서 이들도 넉넉하게 구제하도록 할 것'이라고 하였다.148)

차-2)는 1365년 3월에 여진 所音山, 所應哥, 阿豆剌 등이 항복하여 오니 朔方 지역에 거주하게 하였다. 所音山은 1362년 7월에 摠管 不花와 함께 趙小生, 卓都卿 등을 살해하였는데,149) 이때 그는 女眞 達魯花赤이었다. 趙小生은 본래 쌍성총관부 총관이었는데, 1356년(공민왕 5) 7월에 공민왕이 쌍성총관부를 수복할 때 탁도경 등과 도망하였다.150) 그는

145) 『高麗史』 권39, 世家39 공민왕 8년 11월 戊午.
146) 박진훈(2018), 「고려후기 홍건적의 침입과 安祐의 군사활동」, 『사학연구』 130, 100쪽.
147) 유재춘(2019), 「고려시대 외침과 강원지역의 성곽방어체제 재정비」, 『江原史學』 32, 71·72쪽.
148) 『高麗史』 권39, 世家39 공민왕 10년 2월.
149) 『高麗史』 권40, 世家40 공민왕 11년 7월.

심양 지역을 거점으로 行省丞相으로 자립하고 있던 나하추를 끌어들여 쌍성총관부를 다시 되찾고자 하였으나 실패하였다.[151]

所音山은 趙小生 등의 세력을 제거하였던 것인데, 이들은 三撒, 忽面 등을 약탈하는 등 이들의 자행에 피해를 입은 여진 세력 간의 권력 다툼 속에서 발생한 사건으로 생각된다. 고려 叛賊인 조소생, 탁도경 등을 제거하였던 이력은 고려에 수용되는 데 이점으로 작용하였을 것이고, 이들이 받아들여져 삭방 지역을 중심으로 거주하게 하였다.

차-3)는 1371년 2월에 여진 천호 李豆蘭帖木兒가 민호 100戶와 함께 來投한 내용이다. 이두란은 고려에 來投한 이후 北靑州에 거주하면서 이성계 휘하에 속하였다.[152] 이두란은 여러 차례 변방에서 공을 세웠으며, 이성계를 따라 왜구를 크게 격퇴시키는 등 군사적 기반이 되었다. 그는 고려에서 宣力佐命功臣 등의 공신 칭호를 받았을 뿐만 아니라 관직이 知門下府事·判都評議使司事에 이르렀다.[153] 한편으로, 이두란은 이성계를 보좌하며 조선을 개국하는데 큰 공을 세워 개국공신의 반열에 올랐다.[154]

차-4)은 1391년(공양왕 3) 7월에 이성계의 건의로, 동여진 지역의 여러 부락을 초유하였는데, 이때 300여 명이 고려에 歸順하였다. 홍건적의 출몰로 원의 통치체계가 급속히 붕괴되어 갔으며, 요양행성의 여러 세력들은 독자적인 세력을 형성하여 확대해갔다. 이러한 과정에서 요

150) 『高麗史』 권39, 世家39 공민왕 5년 7월.
151) 『高麗史』 권40, 世家40 공민왕 11년 7월.
152) 『高麗史』 권116, 列傳29 李豆蘭.
153) 『高麗史』 권116, 列傳29 李豆蘭.
154) 『太宗實錄』 권3, 태종 2년 4월 9일 辛酉.

양행성에 귀속되어 있던 여진들이 이완되어 부족 간 분열과 다툼이 지속되었으며, 이들 중 고려로 들어오는 세력들이 등장하고 있다. 서북 군현이나 삭방 지역에 거처하게 한 점 등을 보았을 때, 이 시기 고려에 온 여진 세력은 주로 변방의 州縣에 배치되었다.

한편, 여진 세력의 來投와 함께 來獻이나 來朝의 사례도 확인된다. 弓大의 경우를 보자. 1370년 1월에 여진 만호 弓大가 方物을 바치고, 그 부락 100호를 正陵에 예속시켜 줄 것을 요청하였다.[155] 正陵은 공민왕의 비인 노국대장공주의 능이다. 같은 해 5월에 陵戶를 두었다는 기사가 확인되는데,[156] 궁대의 요청을 수락한 것인지는 알 수 없다.

궁대는 이후 매년 고려에 사신을 파견하였다. 1371년 12월에 賀正使를 보내왔고,[157] 다음 해 5월에는 賀誕辰使를 파견하였다.[158] 弓大와 함께 두 차례 모두 사신을 보낸 達麻大는 1370년 11월에 사신을 보내 땅을 바치니, 大將軍·鎭邊都護府使으로 삼고 옷을 하사하였다.[159] 이와 같은 왕래 양상은 고려 전기 여진에 행하였던 방식과 유사하다.

공민왕은 원 제국의 정치적 혼란과 집권력 약화, 사회·경제 전반에 걸친 혼란 및 반란 등으로 제국 전체의 권력이 붕괴되고 있는 틈을 이용하여 기철 등 부원세력을 제거하고, 쌍성총관부 등 잃어버렸던 영토를 회복하는 등 고려 국가의 정상화를 정비해나갔다.[160] 공민왕은 1356년 6월 기철 등의 부원세력을 제거하고 내린 교서에서 '우리 祖宗

155) 『高麗史』 권42, 世家42 공민왕 19년 1월 戊申.
156) 『高麗史』 권42, 世家42 공민왕 19년 5월 丁未.
157) 『高麗史』 권43, 世家43 공민왕 20년 12월 丁未.
158) 『高麗史』 권43, 世家43 공민왕 21년 5월 戊申.
159) 『高麗史』 권42, 世家42 공민왕 19년 11월 乙巳.
160) 박진훈(2018), 앞의 논문, 100쪽.

의 法을 회복하여 온 나라와 함께 새롭게 출발하려 한다'라고[161] 하여 예전의 제도를 부활할 것임을 밝혔다.[162]

공민왕은 관부의 명칭과 품질을 문종대의 모습으로 복구하고, 정방을 혁파하여 吏部·兵部의 전통적 인사권을 복원하는 등 고려 전기의 제도와 문물을 회복하기 위하여 노력하였다. 이러한 방식은 외국인의 수용 정책에 있어서도 나타난다. 차-1)에서 본래 고려인인 遼瀋 지역 유민 2,300戶를 서북 주현에 나누어 수용하고 생필품과 식량을 주어 정착에 도움을 주었다. 여진의 유입에는 변방 지역에 거처하게 하였다. 그뿐만 아니라 여진 세력의 來朝와 來獻을 받아들이고 이들에 대하여 관직을 부여하는 등 고려 전기의 국가 위상을 보이기도 하였다.

2) 倭人 규제책과 집단거주지 설정

마지막 고려 말 외국인 이주의 특징은 倭人 집단의 來投이다. 고려 전기 일본인의 왕래는 부진하였다. 이는 국제 정세의 영향에 따른 것이었다. 고려가 건국되었던 918년 전후 중국은 5대의 혼란한 시기였고, 일본에서는 遣唐使가 폐지되어 중국과의 국교가 단절된 상태였다.[163] 고려 역시 후백제와 대립하여 통일 전쟁을 한창하였기 때문에 일본과의 통교에 힘쓰지 못하였다. 다만, 일본과의 왕래는 주로 고려 표류민의 송환 사례가 확인된다. 그렇다고 일본인의 고려 유입이 전혀 없었던 것은 아니다. 고려 전기 일본인의 고려 유입 사례를 정리하면

161) 『高麗史』 권39, 世家39 공민왕 5년 6월 乙亥. "復我祖宗之法, 期與一國更始."
162) 李康漢(2009), 「공민왕대 관제개편의 내용 및 의미」, 『歷史學報』 201, 37쪽.
163) 羅鍾宇(2004), 「일본 및 아라비아와의 관계」, 『한국사 15 고려 전기의 사회와 대외관계』, 국사편찬위원회, 368쪽.

[표 16]과 같다.

[표 16] 고려 전기 日本人 유입 사례

시기	출신	성명	인원	용례	조치
999.10.	日本國人	道要彌刀	20戶	來投	處之利川郡, 爲編戶.
1012.8.	日本國	潘多	35人	來投	
1019.4.	日本生口	男女	259人	獲	押送其國
1039.5.	日本民	男女	26人	來投	
1093.7.	海賊	倭人	19人	捕	配嶺外

『고려사』에 일본인 유입 사례는 999년(목종 2) 10월에 처음 등장한다. 일본국인 道要彌刀 등 20戶가 來投하니 利川郡에 거주하게 하고 編戶하였다.[164] 일본인 來投가 이때에 갑자기 나타난 것이라고 보기에는 어렵다고 이해되기도 한다.[165] 그러나 일본과의 공식적인 사신 왕래가 성립되지 않았을 뿐만 아니라 표류민 송환 등도 현종대 가서야 본격적으로 이루어지기 때문에 고려 초기 일본과의 왕래는 거의 이루어지지 않았다고 생각된다.

그렇기 때문에 999년의 일본국인 20戶의 유입은 이례적이었기 때문에 받아들여 이천군에 거처하게 하였다고 보인다. 특히, 일본인이 고려에 오기 위해서는 선박을 이용한 유입이었기 때문에 이들은 예성강으로 고려에 들어왔고, 이들의 거주지 역시 그리 멀지 않은 이천군으로 정해진 듯하다.

164) 『高麗史』 권3, 世家3 목종 2년 10월.

165) 朴玉杰, 1996, 「高麗 後期의 歸化人」, 앞의 책, 153쪽.

이후 4건의 일본인 유입 사례가 확인되지만, 이들은 다시 일본으로 돌려보내진 듯하다. 1019년 4월 海賊의 배 8척을 포획하였는데, 이때 사로잡은 일본인 포로 259인을 供驛令 鄭子良을 보내 일본으로 다시 압송하게 하였다.[166] 1093년 7월에도 바다에서 배 한 척을 나포하였는데 이때 宋人 12명, 倭人 19명이 타고 있었다. 이것은 양국의 海賊이 공모해 고려 변경을 침략한 것으로 이해되어 병장기 등을 거두어 관청에 납부하도록 하고 해적은 모두 嶺外로 보냈다.[167]

이들 사례를 보았을 때, 고려 전기 일본인의 유입은 그들을 표류민이나 海賊으로 인식한 것이 아닌가 싶다. 일본에서도 고려의 표류민들을 지속적으로 고려에 돌려보내는데,[168] 공식적인 양국 간 왕래가 소원하였던 외교적 상황 속에서 나타나는 현상이라고 생각된다. 무역을 위해 고려에 오는 일본의 무역선은 고려의 예성항에 정박하거나, 예성항에 오지 않고 금주를 중심으로 무역을 하였다.[169] 주된 교역 지역이 아닌 그 외의 낯선 海船의 접근은 국경을 침략하기 위한 海賊으로 이해되는 것이 당연한 결과였다.

이렇듯 예성항과 금주 지역을 중심으로 한 일본 상인들의 왕래는 점차 침체된 양상을 보였다. 그러다가 고려 후기에 접어들면서 일본과의 교류는 倭寇라는 전혀 다른 현상을 보인다. 특히, 고려 말 倭寇의 침구가 큰 문제로 대두되었다. 1350년(충정왕 2) 2월에 왜구가 固城, 竹林, 巨濟 등을 노략하니, 合浦千戶 崔禪 등이 이들을 격파하여 300여

---

166) 『高麗史』 권4, 世家4 현종 10년 4월 丙辰.
167) 『高麗史』 권10, 世家10 선종 10년 7월 癸未.
168) 『高麗史』 권6, 世家6 정종 2년 7월.
169) 이진한(2014), 「고려시대 대외관계 및 교류의 변천과 바다」, 앞의 책, 41쪽.

명을 죽였는데 왜구의 발흥이 이때부터 시작되었다.[170)]

공민왕대 왜구 침입 기사는 재위 23년 동안 총 115여 회나 되며,[171)] 경상도, 전라도, 충청도를 비롯한 고려 전역에 걸쳐 큰 피해를 주었다. 또 연해안뿐만 아니라 내륙 깊숙한 곳까지 침입하여 개경 인근의 승천부, 강화, 교동, 예성강에까지 이르렀다. 우왕대 이르러서는 더욱 심각해져 재위 14년간 왜구 침구가 378회나 되었다. 이는 우왕 재위 기간 내내 고려 전국이 왜구의 침탈에 고통을 받고 있었다는 것이다.

왜구의 침탈에 대하여 고려에서는 대책 마련이 시급하였다. 1374년(공민왕 23) 1월에 檢校中郎將 李禧는 왜구 방어대책으로, 해도에 나와 사는 사람과 배를 부리는데 익숙한 자들을 선별하는 것이 水戰의 승리를 위한 것이라고 하였으며,[172)] 왜구의 횡행으로 개성의 內城 수축을 계획하는 등[173)] 고려 말 왜구 防戍 대책은 시급한 현안이었다.

카-1) (1377년 6월) 우왕이 都堂에 글을 내려 이르기를, "(중략) 또한 만일 왜구를 죽이고 돌아오는 자가 있으면 상을 주어 등급을 올려 주라. 변방의 고을들에 榜을 붙이게 하여 알리고 위반하는 자는 죄를 주어라."라고 하였다.[174)]

카-2) (1384년 2월) 우왕이 여러 도에 유배된 사람들에게 배를 타고 왜구를 잡으면 사면해주라고 명령하였다.[175)]

---

170) 『高麗史節要』 권26, 충정왕 2년 2월.

171) 羅種宇(1980), 「高麗 末期의 麗·日關係-倭寇를 中心으로」, 『전북사학』 4, 62쪽.

172) 『高麗史』 권83, 志37 兵3 船軍.

173) 『高麗史』 권82, 志36 兵2 城堡.

174) 『高麗史』 권133, 列傳46 우왕 3년 6월.

175) 『高麗史』 권135, 列傳48 우왕 10년 2월.

위 사료들은 우왕대 倭寇 소탕을 독려하기 위해 우왕이 내린 시책이다. 카-1)은 변방 백성 중 적의 포로가 되었다가 돌아오는 이들을 첩자로 지목해 죽이는 세태가 잘못되었다고 지적하며, 오히려 돌아온 이들에 대해 상을 내려야 한다고 하였다. 그러면서 왜구를 죽이고 돌아온 자가 있으면 상을 주고 등급을 올려주는 특전을 더하라고 하고 있다.

카-2)는 1384년 2월 섬에 유배 중인 사람들이 배를 타고 왜구를 잡으면 사면해주라는 내용이다. 왜구를 죽이거나 사로잡는 것에 대해 상을 주는 등의 특혜를 주어 왜구 침략에 대한 대책으로 삼고 있다. 왜구의 규모는 경우에 따라 다양하였다. 20척 내외의 소규모도 있었으나, 대체로 50척, 130척, 200척 내외가 많았으며, 500척의 대규모 집단도 있었다. 그러므로 이들을 토벌하고 사로잡은 왜인의 수도 각양각색이었다.

실제로 왜구를 사로잡아 바친 사례들이 확인된다. 고려에 사로잡힌 왜인 포로는 단기간에 상당수가 고려에 유입된 경우라고 하겠다. 이러한 사례를 포함하여 고려 후기 倭人의 고려 유입 내용을 살펴보면 [표 17]과 같다. [표 17]에서 볼 수 있듯이, 고려 후기 倭人의 고려 유입은 주로 왜구 토벌시 잡은 포로들의 사례가 많다.[176] 이들 가운데 1274년 12월 일본 동정으로 사로잡은 포로 200인이나,[177] 1324년 7월 영광군에 표류한 倭寇 220여 인을 다시 돌려보낸 사례를[178] 제외하면 대부분 20인 이내의 소규모 인원이다.

왜구 포로들은 고려의 관청 노비 등으로 예속되었던 것으로 보인다.

---

176) 朴玉杰(1996), 「高麗 後期의 歸化人」, 앞의 책, 155쪽.

177) 『高麗史』 권28, 世家28 충렬왕 즉위년 12월 庚午.

178) 『高麗史』 권35, 世家35 충숙왕 11년 7월 癸丑.

1354년(공민왕 3) 6월 全羅道萬戶 印璫이 포로로 잡은 왜구를 바쳤는데,[179] 이들은 같은 해 7월에 각 司에 나누어 예속시켰다.[180] 이들 포로들에 대한 용례로 擒, 獻 등이 쓰였는데, 각 관청에 나누어 배치되었을 것으로 예상된다.

[표 17] 고려 후기 倭俘 사례와 조치

시기	출신	성명	인원	용례	조치
1225.4.	倭船		二艘		悉擒之
1274.12.庚午.	俘	童男女	200人		獻王及公主
1286.8.辛亥.	日本人		19人	來	9.乙亥. 押日本人如元
1324.7.癸丑.	倭舶		220여 人	至	具舟楫, 歸之
1352.3.丙辰.	俘		2人		
1352.7.	倭俘		??		
1353.9.癸酉.	倭俘		8人		
1354.6.	倭俘		??		分屬諸司
1358.6.乙未.	倭俘		8人		
1359.5.丁巳.	倭		20여 級		
1362.3.己未.	倭俘		??	獻	
1369.7.	倭			投化	叛歸其國
1369.11.壬辰朔.	倭俘		2級	獻	
1373.4.甲午.	倭俘		??	獻	
1375.5.	倭	藤經光	率衆	來投	處之順天燕岐等處, 官給資糧
1375.6.	倭	公昌	6人	來降	

179) 『高麗史』 권38, 世家38 공민왕 3년 6월.

180) 『高麗史』 권38, 世家38 공민왕 3년 7월 丙寅.

1381.4.	倭		13人	擒	
1384.11.	賊諜		3人	擒	
1385.6.	倭賊		??	搜捕	
1385.8.	倭		20여 人		
1389.12.癸丑.	倭俘		??	獻	
1390.윤4.癸亥朔.	倭捷		??	獻	
1391.9.乙酉朔.	倭俘		15人	擒	

고려에서는 倭寇 소탕 등의 자구책과 더불어 왜구를 회유하는 대책을 쓰기도 하였다. 즉, 고려에서는 왜구에 대한 방어와 토벌을 단행하는 한편, 회유 정책을 병행하였다.

타-1) (1369년 7월) 신축에 巨濟 南海縣에서 投化倭人들이 배신하고 그 나라로 돌아갔다.[181]

타-2) (1369년 11월) 倭寇가 寧州·溫水·禮山·沔州의 조운선을 노략질하였다. 처음에 倭人들이 巨濟에 거주하기를 원하면서 영원히 和親을 맺겠다고 하여 나라에서 믿고 허락하였는데, 이때에 이르러 들어와 노략질하였다.[182]

타-1)은 1369년 7월에 거제 남해현에 거주하던 投化倭人들이 배반하고 다시 자신들의 나라로 돌아간 기사이다. 투화왜인은 1369년 이전 시기에 거제 남해현 일대를 중심으로 고려에 정착한 집단으로 보인다.

181) 『高麗史』 권41, 世家41 공민왕 18년 7월.

182) 『高麗史』 권41, 世家41 공민왕 18년 11월.

이들은 먼저 고려에 거주하기를 청하였던 듯하다.

타-2)는 왜인들을 수용하여 거제에 거주하게 한 이유가 설명되어 있다. 왜인의 거주를 허락한 이유는 이를 허락하면 영구히 화친을 맺겠다고 청하였기 때문이었다. 그러나 이들은 배반하고 다시 고려를 침략하였다. 고려에서는 倭에 대한 회유책의 일종으로 이들을 수용하여 고려에 정착하게 하였다. 그러나 이들은 도리어 다시 일본으로 돌아가거나 다시 돌변하여 노략질을 일삼아 문제를 일으켰다.

파-1) (1375년 5월) 倭人 藤經光이 무리를 거느리고 來投하였다. 順天·燕岐 등지에 거처하게 하고 관청에서 재물과 양식을 지급하였다.[183)]

파-2) 우왕 초에 倭人 藤經光이 그 무리를 이끌고 와서 장차 들어가 침략할 것이라 발표하고 식량을 찾았다. 조정에서 의논하여 順天·燕岐 등지에 나누어 거처하게 하고 관청에서 재물과 양식을 지급하였다. 얼마 되지 않아 密直副使 金世祐를 보내 金先致에게 유인하여 죽이라 일렀다. 김선치가 술과 음식을 크게 차려놓고 먹여서 죽이고자 하였으나 모의가 누설되어 등경광이 무리를 이끌고 바다로 나가 떠나버렸는데 겨우 3명만 붙잡아 죽였을 뿐이었다. 김선치가 죄를 받을까 두려워 70여 명을 참수하였다고 거짓으로 보고하였다가 일이 발각되어 戍卒로 편제되어 유배되었다. 이 전에 倭가 州郡을 침략하면서도 사람과 가축은 죽이지 않았는데 이로부터 왜적이 쳐들어오면 부녀와 어린아이들을 남김없이 도륙하였으며, 전라도와 양광도 해변의 州郡은 하나같이 모두 텅 비어버

183) 『高麗史節要』 권30, 우왕 1년 5월.

렸다. 김선치 때문에 격노하였던 것이다.[184)]

파-1)는 1375년 5월 왜인 藤經光이 무리를 이끌고 來投한 기사로, 이들을 順天·燕岐 등지에 거처하게 하고 관청에서 재물과 양식을 주었다. 이 기사만을 놓고 본다면, 藤經光 무리는 고려에 내투하여 순천, 연기 등지에 정착하였고, 이들 정착을 돕기 위해 관청에서 재물과 양식을 지급하였다고 생각된다. 그런데 이 기사의 구체적인 상황은 조금 달랐다.

이때의 상황이 『고려사』 김선치전에 구체적으로 기록되어 있는데, 그 내용이 파-2)이다. 藤經光이 來投한 구체적인 상황은 藤經光이 무리를 이끌고 와서 장차 고려를 침략할 것이라 협박하고 식량을 찾으니, 고려 조정에서 의논하여 이들을 받아들여 순천·연기 등지로 나누어 거처하게 하고 재물과 양식을 주었다. 그런데 조정에서 김선치에게 이들을 유인해 죽이라고 하여 김선치가 계획을 세웠으나 발각되어 藤經光이 다시 무리를 이끌고 바다로 나가 떠나버렸다는 것이다.

고려에서는 고려 전역에 걸쳐 노략질을 일삼는 왜구 문제를 해결하기 위해 여러 대책을 강구하였다. 적극적인 소탕으로 왜구를 제거하고자 하는 한편, 왜구를 회유하여 고려 내 정착하게 함으로써 이들의 침략 행위를 저지하고자 하였다. 이 과정에서 고려에 사로잡힌 왜인 포로들이 고려에 유입되었다. 이들은 주로 국가에 소속되어 관청 노비로 예속되었던 것으로 이해된다. 그리고 초유하여 정착을 허락한 投化倭人 집단이 고려 남부 지역을 중심으로 거주하고 있었다. 그러나 이

184) 『高麗史』 권114, 列傳27 金先致.

들은 다시 배반하여 돌아가거나 노략질을 일삼는 피해를 끼쳤다.

이처럼 고려 말 왜구의 침입에 따른 포로와 投化倭人이라는 새로운 현상이 등장하게 된 것이다. 이는 고려의 왜구에 대한 임시적인 조처였으며, 투화왜인을 분산 배치시키고 임시로 집단거주를 허가하는 정도의 소극적인 대처였다고 이해된다.[185] 실제로 파) 사료에서 藤經光 무리를 순천과 연기 일대에 나누어 거처하게 하였는데, 지금의 전라남도의 순천 일대와 충청남도 연기 지역은 상당한 거리가 있던 점을 생각하면 왜구 집단을 분리하는 데 목적이 있었던 듯하다.

그렇다고는 하나, 거제 남해현에 거주하게 한 이들을 투화왜인으로 인식하였던 점을 본다면, 비단 임시적인 조처였다고는 보이지 않는다. 그리고 999년에 道要彌刀 등이 내투하자, 이천 지역에 거처하게 한 점을 보았을 때, 왜인 거주지 마련은 처음 겪는 일이 아니었다. 파-1)에서 藤經光 무리를 순천과 연기 일대로 나누어 배치한 점에서 볼 때, 해안 지역을 중심으로 거처지를 마련하지는 않았다는 점을 알 수 있다. 오히려 배를 이용해 쉽게 이반될 수 있는 해안 지역보다는 고려의 內地에 배치하여 정착하도록 하였던 듯하다.

이러한 조처들로 왜구의 침입을 제어하고자 하였으나, 장기간 계속된 침구에 고려 연해 지역은 텅 빈지 오래였으며 농지 역시 황폐화되었다. 개경에 계엄령이 잦아 내지로 천도하자는 주장이 일기도 하였으며, 전국적인 군사 동원으로 행정적 공백을 초래하기도 하였다. 무엇보다 왜구는 조창과 조운을 중심으로 습격하여 미곡을 약탈해갔는데,

185) 김보한(2010), 「고려와 조선 전기 왜인 집단거주지의 형성과 운영」, 『역사와 담론』 56, 152쪽.

조운이 원활하게 운영되지 못하자 국가 재정 악화로 귀결되었다. 왜구의 침입으로 인해 고려 내 유이민들이 속출하였고 이로 인한 사회 전반에 걸친 혼란이 심각하였다.

왜구는 고려 모든 분야에 걸쳐 혼란과 문제를 야기하여 결국 고려 사회가 붕괴되는 원인으로 작용하였지만, 한편으로 고려 말 새로운 投化倭人라는 외국인 집단의 등장을 가져왔다. 이러한 고려 말 왜구에 대한 정착 전략은 조선 초 남부지방을 중심으로 왜인 집단거주지가 형성하는 것으로 이어졌다.

조선에서는 이미 태종~세종 년간에 鹽浦와 加背梁에 왜관을 설치하고 항거왜인을 거주시키는 모습을 보인다. 또 1419년(세종 1) 10월에는 대마도 宗俊 등 투화를 이루는 데 공을 많이 세운 이에게 벼슬을 주고, 공이 적은 이는 백성이 되게 해주겠다고 설득하고 있다.[186] 이는 대마도를 조선으로 끌어들이기 위한 방법으로 宗俊의 투화를 종용하는 적극적인 정책을 추진하고 있는 것으로 보인다.[187] 즉 조선 초기에는 왜관을 설치하고, 가족이나 집단 단위의 투화 왜인에 대해 부산포 및 내이포 등 남부 일부 해안을 중심으로 체계적인 회유와 통제가 수립되어 갔다.

정리하면, 고려 말 외국인의 고려 이주는 크게 세 가지 특징을 보인다. 첫째, 원의 쇠퇴와 중국 각지 반란을 피하여 원 인사들이 고려로 이주하였다. 이들은 대체로 원 조정에서 관직 생활을 하였던 인물들로, 공민왕이 원에서 숙위할 때부터 친분이 있었던 설손과 같은 사례가 있다. 이들은 고려에 와 관직 생활을 하며 정착하였다. 언어적 능력

186) 『世宗實錄』 권5, 세종 1년 10월 11일.
187) 김보한(2010), 앞의 논문, 154쪽.

을 활용한 외교 사신의 역할을 수행하거나, 중국 제도를 모방하여 고려의 제도를 개편하는 주력이 되기도 하였다. 무엇보다 고려 말의 정치·사회 전반에 걸친 혼란은 이들이 주도적으로 이성계를 중심으로 조선을 세우는데 앞장서게 하여 조선의 개국공신이 되기도 하였다.

둘째, 遼瀋 지역을 중심으로 원의 세력권 하에 있었던 여진 세력이 원의 쇠퇴와 명의 건국에 따른 국제정세 변동 속에서 이완되어 왔다. 공민왕은 요심 지역 유민의 내투를 적극 받아들였을 뿐만 아니라, 대규모 여진의 유입을 받아들였다. 이들의 군사적 기반을 매개로 북방 국경 지역을 확보하고자 이용하였다. 그러한 과정에서 고려 전기의 여진 왕래 성격과 같은 국가 위상을 보이기도 하였다.

셋째, 고려말 倭寇의 침탈에 대한 대책의 일환으로 왜인 집단거주지가 형성되었다. 왜구의 침입을 제어하고 장기간 비어있는 연해 지역을 채우는 임시적 조처였다. 새로운 투화왜인이라는 외국인 집단이 등장하였으나 본질적으로 왜구를 막지는 못하였다. 그러한 과정에서 왜구는 고려 모든 분야에 폐해를 불러왔으며 고려 사회가 붕괴하는 커다란 요인이 되었다. 이두란의 경우, 이성계 휘하에서 왜구 방어의 최전선에서 활약하기도 하였으나 결국 고려의 대내외적 상황은 외국인도 조선 건국을 돕는 결과를 가져왔다.

결론
고려시대 외국인 이주의 실제와 수용 원칙

고려 사회에는 각양각색의 외국인들이 존재하였다. 고려에 과거제도를 도입하여 초대 시험관을 역임한 雙冀,[1] 국왕의 失政 원인으로 언급되는 胡宗旦,[2] 王京에서 정교한 손재주를 자랑하며 거처하는 契丹匠人,[3] 팔관회 치어와 구호를 암송하며 연주하는 宋 樂人 夔中立,[4] 이천 지역에 거주하며 戶에 編籍된 일본 사람 道要彌刀[5] 등 각기 다른 국가·신분적 배경·才藝를 가진 외국인들이 각기 자신의 특징에 따라 고려 사회 도처에서 살아갔다. 그리고 『고려사』 중 1033년(덕종 2)의 기사가 총 53건이 있는데, 외국인의 來朝·來獻·來投 등을 나타낸 기사가 26건이다. 적어도 『고려사』로 그려낼 수 있는 1033년의 절반은 외국인의 유입과 관련된 것들이다.

---

1) 『高麗史』 권2, 世家2 광종 9년 5월.
2) 『高麗史』 권14, 世家14 예종 17년.
3) 『宣和奉使高麗圖經』 권19, 民庶 工技.
4) 『高麗史』 권97, 列傳10 金富佾.
5) 『高麗史』 권3, 世家3 목종 2년 10월.

이처럼 유명한 대표 사례나 어느 한 시점만을 보자면, 고려는 각처 어느 곳에나 사시사철 외국인이 북적대는 모습으로 그려진다. 이러한 표현이 극단적인 일부를 꼬집어 예를 들었지만, 『고려사』는 특별한 기사가 선별되어 정리된 사서이고, 그나마 초기 기사가 기록의 散失로 인해 매우 소략하여 기사의 단면만을 보았을 때 고려 사회를 폭넓게 이해하는 데 한계가 있다. 필자 역시 처음 위에 언급한 유명 일화나, 특별히 두드러져 보이는 일부 시기만을 보고 고려 사회 속 외국인을 파악하였다. 그런데, 똑같은 사례인데도 다르게 표현되는 기록이나, 고려에 이미 수용되어 고려 경내에서 잘 정착했으리라 여겨졌던 인물이 반복적으로 고려에 다시 오고 있는 양상을 설명할 수 없어 그간 고려 사회를 바르게 이해하고 있지 못했음을 깨달았다. 이러한 점이 필자가 고려의 외국인 '유입과 실제', '수용과 규제', '관리'의 방식으로 거듭해서 살펴본 이유이다.

고려에는 다양한 목적으로 많은 외국인들이 往來하였다. 고려 유입에는 국왕을 접견하는 '來朝'와 方物을 바치기 위해 온 '來獻' 같이 외국인의 고려 방문 목적이 분명하게 드러난 용어들이 있는 반면, '來投', '來奔', '來附', '內附', '投化' 등과 같이 고려에 왜 온 것인지 명확하지 않은 용례들로 그려진다. 그간 이러한 용어에 대해서는 고려 정착을 목적으로 한, 현대적 의미의 '歸化' 개념으로 이해하고, 이상의 단어들로 고려에 온 사례들 모두를 고려에 수용되었다고 보았다. 그러나 이들 사례를 종합하여 분석해보면, 동일 인물이 來投하였다가 來附하였다가 다시 來獻을 반복하는 등의 행위가 포착되었다. 이와 같은 경우를 어떻게 이해해야 할까.

고려는 유교를 통치 이념으로 삼고 있기 때문에 유교 이념에 입각한

'오는 사람은 거절하지 않고, 가는 사람은 쫓지 않는다[來者不拒去者不追]'라는 명분이 충실하게 반영되는 사회였을까. 고려는 거란을 '禽獸之國'으로, 여진을 '人面獸心'의 부정적인 시각으로 인식하였다. 특히, 여진은 부락 전체를 이끌고 오므로 어떤 때는 500戶, 3,000명 등의 대규모 인원이 고려에 왔다. 조선 세조는 성균관에 거둥하여 '북쪽으로 野人, 남쪽으로 倭의 投化가 끊이지 않고 이어져 이들에 대한 접대 경비가 넉넉지 못해 이를 걱정하며 이에 대한 대책'을 문제로 출제하였다.[6] 조선 초 계속되는 외국인 유입에 대한 정부의 경제적 부담감을 드러내었다. 이러한 사례에서 『고려사』 등의 외국인 유입 사례를 제대로 이해한 것인가라는 의문이 들었다.

무엇보다, 고려의 외국인 유입 사례는 전기와 후기가 다른 양상을 보이고 있다. 고려의 제도가 변천하고 경제·사회의 기반이 다른데, 외국인의 수용 방식을 시기적 구분 없이 이해하기에는 한계가 있다. 외국인의 유입 자체가 국제정세에 따라 달라지는데, 그 변화상을 공시적으로 보기에는 어려움이 따른다. 그러므로 시기별로 외국인 유입은 어떻게 다른지, 그에 따른 고려의 정책은 어떠한 추이를 보이는지 유기적으로 따져보아야 한다.

1. 고려의 외국인 이주 유형과 특징

본서에서는 고려 전 시기에 걸친 외국인의 고려 이주 내용과 변천을

6) 『世祖實錄』 권11, 세조 4년 윤2월 25일 癸未.

살펴보았다. 외국인의 고려 이주를 나타내는 용어에는 다양한 용례가 있었다. 앞서 대표적인 來投, 來奔, 來附, 來附, 投化 등의 용례 성격과 경향성을 확인해보았다. 더하여 구체적인 외국인 이주의 사례와 내용 속에서 나타나는 용례의 의미들이 단편적으로 확인되었던 바, 이 장에서는 이들 용어들이 쓰인 시기별 특징과 유형별 성격에 대하여 종합해 보고자 한다. 이를 통해 외국인 이주의 실상에 접근해보고자 한다.

외국인의 유입을 표현하는 데 가장 많이 사용되는 표현은 來投이다. 來投는 고려 전 시기에 걸쳐 외국인 유입 현상을 나타내는 데 쓰였다. 시기적으로 현종~덕종대에 가장 많이 분포하여 이때 많은 외국인의 고려 유입이 일어났다는 사실을 확인할 수 있다. 현종~덕종대에는 來奔 현상도 많이 분포하는데, 앞서 살펴보았던 발해 유민과 거란인의 고려 이주가 이 시기에 집중적으로 이루어진 모습을 다시 확인하는 수치이다.

그리고 來投를 제외한 용례들은 대체로 고려 전기에만 나타나고 있어, 외국인의 고려 이주가 대체로 고려 전기에 집중되었다는 점을 짐작할 수 있다. 왕대별로 따져보면 태조, 현종·덕종, 문종대에 많은 외국인의 이주가 활발하게 이루어졌다. 태조대는 고려 건국 직후 발해 유민의 대거 유입이 집중되었던 시기로, 이러한 사정이 수치로 나타났다.

현종·덕종대는 거란과의 전쟁이 마무리되고, 국경 지역을 중심으로 소규모 전투가 계속되었던 시기적 상황과 송·거란의 대립 및 거란 동경에서 일어난 대연림의 난 등의 여파로 발해 유민과 거란인이 많이 유입되어 왔던 상황을 보여준다. 문종대는 송과의 교류가 활발해지면서 송인의 고려 이주가 보다 활성화되기도 하였으며, 무엇보다 여진의 內附가 일거 이루어진 시기였다.

외국인의 이주 현상은 비단 고려 시기만의 특징은 아니다. 고려 이전 시기에도 국내외 정세에 따라 인구의 이동이 있었고, 조선시대에도 여진이나 왜, 明과의 관계 속에서 人口의 유입이 지속되었다.[7] 다만, 고려시대는 어느 시기보다 복잡한 대외관계를 맺은 사회였고, 외국인의 이주 역시 그에 따라 다양한 양상을 보이는 특징이 있다. 사회 인구 대비 이주 외국인의 규모 역시 다른 여타 시대에 비해 상당히 큰 숫자였다. 고려 전 시기에 걸쳐 들어 온 외국인들은 고려 사회가 발전하는데 기여하였을 뿐만 아니라 변화하는 원동력이 되었다.

이제 고려 전 시기 다양한 외국인의 이주 모습을 시기별로 유형에 따라 어떻게 달랐으며 어떠한 특징을 보이는지 종합해보고자 한다. 먼저, 고려에 이주한 외국인의 유형별 유입의 규모를 따져보면 [표 18]과 같다.

[표 18] 외국인 유형별 유입 규모와 시기별 양상[8]

분류 \ 시기		10세기	11세기	12세기	13세기	14세기	총합
오대·송인		5	63	14	–	–	82
발해 유민		50,000	237	96	–	–	50,333
거란인		–	1,221	400	700	–	2,321
여진	정착	–	3,444	7	–	–	3,451
	왕래	3,870	5,267	4,983	–	–	14,120

7) 徐根植(2009), 「朝鮮時代 '向化'개념에 대한 硏究-『朝鮮王朝實錄』을 中心으로」, 『東洋古典硏究』 37.

8) 『고려사』 등에서 확인한 고려에 와 정착한 사례들을 종합한 수치이다. 다만, 정확한 인원수의 산정이 모호한 경우에는 최소치를 기준으로 산정하였다. 예를 들면, 발해 유민 수만 등에 대해서는 1戶=5人 기준으로 최소치를 계산하였다.

시기 분류	10세기	11세기	12세기	13세기	14세기	총합
동진인	–	–	–	54	–	54
몽골인	–	–	–	19	2,325[9)]	2,344
왜인	100	339	–	209	360	1,008
총합	53,975	10,571	5,500	982	2,685	73,713

고려시대 이주 외국인을 각 출신별로 분류하고, 세기별로 구분하여 이주 규모와 인원수를 산정해보았다. 이들 인원 수치는 『고려사』 등의 기록에서 이주 사실이 확인된 기사들을 중심으로 종합한 결과이다. 오대와 송인이나 원인 등은 비교적 개인, 소규모로 고려에 왔기 때문에 수치의 산정에 정확할 수 있지만, 발해 유민·거란인, 여진인, 왜인과 같이 戶나 부락 단위로 기록된 경우는 1戶 당 5人 기준으로 계산하고, 최소 단위를 산정하였다. 즉, 고려시대 이주 외국인의 총합은 7만여 명으로 추산되지만, 이는 최소 수치이므로 기록의 누락 등을 고려하면 실제로 10만 명이 넘는 외국인이 고려에 왔다고 생각된다.

특히, 고려에 온 발해 유민의 수가 절대적이기 때문에 이들에 대한 수치는 더욱 증가할 것으로 예상된다.[10)] 그렇기 때문에 시기별로 살펴보면, 10세기에 이미 전체 외국인 이주 인구의 절반 이상이 고려에 정착하였다. 고려 건국 초기 많은 수의 외국인이 유입되었다는 것은 이들이 고려 사회의 저변을 다졌다고 해도 과언이 아니다. 대광현을

9) 遼瀋 지역 유민을 몽골인으로 분류하여 산정하였다.

10) 박옥걸은 고려에 온 발해 유민을 최소 5만에서 최대 12만 명 이상으로 추산하였다. 그는 1戶를 5명으로 추산하였으며, 『宋史』 고려전 기록의 고려 전기 인구 210만 명 대비 총인구의 2.4%에서 6%를 점유하는 규모라고 하였다(앞의 책, 1996, 101·102쪽).

중심으로 한 몇몇 인물들이 관직을 부여받고 고려 지배계층으로 편입되었을 것이 예상되나, 기록의 부재로 구체적인 행적을 파악하는 데는 한계가 있다. 다만 대다수의 발해 유민은 일반 백성으로 처음 백주 등 서해도 일대를 중심으로 정착하였을 테지만 점차 주변으로 이동하면서 고려 사회 곳곳에서 뿌리내렸을 것으로 생각된다.

11세기는 10세기에 반해 고려에 온 외국인 인구수 자체는 줄어들었지만, 송인, 발해 유민, 거란인, 여진인, 왜인 등 그 어느 시기보다 다양한 출신의 외국인들이 왔다. 특히, 송인은 고려 조정에 등용되어 고려의 전반적인 제도 정비에 영향을 미쳤다. 고려의 관리 선발 제도인 과거제도의 실시가 후주인 쌍기의 건의로 시작되었다는 점이나, 당시 외교문서는 모두 송인 주저의 손에서 나왔다는 기록 등을 보았을 때 이들의 영향력을 짐작케 한다. 그뿐만 아니라 발해 유민·거란인의 꾸준한 이주와 여진인의 內地 수용 등으로 고려 남부지방의 인구가 채워져 가기도 하였고, 이들은 고려의 농업 발전에 크게 기여하였다.[11]

12~13세기는 이전 시기에 비해 외국인의 고려 이주가 침체된 양상을 보인다. 이는 금과의 관계 형성에서 금의 人口에 대한 정책이 일부 반영된 것이며, 몽골의 흥기 이후 원과의 특수한 관계 속에서 외국인의 이주 개념이 변질되었기 때문이다. 그러하던 것이 14세기 원 제국의 와해와, 왜구의 빈번한 침입이라는 국제 상황 속에서 원 영향 하에 있던 요동 일대 人口와 倭人이 대거 고려에 왔다.

고려의 대외관계 특성상 외국인에 대한 '내자불거'라는 전통적 관념은 실제적으로 다양하게 구현되었다. 외국인의 이주는 시기에 따라

11) 李鎭漢(2017), 앞의 논문.

유형별 이주의 양상이 다르며, 이에 대한 고려의 수용 정책 역시 상이하다. 송에서 오는 문인 지식인에 대한 처우, 요동의 정세에 따라 대거 유입되는 발해유민과 거란인에 대한 중층적 수용, 여러 차례에 걸친 여진 부락의 접근에 대한 실용적 대처, 국제정세가 변화함에 따라 고려인이 유출되는 격변하고 다변하는 고려 사회 속에서 고려에서는 현실적인 방안은 때에 따라 유연하게 대처하였다.

고려에서는 이주해 온 외국인을 수용하여 적극적으로 활용하였다. 이는 크게 지배 계층으로 수용된 宋人과 元人과 주로 고려 사회의 하부 조직을 형성한 발해 유민·거란인, 여진인, 왜인 등의 두 부류로 구별된다. 먼저, 고려에 정착하여 지배계층에 수용된 宋人과 元人의 이주 특징에 대한 비교를 통해 고려 전기와 후기 외국인 수용 정책을 살펴보면 다음과 같다.

송인과 원인은 출신 배경에서부터 송나라와 원나라라는 국가체제, 사회 성격 자체가 완연히 다른 존재들이었다. 그렇지만, 고려에 이주한 이후에는 고려의 관직을 매개로 정착하였다는 공통점이 있다. 송인은 고려 전기에, 원인은 고려 후기에 고려 조정에서 관직 생활을 하며 정착하여 고려 지배계층의 일원을 구성하였다. 이들은 개인 혹은 가족 단위의 소규모로 고려에 왔으며, 고려 여인과 혼인하여 정착 기반을 다지기도 하였다.

[표 19] 宋人과 元人 고려 이주의 양상과 차이

구분	宋人	元人
이주 시기	전기	후기
이주 요인	자발적 이주	국가행정적 이주

등용 경로	국왕 발탁 → 과거 시험	원 공주, 겁령구, 국왕 총애
출신	문사 중심	원 공주, 겁령구, 상인 등
규모	개인	개인/집단(하부)
종사	문한직	무반직, 추밀직 위주
역할	외교 사신, 외교문서 작성, 중국 제도 수용 영향	외교 사신 등 원 왕래 중심 역할
계보	투화인	고려·원 이중 구조

송인과 원인은 고려 내 정착한 이후에는 비슷한 경로와 구조 속에서 생활하였던 것처럼 보인다. 그러나 구체적으로 따져보면 둘은 완전히 다른 양상을 보인다. 무엇보다 이들의 고려 이주 요인은 송인의 경우 자발적인 이주가 대부분 주를 이루는데, 관직을 매개로 고려에 안착하기 위해 오는 이들이 많았다. 원인의 경우 주로 국가 간 관계 속에서 공식적인 루트로 이주하였는데, 원 공주가 고려 국왕과 혼인하면서 원 공주의 겁령구에 속하여 오게 된 이들이 대표적이다.

처음 양자 모두 고려 조정에 진출하기 위해서는 국왕의 총애와 후대에 힘입은 측면이 있었다. 그러나 송인의 경우, 고려의 과거제도 안에서 시험을 보고 그 능력에 따라 관직에 진출하도록 규제되었으나, 원인은 국왕과 원 공주라는 권력을 배경으로 하여 특별한 시험 과정이 없이 고려 내에서 관직 생활을 영위할 수 있었다. 송인은 주로 문한직을 역임하면서 외교문서 등을 담당하는 역할을 수행하였다. 다자 외교관계를 지속해야 했던 고려 전기의 상황에서 송인의 등용으로 해결되는 부분이 있었다. 그에 반해 원인의 경우 무반직을 주로 역임하면서 국왕의 친위 세력으로 재편되었다. 이는 원과의 관계 속에서 겁령구라는 원 제도와 대별되는 고려의 관직을 제수하였다고 보인다. 이들은 주로 외국 사신으로 파견하는 등 본연의 출신 배경을 십분 활용하였다.

송인과 원인의 이주 모습에서 가장 큰 차이점은 정착 이후 존재 양상이다. 宋人의 경우, 고려에 정착한 이후에도 고려 내 거주하는 외국인 신분을 그대로 유지하였다. 즉, 宋人은 本國인 송이 인정되는 외국인이면서, 고려의 법률하에 통제되는 投化人이었다.

> 가-1) 宣宗 2년(1085) 6월 制하여, '異國投化官吏는 부모가 本國에서 사망하면 부음을 들은 날로부터 제도에 따라 휴가를 주라'고 하였다.[12)]
>
> 가-2) (1071년 5월) 무술에 憲司에서 보고하기를, "宋人인 禮賓省注簿 周沆은 본래 文藝로 임용되었으나, 지금 뇌물수수죄를 범했으니 職田을 회수하고 돌려보내기를 요청합니다."라고 하니, 制하기를, "옳다."라고 하였다.[13)]

가-1)은 1085년(선종 2) 6월에 정해진 외국에서 온 投化官吏가 상을 당했을 때 휴가 규정이다. 고려 관리가 喪을 당했을 때 휴가를 주는 五服給假式은 985년(성종 4)에 이미 정해졌다. 가-1)에서 本國의 부모가 사망하였을 때 부음을 들은 날로부터 규정에 따라 휴가를 주도록 하였다. 주로 고려에서 관직 생활을 한 투화인은 宋人이었기 때문에 이 규정은 송에 있는 부모상에 대한 급가 규정으로 보인다. 바다를 두고 소식이 왕래하는 상황 속에서 부음의 전달에 시일이 걸릴 것이기 때문에 이를 배려한 조처라고 하겠다. 여기에서 투화관리는 '本國'이

12) 『高麗史』 권64, 志8 禮6 凶禮 五服制度.

13) 『高麗史』 권8, 世家8 문종 25년 5월.

따로 설정되는 존재라는 점을 알 수 있다.

가-2)는 禮賓省注簿를 역임하고 있는 宋人 周沆이 뇌물수수죄를 범하였기 때문에 職田을 회수하고 송으로 돌려보내도록 조처한 내용이다. 먼저, 이를 보고한 관청은 憲司로, 헌사는 관리에 대한 규찰과 탄핵을 담당하는 어사대를 말한다.[14] 投化宋人인 周沆은 禮賓省의 종7품직인 注簿의 관직에 있으면서 뇌물수수한 혐의로 탄핵을 받았다. 그의 탄핵과 조처를 예빈성이 아닌 어사대에서 보고하고 있는 것은 宋人이라는 외국인 신분보다 예빈성주부로 고려에 정착한 投化人 신분이 우선되었기 때문이다.

직전을 회수하고 본국으로 돌려보내진 처분 역시 고려 관리에게 내려진 처벌과 같았다. '관리가 臨監하면서 관내에서 내물을 수수한 죄를 저지르면 徒刑과 杖刑을 논하지 말고 職田을 거두어들이고 歸鄕시킨다.'라는 職制 규정과 일치한다.[15] 다만, 本鄕으로 보내지는 귀향형이 本國으로 돌려보내지는 것으로 대체되었을 뿐이다.

반면, 元人은 고려의 군현을 관향으로 받아 이를 근거로 대대로 정착하여 계보를 잇는 양상이 등장한다. 인후는 昇平郡을 본적으로 하사받았으며,[16] 장순룡 역시 德水縣을 采地로 받아 자손들이 貫籍으로 하였다.[17] 이들의 경우 관료층을 이루면서 고려에 세거하였기 때문에 특별히 관향을 정해주었던 것으로 보여지나, 이는 고려 전기에는 볼 수 없는 특징적인 변화상이다.

14) 『高麗史』 권76, 志30 百官1 司憲府.
15) 『高麗史』 권84, 志38 刑法1 職制.
16) 『高麗史』 권123, 列傳36 印侯.
17) 『顯宗實錄』 권22, 현종 15년 6월 4일 丁酉.

고려 전기에는 투화인이라 할지라도 本國이 곧 출신으로 적용되었고, 이들의 2세에 대해서도 외국 출신을 적시하였던 점에 비하면 원간섭기 이후 고려의 관향을 받는 외국인이 등장한다는 점은 매우 주목되는 현상이다. 고려 사회는 양측적 친속 관계가 허용되었기 때문에 외국인의 정착에 본관의 영향력이 크지 않았다. 즉, 외국인이라는 출신은 고려 내 정착하는데 큰 제약은 아니었다. 조선시대 관향을 내려주기를 요청하는 외국인 사례와 대별되는 고려 사회만의 특징이다. 고려의 군현을 관향으로 받아 이를 후세 대대로 본적으로 삼았다는 점은 고려 후기 점차 本을 중심으로 하는 가문의식이 성장한 변화된 고려의 사회 분위기를 보여준다.

다음으로, 주로 고려 하부 구조에 예속되었을 것으로 생각되는 발해 유민·거란인, 여진인, 왜인의 이주 양상과 그 차이점을 살펴보자.

[표 20] 발해 유민·거란인·여진인·왜인의 고려 이주 양상과 차이

구분	발해 유민·거란인	여진인	왜인
이주 시기	전기	전기, 후기	후기
이주 요인	난민 이주	자발적 이주	포로 이주
이주 경로	육로 이주	육로 이주	해로 이주
출신	일반민(농업, 유목)	일반민(농업, 유목)	일반민(농업, 왜구)
규모	집단 → 戶 단위	집단(부족 단위)	소규모 집단
정착지역	국경, 남부 지방(일부)	內地(일부)	남부 지방(해안)
역할	농업 발전, 군사적 역할, 거란문화 유입(工匠)	국경 안정, 정보 교류	왜구 견제 (임시적 조처)
존재 양상	거란투화인	화내여진	투화왜인

발해 유민은 고려 초 발해 멸망 직후 대광현을 중심으로 안착한 사례들과 이후 거란인과 함께 고려에 이주하는 양상이 조금 다르다. 이와 관련하여서는 앞장에서 살펴보았다. 그렇지만, 기본적으로 발해 유민·거란인의 고려 정착은 태조대 발해 유민의 안착 경험을 토대로 형성되었던 것으로 생각된다. 발해 유민과 거란인은 일부 거란의 하급 관직을 띤 인물들이 이주한 경우도 있으나, 대부분 일반 民들이 戶 단위로 왔다.

이들은 주로 거란 동경에서의 발해 부흥 운동 등의 정세 변동에 영향을 받아오는 경우가 많았다. 그러므로 이들의 고려 이주는 주로 도망하여 오는 난민의 형태였다. 고려에서는 이들을 생업 형식을 중심으로 고려 국경 일대나 남부지방에 나누어 거처하도록 하였다. 가장 많은 인원을 차지하는 이들은 고려 내 토지 개간 등에 풍부한 노동력을 제공하여 고려 사회의 농업 발전에 기여하는 면이 있었으며, 국경 지대 投化丁, 投化軍 등으로 분류되어 변경 거주민이 되었다. 일부 재능이 있는 이들은 개경에 거주하면서 工匠을 담당하여 고려의 수공업 발전에 이바지하였다.

여진인의 경우, 고려 전기에는 고려 內地 안착보다는 고려 關內 왕래를 중심으로 관계 맺었는데, 일부 특수한 경우에만 고려 內地로 수용이 허용되었다. 고려 후기에는 원 제국 와해 이후 요동지역의 혼란한 정세를 틈타 고려에 이주하였는데, 이때에는 고려 내 수용되어 고려인으로 동화되어 가는 양상을 보인다. 여진은 부족 단위의 집단 이주가 주를 이루고 이들에 대해서 고려에서는 나누어 거처하도록 하였다. 이들은 국경 안정과 외교 정보 제공 등의 역할을 수행하였다.

그리고 여진은 고려 내지에 수용되더라도 그 신분적 성격이 발해 유민, 거란인과는 달랐을 것으로 짐작된다. 1022년(현종 13) 12월에 西女眞 魚尼底가 投化人 昧那를 따라 고려에 안착한 그의 고모를 다시 本蕃으로 데려가고자 하였는데, 이때 토종말로 贖하고자[乞以土馬贖之]한 사례가 이를 반영한다.[18]

왜인의 경우, 고려 전기 단편적 이주 사례를 제외하고는 후기에 집중적으로 고려에 왔다. 이들의 고려 이주는 倭寇 침입이라는 혼란한 정세 속에서 왜구를 견제하기 위한 임시적 성격이 강하다. 특히, 왜인의 고려 유입은 왜구 진압 과정에서 사로잡은 포로들의 유입이 주를 이루었고, 일부 왜구에 대한 회유책으로 고려 남부 해안 지역에 이들의 거주지를 형성해주었다. 이들은 해로를 통해 고려에 왔기 때문에 그 규모에 있어서 선박을 단위로 한 소규모 집단이었다. 임시적인 조처에 따른 결과이기는 하나, 고려 내 거처하게 된 왜인을 '投化倭人'으로 규정하였던 것으로 보인다.

이상의 발해 유민, 거란인, 여진인, 왜인 등의 고려 이주 양상은 각각의 대내외적 상황에 따라 성격이 매우 달랐지만, 고려에 정착한 이후에는 고려 하부 구조에 편입되어 각각 고려 사회 발전에 기여하였다는 공통점이 있다. 그런데, 이들 가운데에서도 거란인과 왜인은 投化人으로 구분되었던 契丹投化人, 投化倭 등으로 표현되며, 고려 내 거주하는 外國人으로 인식되었다. 投化人은 혹한기에 면포를 지급해주는 복지의 대상이 되기도 하였으며,[19] 처벌 규정도 따로 마련되어 있었다.[20]

반면, 발해 유민이나, 여진인은 投化渤海人, 投化女眞人과 같은 용

18) 『高麗史』 권4, 世家4 현종 13년 12월 癸丑.
19) 『高麗史』 권6, 世家6 靖宗 5년 12월.
20) 『高麗史』 권85, 志39 刑法2 盜賊.

례가 확인되지 않는 것을 보아 투화인 범주에 속하지 않았던 듯하다. 주로 고려에 정착한 외국인에 대하여 '投化+출신(人)'의 합성어를 통해 구분하여 관리하였던 것을 생각하면, 가장 많은 인원이 이주한 발해 유민과 여진인의 사례가 없다는 점이 의아하다. 이들 외국인 유형에 대해서는 송인, 거란인, 왜인 등과는 다른 인식이 작용하였던 것은 아닌가 한다.

발해 유민과 여진인은 엄밀히 따지자면, 고려 이주 시기 고려와 공식적인 외교 관계 속의 출자는 아니었다. 송, 거란, 원, 왜로부터 人口가 이주해 오는 시점들은 고려가 국가 제도 속에서 해당국과 사신 왕래 등의 공식적인 외교 관계를 성립하고 있었다. 그러한 국제 관계 속에서 다양한 출신의 외국인들이 고려 내 여러 모습으로 정착할 수 있었다.

발해인은 출자가 발해라고 기재되어 있기는 하지만 이미 멸망하여 존재하지 않는 국가의 유민이었다. 여진인은 금 성립 이전까지 부족 단위로 고려를 개별적으로 왕래하였던 존재들로 국가 단위 외교 관계와는 다른 차원의 교류라고 하겠다. 이처럼 고려는 시기에 따라, 대외 관계 성격에 따라 외국인의 이주를 다양하게 받아들였다. 결국, 외국인의 이주와 수용의 문제는 국가 간의 관계와 외국인 출신 성격에 따라 다층적으로 나타났다.

2. 고려의 외국인 수용 방식과 族類 의식

외국인의 이주에 다층적인 수용 방식이 나타나는 데에는 결국 이들에 대한 인식이 적용하였다고 생각된다. 특히, 발해 유민과 여진인은 고려의 정착 외국인에 대한 관리방식인 투화인 범주에 속하지는 않았지만, 고려에 정착하여 세거하였다. 다만, 발해 유민의 경우 비교적 순탄하게 고려 내 정착하여 살아갔던 것으로 보이며, 여진은 일부에 한하여 고려 內地에 받아들여졌다. 이러한 차이는 이들에 대한 인식의 다름에서 온 결과라고 하겠다.

특히, 여진인의 경우 송인, 발해 유민·거란인 등과 같이 來投, 來附 등의 유입 용례를 사용하면서도 그 내용에서 차이가 나타난 이유는 무엇일까. 즉, 송인, 발해 유민·거란인의 경우 고려에서 이주를 받아들여 고려 內地에 거처하게 하였으나, 여진에 대해서는 化外, 化內를 구별하고 고려 關內 왕래를 허락하는 방식으로 관리하였다. 이러한 차이는 외국인 유형과 다른 여진에 대한 인식이 작용되었던 듯하다. 이와 관련하여 다음의 내용을 살펴보자.

> 나-1) (1038년 5월) 東界兵馬使가 보고하기를, "威雞州 女眞 仇屯과 高刀化 두 사람이 그 都領 將軍 開老와 재물을 다투다가 개로가 취한 틈을 타서 때려 죽였습니다."라고 하였다. 사건을 재상[輔臣]들에게 내려 논의하게 하자 門下侍中 徐訥 등은 논의하여 말하기를, "여진이 비록 다른 부류[異類]이나 이미 歸化하여 이름이 版籍에 실렸으므로 백성[編氓]과 같으니, 진실로 마땅히 나라의 법규[邦憲]을 따라야 합니다. 지금 재물을 다투다가 그 윗사람[長]을 때려 죽였으니, 죄를 용서할 수 없습니다. 법대로 논하기를 요청합니다."라고 하였다. 內史侍郎 黃周亮 등은 논의하여 말하기를, "이 무리들은 비록 歸化하여 우리의 울타리[藩籬]가 되었으나, 사람 얼굴에 짐승의 마음을 가져 사리를 알지 못하고 교화의 가르침에

익숙하지 않으니, 형벌을 가할 수 없습니다. 또한 律文에 이르기를, '여러 化外人들이 同類가 서로 범죄를 저지른 경우는 각기 本俗法에 의거한다.'라고 하였습니다. 하물며 그 이웃 마을의 어른들이 이미 本俗法에 따라 범인 두 집의 재물을 내어 개로의 집에 보내서 그 죄를 贖하였으니, 어찌 다시 논하여 결론을 내리겠습니까." 라고 하였다. 왕이 황주량 등의 의견을 따랐다.[21)]

나-2) (1432년 11월 4일) 吏曹判書 許稠가 아뢰기를, "向化人으로서 우리 조정의 관직을 받은 자가 科田을 받고자 하오니, 이에 族派를 상고해보면 그 근본을 알지 못하여 族類를 분별할 수 없사오니, 법에 어긋남이 있는데, 어떻게 처리하오리까."라고 하였다. 임금이 말하기를, "향화인으로 우리 조정의 관직을 받았으면 이로부터 類士가 된 것이다. 비록 宗派를 알지 못하더라도 토지를 나누어 줌이 옳다."라고 하였다.[22)]

나-1)은 1038년(정종 4) 5월에 威雞州에서 여진인끼리 발생한 살인 사건과 관련하여 조정에서 논의하고 처리한 내용이다. 먼저, 동계병마사가 위계주 여진 仇屯과 高刀化가 재물로 다투던 도령 장군 개로를 죽인 사건을 보고하였다. 재상들에게 이에 대한 처결 문제를 논의하게 하였는데, 서눌 등은 고려의 법에 따라 처벌하여야 한다고 하였으며 황주량 등은 여진의 本屬法에 따라야 하고 이미 여진 사이 합의가 된 문제이니 따로 처벌을 하지 말아야 한다고 하였다. 결국, 황주량 등의 의견을 따라 다시 죄를 논하지 않는 것으로 결론이 내려졌다.

---

21) 『高麗史節要』 권4, 정종 4년 5월.

22) 『世宗實錄』 권58, 세종 14년 11월 4일 己未.

여기에서 주목되는 점은 서눌 등이 언급한 '異類이지만 귀화하였다'라는 인식과, 黃周亮 등이 주장한 律文에 '同類'가 서로 범죄를 저지른 경우 각 本俗法에 의거한다는 내용이다. 이 논의에서 여진에 대한 고려의 異類 의식이 분명하게 드러난다. 서눌은 異類와 대별되는 개념으로 編氓을 들었다. 즉, 여진은 異類이지만, 귀화하여 명단을 版籍에 기재하였으므로 編氓과 같이 보아야 한다는 것이다. 태조는 編氓을 곧 제도권 내 고려 백성으로 말하였다.[23)]

여진에 대해서는 '人面獸心' 등 부정적인 인식으로 대표되지만, 무엇보다 고려(인)와는 다른 부류라는 인식이 강하였다고 생각된다. 1043년 4월 화내여진 沙伊羅가 化外 羅弗 등 494인을 화주관에 데리고 와 來朝를 청한 데 대한 논의 과정에서 여진을 칭하기를 '此類'이라고 하였다. 즉, 이들은 人面獸心이므로 인원수를 줄이고 여러 차례 나누어 조정에 들어오게 하였다.[24)] 또, 1050년(문종 4) 1월 蕃類 300인이 개경 廣仁館에 억류되고 있었는데,[25)] 이때 '蕃類' 역시 여진을 가리킨다.

이와 관련하여 조선 세종대 向化人과 관련한 내용이 주목된다. 나-2)는 1432년(세종 14) 11월 4일 조선에서 관직을 받은 외국인인 향화인이 과전을 받기를 요구에 대한 처결을 논의한 내용이다. 吏曹判書 許稠는 사실을 보고하면서 '族派'를 상고해보니 '族類'를 분별할 수 없으므로 법이 어긋남이 있음을 언급하였다. 이에 세종은 우리 조정에서 관직을 받았으면 '類士'가 되는 것이므로 '宗派'를 알지 못하더라도 토지를 주라고 명하였다.

---

23) 『高麗史』 권2, 世家2 태조 17년 5월 乙巳.

24) 『高麗史』 권6, 世家6 정종 9년 4월 戊戌.

25) 『高麗史』 권7, 世家7 문종 4년 1월 丙午.

고려에서는 조선 전기와 달리 '族類'를 '친족의 사람'이라는 좁은 의미로 활용하였다고 이해되고 있다.[26] 조선에서는 여진에 대해 토착여진, 오랑캐, 오도리, 우디캐 등으로 나누어 생활양식과 종족을 구분한 데 비해 고려에서는 이러한 구체적인 구별에까지 이르지 못하였다고 보는 것이다. 그런데, 다시 1050년(문종 4) 1월 蕃類 300인이 개경 廣仁館에 억류된 사정을 고려해보면,[27] 이때 '蕃類'는 賊首 那拂을 중심으로 한 여진 집단을 의미하는 것으로, 고려에서는 왕래 여진 부족에 대한 부류의 파악을 하고 있었던 것으로 보인다.

族類는 '우리와 같은 족류가 아니면 그 마음이 필시 다르다[非我族類, 其心必異].'는 한족과 이민족의 차별을 의미하는 중국의 전통적 종족관에서 비롯된 인식이다.[28] 고려에서는 중국의 한족과 이외 민족을 구별하는 강력한 종족관까지는 아니더라도 고려와 '다른 종족'이라는 異類의식이 있었다고 생각한다. 그러므로 여진에 대해서는 關外에 존재하면서 왕래를 허락하고, 기미주 형식으로 관리하는 방식으로 수용하였던 것이다.

반면, 발해 유민에 대해서는 同類 의식을 가졌던 것으로 보인다. 발해와의 同類 의식은 태조가 발해를 '親戚之國'이라고 표현한 데서 극명하게 나타난다.[29] 『동사강목』에는 宋白의 『續通典』 기록을 통해 관련한 일화를 전하고 있는데, 939년 서역 승려 襪囉가 晉에 들렀다

---

26) 추명엽(2018), 앞의 논문.

27) 『高麗史』 권7, 世家7 문종 4년 1월 丙午.

28) 이석현(2009), 「요의 민족정책과 한족사인」, 『북방민족과 중원왕조의 민족인식』, 동북아역사재단, 86쪽.

29) 『東史綱目』 권6上, 무술년 태조 21년 3월.

가 고려를 유람하러 와 고려 왕건이 예우가 극진하였다. 이때 왕건은 襪囉에게 발해는 본래 우리 친척의 나라인데, 거란에 의해 병탄되어 그 왕이 거란에 잡혀간 정황을 알리며 이를 진 황제에게 전해달라고 하였다.

고려가 발해를 친척의 나라로 표현한 데서 발해에 대한 인식을 엿볼 수 있다. 특히, 대광현의 고려 이주에 따른 조처는 극진한 후대였는데, 이는 동시기 신라 경순왕과 후백제 견훤의 고려 귀부에 따른 대우와 함께 살펴볼 필요가 있겠다. 대광현은 934년 7월에 수만의 발해 유민을 이끌고 고려에 왔다. 이때, 태조는 그에게 王繼라는 성명을 하사하고, 元甫를 제수하였으며 白州 지역을 하사하여 지키게 하였다. 또 宗籍에 올리고 제사를 잇도록 해주었으며, 측근 관료에게 관작과 군사들에게 전택을 차등있게 하사하였다. 대광현에 대한 조처는 바로 다음 해에 차례로 고려에 귀부한 신라 경순왕과 후백제 견훤의 사례가 대별된다.

경순왕 김부는 935년 12월 고려에 귀부하였는데, 이때 觀光順化衛國功臣·上柱國·樂浪王·政丞을 제수하였으며, 慶州를 식읍으로 하사하고 사심관으로 임명하였다. 또 자신의 딸 樂浪公主와 혼인하도록 하고, 神鸞宮을 창건해주었다. 매년 祿俸 1,000碩을 혜택으로 부여하기도 하였다. 김부는 본래 통치 중심지인 慶州를 식읍의 형태로 받고 일정한 자치권을 보장받은 셈이다. 대광현에게는 새로운 지역인 배주를 지키게[守] 하였다고는 하나, 일종의 식읍 명목이었다고 생각된다. 또한 제수 관직은 원보로만 기록되어 있으나, 왕계 성명을 하사하고, 왕실 종적에 올려준 혜택을 고려할 때, 김부와 같은 작호 등을 책봉받았을 것으로 예상된다.

한편, 견훤은 935년 6월 고려에 왔는데, 태조는 그를 우대하여 尙父

라 우대하고 남궁을 객관으로 주었다. 지위는 백관의 위에 두고, 楊州를 식읍으로 삼았다.[30] 그 외 금과 비단, 노비, 내구마 등의 혜택을 주었다. 견훤은 대립적인 관계에 있었던 인물이었다는 점을 감안하더라도, 대광현에 대한 조처가 굉장한 후대였다는 점을 알 수 있다.

특히, 대광현에게 왕계 성명을 하사하고, 宗籍에 올렸다는 점은 종실로 대우하겠다는 의미이다. 이러한 점에서 태조가 발해를 '친척의 나라'라고 표현하였다고 생각된다. 태조의 언급은 양국 사이 '동족의식'의 표현이라고 해석되기도 하며,[31] 발해에 대한 동류의식의 발현이라고 이해된다.[32]

이러한 동류의식은 앞서 살펴본 문종대 '舊制'에서도 찾아볼 수 있다. '舊制'는 고려 건국 이래 외국인 수용 규정이 정리된 원칙이다. 여기에서 宋人, 女眞人에 대한 수용 여부와 내용이 있지만, 발해인에 대한 언급이 없다. '舊制'에 고려 내 수용 규정에 제한이 기재되어 있다는 점은 발해 유민에 대해서는 특별한 수용 제재가 없었다는 것을 반증한다. 실제로 발해 유민 이주와 관련한 고려 조정 내 논의나 예빈성의 활동 사례가 없다.

이상의 여진, 발해에 대한 異類, 同類 의식은 곧 이들의 고려 이주에 대한 수용 방식으로 발현되었다. 여진에 대한 異類 의식은 여진을 고려 關內 왕래를 허가하는 化內와 그렇지 않은 化外로 구분하고 일부에 한하여 內地에 수용하는 방식으로 나타났다. 반면, 발해에 대한 同類

30) 『高麗史』 권2, 世家2 태조 18년 6월.

31) 宋基豪(1995), 『渤海政治史硏究』, 일조각, 200~205쪽.

32) 노명호(2009), 「삼한통일의식과 고려국가」, 『고려국가와 집단의식』, 서울대학교출판문화원, 91쪽.

의식은 발해 유민의 이주에 대한 특별한 수용 제재 없이 그들의 생활 방식에 따라 나누어 안착하고 세거하도록 하였다.

그러나 族類 의식은 원간섭기를 거치면서 외국인 이주에 대해 변화를 겪는다. 앞서 살펴보았듯이, 원간섭기는 고려와 원의 특수한 이중적 관계 속에서 사회 전반에 걸쳐 변화를 가져왔다. 특히, 원으로부터 고려에 온 이들은 원 공주, 원 공주를 따라온 겁령구 및 국왕 측근 인물들로 지배계층을 이루었다. 이들은 고려라는 이주지 자체뿐만 아니라 원이라고 하는 본래의 출신에서부터 발생하는 영향력이 단절된 상태가 아니었다. 이들은 고려 체제에 재편되었지만, 동시에 원으로부터 책봉 및 관직을 제수받았다. 이러한 이중적 族類 인식은 同類와 異類에서 설명할 수 없는 복잡한 면을 지닌다.

이 책에서는 외국인 이주의 모습과 고려 정부의 수용 정책을 대외관계 변동에 따라 유동적이고 다층적인 양상의 지점들을 구체적으로 밝혀보았다. 특히, 국가 간의 관계, 고려의 국가 및 민족 인식, 고려 내부의 사회 성격 등이 유기적으로 연결되어 나타나는 외국인 이주의 실제상을 종합하였다는 데서 본 연구의 의의가 있다고 생각한다. 다만, 각각의 외국인 이주 사례를 보다 세부적으로 분석하지 못한 아쉬움이 있다. 개별 외국인 이주 모습이 구체적으로 확인되고 다시 이것들이 종합된다면 훨씬 더 다채로운 고려의 사회상을 그려낼 수 있을 것이라 기대된다.

보론
고려 후기·조선 초 외국인 賜鄕과 投化姓 고찰

고려에는 전 시기에 걸쳐 다양한 출신의 외국인이 왕래하였으며 이주하기도 하였다. 외국인의 출신이나 신분 계층에 따라 약간의 차이가 있으나, 고려 정부에서는 고려에 이주해 온 외국인에 대해 대체로 수용하여 정착을 도왔다. 이러한 고려의 자세는 외국인의 출신 및 능력, 규모에 따라 관직을 제수하거나 집과 토지를 주어 안정적인 정착을 도왔고, 일정한 지역에 안착하여 고려 백성으로 살아가게 하는 적극적인 동화정책을 펼친 것으로 이해되었다.[1]

---

1) 고려시대 외국인 이주와 관련하여서는 다양한 논의가 진행되었다. 대표적으로 다음의 논저가 참고된다. 南仁國(1986), 「高麗前期의 投化人과 그 同化政策」, 『歷史教育論集』 8, 역사교육학회 ; 朴玉杰(1996), 『高麗時代의 歸化人 硏究』, 國學資料院 ; 박종기(2009), 「고려 전기 주민 구성과 국가체제-來投 문제를 중심으로」, 『동북아역사논총』 23, 동북아역사재단 ; 박순우(2012), 「고려전기 정부의 한인(漢人) 인식과 내투(來投) 한인들의 행적」, 『역사와현실』 84, 한국역사연구회 ; 전영준(2012), 「고려시대 異民族의 귀화 유형과 諸정책」, 『다문화콘텐츠연구』 13, 중앙대학교 문화콘텐츠기술연구원 ; 박경안(2015), 「고려전기 外來人의 문화적 특성과 정착과정-왕조의 인식과 대응을 중심으로」, 『한국중세사연구』 42, 한국중세사학회 ; 李鎭漢(2015), 「高麗時代 外國人의 居留와 投化」, 『한국중세사연구』 42, 한국중세사학회 ; 李美智(2015), 「고려 전기 異國人入境의 유형과 실상-來獻·來朝·來投·來附를 중심으로」, 『한국중세사연구』 43, 한국

고려에 온 외국인 수용과 동화의 차원에서 이들의 정착 지역이나, 거주지 이동, 후손의 존재 양상 등의 문제가 주목되어 왔다.[2] 다양한 논의는 결국 고려에 이주한 외국인들이 어디에, 어떻게 정착하여 살아갔느냐를 추적한 것이라고 하겠다. 특히, 고려 사회에 정착한 외국인을 시조로 하는 성씨가 많은 점은 본관과 거주지 일치라는 시각 속에서 파악되어 결국 외국인이 최초 거주한 지역 및 세거·이동 경로를 유추하는 계기가 되었다. 이는 주로 『세종실록』 지리지나 『신증동국여지승람』 등 조선 초 지리지 기록이나, 각 성씨의 족보 세계를 통하여 추론되었다.

『세종실록』 지리지는 조선 초 전국 각 지역에 토착하고 있는 土姓을 비롯한 각종 移入姓, 亡姓 등을 망라하여 수록하고 있다.[3] 조선 초 지리지에 수록된 성씨들은 이미 고려시대부터 정립되어 존속되어 온 것으로 이해된다.[4] 그러한 시각에서 고려 때 정착한 시조의 姓貫이 그대

중세사학회 ; 한정수(2017), 「고려전기 異邦人·歸化人의 입국과 해동천하」, 『한국중세사연구』 50, 한국중세사학회 ; 이바른(2021), 「고려시대 外國人 移住 연구」, 고려대학교 한국사학과 박사학위논문.

2) 朴玉杰(2002), 「高麗의 歸化人 同化策-특히 居住地와 歸化 姓氏의 貫鄕을 중심으로」, 『江原史學』 17·18, 강원사학회 ; 최양규(2005), 「고려~조선시대 중국 귀화성씨의 정착」, 『白山學報』 73, 백산학회 ; 이찬욱(2014), 「韓國의 歸化姓氏와 多文化」, 『다문화콘텐츠연구』 17, 중앙대학교 문화콘텐츠기술연구원 ; 박순우(2017), 「10~14세기 '渤海人' 연구」, 한국학중앙연구원 한국학대학원 박사학위논문 ; 배숙희(2017), 「13~14세기 歸化人의 유형과 고려로 이주」, 『역사학보』 233, 역사학회 ; 박순우(2020), 「고려 후기 발해인 세거(世居) 사례와 조선시대 '발해인(渤海人)' 연구 시론 - '족당(族黨)'의 용례와 남원지역 협계태씨를 중심으로」, 『한국중세사연구』 62, 한국중세사학회.

3) 하태규(2002), 「고려시대 全州 地域 貫鄕 姓氏와 그 動向」, 『全北史學』 25, 전북사학회 7쪽.

4) 李樹健(1984), 『韓國中世社會史研究』, 一潮閣 ; 蔡雄錫(1986), 「高麗前期 社會構造와 本貫制」, 『高麗史의 諸問題』, 三英社 ; 蔡雄錫(2000), 『高麗時代의 國家와 地方社會』,

로 외국인 정착 혹은 세거 지역으로 이해되었다. 『신증동국여지승람』 군현 성씨조에 보이는 投化姓 등이 외국인의 거처로, 이들 지역 주변의 성씨조를 근거로 이들의 이동 여부를 짐작하기도 하였다.[5]

그런데, 이러한 성씨 관향이 과연 고려 당대의 외국인 정착이나 세거, 이동을 나타낸다고 할 수 있는지 의문이 생긴다. 고려 당시에는 외국인의 출신을 본래 출신 국가나 지역으로 지칭하고 있다는 점에서 그러하다. 광종 때 고려에 온 채인범은 그의 묘지명에서 송 강남 천주 사람이라고 밝히고 있고,[6] 이미 2대에 걸쳐 고려에서 사환한 신안지는 『고려사』 열전에서 송 개봉부 출신이라고 적고 있다.[7] 신안지의 아버지 신수는 거창신씨의 시조이나, 『고려사』 어디에서도 신수와 거창 지역과의 관련성을 찾아볼 수 없다.

그리고 『세종실록』 지리지와 『신증동국여지승람』 등의 토성·성씨조 기록에서도 고려시대 외국인의 관향이 정해졌다거나 사향 등의 사례가 없다. 각 성씨 족보에서 찾아지는 기록들 역시 조선 후기 숭조의식 속에서 편찬되었기 때문에 신뢰의 문제가 있다.[8] 그러므로 이들 기록은 조선시대 사회상으로 이해해야 하며, 고려 당대 외국인 정착, 이동과는 별개로 보아야 바람직하다고 생각된다.

고려시대 외국인에게 고려의 관향이 설정된 사례가 없었던 것은 아

서울대학교출판부.

5) 朴玉杰(1996), 앞의 책, 207·208쪽.

6) 金龍善(2012), 「蔡仁範墓誌銘」, 『高麗墓誌銘集成』, 한림대학교 출판부 ; 이하 본고에서 인용하는 墓誌銘은 모두 같은 책에서 인용하였다.

7) 『高麗史』 권97, 列傳 10, 劉載 附愼安之.

8) 임선빈(2009), 「조선초기 歸化人의 賜鄕과 특징」, 『東洋古典硏究』 37, 동양고전학회, 66쪽.

니다. 고려 후기에 외국인에게 사향하는 사례가 확인되기도 하며, 처음 거주지역으로 설정해주었던 곳이 성관으로 이어진 경우도 보인다. 더하여 조선 초에 고려 때부터 정착한 외국인 관료들이 사향을 요청하는 기록이 곳곳에 있다. 이러한 사향과 성씨 본관 등이 외국인의 고려 정착과 어떠한 관계가 있는지를 살펴보는 것이 연구의 목적이다.

본고에서는 이러한 문제의식에서 고려 후기, 조선 초에 걸친 외국인 사향 사례를 분석하여 그 배경과 의미를 고찰하고자 한다. 그리고 『세종실록』 지리지, 『신증동국여지승람』의 투화성, 사성 등과 고려시대 외국인 관향과의 관계, 거주지역과의 상관성 등을 확인해보고자 한다. 이를 통해 고려시대 외국인 정착의 실제상을 다각적으로 이해하는 데 단초를 제공하고자 한다.

1. 고려 후기 외국인 사향 사례 분석과 특징

고려시대는 대체로 전 시기에 걸쳐 외국인이 이주하였는데, 특히 후기 원과의 관계라는 특수한 외교 환경, 명의 흥기에 따른 국제 질서 변동 속에서 매우 다양한 형태의 외국인(집단)이 고려에 왔다. 고려 후기에는 고려 국왕과 혼인하여 고려에 온 원 공주, 원 공주를 따라온 사속인들, 원과의 관계 속에서 정치적 이주를 한 인물들 및 전쟁 상황 속 도망민, 이주민, 포로 등 각계각층의 외국인들이 고려에 이주하였다. 이들의 고려 정착 역시 다양하게 이루어졌는데, 여기에서는 주로 본관 사향에 초점을 맞추어 이것이 이루어진 고려에서 사환한 외국인 관직자 사례를 중심으로 살펴보겠다.

한편, 고려 전기에는 외국인에게 성명을 하사하거나 사향한 사례가 거의 없다.

> 가) (934년 7월) 발해국 세자 大光顯이 수만의 무리를 거느리고 來投하자, 王繼라는 성명을 하사하고 종실의 족보에 넣었다. 특별히 元甫를 제수하고 白州를 지키면서 제사를 받들게 하였다. (그의) 僚佐에게 관직을, 군사들에게는 토지와 집을 주었는데 차등이 있었다.[9]

가)는 934년(태조 17) 7월에 발해 세자 대광현이 수만의 발해 백성들을 거느리고 내투한 사실과 이후 고려에서 취해진 조처 내용이다. 발해는 멸망을 전후한 925년 9월 내투를 시작으로[10] 적게는 수십 명에서 수천여 호에 이르는 규모로 고려에 왔다. 이때의 조처는 대광현 이전 고려에 유입된 발해인들 역시 포함되었던 것으로 보인다.[11] 태조는 대광현이 고려에 오자, 그에게 왕계라는 이름을 주고 종실의 족보에까지 올리는 특혜를 주었다. 그리고 원보를 제수하고 배주를 지키며 조상의 제사를 이을 수 있도록 배려하였다. 더하여 대광현과 함께 온 요좌, 군사에 대해서도 각각 차등하게 관직과 토지·집을 주었다.

---

9) 『高麗史』 권2, 世家 2, 태조 17년 7월.

10) 『高麗史』 권1, 世家 1, 태조 8년 9월 丙申.

11) 『高麗史節要』에는 이와 같은 조처 내용이 925년 12월로 기록되어 있다. 『고려사절요』 기사에는 925년 9월 將軍 申德 등의 내투 이후 태조대 유입된 발해 유민을 포괄하여 관직을 띤 인물들을 중심으로 요한 것으로 보인다. 그러므로 대광현을 대표로 하는 발해 유민에 대한 조치는 그의 내투를 기점으로 정리된 듯하다(『高麗史節要』 권1, 태조 8년 12월).

대광현에게 왕씨 성명을 주고 종실에 붙인 것은 태조가 여러 호족들을 규합할 때 보이는 의제가족적 관계를 통해 유대를 공고히 하고자 하는 조치였다. 또한 배주를 지키게 한 점은 곧 배주를 발해인들의 정착 지역으로 설정했다고 이해된다. 그런데, 조선 초 지리지의 이 지역 기록에서 발해인 정착에 대한 기사나, 구체적인 성씨 기록이 없어 이들의 흔적을 추측할 뿐이다.[12] 이상 대광현을 중심으로 한 발해 유민의 일부 사례를 제외하고는 고려 전기 외국인의 구체적인 거주지를 설정해주거나, 이들에 대해 지역적 기반을 매개로 한 사향의 경우는 거의 없다.

고려 후기 원과의 관계 속에서 고려에 와서 살게 된 몇몇 인물들에 대해 사향의 기록이 몇 건 확인된다. 고려 후기, 특히 원간섭기 이후 고려 말까지 외국인 관직자 사례를 정리하면 [표 21]과 같다. 고려와 원의 특수한 관계 속에서 혼인, 교유, 상거래, 사절 등 양국 인물의 왕래는 기록에 남은 사례보다 훨씬 많았을 것으로 짐작된다. 또한, 명나라 흥기 과정에서 혼란한 대외적 정세 속에서 많은 유이민들이 고려에 유입되기도 하였다. 다만, 『고려사』 등의 기록에서는 일부의 사례만이 확인되고 그나마 일부 관직 이력이 있는 이들을 중심으로 남아 있어 구체적인 행적을 파악하는 데 한계가 있다.

12) 박순우는 발해 연화문 수막새 등의 출토 유물을 통해 발해 유민 거주지에 대해 이해를 확장하기도 하였다(「고려 내투 발해인들의 처치 지역 검토-고려시기 유적 출토 발해계 막새기와를 중심으로」, 『白山學報』 114, 백산학회, 2019).

[표 21] 고려 후기 외국인 관직자 사례[13]

구분	이주 시기	출신	성명[본명]	사항	특징
1	1274.10.	元	印侯[忽刺歹]	賜姓名 賜籍	제국대장공주 怯怜口 子: 印承光, 印承旦
2		回回	張舜龍[三哥]	賜姓名 賜籍	제국대장공주 怯怜口 子: 張瑄, 張芸
3		河西	盧英[式篤兒]	賜姓名	제국대장공주 怯怜口
4		本國人	車信[車忽解]	賜姓名	제국대장공주 怯怜口
5			鄭公[五十八]	賜姓名	제국대장공주 怯怜口
6	1277.6.을유	元	忻琪		忻都의 子
7	1286.(?)	回回	伯顔		제국대장공주 怯怜口 李玄의 曾祖
8	1294.9.	回回	閔甫	賜姓名(?)	平壤府尹兼存撫使
9	충숙왕대 (1313~)	南蠻	王三錫		
10	충숙왕대	燕南	梁載[梁將]		得幸封君, 更名載.
11	충숙왕대	色目	崔老星[党黑厮]		亦因載得封君
12	충숙왕대	宋 泉州	李宜風		
13	1351.(?)	瀋陽人	邊安烈	賜鄕	因元季兵亂, 從恭愍王來, 賜鄕原州
14	1358.	回鶻 高昌	偰遜[百遼遜]	賜姓名(?)	賜第封高昌伯, 改封富原侯, 賜田富原
15	??	色目人	偰長壽		子: 偰耐, 偰衛, 偰振
16	??	元 高昌	偰眉壽		子: 偰猷
17	1359.(이전)	元人	羅世		1359. 홍건적 격퇴 1363. 2등 공신
18	1369.(?)	中國 河間人	李敏道		以妻鄕尙州, 封商山君.

13) 국가적 차원의 본관 사항이 이루어지는 것은 주로 고려 정부에서 사환을 하였던 인물들을 중심으로 이루어졌으므로, 관직 생활을 한 사례들을 중심으로 정리하였다.

구분	이주 시기	출신	성명[본명]	사항	특징
19	1370.4.(?)	威遠縣	盧英壽		長寧公主媵臣
20	1370.	元朝人	韓復[拜住]	賜姓名	賜姓名韓復
21	??	漢南人	韓昉		
22	??	漢南人	李原弼		
23	??	漢人	洪楫		
24	??	胡人	金義[也列哥]	賜姓名(?)	1373.12. 密直副使
25	1371.2.갑술	女眞千戶	李豆蘭		子: 李和英, 李和美, 李和秀
26	??	漢族	任彦忠		1379.3. 護軍
27	1382.윤2	海陽萬戶	金同不花		處之禿魯兀之地
28	1387.11.	回回	金鼻		

고려 후기 고려에 와서 관직 생활을 한 이들은 대체로 세 부류로 나눌 수 있다. 제국대장공주 등 고려 국왕과 혼인하여 고려에 온 원 공주를 따라온 사속인, 충선왕과 충숙왕 등 고려 국왕의 총애로 등용되어 고려에서 관직 생활을 한 인물들, 원말 혼란한 대외 정세 속에서 고려에 오게 된 몇몇 인사 등이다. 이들의 출신은 원, 회회, 남만, 연남, 남송, 여진 등으로 다양하다. 특히, 이들에 대한 조처에서 주목되는 점은 한식 성명으로의 개명이 대부분 이루어졌다는 것이다.

나) (1277년 1월) 공주의 겁령구에게 성명을 하사하였다. 홀랄대를 印侯로, 삼가를 張舜龍으로, 차홀태를 車信으로 하고 職은 모두 장군에 제배하였다. 식독아는 盧英으로, 오십팔을 鄭公으로 하고 직은 모두 중랑장에 제배한 뒤 내시에 소속시켰다. 겁령구는 중국말[華言]로 개인에 속한 사람[私屬人]이다.[14)]

나)는 1277년(충렬왕 3) 1월에 제국대장공주가 고려에 하가하면서 따라온 사속인들에게 한식 성명과 관직을 하사한 내용이다. 홀랄대[쿠라다이]는 인후로, 삼가[셍게]는 장순룡으로, 차홀태[차쿠다이]는 차신으로 하고 장군직을 제수하였다. 또 식독아[식투르]는 노영으로, 오십팔은 정공으로 하고 모두 중랑장에 임명한 뒤 내시에 소속시켰다. 이렇게 몽골식 성명을 한식 성명으로 개명한 데에는 고려의 관직 임명과 관련이 있었던 듯하다.[15)]

다-1) 삼가, 차홀태와 함께 공주를 따라 와서 중랑장에 보임되었다. 충렬왕이 장군으로 제수하고자 이름을 바꾸라고 명령하니, 홀랄대가 대장군 인공수에게 말하기를 "내가 당신과 친하니 그대의 성을 빌리면 어떻겠소?"라고 하였다. 마침내 성명을 바꾸어 인후라고 하였다.[16)]

다-2) (충렬왕) 12년(1286)에 (인후에게) 부지밀직을 제수하고, 昇平郡을 賜籍하였다.[17)]

---

14) 『高麗史節要』 권19, 충렬왕 3년 1월.

15) 고려의 관직 임명과 관련해 한식 성명으로 개명한 데에는 관직 임명과 관련한 각종 고려식 절차에 따른 조처였다고 생각된다. 특히, 이들에게 하사할 각종 인사문서에 성씨가 기입되어야 하는 조건이 있었기 때문으로 짐작된다. 고려 후기·조선 초 관직 임명문서와 관련하여서는 다음의 논저가 참고된다. 심영환(2004), 「朝鮮初期 草書告身 硏究」, 『고문서연구』 24, 한국고문서학회 ; 유지영(2007), 「조선시대 임명관련 敎旨의 문서형식」, 『고문서연구』 30, 한국고문서학회 ; 川西裕也(2011), 「高麗末·朝鮮初における任命文書體系の再檢討」, 『朝鮮學報』 220, 朝鮮學會; 川西裕也(2012), 「高麗·朝鮮의 非告身 임명문서에 대한 고찰」, 『藏書閣』 27, 한국학중앙연구원 ; 川西裕也(2020), 『고려 말 조선 초 공문서와 국가』, 한국학중앙연구원출판부.

16) 『高麗史』 권123, 列傳 36, 印侯.

17) 『高麗史』 권123, 列傳 36, 印侯.

다-1)은 홀랄대가 인후로 개명한 내력이다. 홀랄대는 삼가와 차홀태와 함께 제국대장공주를 따라 고려에 와서 고려 관직인 중랑장에 보임되었다. 그런데, 이때 충렬왕이 장군으로 제수하고자 하니 이름을 바꾸라고 명령하였다. 이에 홀랄대는 평소 친분이 있는 대장군 인공수의 성을 빌려 성명을 인후로 고쳤다. 나)에서 홀랄대와 함께 개명되고 관직이 제수되었던 다른 인물들도 이러한 충렬왕의 개명 명령에 따라 이름을 고친 것으로 보인다.

인후는 몽골인으로, 고려의 초직으로 중랑장을 제수받은 이래 대장군, 상호군, 응양군상장군 등을 역임하였으며, 1286년 12월에는 부지밀직사사에 임명되었다. 또, 그는 1281년 10월 원으로부터 소용대장군·진변만호를 제수받고 호부와 인장을 받았다.[18] 인후는 고려와 원 사이에서 외교적 중재 능력으로 신임을 받았다. 여러 차례 원에 사신으로 파견되었고, 충렬왕과 제국대장공주가 함께 입조할 때마다 인후가 따라가지 않은 적이 없다고 하며 황제에게 아뢸 일이 있으면 반드시 인후를 보내 처리하게 하였다.[19] 인후는 1311년(충선왕 3) 9월 사망할 때까지 고려에 살았다.[20] 그에게는 아들 인승광과 인승단이 있었고, 인승광은 벼슬이 호군에 이른다고 하는 것을 보아, 그 역시 아버지를 이어 고려에서 관직생활을 하였던 것으로 보인다.

다-2)는 1286년에 인후가 부지밀직사사로 임명되고 승평군을 사적받은 내용이다. 승평군은 현재 전라남도 순천시 일대의 고려시대 지명으로, 1036년(靖宗 2)에 승평군이 되었다가 1309년(충선왕 1) 승주목에서

---

18) 『高麗史節要』 권20, 충렬왕 7년 10월.

19) 『高麗史』 권123, 列傳 36, 印侯.

20) 『高麗史』 권34, 世家 34, 충선왕 3년 9월(己巳).

다시 다음해에 순천부가 되었다.[21] '사적'은 본적을 하사받은 것으로 이해되는데, 『세종실록』 지리지나 『신증동국여지승람』의 순천 지역 토성, 성씨조에는 이러한 인후의 사성 흔적이 없다.

사적은 분명 본관과 관련이 있는 듯하다. 고려인에게 특별히 사적한 사례는 금의의 경우를 찾아볼 수 있다. 금의는 본래 봉화현 출신인데, 김포(金浦)를 하사받았다.[22] 금의 사례는 『세종실록』 지리지 김포현 토성조에 琴氏가 기재되어 있고,[23] 『신증동국여지승람』 김포현 성씨조에는 금씨가 사성되었음이 부기되어있다.[24] 그런데 인후의 경우는 달랐다.

인후는 연안인씨의 시조인데, 본관이 연안이 된 유래에는 아들 인승단이 연안부원군에 봉해지면서 후손들이 본관으로 하였다고 한다.[25] 『세종실록』 지리지와 『신증동국여지승람』 연안도호부의 토성·성씨조에 인씨가 없는 것으로 보아 조선 전기 이후에 연안으로 본관이 설정된 것으로 이해된다. 인후는 1286년 승평군을 관향으로 받았던 점을 고려하면, 사적이 곧 고려에 이주한 외국인과 그 후손들의 거주지 및 지역 기반으로 이어지지는 않는다는 점을 알 수 있다.

> 라-1) 장순룡은 원래 회회 사람으로, 초명은 삼가였다. 아버지 張卿은 원 세조를 섬겨 必闍赤이 되었다. 장순룡은 제국공주의 겁령구로서 고려에 와서 낭장에 임명된 후 여러 번 승진하여 장군이 되었

---

21) 『高麗史』 권57, 志 11, 地理 2 全羅道 昇平郡.
22) 『高麗史』 권102, 列傳 15, 琴儀.
23) 『世宗實錄』 권148, 地理志 京畿 富平都護府 金浦縣.
24) 『新增東國輿地勝覽』 권10, 京畿 金浦縣.
25) 이수건(2011), 『한국의 성씨와 족보』, 서울대학교출판문화원.

으며, 지금의 성명으로 바꾸었다.[26)]

라-2) 삼가 생각하건대, 왕후의 성은 장씨로, 선조는 順龍인데 본래 중국 사람이다. 원나라 때에 宣武將軍·鎭邊摠管으로서 공주를 따라 동쪽으로 왔다. 이에 고려에서 벼슬하여 거듭해 관직이 문하찬성사였으며 德水縣을 采邑으로 하였는데 자손들이 그대로 본적으로 삼았다.[27)]

라-1)은 장순룡의 출신과 고려에 오게 된 정황이다. 장순룡은 본래 회회인으로, 제국대장공주를 따라 고려에 왔다. 그의 아버지는 원 세조의 필도적인 장경이다. 장순룡 역시 중랑장에서부터 호군, 대장군 등의 무반직을 거쳐 부지밀직사사, 동지밀직사사, 첨의참리 등을 역임하였다. 또 1281년 10월 원으로부터 선무장군·진변관군총관을 제수받았다.[28)] 장순룡은 인후, 차신 등 함께 온 공주의 사속인들과 함께 사치, 부정 등으로 비판받기도 하였다. 그 역시 인후와 마찬가지로 아들 장선(張瑄)이 고려의 과거에 급제하여 검교평리 등을 역임하였는데,[29)] 장순룡-장선 부자 역시 2대에 걸쳐 고려에서 사환하는 모습이 확인된다.

라-2)는 조선 현종대 기사로, 효종비 인선왕후 장씨의 묘지문 가운데 그 선계를 설명한 부분이다. 왕후의 성은 장씨로 그 선조가 장순룡으로부터 비롯되었음을 설명하고 있다. 장순룡은 고려 때 제국대장공주를 따라 고려에 왔다가 여러 차례 관직 생활을 하였고, 채읍으로 덕수현

26) 『高麗史』 권123, 列傳 36, 張舜龍.
27) 『顯宗實錄』 권22, 현종 15년 6월 4일(丁酉).
28) 『高麗史節要』 권20, 충렬왕 7년 10월
29) 『高麗史』 권35, 世家 35, 충숙왕 7년 7월

을 받았다가 자손들이 그대로 관향으로 삼았음을 기록하고 있다. 『세종실록』 지리지 덕수현 토성조에 장씨는 망성으로 기록되어 있고,[30] 『신증동국여지승람』 덕수현에는 성씨조에 장씨가 기재되어 있다.[31]

장순룡은 덕수장씨의 시조로, 대표적인 귀화성씨로 이해된다.[32] 장순룡의 경우, 『고려사』에는 덕수 지역 사향 기록이 없지만, 인선왕후 장씨의 묘지문을 고려하면 인수가 승평군을 사적받았던 것과 같이 장순룡에게도 덕수현을 사적하였다고 보인다. 이들 외에도 나)에서 인수와 장순룡과 함께 성명을 하사받고 장군직에 제수되었던 제국대장공주의 사속인들은 비슷한 조치를 받았을 것으로 예상된다.

> 마) 邊安烈은 본래 瀋陽 사람으로, 원 말기 병란으로 인해 공민왕을 따라서 (고려에) 오니, 原州를 賜鄕하였다.[33]

마)는 변안열이 고려에 온 경위와 원주를 사향한 내용이다. 변안열은 본래 심양 출신으로 원 말기 병란 속에서 공민왕을 따라 고려에 왔다고 하는 것으로 보아 공민왕의 즉위 시점을 전후하여 고려에 온 것으로 생각된다. 공민왕은 그에게 원주를 사향하였다. 변안열은 홍건적을 진압하고 개경을 수복한 공으로 일등공신이 되었으며, 이후에도 여러 관직을 역임하여 領三司事에 이르렀다. 변안열이 원주를 관향으로 받은 정확한 시점은 알 수 없으나, 변씨가 『세종실록』 지리지 원주목

---

30) 『世宗實錄』 권148, 地理志 京畿 富平都護府 海豐郡

31) 『新增東國輿地勝覽』 권13, 京畿 豊德郡

32) 이수건(2011), 앞의 책 참조.

33) 『高麗史』 권126, 列傳 39, 邊安烈.

영월군과 홍천군 토성조에 각각 기록되어 있고[34) 『신증동국여지승람』 원주목 성씨조에는 사성된 이력이 간략히 기재되어 있다.[35)

고려 후기 외국인 사향 사례는 고려 전기에는 볼 수 없었던 특징이다. 고려 전기에는 고려에 정착한 외국인의 본래 출신이 그대로 적용되었고, 이들에 대한 특별한 사적·사향 기록은 없다. 이는 본래 출신을 기재하여 고려에서 살아가는데 관직 생활 등 크게 불편함이 없었던 것으로 보인다. 왜냐하면 조선 초에는 외국 출신 관직자들이 '미편(未便)'함을 이유로 사향을 요청하고 있기 때문이다.

그렇다면, 고려 후기에 들어와서 몇 건 확인되는 외국인 사향의 경우는 어떻게 이해할 수 있을까. 이는 다-1)에서 홀랄대가 개명하게 된 경위에서 유추해볼 수 있다. 즉, 홀랄대는 충렬왕이 장군으로 제수하고자 이름을 바꾸라고 하여 한식 성명으로 개명하였다. 나)에 보이는 여러 사속인의 개명 역시 고려의 관직을 받으면서 이루어진 조처였다. 그러나 사향이 이루어진 사례가 일부에만 보이고 있어 한식 성명 개명과 같이 외국인 관직자 전체에 주어지는 것은 아니었다.

어떠한 경우에 사향이 이루어졌을까. 앞서 살펴본 인수, 장순룡, 변안열 등 사향된 인물들은 공통적으로 봉군되었다는 특징이 있다.

> 바-1) 인후가 한희유를 꺼리어 원에 머무르면서 감히 돌아오지 못하였는데, 한희유가 죽고 왕유소가 처형당하자 인후는 咨議都僉議司事·平陽君을 제수받고 다시 만호부를 차게 되었다.[36)

34) 『世宗實錄』 권153, 地理志 江原道 原州牧 寧越郡 ; 洪川縣.

35) 『新增東國輿地勝覽』 권46, 江原道 原州牧.

36) 『高麗史』 권123, 列傳 36, 印侯.

바-2) 또 한방언 등과 함께 안동에서 왜적을 격파하여 30여 급을 베고 말 60필을 노획하니 原川府院君으로 책봉하고 얼마 후 판삼사사로 삼았다.[37)]

인후는 1307년 3월에 자의도첨의사사·평양군에 임명되었다.[38)] 바-1)은 인후가 관직 임명을 받은 때의 행적을 나타내고 있다. 인후는 한희유에 대한 무고 등으로 파직되어 원에 머무르고 있었는데, 1307년 한희유가 죽고 인후의 만호부를 부었던 왕유소가 처형당하자 다시 관직을 제수하고 만호부를 차게 되었다. 이때 인후는 자의도첨의사사·평양군을 제수받았다.

장순룡은 라-2)에서 관직이 문하찬성사에 이르렀으며 덕수현을 채읍으로 받았다는 사실을 확인하였다. '식채'라는 표현에서 그가 봉군되었다는 사실을 유추할 수 있다.[39)] 바-2)는 변안열이 안동에서 왜구를 크게 격퇴한 공으로 원천부원군을 책봉받은 내용이다. 변안열은 홍건적의 난을 진압하고 공신이 된 이후에도 왜구 토벌에 여러 차례 공을 세워 현달하였다.

봉군은 국가에 일정한 공훈을 세운 자에게 해당자의 본관 또는 혈족의 읍명을 더하여 특별히 봉하는 제도이다.[40)] 고려 후기에는 공훈에 따른 봉작의 성격이 강하였던 전기와 달리 봉군호만을 관직과 같이 제수하는 사례가 많았다. 고려 후기에는 봉군호만으로도 본품관직과

37) 『高麗史』 권126, 列傳 39, 邊安烈.
38) 『高麗史』 권32, 世家 32, 충렬왕 33년 3월(辛卯).
39) 『顯宗實錄』 권22, 현종 15년 6월 4일(丁酉).
40) 李鎭漢(2007), 「高麗後期의 異姓封君」, 『史學研究』 88, 한국사학회 566쪽.

유사한 기능을 하였으며 공훈의 여부 등과 별개로 다양하게 책봉되었다.[41] 그런데 이러한 봉군은 수혜자의 본관이나 그 혈족 배경이 되는 읍명을 더하여서 주어지는 특징이 있다.

외국인은 외부에서 온 출신의 특성상 본래 관향이나 혈족의 배경은 고려 밖에 있는 존재들이었다. 그런데 고려에 와서 고려의 관직을 부여받아야 하는 상황 속에 있었으므로 관직 체계에 맞게 조건을 충족하여야 하였다. 그러므로, 고려 후기 이성봉군의 다양한 책봉 양상은 외국인에게 사향을 해야 하는 배경으로 작용하였다.

2. 조선 초 외국인 사향 요청과 배경

조선 초에도 격변하는 동북아 국제 정세 속에서 여러 출신의 외국인이 유입되었다. 특히, 조선의 교린정책에 따라 여진 야인과 왜구들의 向化가 이루어지고, 조선에서는 다양한 정책을 시행하였다.[42] 이러한 조선 초 외국인 이주의 환경 속에서 고려 이래로 이주하여 여러 대에 걸쳐 살아온 외국인의 사향 요청 사례들이 주목된다. 이들의 사향 사례를 정리하면 다음 [표 22]와 같다.

41) 李鎭漢(2007), 앞의 논문 참조.

42) 백옥경(2009), 「조선 전기에 활동한 중국인 이주민에 대한 고찰」, 『한국문화연구』 16, 이화여자대학교 한국문화연구원 ; 서근식(2009), 「朝鮮時代 '向化' 개념에 대한 硏究 – 『朝鮮王朝實錄』을 中心으로」, 『東洋古典硏究』 37, 동양고전학회 ; 원창애(2009), 「향화인의 조선 정착 사례 연구 – 여진 향화인을 중심으로」, 『東洋古典硏究』 37, 동양고전학회.

이다.[47)]

위 사) 사료들은 모두 조선 초 외국 출신 인물들에게 관향을 내려주는 조처를 취한 내용이다. 사-1)은 1396년(태조 5) 11월에 판삼사사 설장수에게 계림, 즉 경주를 사향한 사실을 기록하며, 그가 회골 출신임을 밝히고 있다. 설장수는 아버지 설손을 따라 고려에 와서 정착하였던 인물로, 고려의 과거에 급제하여 여러 관직을 역임하였다.[48)] 설장수는 1362년 과거에 급제하였기 때문에 고려에서만 30년의 긴 기간 관직생활을 하였다.[49)] 그런데 그에게 경주라는 관향이 내려진 때는 조선 태조 때에 와서 이루어졌다. 이 또한 설장수의 요청에 의한 것임이 확인된다. 『세종실록』 지리지 경주부 토성조에는 사성 설씨에 고창국 사람 설손이 원나라 말기에 난리를 피하여 왔으며 맏아들 설장수가 관향을 주기를 청하여[請賜鄕貫] 계림을 본관으로 삼게하였다는 내용이 부기되어 있다.[50)]

사-2)는 1406년(태종 6) 12월에 우군동지총제 이현에게 임주를 사향한 내용이다. 이 역시 이현의 사향 요청이 있었기 때문에 이루어진 조처였다. 이현은 이미 증조 때부터 고려에 와 4대에 걸쳐 고려·조선에 살며 사환하였으나 본국[朝鮮]에 적을 두지 못했으니 사향해주기를 청하였다. 李玄 사례를 보면, 고려에서 몇 대에 걸쳐 관직 생활을 하며

---

47) 『太宗實錄』 권29, 태종 15년 4월 11일(戊寅) 2번째 기사.

48) 『高麗史』 권112, 列傳 25, 偰遜 附長壽.

49) 백옥경(2008), 「麗末 鮮初 偰長壽의 政治活動과 現實認識」, 『朝鮮時代史學報』 46, 조선시대사학회.

50) 『世宗實錄』 권150, 地理志 慶尙道 慶州府.

정착하였다 하더라도 외국인에게 관향이 내려진 것은 아니었다고 생각된다. 그의 증조부는 지원 병술년에 제국대장공주를 받들고 고려에 왔다고 하는데, 지원 병술년은 1286년(충렬왕 12)이다. 다만, 제국대장공주가 고려에 온 때는 충렬왕이 국왕 즉위를 한 1274년이고, 1286년에는 제국대장공주가 원을 다녀온 기록이 없어 백안이 고려에 온 구체적인 정황은 알 수 없다. 다만, 백안이 고려에 온 이후 자손 대대로 고려에 정착하며 국은, 즉 관직생활을 하는 공로가 있었기 때문에 조선 태종대에 이르러 본향을 받을 수 있었다.

사-3)은 1415년(태종 15) 4월에 검교한성윤 오진에게 해주를 사향한 내용이다. 오진은 본래 중국 출신으로 그가 사향을 요청하였기 때문에 내려진 조처였다. 오진은 주로 통역에 능하여 통사를 담당하고 외교사절의 역할 등을 수행하였다. 오진이 어느 시기에 이주하였는지는 알 수 없으나, 1395년 10월에 하정조사로 명에 파견되었던 사실을 보았을 때,[51] 고려말에 온 인물이었을 것으로 생각된다. 조선에서만 20년 이상 관직 생활을 하였는데 관향이 없어 요청한 것이다.

그렇다면, 이처럼 고려 이래 몇 대에 걸쳐 이미 정착하여 관직 생활을 영위하였던 이들이 사향을 요청한 까닭은 무엇일까. 이와 관련하여 다음의 사향 요청 사례들이 주목된다.

> 아-1) (1439년 윤2월 2일) 통례문봉례랑 梅佑가 글을 올려 말하기를, "신의 아버지 原渚는 일찍 죽고 또 집에는 文籍이 없어 할아버지 君瑞가 중국[中原]에서 나온 근본 이유를 상세히 알지 못합니다.

51) 『太宗實錄』 권6, 태종 3년 9월 9일(甲申) 2번째 기사.

그러나 신의 할아버지가 처음 고려에서 벼슬하여 관직이 行省提控에 이르렀고, 신의 아버지 또한 우리 태종 때에 벼슬하여 편벽되게 성은을 입어 관직이 嘉善義州牧使에 이르렀습니다. 신도 성은을 입어 이름이 仕版에 있습니다. 할아버지 때부터 신에 이르기까지 지금 이미 3대에 이르렀으나, 本貫은 여전히 중국[中原]이라 칭하니 심히 민망하게 여기옵니다[深以爲悶]. 엎드려 바라옵건대, 一鄕의 籍을 내려주시어 외로운 신하의 소원을 이루게 하옵소서."라고 하여 이조에 내렸다.

이조에서 아뢰기를, "예전 제왕들은 다른 지방, 다른 풍속의 사람들이 우러러 사모하고 오면, 혹은 賜姓하고 혹은 賜氏하여 회유하는 뜻을 보였습니다. 우리나라에서도 고려 때 판삼사사 설장수의 아비 손(遜)이 원나라에서부터 나왔는데, 경주를 사향하였고, 상산군 이민도 또한 원나라에서부터 나왔는데, 우리 태종 때 이르러 경주를 사향하였습니다. 이제 매우의 할아버지 군서가 처음 왔고, 아비 원저도 청렴하고 근신한 것으로 벼슬하여 관직이 목사에 이르렀으며, 매우에 이르기까지 2대가 본조에 복무하였으니 청컨대, 舊例에 따라 사향하옵소서."라고 하니, 이에 따라 비로소 忠州를 사향하였다.[52]

아-2) (1462년 4월 24일) 이조에서 投化倭人인 행대호군 平順 등의 狀告를 아뢰기를, "평순의 아버지 중추원부사 平原海는 지난 병자년(1396)에 皮尙宜의 아버지 副司直 皮沙古는 지난 기묘년(1399)에 나와서 侍衛하다가 죽었습니다. 후에 '신 등은 여기에서 나서 자랐으며 특별히 성상의 은혜를 입어 벼슬이 3품에 이르렀으나 단

52) 『世宗實錄』 권84, 세종 21년 윤2월 2일(庚辰) 3번째 기사.

> 지 本鄕이 없으니 자손에 이르러서도 日本을 본향으로 칭하게 될 것이므로 未便합니다. 소원하건대, 매우·唐夢璋의 例에 따라 사향하여 주소서.'라고 하였습니다. 신 등이 대조해보니 평순, 피상의 등은 본국에서 태어났으며 시위한 지가 이미 오래되었으니, 청컨대 사향하옵소서."라고 하니, 명하여 피상의에게는 동래를, 평순에게는 창원을 내려주었다.[53]

아–1)은 1439년(세종 21) 윤2월에 고려 때부터 3대에 걸쳐 사환한 매우가 본관을 내려주기를 요청하여 이에 이조에서 조처한 내용이다. 매우는 할아버지 군서가 고려에 와서 벼슬하여 관직이 행성제공에 이르고, 아버지 원저는 조선 태종 때 벼슬하여 의주목사에 이르렀으며, 본인 또한 관직에 이름을 올리는 3대에 걸친 사환 사정을 밝히고 있다. 이미 할아버지 때에 고려에 정착하여 관직 생활을 하였고, 아버지 또한 고려말부터 조선에 이르기까지 계속해서 조정에서 복무하였고, 매우 자신은 조선에서 나고 자랐을 가능성이 있다. 매우가 사향을 요청하면서 들었던 이유는 3대에 걸쳐 사환하는데도 본관은 여전히 중국이라고 칭하는 것에 대한 '민망함'이었다.

이에 이조에서는 설장수와 이민도 등 예전 사례에 따라 사향하도록 하였다. 이조의 상주에 설손이 원으로부터 와서 경주를 사향하였다는 점이나, 이민도가 태종 때 경주를 받았다는 사실에 약간의 오류가 있다. 앞서 사–1)에서 확인하였듯이, 고려에 정착한 설손 당대에 경주를 사향한 것이 아니라, 설장수가 태조 때 요청하여 관향으로 받았다. 이

53) 『世祖實錄』 권28, 세조 8년 4월 24일(己丑) 4번째 기사.

민도 역시 태조 때에 경주가 아닌 처향인 상주를 받았다.[54] 매우가 사향을 받을 만한 인물이라는 근거는 할아버지 군서가 온 때로부터 오래되었으며, 원저와 매우 부자가 2대에 걸쳐 조선 조정에서 성실히 복무하였다는 점이었다.

아-2)는 1462년(세조 8) 4월에 투화왜인 평순, 피상의 등이 사향을 요청하여 각각 창원과 동래를 내려준 조처 내용이다. 평순과 피상의는 아버지 때부터 조선 조정에서 사환하였다. 행대호군 평순은 아버지 평원해가 1396년에, 피상의는 아버지 피사고가 1399년에 시위하다가 죽었고, 평순과 피상의 자신은 조선에서 나고 자라 2대에 걸쳐 관직생활을 하고 있음을 밝혔다. 이들이 본향을 내려주기를 청하면서 들었던 이유는 매우 사례와 유사하게 아직 본향이 없어 일본을 본관으로 칭하는 것이 '미편'하기 때문이었다. 이조에서는 이에 조사하여 평순, 피상의 등이 조선에서 태어났으며 시위한 지 이미 오래되었음을 들어 사향하도록 청하였다.

조선 초 외국인 사향은 이주해 온 지 오래된 기간 혹은 나고 자란 여부, 그리고 2대 이상이 조정에서 성실히 사환한 기준에 따라 이루어졌다. 일찍이 고려 때 이주하여 살고 있지만 여전히 관향이 없었던 사정을 고려하면 고려시대에는 외국인에게 관향을 주는 사례가 극소수였다는 사실을 다시 확인할 수 있다. 그리고, 아-1)에서 매우나 아-2)에서 평순 등이 본향을 주기를 요청하는 데 들었던 근거는 여전히 외국을 본적으로 칭해야 하는 '민망함', '곤란함'이었다.

조선 초 사향을 요청한 인물들은 고려이래 오랜 기간 거주하였던

54) 『太祖實錄』 권7, 태조 4년 3월 9일(壬寅) 2번째 기사.

이주민이라는 점과 동시에 대체로 3품 이상의 고위 관료였다. 1) 이민도는 먼저 사향을 요청한 것은 아니고 공신호를 받고 봉군되면서 사향되었던 듯하다. 이민도는 조선 개국 공신으로 관직이 종2품의 상의중추원사에 이르렀다. 그러한 공로가 인정되어 처향인 상주를 본향으로 받고 상산군에 봉해졌다.[55] 2) 설장수는 판삼사사를 역임하면서 관향을 주기를 요청하였다. 판삼사사는 조선 초 삼사의 종1품 관직으로 최상층 고위직이었다. 3) 이현은 우군동지총제로 사향을 청하였다. 동지총제는 삼군도총제부에 두었던 무관직으로, 이 역시 주요 고위 관직이었다.[56] 4) 당성은 관직이 공안부윤에 이르렀는데, 종2품의 외관직이다. 당성도 먼저 사향을 요청한 것이 아니고 태종이 그의 업적에 대해 신뢰하는 은상으로 밀양을 사향하였다. 5) 오진은 검교한성윤으로 있으면서 사향을 요청하였다. 한성윤은 한성부의 정2품 장관직으로 이 역시 고위직이었다.

6) 매우는 사향 요청 당시 통례문의 종6품 관직인 통례문봉례랑을 역임 중이었으나, 아버지 원저가 정3품의 외직인 목사에 이르렀으므로 그 역시 고위 관직을 역임한 가계였다. 7) 당몽장은 1459년(세조 5)에 지사역원사를 역임하고 있었다.[57] 지사역원사는 사역원의 종3품직이다. 8)·9) 평순과 피상의는 사향 요청의 이유로 조선에서 나고 자랐으며 벼슬이 3품에 이르렀으나 본향이 없음을 들었다. 이들 역시 3품 관직을 역임하는 고위 관료였다. 마지막 10) 김윤적은 사향 요청 시 충찬위를 역임하고 있었는데, 충찬위는 오위의 충좌위에 소속된 특수

---

55) 『太祖實錄』 권7, 태조 4년 3월 9일(壬寅) 2번째 기사.

56) 『太宗實錄』 권2, 태종 2년 6월 11일(癸亥) 2번째 기사.

57) 『世祖實錄』 권18, 세조 5년 10월 21일(己巳) 1번째 기사.

직으로 원종공신의 자손들을 편입하게 하였다.[58] 김윤적은 아버지인 김성복이 원종공신임을 들어 평순의 예에 따라 관향을 내려주기를 요청하였다.

조선 초 외국인의 사향 요청은 주로 3품 이상의 고위 관료였던 인물들이 주를 이룬다. 이들이 말한 외국을 본관으로 칭하는 데서 오는 '민망함', '곤란함'은 세대에 걸쳐 고위관직을 역임하고 고위 지배계층을 이루었던 자신들의 처지를 그대로 표현한 것이라고 하겠다. 이들 몇몇 고위관직 역임한 외국인들을 제외하고 한 일반 계층의 외국 출신 인물들은 적어도 조선 전기까지 본래 출신 지역을 본관으로 칭하고 기록하였던 듯하다. 「1609년 울산호적」에는 고려 말 이래 이주한 외국인들의 본관 정보가 남아 있는데, 여기에 그대로 '大元'이라고 하는 본래 출신 지역을 기재하고 4대가 넘어가는 향화 출신을 기록하고 있다.[59]

이상에서 살펴본 바와 같이 조선 전기까지만 하더라도 외국인의 본관 개념은 본래 자신의 출신 지역을 기반으로 하였다. 조선 초 일부 고려에서부터 누대에 걸쳐 고위관직을 역임한 몇몇 인물들은 그들의 사회적 인식, 권위의 확보를 위해 사향을 요청하기도 하였다. 그들의 요청에 따라 조선 정부에서는 오랜 정착 생활 기간 및 조정에 대한 공로가 인정되었을 때 이들에게 관향을 내려주었다. 그러나 이는 일부 사례에 불과하며, 고려시대 외국인에 대한 사향, 사관 등이 잘 행해지

58) 『世祖實錄』 권5, 세조 2년 12월 20일(乙卯) 2번째 기사.

59) 이옥빈은 이러한 현상은 1609년 무렵 시기 조선에서 외국인 출신 향화인의 신분이 아주 낮거나 천시되지 않았고 향화인에 대한 차별이나 멸시와 같은 인식도 문화적 차이에서 오는 다름 정도였기 때문에 가능하였다고 이해하였다(이옥빈(2015), 「조선시기 북방계 향화인의 원거주지와 이주시기-1609년 울산호적을 중심으로」, 『역사와 경계』 96, 부산경남사학회).

지 않았던 사회적 분위기가 조선 전기까지 이어졌음을 나타낸다.

3. 『세종실록』 지리지 사성·투화성의 성격

『세종실록』 지리지는 고려시대 지방지배질서 및 군현의 내부구조를 이해하는 데 중요한 자료로 이용되고 있다. 특히, 각 군읍 성씨조는 土姓, 來姓, 亡姓, 續姓, 村姓, 投化姓, 賜姓 등 다양한 종류의 성씨들이 분류되어 있다.[60] 『세종실록』 지리지는 당시 중앙에서 각 도에서 올린 관(關)과 고려 후기 자료인 '고적'을 비교하여 작성된 것이다.

대체로 성씨조에 기록된 성씨 분류는 이름자에서 그 속성을 유추할 수 있는 것도 있고, 찬자가 분류의 성격을 설명해놓은 부분도 있다. 후자의 경우가 가속성, 망성, 속성이 해당한다. 찬자의 설명에 따르면, 가속성은 고적에 기록되어 있는 바를 수록한 것이고, 망성은 고적에만 있고 지금은 없는 것을 구분하였다.[61] 또 속성은 고적에는 없는데 본도의 關續錄에 의거하였다고 한다.[62] 이들 성씨 가운데 외국인의 거처와 이동과 연관된 사성과 투화성을 중심으로 그 성격을 고찰해보고자 한다.

먼저, 앞 장에서 살펴본 사성이 주요 대상이 되겠다. 『세종실록』 지리지 소재 사성은 모두 8건이 확인된다. 이 가운데 4건은 외국인 사향 내용이 기록되어 있고, 나머지는 부가적인 설명이 없고 사성이라

60) 李樹健은 토성의 출자지에 따라 군현성과 촌성 및 향·소·부곡성 등으로 구분되고 다시 신분과 거주지 및 존재 여부에 따라 人吏姓, 百姓姓, 次姓, 來姓, 入鎭姓, 續姓, 亡姓 등으로 구성되었다고 보았다(이수건(1984), 앞의 책, 71쪽).

61) 『世宗實錄』 권148, 地理志 京畿 廣州牧.

62) 『世宗實錄』 권148, 地理志 京畿 楊根郡.

는 정보만 있다. 『세종실록』 지리지에 기재된 사성은 고려시대의 기록은 찾아볼 수 없는데, 이는 조선왕조실록 등재 기준으로 중요한 전거가 아니므로 생략되었을 것으로 이해되기도 한다.[63)]

『세종실록』 지리지의 사성 사례를 보면, 다음 [표 23]과 같다. 사성의 내용이 있는 지역의 성씨 내용을 『신증동국여지승람』의 성씨조에서는 어떻게 기록되어 있는지 함께 살펴보았다. [표 23]-1~4) 사례는 앞에서 살펴본 이현, 설장수, 당성, 이민도의 본관 사항을 기록하고 있다. 사성의 기재 유형은 『세종실록』 지리지의 경우 '賜姓+一(수)+李(성씨)+[사향 이력 부기]'와 같이 되어있고, 『신증동국여지승람』의 경우 '李(성씨)[성씨 이력(출신+내용)]'으로 수록하고 있다. 이렇게 보았을 때, 5~8에 해당하는 사례는 『세종실록』 지리지의 형태에서는 같으나, 『신증동국여지승람』에서는 다만 '賜'라고만 부기되어 있을 뿐이다.

[표 23] 『세종실록』 지리지 '사성' 사례와 『신증동국여지승람』 비교

구분	지역	『세종실록』 지리지	『신증동국여지승람』	특징
1	임천	賜姓 李	李 [高麗時 畏吾兒國人李玄投化而來 有通譯之功 因賜籍于本郡]	이현 사향
2	경주	賜姓 偰	偰 [回鶻 詳人物下]	설장수 사향
3	밀양	賜姓 唐	唐 [浙江明州 詳人物下]	당성 사향
4	상주	賜姓 李	李 [河間府 詳人物下]	이민도 사향
5	선산	賜姓 柳	海平 柳[賜]	
6	강릉	賜姓 玉	王 [賜 後作玉]	왕백(王伯)

63) 특히, 李樹健은 사성과 사관의 예는 고려 초기 漢姓을 수용한 이래로 끊임없이 진행되어 왔다고 이해하였다(이수건(1984), 앞의 책, 112쪽).

구분	지역	『세종실록』 지리지	『신증동국여지승람』	특징
7	정선	賜姓 文	文 [賜]	문간(文幹)
8	삼척	賜姓 秦	秦 [賜]	

『신증동국여지승람』의 형태를 자세히 보면, 앞서 조선 초 외국인 사향 요청으로 관향이 내려졌던 1~4 사례는 '성씨+본출신지+이력'으로 되어있다. 1) 임천 지역 이씨의 경우 바로 성씨조에 이현의 사향 내용이 간략하게 소개되고, 나머지 2~4) 설장수, 당성, 이민도는 보다 긴 이력을 가지고 있어 '성씨+본출신지'만 남기고 아래 인물조에 상세히 나온다는 정보만을 기록하고 있다. 그리고 5~8)에 해당하는 유씨, 왕씨, 문씨, 진씨의 경우 '賜'만을 쓰고 있다. 이는 물론 기록의 부재에 따른 생략일 수 있겠으나, 앞서 1~4) 외국인 사향에 따른 사성과는 다른 성격의 기재방식이라고 생각된다.

> 자-1) 王伯의 初名은 汝舟이며 江陵 사람이다. 本姓은 김씨이며 신라 태종의 5세손인 金周元의 후손이다. 먼 조상인 乂가 태조를 도와 공이 있었으므로 관직은 내사령을 지냈으며, 태조가 그의 딸을 맞아들여서 왕비로 삼고 왕씨를 사성하였다.[64]
>
> 자-2) 인물 고려 文幹. 本姓은 全으로, 중국 조정에 들어가 文章으로 이름을 드러내어 文氏로 賜姓하였다. 관직은 평장사에 이른다.[65]

자-1)은 충숙왕대 활동하였던 왕백의 가계에 대한 기록이다. 왕백

64) 『高麗史』 권109, 列傳 22, 趙廉 附伯.

65) 『新增東國輿地勝覽』 권45, 江原道 旌善郡.

의 본래 이름은 김여주로 강릉 사람이다. 그의 먼 조상인 김예가 태조를 도운 공이 있어 관직은 내사령에 이르고 그의 딸은 태조 후비인 대명주원부인 왕씨이다.[66] 김예는 태조로부터 왕씨를 성을 하사받았다. 이는 본래 거주지인 강릉이 있는 상태에서 성씨를 새롭게 받았다는 개념의 사성으로, 앞서 외국인에게 관향을 하사한 것과는 다른 개념이다.

자-2)도 마찬가지인데, 『신증동국여지승람』 정선군의 인물조에 기록된 내용이다. 사성인 문씨의 이력을 기록한 것인데, 정선 문씨의 시조인 문간은 본래 성이 전씨인데 문장으로 이름을 드러내었기 때문에 문씨를 사성하였다고 한다. 즉 본래 정선을 기반으로 하는 전씨였는데, 문씨 성을 받아 改姓된 사례이다. 나머지 5) 선산 해평 유씨와 8) 삼척 진씨의 경우 부가적인 설명이 생략되어 알 수 없으나, 왕백과 문간의 사례를 보았을 때, 본래 해평과 삼척을 기반으로 하는 성씨 인물에 대하여 새로운 성을 하사한 경우였다고 짐작된다.

즉, 『세종실록』 지리지의 사성은 외국인에게 지역명을 부가하여 관향을 부여한 경우와, 본래 지역 기반을 가지고 있는 성씨 인물에게 새로운 성(姓)을 내려 개성하게 하는 사례로 구분된다. 외국인에 대한 사성은 주로 고려 말에서 조선 초에 행해졌던 것이므로, 오히려 5~8)에 해당하는 사성의 경우가 보다 고려시대 사회상에 가깝다.

다음으로, 외국인과 관련한 성씨 분류로는 투화성이 있다. 투화는 고려 사회에 유입된 외국인의 형편을 나타내는 용어로, 사전적 의미로 '덕화를 흠모하여 귀부하다'의 뜻이고 '귀화'로도 지칭된다.[67] 『고려사』

66) 『高麗史』 권88, 列傳 1, 后妃 1 太祖 大溟州院夫人王氏.

등의 기록을 종합해보았을 때, 고려시대 투화는 고려 경내에 거주하고 고려의 법률 체계 안에서 관리되었던 외국인 상태를 지칭하는 용례이다.[68] 그렇다면, 투화성이라고 하면 곧 고려 이래 이주하여 정착한 외국인의 성으로 이해될 수 있다. 과연 그러하였는지 살펴보자.

『세종실록』 지리지에 기록된 '투화성류'[69]의 성씨 종류는 唐投化姓, 投化姓, 向國姓, 向國入姓 등이 있다. 『세종실록』 지리지 투화성 사례는 아래 [표 24]와 같다.

『신증동국여지승람』의 같은 성씨에 대한 기록이 어떻게 차이가 나는지 함께 정리하였다. 『세종실록』 지리지 '투화성류' 사례는 크게 세 가지 형태로 분류된다. '(당)투화성'임을 명시하고 성씨를 제시한 경우, '내성'임을 밝히고 성씨 뒤에 당투화 혹은 당래임을 부기한 형태, 그리고 '향국(인)성'으로 구분되었다.

[표 24] 『세종실록』 지리지 '투화성' 사례와 『신증동국여지승람』 비교

구분	지역	『세종실록』 지리지	『신증동국여지승람』	특징
1	공주	唐投化姓一 金	金[唐投化]	
2	경산	唐投化姓二 徐·劉	全·金·白·徐·劉[竝唐投化] 綠·珠[竝日本投化]	
3	용궁	來姓一 曲 [唐投化]	曲[唐投化]	
4	고성	來姓三 登珠[唐來]	登朱[竝唐]	

67) 諸橋轍次(1984), 「投化」, 『大漢和辭典』 5, 大修館書店, 136쪽.

68) 이바른, 본 책, 59~67쪽.

69) 고려시대 고려 경내에 정착하여 거주하는 외국인에 대한 범주가 조선시대에는 주로 向化人, 向國人 등으로 표현된다. 이러한 표현의 사례들을 고려할 때, 투화성과 향국성, 향국입성 등도 비슷한 성격을 보인다고 생각된다.

5	경주	唐來姓二 邵邊	安康 安·盧·金·黃·廉·邵·邊[竝唐]	
6	양산	投化姓一 陳	陳[投化]	
7	부령	向國姓四 童·李·金·崔	童·崔·李·金[竝投化]	
8	삼수	向國姓六 崔·尹·李·金·張·姜	崔·尹·李·金·張·姜[竝投化]	
9	함흥	向國入姓一 朱	朱[投化]	

첫째, '(당)투화성'으로 분류된 사례는 [표 24]-1), 2), 6)에 해당하며 지역적으로 공주, 경산, 양산이다. 둘째, '내성'으로 구분하여 당투화임을 부기한 경우는 3), 4), 5)로 용궁, 고성, 경주에 해당한다. 마지막으로 '향국성'·'향국인성'으로 분류한 경우는 7), 8), 9)로, 부령, 삼수, 함흥이다. 이들 기재방식의 차이는 무엇을 뜻하는 것일까.

이러한 『세종실록』 지리지의 투화성류 분류의 차이는 '당래성'과 '향국성'으로 성분리하여 양자의 지역적 차이로 남부와 북부로 한해 기재하였다고 이해되기도 한다.[70] 특히, 이주 외국인 규모에 비해 투화성 관련 기록이 극소수인 이유는 성씨조가 읍사를 구성하는 성씨집단을 주대상으로 했기 때문에 邑司構成과 직접 관련이 없는 귀화성은 제외되었다고 보기도 한다.[71]

『세종실록』 지리지 '투화성류' 사례는 기재 방식상 세 분류의 차이가 있는 반면, 이에 해당하는 『신증동국여지승람』의 기록에서는 크게

70) 李樹健은 고려시대 발해, 중국계, 여진계 등 다양한 귀화성이 있었을 것으로 짐작되는데 『세종실록』 지리지 상에서 극소수만이 기재된 것으로 이해하였다(이수건(1984), 앞의 책, 100·101쪽).

71) 李樹健(1984), 앞의 책, 101쪽.

두 가지 차이가 보인다. 1~5) 사례에서는 '당투화'라고 하는 유래를 부기해주었는데, 2) 경산 지역 성씨조에 『세종실록』 지리지에는 없는 '일본투화' 성씨가 더해졌다. 그리고 나머지 6~9) 사례는 모두 투화성이라는 점만을 부기하였다.

일단, '투화'라고 하는 용례는 외국인이 정착해 살고있는 상태를 나타낸 것이므로, '당투화성'은 정착 외국인의 성씨를 나타낸다고 하겠다. 다만 '내성'으로 분류하고 뒤에 당투화나 당래를 부기한 경우는 단순한 '당투화성'과는 약간의 차이가 있겠다. '내성'은 성씨의 출자지 또는 본관으로부터 이동했다는 뜻으로, '京來姓' 등의 비슷한 유형이 확인된다.[72] 다른 지역에서 옮겨 온 성씨를 나타내면서 그 성씨의 출자가 당에서 유입되었다는 점을 설명해준 것이다.

향국성, 향국인성은 이들 지역이 대부분 북부 지방이고 고려말부터 여진의 유입이 다시 활발해진 상황을 반영한 것이라고 생각된다.

> 차) (1437년 8월 7일) 함길도 도절제사에게 전지하기를, "중추원부사 殷阿里가 아뢰기를, '金高時帖木兒의 관하 30여 호와 許難豆의 관하 10여 호가 옛날에 길주에 살다가 지난 을축년에 安邊으로 옮겼고, 李芝蘭의 관하 5백여 호는 옛날에 북청에 살다가 지난 병인년에 預原·和州·高原 등지로 옮겼고, 童甫下의 관하 20여 호는 옛날에 端川에 살고, 신의 관하 3백여 호는 옛날에 縣城平에 살다가 지난 임자년에 咸興·定平 등지로 옮겼으며, 朱仁의 관하 40호와 朱萬의 관하 40호와 劉阿郎哈의 관하 20여 호는 옛날에

72) 『世宗實錄』 권148, 地理志 京畿 水原都護府.

> 함흥에 살다가 지난 을축년에 洪原으로 옮겼으며, 金波寶下의 관하 10여 호와 劉所羅의 관하 20여 호는 옛날에 길주에 살다가 지난 을축년에 홍원으로 옮겼으며, 姜九의 관하 30여 호는 옛날에 갑산에 살다가 지난 무술년에 북청으로 옮겼습니다.[73]

차)는 1437년(세종 19) 8월 변방 주변의 인호의 이동이 활발하게 진행되고 있는 상황을 보여준다. 실제로 『세종실록』 지리지 함길도 등 북부 지역의 성씨조를 보면, 입성, 내성, 망성 등으로 조선 초 이 지방 일대의 인구 이동을 구체적으로 유추할 수 있다. 이 가운데, 이지란은 1371년(공민왕 20)에 고려에 내투한 인물로, 처음 고려에 왔을 때 북청주에 거주하게 하였다.[74] 이후 고려말 왜구 격퇴나 북방 건주위 반란 등을 정벌하는 군공을 세우고, 이성계를 보좌하여 조선의 개국공신이 되었다.[75]

차)에서 이지란 관하의 5백 호는 본래 북청에 살다가 지난 병인년에 예원, 화주, 고원 등지로 이동하였다. 1437년 이전의 병인년은 1386년(우왕 12)이다. 『세종실록』 지리지 북청도호부 성씨조에는 續姓으로 李·趙를 기록하고 있다. 속성이 고적에는 없는데 본도 관속록에 의거하여 기록한 것이라는 점을 상기해보면, 이지란의 본관 기록은 조선 초 최신의 관속록을 근거로 하였다고 생각된다.

즉, 『세종실록』 지리지 투화성류를 이해할 때에는 이들 사례별 기록의 시간차를 유념해야 한다. 참고자료가 고려 때의 고적과 편찬 당시 시대상과 비교적 부합하는 각 도의 관속록을 토대로 편찬하였기 때문

73) 『世宗實錄』 권78, 세종 19년 8월 7일(甲子) 7번째 기사.

74) 『高麗史』 권116, 列傳 29, 李豆蘭.

75) 『太宗實錄』 권3, 태종 2년 4월 9일(辛酉) 3번째 기사.

에 불과 십수년의 차이라고 할지라도 급격한 이동과 변화를 보이는 지역은 각기 다른 용례로 성씨의 이동 사정을 정리하였다고 이해된다.

이상으로 『세종실록』 지리지 소재 사성과 투화성 등 외국인 본관 및 정착 지역과 관련한 내용을 고찰해보았다. 사성은 조선 초 외국인 사향 요청에 따른 관향이 부여된 사례와 고려시대 특별히 성씨를 하사하여 개성하게 한 경우로 구분할 수 있었다. 사성에서는 고려시대 외국인의 관향 부여나 거주지 설정의 단서를 찾기 어려웠다. 반면, 투화성은 그 단어 자체에서 외국인 성 자체를 의미하는 것이었다. 그러나 투화성류 기록은 시기적으로 일정하지 않고, 고려시대의 사정을 반영한 것이라고 단언하기 어렵다.

고려시대에는 수많은 외국인들이 고려에 와 정착하여 누대에 걸쳐 살아갔다. 이들은 고려 정부에서 관직 생활을 하며 안정적인 고려 사회 정착을 꾀하기도 하였다. 그뿐만 아니라, 그 자손에 이르러서도 고려에 이어 조선 조정에서 사환하며 고위 관직을 역임하는 등 현달한 사례가 확인된다. 고려 후기에 들면서 외국인에게 사향하는 사례가 몇 건 포착되었다. 그리고 조선 초기에는 외국인 자신들의 요청에 의해 사향이 이루어지는 사례들이 주목되었다.

고려시대에는 고려 사회에 정착한 외국인들이 본래 출신인 본국을 본관으로 사용하고 기록하였다. 고려 후기 몇 건의 사향, 사관 사례는 봉군호가 관직으로 역할하였던 체계 속에서 예외적으로 부여되었던 것이었다. 이는 외국인에 대한 고려 내 관향이 없더라도 본래 출신만으로 지내는 데 문제가 없었던 고려의 사회적 특징을 반영한다. 그런데, 조선 초기 고려 이래로 여러 대에 걸쳐 정착한 외국인의 사향 요청이 있었다. 이는 고위관직을 역임하며 고려·조선 사회에서 사회적 기반을 다진 인물들의 인식적 측면, 권위 확보를 공고히 하고자 하는 노력이었다.

마지막으로 고려시대 외국인의 존재 양상, 이동의 내용 등을 이야기하는데 주요 자료가 되는 『세종실록』 지리지를 통해 외국인의 이주의 단면을 고찰하고자 하였다. 특히, 외국인과 관련된 성씨 구분으로 생각되는 사성과 투화성을 중심으로 살펴본 결과 고려시대 외국인에 대한 관향 부여나 정착지 설정 및 이동의 양태 등을 확인하는 데는 어려움이 있었다. 사성과 투화성이 나타내는 것은 주로 고려말·조선 초기에 해당하는 경우가 많아 고려시대 외국인 이주의 사정을 종합하는 데 한계가 있었다.

[부록] 고려시대 外國人 이주 표

시기	출신	성명	인원	용례
919.9.계미	吳越國	酋彦規	1	來投
923.6.계사	吳越國	朴巖	1	來投
925.9.병신	渤海	申德	500	來投
925.9.경자	渤海	大和鈞 大均老 大元均 大福暮 大審理	100戶	來附 (來奔)
925.12.무자	渤海	冒豆干 朴漁	1000戶	來附
927.3.갑인	渤海	吳興 載雄	50 60	來投
928.3.무신	渤海	金神	60戶	來投
928.7.신해	渤海	大儒範	率民	來附
928.9.정유	渤海	隱繼宗	??	來附
929.6.경신	渤海	洪見	??	來附
929.9.병자	渤海	正近	300여	來投
934.7.	渤海國	大光顯	수만	來投
934.12.	渤海	陳林	160	來附
938.	渤海	朴昇	3000여 戶	來投
956.	後周	雙冀	1	來
959.	後周	雙哲	1	隨,來
970.	宋 江南泉州	蔡仁範	1	隨
979.	渤海人		數萬	來投
999.10.	日本國	道要彌刀	20戶	來投
1005	宋 溫州	周佇	1	來投

목종대	宋 楊州	劉志誠	1	
목종대	渤海	劉忠正	1	
1012.3.임신	宋	王福 錢華 楊太 葉淸 王弩 李太 林惜	7	來投
1012.6.경술	宋	葉居腆 林德 王皓	3	來投
1012.8.	日本國	潘多	35	來投
1013.1.경술	宋 閩	戴翼	1	來投
1015.윤6	宋 泉州	歐陽徵	1	來投
1016.2.임오	契丹	王美 延相	7	來奔
1016.2.갑진	契丹	曹恩 高忽	6	來投
1016.5.신해	契丹	馬兒 保良 王保 可新	13戶	來投
1016.5.	契丹	要豆	3	來投
1016.6.무인	契丹	志甫	3	來投
1016.6.을유	契丹	張烈 公現 申豆 猷兒 王忠	30戶	來投
1016.7.정사	契丹	由道 高宗	9	來投

시기	출신	성명	인원	용례
1016.8.	契丹	朱簡 從道	8	來投
1016.9.	契丹	羅墾	5	來投
1016.9.신미	契丹	奉大 高里	19	來投
1016.11.	契丹	匡乂兒	10	來投
1016.12.을미	契丹	瑟弗達	6	來投
1017.7.무술	契丹	光正	7戶	來投
1017.7.	契丹	買瑟 多乙 鄭新	14	來投
1017.8.계유	契丹	果許伊	3戶	來投
1017.8.갑오	黑水靺鞨	阿離弗	6	來投
1017.9.갑진	契丹	群其·昆伎	10戶	來投
1017.9.임자	契丹	烏豆	8	來投
1018.1.	定安國人	骨須	1	來犇 來奔(절요)
1018.2.병술	契丹	張正	4	來投
1018.3.갑오	契丹	宋匡襲 伊蓋	10여	來投
1018.5.을축	契丹	史夫	1	來投
1018.12.임진	契丹	王遂	1	來投
1019.4.	日本生口	男女	259	獲
1022.2.임자	契丹	孟流 演擧	4	來奔
1022.9.무자	契丹	首于味 烏於乙	19	來投
1022.12.신축	契丹	弗大	11	來投

1023.1.무인	契丹	焦福	11戶	來投
1023.5.정축	契丹	厤許底	13戶	來投
1023.5.임진	契丹	大世奴 齊化那	8	來投
1023.11.	宋 泉州	陳億	1	來投
1024.1.	契丹	馬史刀	3	來投
1029.4.경술	契丹	曹兀	??	來奔
1029.8.을미	東女眞	噲拔	300여戶	來投
1030.5.을축	契丹	大道李卿	6	來投
1030.9.병진	興遼國	李匡祿	1	
1030.10.	契丹奚哥		500여	來投
1030.11.을축	西女眞	曼闘(曼頭)	27戶	來附
1031.3.	契丹渤海		40여	來投
1031.7.정유	渤海	大道行郎	14	來投
1031.7.기사	渤海	高眞祥 王光祿	2	來投
1031.8.갑신	女眞	阿豆閒(間)	340戶	來投
1031.10.정축	契丹	王守男	19	來投
1032.1.	渤海	沙志 明童	29	來投
1032.2.무신	渤海	史通	17	來投
1032.3.계유	契丹	高善悟 高眞成	15	來奔
		大光 崔運符 李運衡	3	
1032.4.무신	契丹 奚家	內乙古	27	來投
1032.5.정축	渤海	薩五德	15	來投

시기	출신	성명	인원	용례
1032.6.신해	渤海	亐音若己	12	來投
1032.6.을묘	渤海	所乙史	17	來投
1032.7.병신	渤海	高城	20	來投
1032.10.병오	渤海	李南松	10	來奔
1032.10.임자	契丹	劉信思	5	來奔
1032.10.병인	契丹	濟乙男	10	來奔
1032.12.갑진	契丹	羅骨	10	來
1033.1.을해	宋	劉守全	14	來奔
1033.1.을미	契丹	仇乃	18	來奔
1033.3.	契丹 奚家	古要	11	來投
1033.4.무술	渤海	首乙分	18	來投
1033.4.무오	渤海	可守	3	來投
1033.5.계사	渤海	寄叱火	19	來投
1033.6.신축	渤海	先宋	7	來投
1033.6.갑진	宋	申流	12	來奔
1033.12.계축	渤海	寄叱火	11	來投
1039.5.	日本民	男女	26	來投
1040.4.병술	契丹東京	巫儀老 吳知桀	20여	來投
1040.9.임신	北女眞	尼迂火骨輔	1	來投
1040.10.갑신	西北女眞	仍化老	13	來投
1040.12.	契丹東京		20여 戶	
1047.3.무술	東女眞	耶於害	6	款塞
1050.4.계유	渤海	開好	??	來投
1050.윤11.신미	契丹 漢兒	曹一	1	來投
1052.1.병인	東女眞	馬波	48	入

1052.6.무인	宋	張廷	1	來
1052.8.신묘	宋 咸州	高士文	1	來投
1055.7.	契丹	康慶遵	15	來投
1055.9.신미	宋	黃忻 黃蒲安 黃世安	3	來投
1057.7.임진	宋	張琬	1	投化人
1059.10.갑신	契丹	多于伊 男于陵	2	來投
1060.9.계묘	宋	盧寅	1	
1061.6.정사	宋	陳渭 蕭鼎 蕭遷 葉盛	4	
1061.12.병오	宋	蕭宗明	1	
1064.12.	契丹	高奴	3	來投
	黑水	包棄	8	
1068.8.정사	宋	愼修 陳潛古 儲元賓	3	
1071.5.무술	宋	周沆	1	
1078.9.	女眞	高麻秀	14	來投
1079.4.기유	女眞	耶邑幹	1	
1081.4.임오	宋	楊震	1	
1081.8.기미	西女眞	漫豆	17	來投
1089	宋 泉州	劉載	1	
1091.8.	宋	田盛 陳養	2	
1093.3.임오	北審		3	來投
1093.7.	海賊	倭人	19	捕

시기	출신	성명	인원	용례
1096.9.정미	宋	惠珍 省聰	2	
1101.1.경진	宋	邵珪 陸廷俊 劉伋	3	來投
1101.4.무오	女眞	古舍毛	6	來投
1101.9.	西女眞	古時毛	1	來投
1102.4.	宋	章忱	1	投化
1105.9.계묘	遼	霜丘	1	來投
1106.7.계축	宋	陳高 兪坦	3	投化
1112.	西宋 漳州	林完(光)	1	來
미상	宋 福州	胡宗旦	1	來
미상	宋 開封府	愼安之	1	
미상	宋	蔓中立	1	來投
1116.2.계유	遼 東京	高諝		來投
1116.4.	遼 來遠 抱州	流民	??	來投
1116.12.	契丹 漢 奚 熟女眞 渤海		33 52 155 15 44	來
1117.1.임진	渤海 奚 漢 契丹 熟女眞		52 89 6 18 8	來投
1117.2.병인	漢		3	來投

1117.4.무진	漢		6	來投
1117.6.무진	漢		3	來投
1124.5.경자	宋 明州	杜道濟 祝延祚	2	
1148.10.정묘	宋	張喆	1	
1185.8.	金	男女	18	來投
1185.12.갑자	契丹	尉貂	1	
1219.1.	契丹俘虜		700	
1225.4.	倭船		2艘	
1225.6.	東眞	周漢	1	投
1228.6.임자.	東眞	王奴卑 高隣·幹闌哥	3	來投
1247.3.	東眞國人		50여	
1256.10.갑신	蒙古	松山	5??	來投
1257.7.	蒙古	李成義·劉巨· 王兒郎加大· 王度·庭玉·李陽	6	來投
1274.10.	元	忽都魯揭里迷失	1	
	元	印侯 [忽剌歹]	1	
	回回	張舜龍 [三哥]	1	
	河西	盧英 [式篤兒]	1	
	本國人	車信* [車忽鮮]	1	
1274.12.경오	俘	童男女	200	
1277.6.을유	元	忻琪	1	
1286.(?)	回回	伯顔	1	

시기	출신	성명	인원	용례
1286.8.신해	日本人		19	來
1298.1.	元	寶塔實憐	1	
1294.9.	回回	閔甫	1	
1314.1.	元	亦憐眞八剌	1	
1324.7.계축	倭船		220여	至
1325.5.	元	金童	1	
1333.윤3.	元	伯顔忽都	1	
충숙왕대 (1313~)	南蠻	王三錫	1	
충숙왕대	燕南	梁載[梁將]	1	
충숙왕대	色目	崔老星 [党黒廝]	1	
충숙왕대	宋 泉州	李宜風	1	
1330.3.	元	亦憐眞班	1	
1351.12.	元	寶塔失里	1	
1352.3.병진	倭俘		2	
1352.7.	倭俘		??	
1353.9.계유	倭俘		8	
1354.6.	倭俘		??	
1358.6.을미	倭俘		8	
1358.	回鶻 高昌	偰遜 [百遼遜]	1	東來
1358.	色目人	偰長壽	1	
1358.	元 高昌	偰眉壽	1	
1359. (이전)	元人	羅世	1	
1359.5.정사	倭俘		20여 級	
1359.11.	倭俘		2級	獻

1359.11.갑진	遼·瀋	流民	2300+a	來投
1362.3.기미	倭俘		??	獻
1365.3.무진	女眞	所音山 所應哥 阿豆剌	??	請降
1369.(?)	中國 河間人	李敏道	1	來
1369.7.	倭人			投化
1369.11.임진	倭俘		2級	獻
1370.4.(?)	威遠縣	盧英壽	1	
1370.	元朝人	韓復[拜住]		
??	漢南人	韓昉	??	出來
??	漢南人	李原弼	??	出來
??	漢人	洪楫		出來
??	胡人	金義[也列哥]		
1371.2.갑술	女眞千戶	李豆蘭 [李豆蘭帖木兒]	100戶	來投
1373.4.갑오	倭俘		??	獻
1375.5.	倭人	藤經光	率衆	來投
1375.6.	倭	公昌	6	來降
??	漢族	任彦忠	1	
1381.4.	倭俘		13	擒
1382.윤2	海陽萬戶	金同不花	??	來投
1384.11.	賊諜		3	擒
1385.6.	倭賊		??	搜捕
1385.8.	倭		20여	
1387.11.	回回	金鼻		
1389.12.계축	倭俘		??	獻

시기	출신	성명	인원	용례
1390.윤4.계해	倭捷		??	獻
1391.9.을유	倭俘		15	擒

참고문헌

1. 자료

『高麗史』

『高麗史節要』

『東國李相國集』

『東文選』

『東人之文四六』

『補閑集』

『破閑集』

『稼亭集』

『拙藁千百』

『三國史記』

『三國遺事』

『太祖實錄』

『太宗實錄』

『世宗實錄』

『世祖實錄』

『成宗實錄』

『宣祖實錄』

『顯宗實錄』

『新增東國輿地勝覽』

『舊唐書』

『新唐書』
『舊五代史』
『新五代史』
『唐六典』
『唐律疏議』
『宣和奉使高麗圖經』
『宋史』
『遼史』
『金史』
『大金國志』
『元史』
『元高麗紀事』
국사편찬위원회(2004), 『中國正史 朝鮮傳 譯註 三』.
金龍善 編著(2012), 『(第五版)高麗墓誌銘集成』, 한림대학교 출판부.
박용운(2009), 『『고려사』 백관지 역주』, 신서원.
朴龍雲(2012), 『『高麗史』 選擧志 譯註』, 景仁文化社.
박종기(2016), 『고려사 지리지 역주』, 한국학중앙연구원출판부.
유원수 역주(2004), 『몽골비사』, 사계절.
이기백·김용선(2011), 『『고려사』 병지 역주』, 일조각.
채웅석(2009), 『『고려사』 형법지 역주』, 신서원.
諸橋轍次(1984), 『大漢和辭典』 3, 大修館書店.

2. 연구논저

1) 단행본

高柄翊(1970), 『東亞交涉史의 研究』, 서울대학교출판부.
고명수(2019), 『몽골-고려 관계 연구』, 혜안.
宮崎市定(1988), 『大唐帝國-中國の中世-』, 中央公論社.
권덕영(2005), 『재당신라인사회 연구』, 일조각.
국립중앙박물관(2002), 『고려·조선의 대외교류』, 국립중앙박물관.

김갑동(2022), 『고려 현종 연구』, 혜안.
김갑동 외(2015), 『고려의 왕비』, 景仁文化社.
김광철(2018), 『원간섭기 고려의 측근정치와 개혁정치』, 景仁文化社.
金塘澤(1999), 『高麗의 武人政權』, 國學資料院.
김당택(2009), 『한국 대외교류의 역사』, 일조각.
김보광 외(2015), 『고려의 국왕』, 景仁文化社.
金庠基(1960), 『高麗時代史』, 東國文化社.
김순자(2007), 『韓國 中世 韓中關係史』, 혜안.
金渭顯(2004), 『高麗時代 對外關係史 硏究』, 景仁文化社.
김용선(2004), 『고려 금석문 연구』, 일조각.
______(2018), 『고려 사회 사람들』, 일조각.
김창겸(2022), 『고려 초기 정치사회사–유이민과 성씨–』, 선인.
金昌賢(2011), 『고려 개경의 편제와 궁궐』, 景仁文化社.
김창현(2017), 『고려후기 정치사』, 景仁文化社.
김택민(2002), 『중국고대 형법 동양법의 일반원칙』, 아카넷.
김한규(1988), 『中國의 天下思想』, 민음사.
______(2004), 『요동사』, 문학과지성사.
김호동(2015), 『몽골제국과 고려』, 서울대학교출판문화원.
나영남(2017), 『요·금시대 이민족 지배와 발해인』, 신서원.
남인국(1999), 『고려중기 정치세력연구』, 신서원.
노명호(2009), 『고려국가와 집단의식』, 서울대학교출판문화원.
노명호 외(2017), 『고려 역사상의 탐색』, 집문당.
도현철(2022), 『고려와 원』, 동북아역사재단.
동북아역사재단 편(2019), 『한국의 대외관계와 외교사_고려 편』, 동북아역사재단.
민현구(2004), 『高麗政治史論』, 고려대학교출판부.
朴玉杰(1996), 『高麗時代의 歸化人 硏究』, 國學資料院.
박용운(1990), 『高麗時代 蔭敍制와 科擧制 硏究』, 一志社.
______(1997), 『高麗時代 官階·官職 硏究』, 고려대학교출판부.
朴龍雲(2002), 『高麗社會의 여러 歷史像』, 신서원.
박종기(2015), 『고려사의 재발견』, 휴머니스트.

박종진(2022), 『개경: 고려왕조의 수도』, 눌와.
박한남(2011), 『13세기 고려와 김취려의 활약』, 혜안.
박한제(2015), 『대당제국과 그 유산-호한통합과 다민족국가의 형성』, 세창출판사.
邊太燮(1971), 『高麗政治制度史研究』, 一潮閣.
______(1986), 『高麗史의 諸問題』, 三英社.
森平雅彦(2013), 『モンゴル覇権下の高麗: 帝国秩序と王国の対応』, 名古屋大学出版会.
14세기 고려사회 성격 연구반(1994), 『14세기 고려의 정치와 사회』, 민음사.
吴晓萍(2006), 『宋代外交制度研究』, 安徽人民出版社.
이강한(2013), 『고려와 원제국의 교역의 역사: 13~14세기 감춰진 교류상의 재구성』, 창비.
이경록(2010), 『고려시대 의료의 형성과 발전』, 혜안.
이개석(2013), 『고려-대원 관계 연구』, 지식산업사.
李基白(1968), 『高麗兵制史研究』, 一潮閣.
이명미(2016), 『13~14세기 고려·몽골 관계연구』, 혜안.
______(2022), 『고려, 몽골에 가다』, 세창출판사.
______(2022), 『고려·몽골 관계 깊이 보기』, 동북아역사재단.
이미지(2018), 『태평한 변방 고려의 對거란 외교와 그 소산』, 景仁文化社.
이석현 외(2005), 『한중 외교관계와 조공책봉』, 고구려연구재단.
李樹健(1984), 『韓國中世社會史研究』, 一潮閣.
이수건(2011), 『한국의 성씨와 족보』, 서울대학교출판문화원.
이영(2020), 『왜구, 고려로 번진 일본의 내란』, 보고사.
이정신(2004), 『고려시대의 정치변동과 대외정책』, 景仁文化社.
李鎭漢(2011), 『高麗時代 宋商往來 研究』, 景仁文化社.
이진한(2014), 『고려시대 무역과 바다』, 경인문화사.
이해원(2013), 『당제국의 개방과 창조』, 서강대학교출판부.
장동익(2016), 『고려사 연구의 기초』, 景仁文化社.
정요근(2019), 『고려에서 조선으로』, 역사비평사.
정용숙(1992), 『고려시대의 后妃』, 民音社.
蔡雄錫(2000), 『高麗時代의 國家와 地方社會』, 서울대학교출판부.

채웅석(2021), 『고려중기 정치사의 재조명』, 일조각.
川西裕也저, 박성호 옮김(2020), 『고려 말 조선 초 공문서와 국가』, 한국학중앙연구원출판부.
河炫綱(1988), 『韓國中世史硏究』, 一潮閣.
許興植(1981), 『高麗科擧制度史硏究』, 일조각.
______(2005), 『고려의 과거제도』, 일조각.
한국역사연구회 엮음(2018), 『한국사, 한걸음 더』, 푸른역사.
홍승기(1996), 『高麗 太祖의 國家經營』, 서울대학교출판부.
______(2001), 『高麗社會史硏究』, 일조각.
홍영의(2005), 『高麗末 政治史 硏究』, 혜안.

2) 논문

강봉룡(2006), 「신라 말~고려시대 서남해지역의 한·중 해상교통로와 거점포구」, 『韓國史學報』 23.
江原正昭(1963), 「高麗に州縣郡に關する一考察-女眞人の高麗軍への編入を中心にして」, 『朝鮮學報』 28.
고명수(2015), 「충렬왕대 怯憐口(怯怜口) 출신 관원-몽골-고려 통혼관계의 한 단면」, 『사학연구』 118.
______(2015), 「몽골-고려 형제맹약의 재검토」, 『歷史學報』 225.
______(2017), 「13세기 초 遼東의 정세변동과 高麗-東眞 관계」, 『한국중세사연구』 50.
高柄翊(1969), 「蒙古·高麗의 兄弟盟約의 性格」, 『白山學報』 6.
구산우(2002), 「高麗 太祖代 귀부 호족에 대한 정책과 향촌사회」, 『지역과 역사』 11.
권순형(2005), 「원 공주 출신의 정치권력 연구-충렬왕비 제국대장공주를 중심으로」, 『史學硏究』 77.
權兌遠(1981), 「高麗初期社會에 미친 歸化人의 影響에 관한 考察」, 『忠南大學校人文科學 論文集』 8-2.
권용철(2019), 「고려시대 북방민족과의 관계와 서북 접경공간의 변천」, 『중앙사론』 50.
______(2022), 「고려-거란 관계사에 등장하는 거란제국의 인물 검토」, 『中國學

研究』 100.
權赫鎭(2006), 「高麗前記에서 中國 文明 수용과 歸化漢人의 역할」, 『中國文學研究』 32.
祁慶富(1997), 「10~11세기 한중해상교통로」, 『한중문화교류와 남방해로』, 國學資料院.
김갑동(1996), 「고려시대의 都領」, 『한국중세사연구』 3.
김경록(2007), 「공민왕대 국제정세와 대외관계의 전개양상」, 『역사와 현실』 64.
金光哲(1997), 「충렬왕대 측근세력의 분화와 그 정치적 귀결」, 『考古歷史學志』 9.
김광철(2010), 「고려후기 거제 지역사회의 변동과 巨濟縣의 이동」, 『石堂論叢』 46.
김규록(2015), 「고려중기의 宋 使節 迎送과 伴使의 운용」, 『歷史教育』 134.
______(2022), 「고려전기 迎賓 관부의 설치와 운영 – 禮賓省을 중심으로」, 『한국사연구』 197.
金基德(2000), 「고려시대 강화도읍사(江都史) 연구의 爭點」, 『史學研究』 61.
김난옥(2018), 「공민왕대 후반 여명관계와 장자온·설사」, 『사학연구』 13.
金南奎(1977), 「高麗 兩界의 都領에 대하여」, 『慶南大論文集』 4 ; 1989, 『高麗兩界地方史研究』, 새문사.
김남규(1995), 「고려전기 양계지방의 원주 내투여진인에 대하여」, 『경대사론』 8.
김보광(2019), 「고려 인종대 對여진(금) 관계 설정과 현실주의적 대응」, 『아시아문화연구』 51.
______(2021), 「고려시대 연구의 2019~2020년 동향과 특징 – 양적 분석과 키워드를 중심으로」, 『역사학보』 251.
김보한(2010), 「고려와 조선 전기 왜인 집단거주지의 형성과 운영」, 『역사와 담론』 56.
金庠基(1937), 「麗宋貿易小考」, 『震檀學報』 7.
______(1959), 「여진관계의 始末과 尹瓘의 北征」, 『국사상의 제문제』 4.
金成俊(1958), 「麗代 元公主出身 王妃의 政治的 位置에 對하여–특히 忠宣王妃를 中心으로」, 『韓國女性文化論叢』.
김순자(2006), 「고려, 원(元)의 영토정책, 인구정책 연구」, 『역사와현실』 60.
______(2012), 「12세기 고려와 여진·금의 영토 분쟁과 대응」, 『역사와현실』 83.
김영제(2009), 「麗宋交易의 航路와 船舶」, 『歷史學報』 240.

金佑澤(2009), 「11세기 對契丹 영역 분쟁과 高麗의 대응책」, 『韓國史論』 55.
김유나(2015), 「고려 전기 북계민(北界民)의 형성과 그 집단의식」, 『역사와현실』 96.
金渭顯(1978), 「麗宋關係와 그 航路考」, 『관동대논문집』 6.
______(1982), 「高麗對宋遼金人投歸的收容策(918~1146)」, 『史學志·朴武成博士華甲紀念論叢』.
김정위(2011), 「고려말 回鶻人의 귀화와 이슬람의 한반도 등장」, 『白山學報』 91.
金昌謙(1987), 「後三國 統一期 太祖 王建의 浿西豪族과 渤海遺民에 대한 政策研究」, 『성대사림』 4.
金澈雄(2004), 「高麗와 宋의 海上交易路와 交易港」, 『中國史研究』 28.
______(2017), 「고려후기 色目人의 移住와 삶」, 『東洋學』 68.
김택민(2013), 「특별한 帝國 唐」, 『歷史學報』 217.
金惠苑(1989), 「麗元王室通婚의 成立과 特徵-元公主出身王妃의 家系를 중심으로」, 『梨大史苑』 24·25.
김현라(2008), 「고려 충렬왕비 齊國大長公主의 위상과 역할」, 『지역과 역사』 23.
______(2016), 「원간섭기 충선왕비 계국대장공주의 위상정립과 의미」, 『지역과 역사』 39.
김현라(2018), 「고려 원간섭기 慶華公主의 역할과 위상」, 『역사와 세계』 53.
나영남(2011), 「10세기 동북아 국제정세와 契丹의 요동정책」, 『역사문화연구』 39.
______(2013), 「契丹의 발해유민에 대한 이주정책」, 『東洋史學研究』 124.
______(2022), 「거란과 고려의 保州 영유권 분쟁」, 『역사문화연구』 82.
南仁國(1986), 「高麗前期의 投化人과 그 同化政策」, 『歷史教育論集』 8.
남의현(2012), 「元末明初 朝鮮·明의 요동쟁탈전과 국경분쟁 고찰」, 『韓日關係史研究』 42.
노명호(1998), 「고려시대 향촌사회의 친족관계망과 가족」, 『한국사론』 19.
문경호(2018), 「12세기 초의 동아시아 국제정세와 神舟의 고려 항로」, 『한국중세사연구』 55.
閔賢九(1992), 「高麗 恭愍王代 反元的 改革政治의 展開過程」, 『擇窩許善道先生停年紀念 韓國史學論叢』, 一潮閣.
______(2009), 「高麗 恭愍王代 중엽의 정치적 변동」, 『震檀學報』 107.
박경안(2015), 「고려전기 外來人의 문화적 특성과 정착과정-왕조의 인식과 대응을 중심으로」, 『한국중세사연구』 42.
박수찬(2017), 「고려전기 복시(覆試)의 시행과 기능」, 『역사와 현실』 106.
박순우(2012), 「고려전기 정부의 한인(漢人) 인식과 내투(來投) 한인들의 행적」, 『역사와현실』 84.
______(2015), 「고려시대 발해인의 정체성과 고려인의 시각」, 『한국중세사연구』 43.
______(2017), 「10~14세기 '渤海人' 연구」, 한국학중앙연구원 박사학위논문.
______(2019), 「고려 내투 발해인들의 처치 지역 검토–고려시기 유적 출토 발해계 막새기와를 중심으로」, 『白山學報』 114.
______(2020), 「고려 후기 발해인 세거(世居) 사례와 조선시대 '발해인(渤海人)' 연구 시론–'족당(族黨)'의 용례와 남원지역 협계태씨를 중심으로」, 『한국중세사연구』 62.
박영환(2019), 「한국중세시대에 보이는 난민들」, 『다문화콘텐츠연구』 30.
朴玉杰(1982), 「高麗時代 歸化 漢人에 관한 研究」, 『首善論集』 7.
______(1997), 「高麗來航 宋商人과 麗·宋의 貿易政策」, 『대동문화연구』 32.
______(1999), 「高麗 「都領」에 관한 再檢討」, 『史學研究』 58·59.
______(2001), 「高麗末 北方 流民과 推刷」, 『白山學報』 60.
박윤미(2011), 「12세기 전반기의 국제정세와 고려–금 관계 정립」, 『史學研究』 104.
朴理順(2011), 「唐·日本·高麗에 있어서의 '蕃'·'歸化'에 대한 인식 고찰」, 『東아시아古代學』 25.
박이순(2012), 「高麗·唐·日本에 있어서의 「歸化(人)」 관련의 법 연구–일본의 養老律令을 중심으로」, 『한국민족문화』 43.
박종기(2009), 「고려 전기 주민 구성과 국가체제–來投 문제를 중심으로」, 『동북아역사논총』 23.
박진훈(2018), 「고려후기 홍건적의 침입과 安祐의 군사활동」, 『사학연구』 130.
박한남(1993), 「高麗前期 對金外交政策 研究」, 성균관대학교 박사학위논문.
朴漢男(1996), 「고려 인종대 對金政策의 성격–保州讓與와 投入戸口推刷 문제를 중심으로」, 『한국중세사연구』 3.
배숙희(2017), 「13~14세기 歸化人의 유형과 고려로 이주」, 『歷史學報』 233.
배재호(2020), 「고려전기 무산계(武散階)와 향직(鄕職)의 수여 배경과 운용」, 『韓

國史論』 66.
백옥경(2008), 「麗末 鮮初 偰長壽의 政治活動과 現實認識」, 『朝鮮時代史學報』 46.
______(2009), 「조선 전기에 활동한 중국인 이주민에 대한 고찰」, 『한국문화연구』 16.
森平雅彦(2008), 「高麗王家とモンゴル皇族の通婚關係に關する覺書」, 『東洋史研究』 67-3.
________(2009), 「黑山諸島海域における宋使船の船路-《高麗圖經》所載の事例から」, 『朝鮮学報』 212.
徐根植(2009), 「朝鮮時代 '向化'개념에 대한 研究-『朝鮮王朝實錄』을 中心으로」, 『東洋古典研究』 37.
서민정(2019), 「여말선초 정도전의 建州女眞 인식과 요동정벌계획」, 『역사와 세계』 55.
徐炳國(1978), 「高麗時代 女眞交涉史 研究」, 『關大論文集』 6-1.
서성호(1999), 「고려 태조대 대거란(對契丹) 정책의 추이와 성격」, 『역사와현실』 34.
石見清裕(2001), 「唐の國際秩序と交易」, 『アジア遊學』 26, 24쪽.
孫晉泰(1927), 「朝鮮民族의 構成과 其文化」, 『新民』 28.
송영대(2017), 「디아스포라의 관점에서 바라본 渤海 유민의 高麗 이주 양상과 특징 검토」, 『동아시아고대학』 46.
宋容德(2005), 「高麗前期 國境地域의 州鎭城編制」, 『韓國史論』 51.
신수정(2013), 「고려 문종대 女眞의 동향과 고려 영토」, 『崇實史學』 30.
신안식(2017), 「고려전기의 북방 영토의식과 이민족 인식」, 『한국중세사연구』 50.
申採湜(1997), 「10~13世紀 東아시아의 文化交流-海路를 통한 麗·宋의 文物交易을 中心으로」, 『中國과 東아시아世界』, 國學資料院.
申虎澈(2000), 「後三國時代 豪族과 國王」, 『震檀學報』 89.
심영환(2004), 「朝鮮初期 草書告身 研究」, 『고문서연구』 24.
오기승(2022), 「공민왕대 여몽분쟁과 접경 고려인 세력」, 『역사와실학』 78.
오영선(1995), 「최씨집권기 정권의 기반과 정치운영」, 『역사와 현실』 17.
吳致勳(2018), 「고려 전시과의 분급체계와 운영」, 고려대학교 박사학위논문.

유재춘(2019), 「고려시대 외침과 강원지역의 성곽방어체제 재정비」, 『江原史學』 32.

유지영(2007), 「조선시대 임명관련 敎旨의 문서형식」, 『고문서연구』 30.

柳浩錫(1984), 「高麗時代의 覆試」, 『전북사학』 8.

윤용혁(2007), 「鄭仁卿家의 고려 정착과 서산-고려시대 외국인의 귀화 정착 사례」, 『湖西史學』 48.

원창애(2009), 「향화인의 조선 정착 사례 연구-여진 향화인을 중심으로」, 『東洋古典硏究』 37.

李康漢(2009), 「공민왕대 관제개편의 내용 및 의미」, 『歷史學報』 201.

이개석(2010), 「麗蒙兄弟盟約과 초기 麗蒙關係의 성격-사료의 再檢討를 중심으로」, 『大丘史學』 101.

李命美(2012), 『고려-몽골 관계와 고려국왕 위상의 변화』, 서울大學校 大學院 國史學科 文學博士學位論文.

이명미(2014), 「恭愍王代 후반 親明정책의 한 배경: 몽골 복속기 권력구조에 대한 트라우마」, 『사학연구』 113.

______(2015), 「고려-몽골 간 使臣들의 활동 양상과 그 배경」, 『한국중세사연구』 43.

______(2017), 「고려에 下嫁해 온 몽골공주들의 정치적 위치와 고려-몽골 관계: 齊國大長公主의 사례를 중심으로」, 『이화사학연구』 54.

______(2021), 「13-14세기, 성취를 위해 국경을 넘은 고려인들」, 『중등교육연구』 33-2.

이미지(2015), 「고려 전기 異國人 入境의 유형과 실상 - 來獻·來朝·來投·來附를 중심으로」, 『한국중세사연구』 43.

______(2020), 「11세기 초 동북아시아 외교 지형의 변화와 고려-거란 관계」, 『한국중세사연구』 60.

이바른(2017), 「고려 예종대 胡宗旦의 행적과 평가」, 『한국민족문화』 64.

______(2021), 「고려 후기·조선 초 외국인 사향(賜鄕)과 투화성(投化姓) 고찰」, 『역사와 현실』 122.

______(2021), 「고려 전기 여진 왕래와 '내부(內附)'의 성격」, 『한국중세사연구』 67.

______(2021), 「충렬왕비 제국대장공주의 고려 이주와 외국인의 삶」, 『한국이민

학』 8-2.

______(2022), 「고려 전기 宋人의 이주와 등용정책 변화」, 『시민인문학』 42.

이세현(1971), 「고려 전기의 려·진(麗·眞)관계에 대하여-여진의 내조(來朝)와 내투(來投)를 중심으로」, 『論文集』 4, 군산교육대학.

이승민(2018), 「고려시대 國喪 儀禮와 弔問 使行 연구」, 가톨릭대학교 박사학위 논문.

이옥빈(2015), 「조선시기 북방계 향화인의 원거주지와 이주시기-1609년 울산호적을 중심으로」, 『역사와 경계』 96.

李益柱(1988), 「高麗 忠烈王代의 政治狀況과 政治勢力의 性格」, 『韓國史論』 18.

______(1996), 「高麗·元關係의 構造에 관한 硏究-소위 '世祖舊制'의 분석을 중심으로」, 『韓國史論』 36.

이익주(2007), 「원元의 '부마국'으로서의 고려국가의 성격」, 『한국사 시민강좌』 40.

______(2015), 「1356년 공민왕 反元政治 再論」, 『歷史學報』 225.

______(2016), 「1219년(高宗 6) 고려-몽골 '兄弟盟約' 再論」, 『東方學志』 175.

이재범(2003), 「고려 태조대 대외정책-발해유민 포섭과 관련하여」, 『白山學報』 67.

이재선(2009), 「高麗 高宗代 對東眞關係의 추이와 성격」, 고려대학교 석사학위 논문.

이정란(2006), 「고려시대 后妃府에 대한 기초적 검토」, 『한국중세사연구』 20,

______(2008), 「충렬왕대 계국대장공주의 개가운동」, 『한국인물사연구』 9.

______(2012), 「忠烈王妃 齊國大長公主의 冊封과 그 의미」, 『한국인물사연구』 18.

이정신(2017), 「공민왕의 죽음과 국내외정세」, 『韓國史學報』 67.

李鍾明(1968), 「高麗에 來投한 渤海人考」, 『白山學報』 4.

李鎭漢(2007), 「高麗後期의 異姓封君」, 『史學硏究』 88.

______(2012), 「高麗 太祖代 對中國 海上航路와 外交·貿易」, 『한국중세사연구』 33.

______(2015), 「高麗時代 外國人의 居留와 投化」, 『한국중세사연구』 42.

______(2017), 「高麗時代 農法의 변화와 投化人의 土地 開墾」, 『歷史學報』 234.

이찬욱(2014). 「韓國의 歸化姓氏와 多文化」, 『다문화콘텐츠연구』 17.

李春植(1970), 「漢代의 羈縻政策과 事大 朝貢」, 『史學志』 4.
이형우(2009), 「노국대장공주와 공민왕의 정치」, 『韓國人物史研究』 12.
이효형(2004), 「고려시대 발해·발해 유민 인식의 추이」, 『역사와 경계』 53.
______(2006), 「高麗前期의 北方認識-발해·거란·여진 인식 비교」, 『지역과 역사』 19.
임경희(2006), 「『高麗史』 世家 중 女眞 관계 기사 역주」, 『한국중세사연구』 20.
임선빈(2009), 「조선초기 歸化人 賜鄕과 특징」, 『東洋古典研究』 37.
임형수(2017), 「고려전기 女眞에 대한 武散階 授與의 양상과 특징」, 『한국중세사연구』 51.
林亨洙(2018), 「고려후기 怯薛制 운영 연구」, 고려대학교 박사학위논문.
장영주(2017), 「원 간섭기의 怯怜口 印侯 연구」, 한남대학교 석사학위논문.
全永燮(2004), 「唐 前期 外來人의 生活과 律令(上)」, 『中國史研究』 31.
______(2004), 「唐 前期 外來人의 生活과 律令(下)」, 『中國史研究』 32.
전영준(2012), 「고려시대 異民族의 귀화 유형과 諸정책」, 『다문화콘텐츠연구』 13.
______(2021), 「10~12세기 고려의 渤海難民 수용과 주변국 同化政策」, 『濟州島研究』 55.
全海宗(1972), 「歸化에 대한 小考-東洋古代史에 있어서의 그 意義」, 『白山學報』 13.
정다함(2022), 「공민왕대 고려-명 관계의 성립과 고려의 東寧府 공격 그리고 호발도(胡拔都)의 침입」, 『한국사학보』 87.
鄭東勳(2016), 「高麗時代 外交文書 研究」, 서울대학교 박사학위논문.
鄭炳俊(2018), 「唐代 異民族 管理方式의 다양성 및 그 변용 - 羈縻府州 제도를 중심으로」, 『東洋史學研究』 143.
정병준(2018), 「唐 初期 羈縻府州의 出現과 制度的 境界」, 『동국사학』 65, 172쪽.
정일교(2018), 「高麗 歸化 宋人 研究-宋人의 高麗 入仕 사례를 중심으로」, 『전북사학』 54.
______(2019), 「宋人의 高麗 歸化 원인과 유형」, 『인문논총』 49.
조복현(2011), 「12세기 초 국제 정세와 麗金 간의 전쟁과 외교」, 『동북아역사논총』 34.
趙仁成(1981), 「高麗 兩界 州鎮의 防戍軍과 州鎮軍」, 『高麗光宗研究』, 一潮閣.

______(1983), 「高麗 兩界의 國防體制」, 『高麗軍制史』, 陸軍本部, 169쪽.

조지형(2021), 「麗末 鮮初 귀화인들의 시조 창작 양상과 그 의미」, 『한국시가문화연구』 48.

蔡守煥(1998), 「高麗 恭愍王代의 改革과 政治的 支配勢力」, 『史學研究』 55·56合集號.

崔圭成(1981), 「高麗初期의 女眞關係와 北方政策」, 『東國史學』 15·16.

최규성(2006), 「渤海遺民의 高麗 流入과 役割」, 『북방사논총』 10.

최양규(2005), 「고려~조선시대 중국 귀화성씨의 정착」, 『白山學報』 73.

최영호(2007), 「高麗시대 송나라와의 해양교류 – 송나라출신 전문인력의 입국과 활동을 중심으로」, 『역사와 경계』 63.

최윤정(2011), 「몽골의 요동·고려 경략 재검토(1211~1259)」, 『歷史學報』 209.

______(2013), 「駙馬國王과 國王丞相-13-14세기 麗元관계와 고려왕조 國體 보존 문제 이해를 위한 새로운 모색」, 『大丘史學』 111.

______(2018), 「1356년 공민왕의 '反元改革' 再論」, 『大丘史學』 130.

______(2019), 「13~14세기 몽골과 고려의 부마들」, 『중앙아시아연구』 24-2.

추명엽(2002), 「고려전기 '번(蕃)' 인식과 '동·서번'의 형성」, 『역사와현실』 43.

______(2018), 「고려의 다원적 종족 구성과 '我國·我東方' 의식의 추이」, 『역사와경계』 109.

하태규(2002), 「고려시대 全州 地域 貫鄕 姓氏와 그 動向」, 『全北史學』 25.

韓圭哲(1984), 「高麗來投·來往契丹人-渤海流民과 관련하여」, 『韓國史研究』 47.

______(1994), 「高麗 來投·來往 女眞人- 渤海流民과 관련하여」, 『釜山史學』 25·26.

한정수(2017), 「고려전기 異邦人·歸化人의 입국과 해동천하」, 『한국중세사연구』 50.

한정훈(2010) 「고려시대 연안항로에 관한 기초적 연구」, 『역사와 경계』 77.

허인욱(2019), 「후백제 멸망과 그 유민」, 『한국중세사연구』 56.

홍영의(2012), 「개혁군주 공민왕: 공민왕의 즉위와 초기 국왕권 강화노력」, 『韓國人物史研究』 18.

찾아보기

ㄱ
강남(江南) 82, 101, 133-135, 147, 247
강동성(江東城) 33, 211, 218, 219, 221, 222, 225, 228
겁령구(怯怜口) 240-242, 244, 257-259, 262, 263, 266, 269, 318, 326, 329
경화공주(慶華公主) 242, 251, 252
계국대장공주(薊國大長公主) 242, 247-251
계단장(契丹場) 33, 211, 218, 220-222, 224-226
계단투화인(契丹投化人) 60, 61, 64, 140, 141, 143, 310
고도화(古刀化) 56, 178, 179, 181, 183
고두로(高豆老) 156-159
고려도경(高麗圖經) 27, 94, 142
고사(古舍) 157, 161, 179
고영창(高永昌) 136, 138
곤두(昆豆) 56, 57, 186, 187
공민왕 238, 242, 252-255, 270, 273-275, 277, 278, 282, 284, 285, 288, 295, 296, 331
관내(關內) 87, 161, 164-166, 169, 177, 183, 189, 247, 307, 309, 312, 317
관새(款塞) 58, 155
교화(敎化) 175, 182, 312
구제(舊制) 31, 69-72, 74-76, 79, 81, 82, 84, 85, 87, 193, 194, 207, 270, 317
귀화(歸化) 17-19, 31, 58, 170, 314, 347
기미주(羈縻州) 58, 66, 73, 87, 180-185, 187, 188, 315

ㄴ
나세(羅世) 276
낙번인(落蕃人) 73, 74
납관(納款) 40
내부(內附) 13, 23, 31-33, 37, 53-59, 65-67, 149, 150, 155, 156, 160-162, 164, 165, 177-180, 186-189, 298, 300
내부(來附) 23, 37, 49-54, 58, 59, 65-67, 130, 151, 155, 156, 159, 160, 162, 169, 298, 300, 312
내분(來奔) 37, 46, 48
내자부거(來者不拒) 68, 72

내조(來朝) 16, 37, 53, 66, 72, 86, 156-158, 160-163, 165, 168, 170, 174, 185, 284, 285, 297, 298, 314
내지(內地) 81-84, 86, 87, 150, 162, 170, 171, 177, 189, 219, 294, 303, 309, 312, 317
내투(來投) 13, 16, 18, 20-23, 28, 31, 32, 37-46, 49, 53-55, 58, 59, 63-67, 70, 71, 82, 83, 88, 89, 95, 100, 103, 104, 107, 119, 124-126, 131-134, 136-139, 144-146, 151, 155-162, 166, 169, 170, 185, 195, 208, 209, 211-217, 222-224, 226, 228, 235, 236, 274, 281-286, 293, 294, 296-298, 300, 312, 323, 351
내투인(來投人) 14, 16, 21, 23, 46, 67, 175
내헌(來獻) 22, 37, 53, 54, 86, 156, 158-163, 165, 170, 181, 183, 189, 284, 285, 297, 298
노국대장공주(魯國大長公主) 242, 253, 254, 284
노영(盧英) 259, 261, 326, 327

ㄷ
당률소의(唐律疏議) 176
대광현(大光顯) 118, 125-127, 129, 130, 135, 143, 144, 147, 302, 309, 316, 317, 323, 324
대란(大蘭) 56, 57, 186, 187
대연림(大延琳) 132, 133, 138, 300
대익(戴翼) 103, 104
대제(大齊) 56, 57, 186, 187
덕녕공주(德寧公主) 242, 252, 253, 256
도령 180, 182, 183, 188, 230, 313
도요미도(道要彌刀) 286, 294, 297
독로화(禿魯花) 242
동류(同類) 35, 182, 313-315, 317, 318
동북면병마사(東北面兵馬使) 170, 186
동진(東眞) 24, 211, 212, 218, 228, 229, 230, 235
등경광(藤經光) 27, 28, 45, 292, 293, 294

ㄱ
류재(劉載) 95, 107
류지성(劉志誠) 112

ㅁ
만투(曼鬪) 157, 159, 160
목사(木史) 157, 158
무신집권기 33, 190, 191, 209, 210, 214-217

ㅂ
박암(朴巖) 42, 43, 88, 103
배주 128-130, 135, 143, 144, 316, 323, 324
번적(蕃賊) 70, 72, 75-77, 84, 168, 169, 172, 174
별두시(別頭試) 108
별두을과(別頭乙科) 105, 107, 108
보주(保州) 193-197, 199-202, 205
복국장공주(濮國長公主) 242, 250
부개토풍(不改土風) 239

ㅅ

사향(賜鄕) 268, 279, 280, 319, 321-324, 331, 332, 334, 336-346, 352
삼국사기(三國史記) 39-41
삼국유사(三國遺事) 39-41
삼산(三山) 57, 187
상곤(霜昆) 56, 57, 186-188
서북면병마사(西北面兵馬使) 164, 169, 170, 184
설장수(偰長壽) 277-280, 336, 337, 339, 340, 342, 345, 346
세종실록 320-322, 329, 331, 337, 344, 345, 347-353
송사(宋史) 94, 99
송산(松山) 212-214, 218, 223
송상(宋商) 69, 89, 94, 96-98, 118, 214-216
순천관 108
슬불달(瑟弗達) 156-158
신수(愼修) 104-107, 113, 321
신안지 106, 113, 217, 321
쌍기(雙冀) 78, 79, 85, 89, 98, 102, 103, 297, 303

ㅇ

아골타(阿骨打) 191
아두한(阿豆閒) 157, 160, 161
아로한(阿老漢) 56, 57, 186, 188
야율유가(耶律留可) 218, 219, 227
양진(楊震) 77, 79, 100, 105
예빈성(禮賓省) 31, 69, 71, 72, 75, 77, 79, 87, 88, 99, 100, 113, 117, 166, 169, 170, 307, 317
오대십국시대(五代十國時代) 88
왕화(王化) 38, 59, 63, 64
왜구(倭寇) 24, 34, 35, 238, 277, 283, 287-291, 293-296, 303, 310, 333, 334, 351
왜부(倭俘) 290
원고려기사(元高麗紀事) 232
위계주(威雞州) 30, 181-183, 312, 313
위초(尉貂) 207, 208, 211, 218
의비(懿妃) 242, 247, 250, 256
이민도(李敏道) 276, 278-280, 339, 340, 342, 345, 346
이원필(李原弼) 276
이지란(李之蘭) 276, 351
이현(李玄) 267, 268, 336, 337, 342, 346
인후(印侯) 257-263, 267, 307, 326-330, 332, 333
임광(林光) 95, 99, 106, 108, 109, 114, 115, 117
임언충(任彦忠) 276

ㅈ

장순룡(張舜龍) 259, 261, 262, 267, 307, 326, 327, 329-333
장침(章忱) 105, 107-109
저고여(著古與) 223
제국대장공주(齊國大長公主) 241-246, 248, 249, 251, 256-261, 263, 268, 269, 326-328, 330, 331, 336, 338
조국장공주(曹國長公主) 242, 250, 251, 256
족류(族類) 35, 311, 313-315, 318

주저(周佇) 42-44, 77-79, 89, 303
진사(進士) 95, 104-106, 108, 114, 116

ㅊ

차신(車信) 259, 261, 262, 326, 327, 330
채인범(蔡仁範) 89, 102, 103, 111, 112, 321
천주(泉州) 94, 101, 102, 111, 113, 265, 321
천하관 175
최승로 85, 93

ㅋ, ㅌ

쾌발(噲拔) 52, 53, 155-157, 159
쿠빌라이 242
투화(投化) 13, 16-18, 21-23, 31, 37, 38, 59, 60, 62-64, 66, 67, 85, 108, 164, 184, 185, 298-300, 311
투화군(投化軍) 145, 148, 309
투화성(投化姓) 136, 319, 321, 322, 344, 347-350, 352, 353
투화송인(投化宋人) 85, 110, 115, 117, 143, 307
투화왜인(投化倭人) 291, 293-295, 310, 339
투화인(投化人) 14, 18, 22, 23, 60-65, 67, 110, 115, 117, 142, 144, 208, 224, 306-308, 310-312
투화전(投化田) 61-63, 66
투화정(投化丁) 61-63, 66, 142, 144, 145, 148, 309

ㅍ, ㅎ

포선만노(蒲鮮萬奴) 211, 227, 228
한방(韓昉) 199, 201-203, 276
한부(韓復) 276
향국인(向國人) 62, 336
향화(向化) 37, 38, 334, 343
호구(戶口) 33, 125, 155, 191, 195-209, 218, 223, 225, 269
호종단(胡宗旦) 116, 297
홍건적 34, 238, 270, 271, 273, 277, 282, 283, 331, 333
홍즙(洪楫) 276
화내(化內) 33, 57, 171, 174-176, 179, 185, 189, 312, 317
화외(化外) 168, 171, 174-176, 189, 312, 317
화외인(化外人) 73, 74, 167, 168, 171, 172, 174-176, 182, 313
후당(後唐) 43, 88
후량(後梁) 88
흑수여진(黑水女眞) 70, 80, 85, 86
홍요국 132

민족문화연구총서 출간현황(~2022.12.26)

NO	서명		저자	정가
1	총서1	19世紀 韓國 傳統社會의 變貌와 民衆意識	진덕규	9,000
2	총서2	洪武正韻譯訓의 新研究	박병채	10,000
3	총서3	고조선에 대한 새로운 해석	김정배	35,000
4	총서4	韓國 近代敎育法制 研究	안기성	13,000
5	총서5	韓國 近代戲曲史 研究	서연호	11,000
6	총서6	韓國 巫俗의 綜合的 考察	김인회	9,000
7	총서7	朝鮮 後期의 詩經論과 詩意識	김흥규	8,000
8	총서8	高麗時代 佛敎詩의 研究	인권환	9,000
9	총서9	韓國 現代詩意識 研究	이기서	8,000
10	총서10	道家思想의 研究	이강수	8,000
11	총서11	조선후기 군수광공업사 연구-조총·화약·연환제조를 중심으로	유승주	22,000
12	총서12	西學에 대한 韓國實學의 反應	최동희	9,000
13	총서13	朝鮮前期 制度言論 研究	목정균	9,000
14	총서14	韓國 現代詩史의 代位的 構造	오탁번	7,000
15	총서15	개정증보-金鰲新話 研究	설중환	17,000
16	총서16	韓國의 傳統婚禮 研究	박혜인	9,000
17	총서17	古小說의 原始宗敎思想 研究	박용식	10,000
18	총서18	가톨릭과 朝鮮後期 社會變動	노길명	10,000
19	총서19	1920年代 韓國小說 研究	송하춘	8,000
20	총서21	朝鮮後期 天主敎史 研究	조광	8,000
21	총서23	朝鮮後期 小說讀者 研究	대곡삼번	7,000
22	총서24	전면개정판-한국의 옛길 嶺南大路	최영준	28,000
23	총서25	金東仁 研究	김춘미	9,000
24	총서26	韓國古代社會의 軍事와 政治	김영하	13,000
25	총서27	古墳出土 副葬品 研究	윤세영	10,000
26	총서31	云丁散藁	김춘동	15,000
27	총서32	韓國現代詩의 意識現象學的 研究	최동호	9,000
28	총서34	韓國 家庭小說 研究	우쾌제	10,000
29	총서36	國語被動 研究	배희임	8,000

30	총서37	韓國古典文學의 原典批評的 硏究	정규복	11,000
31	총서38	企齋記異 硏究	소재영	10,000
32	총서40	法을 통한 朝鮮植民地 支配에 관한 硏究	영목경부	14,000
33	총서42	국어내용연구1	배해수	14,000
34	총서43	日帝末期의 韓國小說 硏究	김종균	12,000
35	총서44	國語 體言化構文의 硏究	홍종선	8,000
36	총서45	羅末麗初의 豪族과 社會變動 硏究	김갑동	10,000
37	총서46	古代國語學 硏究	박병채	13,000
38	총서47	牧民心鑑 硏究	김성준	8,000
39	총서48	韓國傳統音樂 論究	한명희	9,000
40	총서49	漢字語系 歸化語 硏究	조세용	7,000
41	총서51	韓國近代敎育思想 硏究	차석기	11,000
42	총서53	古代國語의 語彙 硏究	천소영	9,000
43	총서54	春香傳의 辭說形成 原理	전경욱	9,000
44	총서55	近代轉換期의 言語와 文學	홍일식	9,000
45	총서56	北靑方言의 音韻論	이기동	7,000
46	총서57	韓國文學의 考證的 硏究	최강현	14,000
47	총서58	현대시·시조통합이론	민병기	15,000
48	총서59	高麗 武臣政權期 農民·賤民抗爭 硏究	이정신	10,000
49	총서60	白頭山 說話 硏究	정재호	18,000
50	총서63	朝鮮朝 畿湖學派의 禮學思想에 關한 硏究	배상현	13,000
51	총서65	栗谷李珥의 聖學硏究	장숙필	7,000
52	총서66	韓國古地名辭典	전용신	14,000
53	총서67	高麗·朝鮮時代 敍事文學 發展의 硏究	성택승	8,000
54	총서68	渤海史의 綜合的 考察	한규철	14,000
55	총서70	韓國 近代小說論 硏究	윤충의	9,000
56	총서72	韓國近世 禪家文學	서규태	8,000
57	총서73	조선 중기 정치권력구조 연구	정홍준	9,000
58	총서75	조선후기 운서 한자음 연구	정경일	11,000
59	총서77	高麗 前期 私田 硏究	윤한택	8,000
60	총서78	근대 한국 고등교육 연구	한용진	25,000

61	총서79	심능숙 문학의 연구	장효현	15,000
62	총서81	韓國 近代 文學批評論 硏究	신재기	10,000
63	총서85	한국 현대비평의 문체	이병헌	11,000
64	총서87	조선후기 시가의 현실인식	박노준	12,000
65	총서89	고구려 전기 정치사 연구	금경숙	9,000
66	총서90	독립국가연합 고려인의 생활과 의식	윤인진	10,000
67	총서91	美軍政下의 教育政策 硏究	김용일	10,000
68	총서92	조선시대 성리학의 연구	윤사순	10,000
69	총서93	朝鮮後期 中人層 漢文學의 硏究	윤재민	14,000
70	총서94	범주문법	강범모	8,000
71	총서95	조선 후기 우화소설 연구	정출헌	12,000
72	총서96	高麗後期 政房 硏究	김창현	12,000
73	총서97	토끼傳·水宮歌 硏究	인권환	16,000
74	총서100	日帝下의 朝鮮貿易 硏究	송규진	10,000
75	총서101	지리산지 농업과 촌락 연구	정치영	20,000
76	총서103	高麗時代 中樞院 硏究	박용운	14,000
77	총서104	조선초기 전세제도 연구	강제훈	13,000
78	총서106	기정진 철학사상 연구	박학래	9,000
79	총서107	조선후기 인성·물성논쟁의 연구	이애희	13,000
80	총서109	서사문법시론	강헌국	9,000
81	총서110	북간도 한인사회의 형성과 민족운동	김춘선	32,000
82	총서111	주자학에서 실학으로	김용헌	35,000
83	총서113	朝鮮初期 性理學과 歷史學-기억의 복원, 좌표의 성찰	오항녕	18,000
84	총서114	조선후기 사회변화와 시가문학	정흥모	20,000
85	총서116	판소리 유파와 명창의 세계	김기형	22,000
86	총서117	조선후기 시가사와 가곡 연행	신경숙	20,000
87	총서119	性理學 受容器 佛教 批判과 政治思想的 變容 -鄭道傳과 權近을 중심으로	이정주	13,000
88	총서122	조선후기 가집 연구	이상원	27,000
89	총서123	개정판-학교문법교육론	이관규	24,000
90	총서124	근대 동아시아와 한국 자본주의	김윤희	18,000

91	총서125 조선후기 자연학의 동향	김문용	13,000
92	총서127 한국 고전소설과 정신분석학	강상순	25,000
93	총서128 미국의 헤게모니와 한국민족주의	허 은	23,000
94	총서130 한용운과 근대성	김종인	15,000
95	총서131 大韓帝國期 民族談論과 國家構想	백동현	16,000
96	총서132 19세기 문예사와 기생의 한시	박영민	20,000
97	총서136 빈도 효과-코퍼스를 활용한 국어 문법의 기술	김일환	18,000
98	총서137 규방가사의 전통성과 근대성	백순철	20,000
99	총서138 일제 강점기 설화·동화집 연구-우리 옛이야기의 정체성 찾기	권혁래	18,000
100	총서139 신문관의 출판 기획과 문화운동	권두연	30,000
101	총서140 아동문학의 숨은 의미와 가치	노제운	16,000
102	총서142 한국의 자유민주주의와 『사상계』	이상록	24,000
103	총서143 전통연행을 보는 또 하나의 시각	허용호	35,000
104	총서144 조선조 오륜시가의 역사적 전개 양상	하윤섭	24,000
105	총서145 정약용의 철학사상과 체제개혁론-주희와의 비교를 중심으로	전성건	15,000
106	총서146 누정기를 통해 본 한국한문산문사	안세현	16,000
107	총서147 시적 정의와 시의 윤리	여태천	24,000
108	총서148 16세기 후반~17세기 전반 산문 연구	안득용	23,000
109	총서149 검열, 실종된 작품과 문학사의 복원	문한별	22,000
110	총서150 낙하생 이학규의 시문학 연구	이국진	20,000
111	총서151 방각본 영웅소설의 지역적 특성과 이념적 지향	엄태웅	22,000
112	총서152 영체와 행사에서 본 정약용의 종교적 의식	이숙희	15,000
113	총서154 19세기 상·하층 소설의 접점과 문화적 의미	장예준	30,000
114	총서156 한국 근대문학의 형성과 진화론	이만영	22,000
115	총서157 한국 근대시의 형성과 한문맥의 재구성	정기인	23,000
116	총서158 동아시아의 사신영접의례와 공연문화	민태혜	30,000
117	총서159 명사 구성 합성어의 의미 구조	김숙정	15,000
118	총서160 4·19세대 문학과 자기형성의 서사학	고지혜	15,000
119	총서161 한국어 비종결 문말 형식의 탈종속화 연구	박주원	18,000
120	총서162 고려시대 외국인 이주 연구	이바른	24,000

民族文化硏究叢書 162

고려시대 외국인 이주 연구

2022년 12월 26일 초판 1쇄 펴냄

저　자 이바른
발행인 이형대
발행처 고려대학교 민족문화연구원

등록번호 1964년 9월 28일 제6-18호
주소 서울특별시 성북구 안암로 145
전화 02-3290-1610~4
팩스 02-926-8385
http://riks.korea.ac.kr

ISBN 978-89-7155-190-5 94910
978-89-7155-073-1 (세트)

정가 24,000원